U0824743

非结构化数据处理技术及应用

陈 燕 李桃迎 张金松 编著

本书由辽宁省交通厅项目（编号：201401）、国家自然科学基金项目（编号：71271034）、中央高校基本科研业务费（编号：3132016306）资助

科 学 出 版 社
北 京

内 容 简 介

本书系统详细地阐述了非结构化数据的处理方法与技术。通过对非结构化数据特点的分析，从非结构化数据的基础知识和理论、开源工具及应用举例、数据预处理、预测模型研究、网页数据的采集、非关系型数据库存储、结构化大数据分析平台、电商个性化推荐系统的应用、网购评语情感挖掘、全文检索技术、基于主题的检索系统等不同角度给出了结构化与非结构化数据的分析、挖掘与应用内容。

本书可作为信息管理与信息系统、电子商务、计算机应用、软件工程等高年级本科相关专业的教科书；同时也可以作为管理科学与工程、计算机应用及软件工程、工业工程等相关学科研究生的教科书或参考资料。

图书在版编目（CIP）数据

非结构化数据处理技术及应用/陈燕，李桃迎，张金松编著. —北京：科学出版社，2017.12

ISBN 978-7-03-053188-9

Ⅰ. ①非… Ⅱ. ①陈… ②李… ③张… Ⅲ. ①数据处理 Ⅳ. ①TP274

中国版本图书馆 CIP 数据核字（2017）第 128176 号

责任编辑：李 莉 / 责任校对：贾伟娟

责任印制：张 伟 / 封面设计：无极书装

科 学 出 版 社出版

北京东黄城根北街 16 号

邮政编码：100717

http://www.sciencep.com

北京厚诚则铭印刷科技有限公司 印刷

科学出版社发行 各地新华书店经销

*

2017 年 12 月第 一 版 开本：720×1000 1/16

2022 年 8 月第四次印刷 印张：22

字数：450 000

定价：132.00 元

（如有印装质量问题，我社负责调换）

作 者 简 介

陈燕（Chen Yan），博士，大连海事大学交通运输管理学院教授、博士生导师，管理科学与工程学科一级学科带头人并为省重点学科负责人，担任辽宁省物流航运管理系统工程重点实验室主任、辽宁省创新团队负责人。曾撰写《数据挖掘技术与应用》、《数据仓库与数据挖掘》、《数据仓库技术及其应用》、《管理信息系统开发教程》、《信息经济学》及《信息系统集成技术与方法教程》等学术专著与教材10余部。主持并完成多项国家自然科学基金、国家科技计划项目及多项省部市级项目，获得省部级奖励10余项，发表相关学术论文200余篇。

前　言

在大数据时代，互联网中充斥着大量以文本、图形、图像、视频、声音等形式存在的非结构化数据，这些数据与传统结构化数据相比较具有鲜明的特征，因此，传统数据挖掘的方法已经难以对非结构化数据进行有效的处理，而需要在对其进行加工的基础上，才能完成相关分析与挖掘方法的研究。本书在此基础上，对非结构化数据的处理方法进行综述，并通过实验加以说明。

作者多年来通过各项科研项目的积累，在结构化数据的处理方法、数据挖掘方法等研究方面取得了丰硕的研究成果。在大数据背景下，非结构化数据的剧增，对数据分析提出了新的挑战。本书对非结构数据处理方法进行梳理，并加以实验佐证。

撰写本书的目的在于：为非结构化数据的处理方法提出有效的方案，对方案进行梳理，使读者能够对非结构化数据处理方法有一定的认识，通过实验佐证，帮助读者加深印象。

孙骏雄、李鹏辉、王任远、丁雯雯、韩红云、王琦、陈志珍、李欧、李盼、张鑫、徐慧颖、高鸽、李墨等同学参与并完成全书的校对工作。

本书旨在通过应用案例，从几个角度对非结构化数据处理的相关理论与技术进行说明。在编写过程中，作者查阅了国内外大量文献资料，谨向书中提到的和参考文献中列出的学者表示感谢。

同时，由于时间仓促和编者能力有限，书中难免存在一些不足之处，敬请广大读者批评指正。

作　者

2016 年 10 月

目　　录

基础知识篇

结构化数据挖掘技术篇

非结构化数据挖掘方法及应用篇

基础知识篇

第 1 章　非结构化数据的基础知识

1.1　大数据的基本概念

1.1.1　大数据的定义及特点

“大数据”一词来自于英文“Big Data”，之前我们称之为海量数据。对于什么是大数据这个问题，迄今还没有一个权威的定义。大数据是一个抽象的概念，除了数据量庞大这一特征之外还具有其他的特征，研究学者、科技企业、数据分析师等由于各自的关注点和侧重点不同，分别从不同的角度给出了各自对大数据的定义和观点。通过以下定义，可以帮助我们更好地理解大数据在技术、经济和其他应用中的不同内涵（张引等，2013）。

最早提出大数据时代已经到来的麦肯锡咨询机构，对大数据给出的定义为，其是指大小超过常规数据库工具的具备获取、存储、管理和分析能力的“数据集”。该定义包括两方面的内涵：一是符合大数据标准的数据集的大小会随着时间的推移、技术的进步而增长（胡文静等，2015）；二是不同部门符合大数据标准的数据集的大小会存在差别。麦肯锡全球研究院（McKinsey Global Institute，MGI）报告指出，数据集的大小并不是评判大数据的唯一标准，数据规模的不断扩大和无法使用传统的数据管理工具满足数据处理需求也是大数据的特点。

IBM 则将大数据的特点总结为 4 个 V——数量（volume）、多样性（variety）、速度（velocity）和真实性（veracity）。IBM 认为，尽管前 3 个 V 涵盖了大数据本身的关键属性，但真实性是当前企业亟须考虑的重要维度（闫城榛和韩志国，2013），将促使企业利用数据融合（data fusion）和先进的数学方法进一步提升数据的质量，从而创造更高价值。

研究机构 Gartner 认为，大数据是需要新处理模式才能具有更强的决策力、洞察发现力和流程优化能力的海量、高增长率和多样化的信息资产（李鹏，2014）。从数据的类别上看，大数据是指无法使用传统流程或工具处理或分析的信息。

它定义了那些超出正常处理范围和大小、迫使用户采用非传统处理方法的数据集（吕本富和陈健，2014）。

关于大数据，另一个被各学术和应用领域广泛引用的定义是维基百科给出的，即大数据是指所涉及的数据量规模巨大到无法通过人工，在合理时间内达到截取、管理、处理、并整理成为人类所能解读的信息（何海波，2014）。

此外，美国国家标准和技术研究院从学术的角度也对大数据做出了定义："大数据是指其数据量、采集速度或数据表示限制了使用传统关系型方法进行有效分析的能力，或需要使用重要的水平缩放技术来实现高效处理的数据。"

综上所述，大数据是指超出了传统方式分析和处理能力的数据集，很难适用于既有的数据库架构（黄永勤，2014），传统的软件工具难以进行数据的捕捉、存储、管理和分析，必须考虑新的处理模式和管理工具。同时，大数据的数据获取由传统的抽样转变为所有数据，对数据的分析更注重对数据的关联关系的探索和对事物的未来发展趋势的预测。

随着大数据的发展，大数据的概念也在不断得到充实和发展。大数据已经成为当今知识管理、商业智能领域最热门的话题之一。全球互联网巨头都已意识到了在"大数据"时代数据的重要意义，包括 EMC、惠普、IBM、微软、Oracle、SAP、Teradata 在内的全球 IT 巨头纷纷通过收购大数据相关厂商来实现技术整合，可见其对大数据的重视（赵金明，2013）。受益于"大数据"概念的行业业内人士表示"大数据"产业链条包含了数据生成、数据存储、数据处理和数据展示等一个完整的生态系统之中的多个环节。

完整的生态系统还应当包括大数据处理结果的应用，与大数据相关的公司有以下几类。

（1）与海量数据的存储和处理相关的公司。

（2）与数据中心建设与运营维护相关的公司。

（3）与视频化应用相关的公司。

（4）与智能化和人机交互概念相关的公司（表 1.1）。

表 1.1　大数据概念股一览表

股票代码	股票名称	投资亮点
002230	科大讯飞	提供语音技术
300229	拓尔思	提供语义技术
300036	超图软件	提供地理地图处理技术
300182	捷成股份	提供视频处理解决方案
600588	用友软件	具备企业管理领域大数据技术
300302	同有科技	提供大数据存储设备

大数据有四个典型的特征，具体如下。

1）数据容量大

EMC 公司 2014 年发布了最新的数据宇宙报告《充满机会的数字宇宙：丰富的数据和物联网不断增长的价值》，这是业界唯一的，量化并预测年度数据产生量的研究报告。报告显示，2013 年全球数据量为 4.4ZB，在接下来的十年，全球数据量仍将保持 40%的速度增长，每两年翻一番（马建堂，2015），2013~2020 年全球数据量将增长 9 倍，由 4.4ZB 增至 44ZB①。

社会的数据量已经由 TB、PB 级别跃升至 EB、ZB 级别。这是一个什么概念呢？先来回顾一下各数据衡量单位之间的换算关系：

1 kilobyte（KB）=10^3byte

1 megabyte（MB）=10^6byte

1 gigabyte（GB）=10^9byte

1 terabyte（TB）=10^{12}byte

1 petabyte（PB）=10^{15}byte

1 exabyte（EB）=10^{18}byte

1 zettabyte（ZB）=10^{21} byte

1 yottabyte（YB）=10^{24}byte

1 nonabyte（NB）=10^{27}byte

1 doggabyte（DB）=10^{30}byte

《充满机会的数字宇宙：丰富的数据和物联网不断增长的价值》中将其形容为，假设一个字节的数据是一加仑（1 加仑≈3.785 升）水的话，仅十秒就会有足够的数据填满一个普通房子。到 2020 年，这一过程将仅花费两秒时间。假设将 2013 年全球的数据用 iPad 来存储，它们叠加起来的长度会超过三分之二的地球到月球的距离（253 704 千米）。到 2020 年，全球的数据总量将填满 6.6 个地球到月球距离的堆栈。

2）数据类型多

按照数据结构，数据可以划分为结构化数据、半结构化数据和非结构化数据（王晓波，2014）。数据不仅仅单纯指人们在互联网上发布的信息（包括网络日志、社会数据、互联网文本和文件；互联网搜索索引；呼叫详细记录、天文学、大气科学、基因组学、生物和其他复杂或跨学科的科研、军事侦察、医疗记录、摄影档案馆视频档案、大规模的电子商务等信息），也包括全世界的工业设备、汽车、电表上无数的数码传感器随时测量和传递的有关位置、运动、震动、温度、湿度

---

① 数据来源：The Digital Universe of Opportunities：Rich Data and the Increasing Value of the Internct of Things. http://china.emc.com/leadership/digital-universe/2014iview/executive-summary.htm。

乃至空气中化学物质的变化等海量的数据信息。

结构化数据是我们传统的使用习惯上的数据形式，基本是表格式的数据。目前对结构化数据的处理技术已经相当成熟，一般用关系型数据库进行结构化数据的处理。

相对于便于存储的结构化数据，在企业和人们日常生活中接触到的半结构和非结构化数据越来越多，高清图像、视频、音频等多媒体文件都属于非结构化数据。在大数据环境下，非结构化大数据对存储、管理和处理这些复杂的多形态的数据对的能力提出了更高要求。Hadoop 的流行简化了非结构化数据的处理难度，对非结构化数据的处理将是大数据挖掘的重要方向。

半结构化数据是介于结构化数据和非结构化数据之间的一种数据，它是结构化的数据（黄远鸣，2014），但是结构变化很大，不能完全按照非结构化或者结构化数据的处理方式来进行分析处理。

3）商业价值高

对于大数据的价值，一方面是通过大数据挖掘，发现以往没有发现的新规律和新知识；另一方面是新的结果能够直接应用到相关的生产经营当中，产生直接的经济效益。通常价值密度的高低与数据总量的大小成反比（廖仕东，2015）。以遍布城市各地的监控视频为例，一部 1 小时的视频，在连续不间断的监控中，有用数据可能仅占一两秒。2013 年，数字宇宙中仅 22%的信息被视为有用数据，但实际上仅有不到 5%的有用数据得到了分析。到 2020 年，由于物联网带来的数据增长，所有数据中 35%的数据将被视为有用数据。如何通过强大的机器算法更迅速地完成对数据的价值“提纯”成为目前大数据背景下亟待解决的难题（朱建平和李秋雅，2014）。

4）处理速度快

所谓 1 秒定律指的是对处理速度的要求，一般要在秒级时间范围内给出分析结果，如果时间太长就失去了价值，因为客户的体验就在一秒之间。这是大数据区分于传统数据挖掘的最显著特征（阎巍和李俭，2015）。在面对蕴含巨大商业价值的海量数据时，处理数据的效率就是企业的生命。传统的数据处理方式已经无法满足如此海量的数据的高效处理需求，大数据时代对数据驾驭能力提出了新的挑战，也为人们获得更为深刻和全面的潜在价值提供了机遇（龚文峰，2014）。

1.1.2　大数据的发展背景及历程

1. 企业级应用

随着企业信息化应用的逐渐深入，信息处理系统随之产生了大量的数据。在企业的经营管理过程中，企业的内部业务企业资源计划（enterprise resource planning，ERP）系统、财务系统、办公自动化（office automation，OA）系统、客户关系管理（customer relationship management，CRM）系统、供应链管理系统等产生了大量存储于数据库中的数据，同时也产生了众多文档、交易记录、操作日志、客户反馈等非结构化数据、传感器数据及图像视频监控文件等实时多媒体数据。一些企业已经意识到这些数据的潜在价值，并通过数据挖掘方法对客户的交易过程、业务处理流程等方面进行了分析和预测。但是企业所处的信息化环境正在发生着变化，企业应用和互联网、移动互联网的融合越来越快，来自企业外部的非结构化数据在大大增加。大数据技术开始向传统企业及组织的 IT 应用领域渗透，一些 IT 相关业务领先的企业和组织开始尝试大数据技术实验性部署。对于这些数据的分析和应用将促使企业的基础 IT 架构、数据处理、应用软件的开发和管理模式等领域产生新的变革。因此，国内一些硬件厂商也纷纷开始布局大数据，如联想通过与全球知名的存储公司 EMC 合作，正式进入大数据的企业级应用领域，随后国内的其他厂商也纷纷推出基于大数据的产品，如华为在统一存储领域中推出了面向企业级应用的四款 T 系列的 OceanStor 产品，提高了其在存储领域的地位。

2. 网络信息的海量增长

早期的网络主要是提供电子邮件和网页服务，而文本分析、数据挖掘和网页分析技术也相应地应用于挖掘电子邮件内容和构建搜索引擎等领域中，网络数据占据了一大部分的全球数据量。而今，Web 充满了各种不同类型的数据，如文本、图片、视频等，大量应用于半结构化或者非结构化的技术应运而生。随着社交媒体的发展，各类论坛、博客、社交网站为用户创建、上传和分享数据创造了更为便捷的方式，社交数据开始急速增加。Google 上每天需要处理超过 20PB 的数据。截至 2013 年 12 月新浪微博拥有 1.291 亿的月活跃用户，61 400 万的平均日活跃用户，每天发布和转发的信息超过 2 亿条（郁芹和钱姮，2013）。截至 2013 年，淘宝网拥有近 5 亿的注册用户数，每天有超过 6 000 万的固定访客，同时每天的在线商品数已经超过了 8 亿件，平均每分钟售出 4.8 万件商品，在 2014 年“双十一”，支付宝交易笔数高达 1.058 亿笔，通过无线设备支付的订单共近 900 万笔（李鹏程，2015）。

此外，网络应用产生的数据不仅仅来自于互联网，由于传统互联网到移动互联网的转变，移动宽带网速的迅速提升，产生数据的终端由 PC（personal computer）机转向了包括 PC、功能手机、智能手机在内的多样化终端，移动互联网也成为网络数据的重要来源（杨义恒，2012）。个人智能手机和平板电脑的快速普及，使越来越多的人、设备和传感器通过数字网络连接起来，而通过产生、分享和访问数据，移动互联网正在逐渐渗透到人们工作和生活的各个领域之中，移动终端逐渐演变成一个提供了通话管理、游戏娱乐、办公记录、网页浏览、购物理财、视频分享等各类应用在内的运行环境。根据国际数据公司（International Data Corporation，IDC）最新报告（表 1.2），2014 年第三季度全球智能手机出货量超 3.2 亿部，在新兴市场需求量大增的推动下，2014 年第三季度智能手机出货量相较 2013 年同期增长了近 25.2%。

表 1.2　2014 年第三季度智能终端厂商出货量和市场份额

厂商	2014 年第三季度		2013 年第三季度		2014 年第三季度较 2013 年第三季度变化率/%
	出货量/百万部	市场份额/%	出货量/百万部	市场份额/%	
三星	78.1	23.8	85.0	32.5	−8.1
苹果	39.3	12.0	33.8	12.9	16.3
小米	17.3	5.3	5.6	2.1	208.9
联想	16.9	5.2	12.3	4.7	37.4
LG	16.8	5.1	12.0	4.6	40.0
其他	159.2	48.6	113.0	43.2	40.9
合计	327.6	100.0	261.7	100.0	25.2

3. 云计算的出现

云计算是 IT 领域继 PC、互联网之后的第三次革新浪潮。2006 年，Google 推出“Google101 计划”，首次正式提出了云计算的概念。短短数年间，云计算给信息领域带来了巨大的变革。目前，各国纷纷制订了云计算发展的国家计划，近年在国内也掀起了兴建云计算基地的热潮；国内外的知名 IT 企业也竞相推出云计算的产品和系统；学术界也对云计算技术积极开展深入研究（蔡京等，2012）。云计算是一种基于互联网的相关服务的增加、使用和交付的模式，通常涉及通过互联网来提供动态易扩展且经常是虚拟化的资源（崔嘉伟和孟波，2012）。在云计算出现之前，我们的数据大多保存在个人计算机和远程服务器当中。面对海量的 Web 数据，云平台将所有的数据集中存储到云端，用户通过浏览器或者专用的应用程序访问云端数据。云计算作为一种新型计算模式，体现了网格计算、分布计算、并行计算、效用计算等技术的融合与发展。随着以云计算为代表的新型信息技术在国民经济、国家安全、科学研究、社会民生等各个领域的不断深化应用，社会生活模式、工作模式和商业模式也在发生着重大转变，以云计算为代表的信息产业通过其基础设施即服务（infrastructure-as-a-service，IaaS）、平台即服务（platform-as-a-service，PaaS）和软件即服务（software-as-a-service，SaaS）等服务模式正带动着众多产业形态的创新和改革（蔡丽霞，2015）。目前，Google 云计算已经拥有了 100 多万台服务器，Amazon、IBM、微软、Yahoo 等的“云”

均拥有几十万台服务器。企业私有云一般拥有数百上千台服务器。现在个人用户也可以将文档、照片、视频等文件上传到“云”中永久保存。

从技术上看，大数据与云计算密不可分。大数据的特点在于对海量数据的挖掘，其必然无法用单台的计算机进行处理，需要依托云计算的分布式处理、分布式数据库、云存储和虚拟化技术（郝志刚，2014）。云计算是大数据的 IT 基础和平台，大数据是云计算的重要应用，两者相辅相成，缺一不可。

4. 物联网的应用

物联网是互联网的延伸和扩展，通过局部网络或者互联网等通信技术将红外感应、全球定位系统、激光扫描器、射频识别（radio frequency identification，RFID）、蓝牙等信息传感设备进行信息交换和通信，实现对物体的智能化识别、定位、跟踪和监控管理，形成人与物、物与物、人与人之间的互联，从而实现信息化、远程管理控制和智能化的网络，它包括互联网以及互联网上的所有资源，物联网的用户端延伸、扩展到物与物，机器与机器之间进行信息交换和通信，因此是新一代信息技术的重要组成部分（李洋，2011）。

目前，物联网在智能工业、智能农业、智能交通、智能电网、安全监控等行业都有了一定的应用，巨大的网络连接使得网络上的流通数据大幅度增加。根据 IDC 公布的数据，在 2005 年机器对机器产生的数据就占据了全世界数据总量的 11%，预计到 2020 年，这一数值将增加到 42%，届时物联网将会产生更多的数据（杜兵，2012）。

物联网背景下的大数据成倍增长主要体现如下：联网终端数量逐渐增多；应用数据需求不断增长；数据采集数量的大规模增加；感知层的多样化数据需求。目前物联网领域采用的感知技术主要包括传感器、RFID、红外技术、蓝牙技术等短距离传输技术，广义上还包括音频、视频采集技术、文字与数据采集技术等大量相关的采集技术。传感网技术等的使用是物联网最为重要的技术类型，这些技术为工业、农业、医疗、交通等各行业提供了更为广泛的数据来源支撑，为物联网应用的数据采集提供了丰富的数据源泉。

早在 1980 年，著名未来学家阿尔文·托夫勒在其代表作《第三次浪潮》中将大数据誉为“第三次浪潮的华彩乐章”，准确预言了信息化时代的到来（刘晓英，2015）。

2001 年 META 集团分析师 Doug Laney 发布研究报告“3D Data Management：Controlling Data Volume，Velocity，and Variety”，首次提出“3V”模型，现在仍然是大数据的定义和特征的重要组成部分。

继知名科学杂志 *Nature* 在 2008 年推出大数据专刊，围绕大数据所面临的技术挑战进行了讨论之后，*Science* 也于 2011 年推出大数据专刊，从互联网技术、超级计算、环境科学、生物医药等方面讨论了科学研究中的大数据处理问题（王元卓等，2013）。

2011 年 5 月，EMC 公司在拉斯维加斯举行以“云计算相遇大数据”为主题的 EMC World 会议，抛出了大数据的概念。同年，美国知名咨询公司麦肯锡在其报告“Big data：the next frontier for innovation，competition，and productivity”中对大数据做出了明确的定义，并指出“数据已经渗透到每一个行业和业务职能领域，逐渐成为重要的生产因素；而人们对于海量数据的运用将预示着新一波生产率增长和消费者盈余浪潮的到来”（张兴军，2014）。因此 2011 年被很多人认为是大数据元年。

2012 年 3 月，美国奥巴马政府宣布了“大数据研发计划”，并设立了 2 亿美元的启动资金，希望增强海量数据收集、分析萃取能力，根据该计划，美国国家科学基金会（National Science Foundation，NSF）、国立卫生研究院（National Institute of Health，NIH）、国防部（Department of Defense，DOD）、能源部（Department of Energy，DOE）、国防高级研究计划局（Defense Advanced Research Projects Agency，DARPA）、地质勘探局（United States Geological Survey，USGS）6 个联邦部门和机构将共同提高收集、储存、保留、管理、分析和共享海量数据所需的核心技术，扩大大数据技术开发和应用所需人才的供给。该计划还强调，大数据技术事关美国国家安全、科学和研究的步伐，将引发教育和学习的变革（段黎萍，2013）。欧盟方面也有类似的举措。过去几年欧盟已对科学数据基础设施投资 1 亿多欧元，并将数据信息化基础设施作为“Horizon 2020”计划的优先领域之一。联合国推出的“全球脉动”项目，希望利用大数据预测某些地区的失业率或疾病爆发等现象，以提前指导援助项目。2012 年 5 月，联合国发布了一份大数据白皮书，提出大数据对于联合国和各国来说是一个历史性的机遇，并讨论了如何利用大数据更好的服务公民（孙强和张雪峰，2014）；12 月，国际达沃斯论坛发布了“Big Data, Big Impact：New Possibilities for International Development”的报告，从金融服务、教育、健康、农业等多个方面分析了大数据所能带来的新的机遇。

国内也充分认识到了大数据的重要性，并高度重视大数据的开发利用工作。2011 年工业和信息化部发布了《物联网“十二五”发展规划》，将关键技术创新列为重点工程之一，其中的信息处理技术包含了海量数据存储、数据挖掘及图像视频智能分析，皆为大数据的重要组成部分（许爱装，2013）。从 2011 年底到 2012 年初，中国资本市场连续发布了三篇大数据主题研究报告《大数据时代即将到来》、《大数据时代三大发展趋势和投资方向》及《以数据资产为核心的商业模式》，系统阐述了大数据的商业图景，掀起了资本市场大数据的投资热潮。为了推动大数据产业的良性发展，2012 年 10 月，中国计算机学会组织来自大学、科研单位、企业和政府部门的 110 位专家成立了大数据专家委员会，其宗旨是探讨大数据的核心科学与技术问题，并于 2013 年 12 月发布《中国大数据技术与产业发展白皮书》，为业界梳理大数据的典型应用和发展趋势以及大数据研究所面临的科学问题和技术挑战。国内各大高等院校也纷纷建立数据分析（data analysis）和数据挖掘的专业实验室，不少大学开设数据挖掘的相关课程。华为、阿里巴巴、百度等互联网企业已经开始运用大数据资源提升自身业绩。

1.2　非结构化数据的基本概念

在信息社会，信息可以划分为两大类。一类信息能够用数据或统一的结构加以表示，可以称为结构化数据，如数字、符号等；而另一类信息无法用数字或统一的结构表示，如文本、图像、声音、网页等，可以称为非结构化数据。结构化数据属于非结构化数据，是非结构化数据的特例（李慧，2001）。

1.2.1　结构化数据的概述

结构化数据一般指存储在数据库中，具有一定逻辑结构和物理结构的数据，最为常见的是存储在关系数据库中的数据。一般是用二维表结构来逻辑表达实现的数据。

结构化数据的分析处理过程主要包括以下四个步骤。

（1）数据预处理（data preprocessing），主要进行数据清洗，帮助去除数据中的噪声并妥善解决遗失数据问题；同时进行数据转换，将属性中的连续值进行离散化。

（2）准备训练集和测试集，根据将采用的分类器准确性评估方法，将数据预处理过的数据集划分为训练集和测试集。

（3）构造分析模型，利用准备好的训练集，采用某种算法构造一个分析模型。

（4）评价分析模型，利用准备好的测试集，采用某种准确性评估方法对分析模型准确性进行评估：达到准确性要求的分析模型即可投入使用，否则对分析模型进行修改。

1.2.2　非结构化数据概述

非结构化数据一般指结构化数据以外的数据，通常意义上，这些数据不存储在数据库中，而是以各种类型的文本形式存放，其中 Web 上的一些数据［内嵌于超文本标记语言（hyper-text markup language，HTML）或可扩展标记语言（exten-sible markup language，XML）标记中］又具有一定的逻辑结构和物理结构，被称为半结构化数据。

相对于结构化数据而言，不方便用数据库二维逻辑表来表现的数据，即称为非结构化数据，包括所有格式的办公文档、文本、图片、XML、HTML、各类报表、图像和音频/视频信息等（曹金山和张泽滨，2011）。非结构化数据库是指其字段长度可变，并且每个字段的记录又可以由可重复或不可重复的子字段构成的数据库，用它不仅可以处理结构化数据（如数字、符号等信息）而且更适合处理非结构化数据（全文文本、图像、声音、影视、超媒体等信息）（何淑娟，2009）。

非结构化 Web 数据库主要是针对非结构化数据而产生的，与以往流行的关系数据库相比，最大的区别在于它突破了关系数据库结构定义不易改变和数据定长的限制，支持重复字段、子字段以及变长字段并实现了对变长数据和重复字段进行处理和数据项的变长存储管理，在处理连续信息（包括全文信息）和非结构化信息（包括各种多媒体信息）时有着传统关系型数据库所无法比拟的优势（钱智勇，2003）。

非结构化数据的分析过程类似于结构化数据，但在构造分析模型和评价分析模型过程中都伴随着非结构化数据转换为结构化数据的过程，其过程如下。

（1）分词，将连续的字序列按照一定的规范重新组合成词序列的过程。分词主要针对中文文本，英文文本不需要这个步骤。

（2）文本向量化，为了将分词后的文本转化为计算机能够识别以及处理的形式，需要将文本中词的特征经过量化处理后，作为文本的特征向量，目前主要采用向量空间模型（vector space model，VSM）。

（3）特征选择，由于文本中词的特性会造成文本向量特征空间的高维性和稀疏性，因此要采用一种有效的特征选择方法，降低特征空间的维数，以提高分类的效率和精度。目前主要的特征选择方法包括文本频率、信息增益、互信息量、X2 统计方法、文本证据权、优势率等（董梅和胡学钢，2007）。

1.3　非结构化数据研究的必要性

随着计算机应用及网络的普及，各行各业对其依赖程度越来越高，对计算机应用所产生的数据的管理与需求也越来越复杂，尤其随着大数据时代的到来，大量的结构化与非结构化文本业务数据涌现于互联网之中。

信息社会化时代，各行各业在处理相关业务的过程中，都累计了海量的数据信息，随着 IT 应用的普及和发展，传统的纸质资料存储方式在不断缩减，更多的采用电子信息的存储方式存放在计算机中。这些信息数据常被分为两类——结构化数据和非结构化数据。结构化数据即行数据，可以用二维表结构来逻辑表达；而非结构化数据，类似于文本、办公文档、各类报表、图片、图像、音频/视频等，格式多样的特点使得非结构化数据不方便使用二维表结构来实现数据的表达。

Web 2.0 技术的发展，互联网用户既是信息浏览者，也是信息生产者。在不断爆炸式增长的互联网数据中，非结构化数据的增长格外明显。网络用户在浏览信息的同时，产生了海量的形形色色的新数据，在这些数据中，如文档、图片、音乐、视频这一类结构不固定的数据占比非常大（谢华成和范黎林，2012）。根据 IDC 的研究人员表示，当前企业中有 80%为非结构数据，并且每年以 60%的增长率不断增加（胡珊珊，2014）。近年来人们对“大数据”的兴趣愈发浓厚，这背后的原因正是非结构化数据数量的大幅飙升。凯捷与经济学人智库最近进行的一项研究表明，58%的企业高管在做出商业决策时都依赖于非结构化数据分析。对于公司而言，这些难以处理的新型海量信息意味着巨大的挑战，但同时也是绝佳的机遇。分析的数据越多，发掘重要洞察信息的能力就越强。

1.4　非结构化数据挖掘的研究领域

非结构化信息处理的核心问题包括非结构化数据的采集与表示、数学建模、知识挖掘、信息融合、知识推理与综合决策等。与此联系最为紧密的 4 个研究领域包括环境感知、机器学习、知识推理及综合集成（徐宗本和张讲社，2007）。

1. 环境感知

环境感知的任务是，依据人的感知器官和物理传感器收集得到的真实物体信息以及来自网络等媒体的虚拟物体信息，重建真实物理场景。由麻省理工学院（Massachusetts Institute of Technology，MIT）人工智能实验室 Brooks 领导的 IntelligentRoom 项目，其主要工作就是建立一个环境感知系统——将环境中的人与技术综合起来的人机协作环境。20 世纪 90 年代，美国 Sandia 国家实验室组建了“面向用户的多维信息综合环境”，延揽各方人才以发展一个整合实物感知信息和虚拟感知信息的综合环境感知系统。美国国防部于 2003 年开始执行“学习型个人助理”计划，该计划旨在建立环境感知和事件检测系统，以获取所需的信息来支持高层决策，提高对突发事件的处理和应对能力。

被 *Scientific American* 评为 2006 年度全球科技领袖之一的斯坦福大学汽车参赛队的成就体现了环境感知研究方面的最新进展。2004 年，在美国国防高级研究计划局主办的一场无人驾驶机器大赛中，所有参赛机器均未跑完整个赛程的 5%便都出现故障，铩羽而归。然而 2005 年 10 月的一场比赛，4 辆机器用了不到 10

小时便跑完全程，斯坦福大学参赛车的行驶速度更是高达每小时 61 千米。进步的如此神速就得益于数学模型和感知器结合的环境感知系统的突破。

尽管环境感知在理论和应用方面取得了巨大进步，但总体而言还不能处理复杂的环境感知问题，仍缺乏系统明确的方法论指导，研究对象和工作往往都比较分散，至今尚未形成完整的理论和应用体系。以非结构化数据中最为关注的图像数据为例，近期的研究取得了丰硕的成果，在图像的边缘提取、图像分割、知觉组织和目标识别等方面均有突出进展。然而，所有这些进展还未能使机器像人那样能自由地驾驶、能快速准确地识别复杂图像中的目标、能自主地建立环境认知地图。换言之，无法像人那样具有对非结构化环境的高度自治能力。2007 年，比尔·盖茨在发表于 *Scientific American* 上的文章中指出，“要想让电脑和机器人感知周围的情况，并做出迅速准确的反应，难度之大远远超乎人们的预期……它们甚至分不清打开的门和窗有何不同”。

2. 机器学习

机器学习（machine learning）是非结构化信息处理的最重要的方面，其目的是从观测数据中发现规律和挖掘知识，为基于非结构化信息处理的综合决策提供基础。关于机器学习的研究，近年来取得了令人印象深刻的进展。在数据表示层面上，非结构化数据的可视化与特征提取，特别是数据降维，仍然是研究的中心。其中，基于核的技术无疑是近 10 年来在处理非结构化数据表示方面的最突出成果，同时自组织映射（self-organizing map，SOM）得到了更为广泛的研究与应用。2000 年在 *Science* 上同时发表的局部线性嵌入（locally linear embedding，LLE）和 Isomap 的非线性数据降维方法是这方面的突出发展，这些成果使得人们对利用微分几何中流形方法进行非结构化数据降维与可视化产生了更高的期待。2006 年 Hinton 等发表在 *Science* 上的工作展示出神经网络技术能异常成功地用来解决特征提取与信号重构，再一次唤起人们对神经网络技术的高度关注。尽管这些方法在高维数据的可视化和特征提取、数据聚类与特征子空间分析中取得了令人可喜的成果，但非结构化数据的本质维数的确定仍然是一个公开的难题。如何将这些有效的降维方法应用到识别、回归这类预测问题仍然面临挑战。当前，该方面的研究趋势如下：寻求与问题相关的自适应核函数方法；以数据特征空间（本质特征维）提取为目标的降维原理与方法；研究降维映射的局部化实现与面向海量数据的数据特征提取等。

在模型层面上，从人工智能（artificial intelligence，AI）早期的“以知识库为基础，以顺序推理为特征”的专家系统模型发展到 20 世纪后半叶盛行的“以模型为基础，以分布并行计算为特征”的计算智能模型，这一趋势仍将延续并占据主流。各种各样的人工神经网络（artificial neural network，ANN）、模糊系统模型正在非结构化信息处理各领域中发挥作用；一系列的模拟进化类算法也被广泛用来解决复杂的非结构搜索问题。基于统计学框架、Bayes 网络模型、隐马氏模型、随机场网络模型等的方法是近代代表性方法。同时，以支持向量机（support vector machine，SVM）为代表的核化方法已能有效地将许多传统线性模型扩展到非线性，且克服了传统意义上的“维数灾难”。这些方法所体现出的结构风险极小化（structural risk minimization，SRM）原理在指导新的数据建模理论与方法这一方面仍发挥着不可替代的作用。上述这些模型或模型化方法的局限性是：单一、固定化模型经常不能很好地解决非结构化信息处理所面临的问题，而对固定模型而言，选择其中合适的结构参数（如神经网络的隐含层单元数、模糊系统的隶属函数、支持向量机中的核参数等）仍缺乏理论依据或实际指导。另外，已有这些模型的共享性与人的易交互性普遍受到质疑，因而国际上该方面的一个明显发展趋势如下：追求模型选择的自适性以及各种模型间的共享性。此外，让模型能充分接纳领域知识和易于与科学家交互（以便搭建高效的人机交互智能系统）也得到了广泛关注。

在算法层面上，主流方向沿着“经验风险极小化”（empirical risk minization，ERM）“结构风险极小化”“交叉证实稳定性”（cross validation stability，即 CV 稳定性）快速发展。这一发展得益于学习理论的两个近代最突出的成果：Vapnik 的统计学习理论和 Poggio 等科学家所建立的有关学习算法的交叉证实稳定性理论。除了学习理论的突破外，在机器学习算法的实际设计方面，主动学习（active learning）和约束学习（constrained learning）也引起了广泛的关注。对特定学习问题通常都有一系列可用算法，如何针对问题选择最好的算法以达到最好的结果是至今尚未解决的问题。算法研究的另一关注热点是寻找算法设计的多学科背景支持，以形成新型的、更加高效的机器学习算法。各种各样的仿生与拟物类的自然计算（如演化算法、视觉分类机、快速模拟退火等）正是这方面的例证。

3. 知识推理

知识推理是非结构化信息处理的基础，它主要研究建立符合人的推理规则的综合信息决策理论和方法。时间和空间是人类知识表征的最重要的两个方面，是知识推理研究的重要内容。与基于数值与几何的定量表示相比较，时空知识的定性表示更符合人类认知特点，已引起人工智能、认知科学、自然语言处理、地理信息科学等领域越来越多学者的研究兴趣。自 Allen（1983）关于时间区间代数的著名工作以来，时间定性推理已成为人工智能研究的成熟领域。同时，一些有影响的定性空间理论也逐渐发展起来。值得注意的是，由于空间的高维本质，这些理论大多只考虑某一类空间关系，如著名的区域连接演算（region connection calculas，RCC）只考虑空间拓扑关系。集成多种空间关系（包括拓扑关系、方位关系、距离关系等）是空间推理研究的新趋势。空间推理的难解性、时变性、不确定性及交互性是空间推理研究的困难所在。粒度计算是模拟人类粒度化信息处理的一种新的概念和计算范式，主要用于处理模糊、不确定、不完整的海量信息，它包括所有有关粒度的理论、方法、技术和工具的研究，涵盖了模糊信息粒度理论、粗糙集理论、商空间理论、区间计算等诸多领域。近些年来，粒度计算引起广泛关注，正在逐步成为人工智能中一个新的研究热点。目前的研究方向，包括如何为粒度计算提供一套统一的理论框架，如何确定信息处理的粒度，粒度计算与传统计算的关系，以及为一些具体应用设计基于粒度计算的高效算法等。另外，针对具有多传感的复杂人工系统如机器人、作战飞机、航天器，其传感器多模信息（如数据、符号）如何进行表示，如何通过这些信息进行多模交互得到实时可用的信息与知识，是人工智能领域中信息感知的重要研究课题。在传感器数据具有不确定性和非完整性的特征情况下，寻求实时有效的多模态信息交互理论与方法仍然是高智能人工系统研究的重要方向。

4. 综合集成

综合集成是将各种信息处理方法（包括人的思维与推理）与技术综合运用以解决复杂巨系统问题的基本方法，它是将信息和信息处理优势转化为决策优势的决定性步骤。上文中由各国政府和企业开发的系统均可视为，为某一特定目的开发的综合集成系统。由 DARPA 支持开发的个性化学习助手（personalized assistant that learns，PAL）和基于 Agent 系统的控制（control of Agent based system，COABS）项目，以及由微软开发并用于 Exchange、Outlook 和 Hotmail 基于机器学习的垃圾邮件智能过滤器，也是非结构信息处理技术的综合集成系统。而正在火星上探索的“勇气号”和“机遇号”火星车以及 2005 年 11 月登上小行星“丝川”的探测器“隼鸟”均集成了大量非结构化信息处理技术，特别是环境感知技术。但是，许多综合集成系统由于军事和商业用途，其中的技术化细节都对他国封锁或保密，因此，研究具有区域性特征和自主知识产权的综合集成系统仍是各国、各企业的追求目标和研发重点。作为综合集成的主要方面，信息融合技术近年来得到了广泛的重视和研究。20 世纪 80 年代至今，发达国家已开发了上百个实用的军事信息融合系统。美国国防部还为此专门成立了数据融合专家组，并将数据融合列为对其至关重要的 21 项技术之一。美国三军总部建立的以信息融合为核心的 C4I 系统，在科索沃战争、阿富汗战争和伊拉克战争中相继发挥了巨大作用。目前，信息融合技术在数据级融合、特征级融合和决策级融合方面均取得了许多进展，研究方法包括小波变换、人工神经元网络、卡尔曼滤波、参数模板法、随机集方法、模糊逻辑、DS 证据推理、贝叶斯推理、统计决策、聚类和分类方法等，其应用也已向民用方面发展。

当前的研究热点包括：多源异构数据的统一描述方法的研究，异构数据的同化、配准和关联的研究，以及基于异构信息的条件事件推理研究等；应用技术的研究则集中在非结构化环境下多传感器异构数据的融合方面。

第 2 章　非结构化数据挖掘的基础理论

2.1　数 据 挖 掘

2.1.1　数据挖掘的概念

随着信息技术的发展与普及，大量的数据与信息逐渐积累，如何从海量的数据中提取有用的和有价值的信息即知识，已成为信息技术研究的重要问题，由此，数据挖掘技术应运而生（孟勋，2015）。20 世纪 90 年代，以美国信息工程领域专家为代表，学术界开始研究数据挖掘的理论与方法。

数据挖掘（data mining，DM）的概念最早是在 1995 年的美国计算机学会（Association for Computing Machinery，ACM）上提出的，数据挖掘就是从大量的、不完全的、有噪声的、模糊的、随机的数据中，提取隐含在其中的、人们事先不知道的但又是潜在有用的信息和知识的过程（刘帅和蒋贵凰，2015）。

另一种比较公认的定义是 Frawley 等（1991）提出的，数据挖掘就是从存在于大型数据库的数据中提取人们感兴趣的知识。这些知识是隐含的、事先未知的、潜在的、有用的信息，提取的知识表示为概念（concepts）、规则（rules）、规律（regulations）、模式（patterns）等形式，后来专家们将这些形式的知识表达模式运用形式化定义来描述。

数据挖掘的一个重要过程就是从数据中挖掘知识，也称为数据库中知识发现（knowledge discovery in databases，KDD）过程和知识提取、数据采掘的过程等，并且可以在其过程中用于发现概念/类描述、分类、关联、预测、聚类、趋势分析、偏差分析和相似性分析及结果的可视化。

因此，可以将数据挖掘理解为：在庞大的数据库中寻找出有价值的隐藏事件，并利用人工智能、统计、预测的科学技术，将其数据进行科学有价值的提取和深入分析，找出其中的知识，并根据企业发展中的需求问题建立不同的挖掘模型，以此作为提供企业进行决策分析时的参考依据。

人们把原始数据看做形成知识的源泉，就像从矿石中采矿一样。原始数据可以是结构化的，如关系型数据库中的数据；也可以是半结构化的，如文本、图形、图像数据，甚至是分布在网络上的异构数据。发现知识的方法可以是数学的，也可以是非数学的；可以是演绎的，也可以是归纳的。发现了的知识可以被用于信息管理、查询优化、决策支持、过程控制等，也可以用于数据自身的维护。数据挖掘的主要目标是：在众多复杂类型数据中找出“金块”，能在商务（企业）数据中找出提高销售量和效益的关键因素，并且也能通过数据挖掘找出影响企业效益增长的相关因素。因此，数据挖掘是一门广义的交叉学科，它汇聚了不同领域的研究者，尤其是数据库、人工智能、数理统计、可视化、并行计算等方面的学者和工程技术人员（严嘉等，2003）。

数据挖掘的概念随着其发展而不断得到充实，学术界将数据挖掘视为 21 世纪十大明星产业之一。数据挖掘已成为当今知识管理、商业智能领域最热门的话题之一。越来越多的企业通过对数据挖掘概念和技术的了解与应用，达到解决信息工程领域关键技术难题的目的。

2.1.2　数据挖掘的发展

第一代数据挖掘系统支持一个或少数几个数据挖掘算法。在挖掘时，挖掘算法少，数据被一次性调入内存。这些算法被设计用来挖掘向量数据，系统的成功依赖于数据的质量。

第二代数据挖掘系统支持数据库和数据仓库（data warehouse）。可与数据库管理系统（data base management system，DBMS）集成，或有与数据仓库相连的接口，能处理大而复杂的数据集，具有良好的可扩展性（scalability）。该类系统能够挖掘大型数据集、复杂数据集和高维数据。通过支持数据挖掘模式（data mining schema）和数据挖掘查询语言（data mining query language，DMQL）增加系统的灵活性，提供了与数据库和数据仓库之间的有效接口。

第三代数据挖掘系统能够挖掘 Internet/Extranet 的分布式和高度异质的数据，并且能够有效地与操作型系统集成，支持分布式和异质的数据。该类系统的关键技术之一是与预言模型无缝集成，即对建立在异质系统上的多个预言模型以及管理这些预言模型的元数据提供第一级别的支持。此外，还提供了数据挖掘系统和预言模型系统之间的有效接口。一个重要的优点是由数据挖掘系统产生的预言模型能够自动地被操作系统吸收，从而与操作型系统中的预言模块相联合，提供决策支持的功能。

第四代数据挖掘系统能够挖掘由嵌入式系统、移动系统和普遍存在的计算设备产生的各种类型的数据。目前，移动计算越来越重要，将数据挖掘和移动计算结合是当前的一个研究热点，研究开发分布式、移动式的数据挖掘系统成为第四代数据挖掘系统研究的重要课题之一（刘华和王永庆，2013）。

目前，第一代数据挖掘系统仍在发展中，第二代、第三代数据挖掘系统已经出现，第四代数据挖掘系统还处于研究阶段。

现在的数据仓库存储的数据量是 GB 到 TB 级别，随着时间的推移，在未来五年，可能会达到几百个 TB 级，因此，廉价可行的存储技术对于数据挖掘来说变得非常重要。目前，普遍采用的是二级存储技术，即磁盘（磁光盘）–主存两级存储。由于缺乏快速的访问和存储磁盘技术，随着存储容量的增长、数据挖掘查询越来越复杂以及并行处理器速度的加快，存储技术可能会成为数据挖掘的新瓶颈（张红云和马垣，2001）。

根据以上阐述，本书给出数据挖掘的研究内容，将其研究体系归纳如图 2.1 所示。

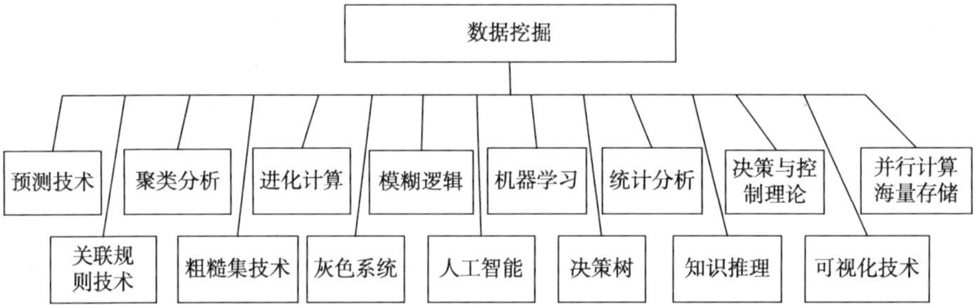

图 2.1　数据挖掘的研究体系

2.1.3　数据挖掘的主要技术

数据挖掘的主要技术包括：①预测技术；②关联规则技术；③聚类分析技术；④分类分析技术；⑤粗糙集技术；⑥进化计算技术；⑦灰色系统技术；⑧模糊逻辑技术；⑨人工智能与机器学习技术；⑩决策树技术；⑪统计分析方法；⑫知识获取、知识表示、知识推理和知识搜索技术；⑬决策与控制理论；⑭可视化技术；⑮并行计算技术和海量存储等技术。

1. 预测技术

为了科学、详细地了解某企业（某生产部门）的业务发展情况和以后的走势，可采用预测技术对其生产有利的条件进行科学论证和判断。一般在预测过程中，可以根据目标范围的不同，将其分为宏观预测和微观预测。例如，宏观经济预测是指对整个国民经济或一个地区、一个部门的经济发展前景的预测；而微观经济预测是以单个经济单位的经济活动前景作为考察的对象。按预测期限长短不同，可分为长期预测，中期预测和短期预测。按预测结果的性质不同，可分为定性预测与定量预测，有的时候也采用混合预测方法。

2. 关联规则技术

数据之间的关联规则指的是在数据库中存在的一类重要的可被发现的知识。若两个或多个变量的取值之间存在某种规律性，就称为关联。关联分析的目的是找出数据库中隐藏的关联网。关联规则技术主要应用在从大型数据库中找出潜在的属性相关的知识当中。例如，通过调研发现在大多数的汽车修理部门，在修理汽车的同时，也存在着购买汽车椅垫和其他零部件的可能，如果将这些相关的物品和零部件都放在汽车修理部门中，则会发现三者的效益会同时上升，从数据挖掘的角度来认识此类问题，则认为是关联知识挖掘的问题。目前，利用关联规则技术进行数据挖掘的研究非常盛行，著名的 Apriori 算法属于目前关联规则挖掘较好的算法模型之一，已经被应用在不同的研究领域中。

3. 聚类分析技术

聚类分析是根据事物的特征对其进行聚类或分类，通过聚类或分类可以发现其中的规律和模式。聚类或分类以后，样本数据集就转化为类集。同一类的样本数据具有相似的变量值，不同类的样本数据的变量值不具有相似性。

4. 分类分析技术

分类就是找出一个类别的概念特征，用以表示这类数据的整体信息，即该类的内涵描述，进而用这种描述来构造模型，通常用规则或决策树模式表示。分类通常利用训练数据集，采用一定的算法来求得分类规则。

5. 粗糙集技术

粗糙集技术采用的理论是粗糙集理论，将约简技术应用在不确定数据的范化和数据挖掘当中（孟勋，2015）。粗糙集理论是波兰 Pawlak 教授在 1982 年提出的一种智能决策分析理论，它是一种刻画不完整性和不确定性的数学工具，能有效地分析不精确、不一致、不完整等各种不完备的信息，并且能够将其不确定数据分析的结果，即不确定和不精确的知识用已知的知识库来近似刻画和处理（饶运清等，2002）。利用粗糙集理论可以解决的实际问题包括不确定（不精确）数据的简化、不确定（不精确）数据的关联性发现、不确定（不精确）数据所产生的决策模型、不确定（不精确）数据所产生的范化、基于不确定（不精确）数据的知识发现等。目前粗糙集理论与方法已被广泛应用于不精确、不确定、不完全的信息分类和知识获取。

6. 进化计算技术

基于生物界的自然选择和自然遗传机制的计算方法，如遗传算法（genetic algorithm，GA）、进化策略（evolution strategies，ES）和进化规则（evolutionary programming，EP）等方法，在科研和实际问题中的应用越来越广泛，并取得了较好的成果。这些方法都是基于生物进化的基本思想来设计、控制和优化人工系统的，一般将这类计算方法统称为进化计算，而将相应的算法统称为“进化算法”或者“进化程序”。这些方法能够在可以接受的计算时间内，很好地解决复杂的非线性优化问题，克服具有多个局部极值的非线性最优化问题，找到全局最优解，也可以解决复杂的组合规划或者整数规划问题。

7. 灰色系统技术

灰色系统是通过对原始数据的收集与整理来寻求其发展变化的规律。客观系统所表现出来的现象尽管纷繁复杂，但其发展变化有着自己的客观逻辑规律，是系统整体各功能之间的协调统一。因此，如何通过散乱的数据序列去寻找其内在的发展规律就显得特别重要（杨红平和马大川，2004）。灰色系统理论认为，一切灰色序列都能通过某种方式减少其随机性而呈现本来的规律，微分方程能较准确地反映事件的客观规律，也就是通过灰色数据序列建立系统反应模型，并通过该模型预测系统的可能变化状态。

8. 模糊逻辑技术

模糊数学是继经典数学、统计数学之后，在数学上的又一新的发展。在数据挖掘领域，基于模糊逻辑可以实现模糊综合判别、模糊聚类分析等多种数据挖掘模型。

9. 人工智能与机器学习技术

人工智能研究计算和知识之间的关系。用机器去模拟人的智能，使机器具有类似于人的智能，其实质是研究如何构造智能机器或智能系统，以模拟、延伸、扩展人类的智能。人工智能是在计算机科学、控制论、信息论、神经心理学、哲学、语言学等多种学科研究的基础上发展起来的。早期的研究领域有：专家系统（expert system）、机器学习、模式识别（pattern recognition）、自然语言理解、自动定理证明、自动程序设计、机器人学、博弈、人工神经网络等；目前已涉及数据挖掘、智能决策系统、知识工程、分布式人工智能等。人工智能技术包括推理技术、搜索技术、知识表示与知识库技术、归纳技术、联想技术、分类技术、聚类技术等，其中最基本的三种技术即知识表示、推理和搜索都在数据挖掘中得到了体现（钟智和尹云飞，2004）。

人工智能有许多研究领域，主要的有以下几个领域：

（1）专家系统。专家系统是依靠人类专家已有的知识建立起来的知识系统。目前专家系统是人工智能研究中开展较早、最活跃、成果最多的领域，广泛应用于医疗诊断、地质勘探、石油化工、军事、文化教育等各方面。它是在特定的领域内具有相应的知识和经验的程序系统，它应用人工智能技术，模拟人类专家解决问题时的思维过程来求解领域内的各种问题，达到或接近专家的水平（于大方，2008）。

（2）机器学习。要使计算机具有知识一般有两种方法：一种是由知识工程师将有关的知识归纳、整理，并且表示为计算机可以接受、处理的方式输入计算机。另一种是使计算机本身有获得知识的能力，使它可以学习人类已有的知识，并且在实践过程中总结、完善，这种方式称为机器学习。目前主要从以下三个方面进行机器学习的研究：一是研究人类学习的机理、人脑思维的过程；二是研究机器学习的方法；三是建立针对具体任务的学习系统（卢妙娜和王润，2010）。

（3）模式识别。模式识别是研究如何使机器具有感知能力，主要研究视觉模式和听觉模式的识别，如识别物体、地形、图像、字体（如签字）等。在日常生活的各方面以及军事上都有广大的用途。近年来迅速发展起来的应用模糊数学模式、人工神经网络模式的方法逐渐取代了传统的基于统计模式和结构模式的识别方法（张妮等，2009）。

（4）自然语言理解。计算机如能“听懂”人的语言（如汉语、英语等），便可以直接用口语操作计算机，这将给人们带来极大的便利。计算机理解自然语言的研究有以下三个目标：一是计算机能正确理解人类的自然语言输入的信息，并能正确答复（或响应）输入的信息；二是计算机对输入的信息能产生相应的摘要，而且复述输入的内容；三是计算机能把输入的自然语言翻译成所要求的另一种语言，如将汉语译成英语或将英语译成汉语等。目前，人们做了大量的尝试，研究如何利用计算机进行文字或语言的自动翻译，但还没有找到最佳的方法，有待于更进一步的深入探索。

（5）机器人学。机器人是一种能模拟人行为的机械，目前的研究经历了三代：第一代（程序控制）机器人；第二代（自适应）机器人；第三代（智能）机器人。智能机器人具有类似于人的智能，装备了高灵敏度的传感器，具有超过一般人的视觉、听觉、嗅觉、触觉，能对感知的信息进行分析，控制自己的行为，处理环境发生的变化，完成各种复杂困难的任务（纪明政，2013）。而且具有自我学习、归纳、总结、提高已掌握知识的能力。目前研制的智能机器人大都只具有部分的智能，同真正意义上的智能机器人相比相差甚远。

（6）智能决策支持系统（intelligent decision support system，IDSS）。属于管理科学的范畴，它与“知识-智能”有着极其密切的关系。将人工智能中特别是智能和知识处理技术应用于决策支持系统（decision support system，DSS），这就扩大了决策支持系统的应用范围，提高了系统解决问题的能力，并最终逐渐形成了智能决策支持系统。

（7）人工神经网络。人工神经网络从研究人脑的奥秘中得到启发，试图用大量的处理单元（人工神经元、处理元件、电子元件等）模仿人脑神经系统工程结构和工作机理。其一般可分为三种网络模型：①前馈式网络：以感知机、误差反向传播模型、函数型网络为代表，可用于预测、模式识别等方面；②反馈式网络：它以 Hopfield 的离散模型和连续模型为代表，分别用于联想记忆和优化计算；③自组织网络：它以 ART 模型、Koholon 模型为代表，用于聚类分析等方面（罗斌，2007）。

10. 决策树技术

决策树技术主要是指针对给定的一组样本数据，根据其对应的规则，最终选取相应的一组动作。决策树方法是利用训练集生成一个测试函数，根据不同的取值建立树的分支；在每个分支子集中重复建立下层节点和分支。这样便生成一棵决策树，然后对决策树进行剪枝处理，最后把决策树转化为规则。决策树方法主要用于分类挖掘，是利用信息论中的互信息（mutual information，MI）（信息增益）寻找数据库中具有最大信息量的属性字段，从而建立决策树的一个节点，再根据该属性字段的不同取值建立树的分支，最后在每个分支子集中再重复建立树的下层节点和分支的过程（马秀红等，2004）。国际上最早、也是最有影响的决策树方法是在 1975 年由 Quinlan 提出的 ID3 方法。ID3 是基于信息熵的决策树分类算法，根据属性集的取值选择实例的类别，要解决的核心问题是在决策树中各层节点上选择属性。用信息增益率作为属性选择的标准，使得在每个非叶节点测试时，能获得关于被测试例子最大的类别信息。使用该属性将例子集分成子集后，系统的熵值最小，使得该非叶子节点到其对应的后代叶子节点的平均路径最短，从而使得所生成的决策树的平均深度较小，进一步提高分类的速度和准确率（高静等，2008）。

11. 统计分析方法

统计学是“数据科学”，即收集、分析、展示及解释数据的科学。统计学在数据样本选择、数据预处理、数据挖掘过程及评价抽取知识的步骤中有着非常重要的作用。许多统计学的工作是针对数据和假设检验的模型进行评价，也包括评价数据挖掘的结果。在数据预处理步骤中，统计学使用了估计噪声参数过程中要用到的平滑处理技术，一定程度上降低了补足丢失数据和消除奇异值对结果的负面影响作用。数据总结的最简单方法就是传统的统计方法，计算出数据库中各个数据项的总和、均值、方差、最大值、最小值、百分位数等基本描述统计量，还可利用图形工具，制作总体的频率直方图、饼状图、盒形图、茎叶图、散点图及拟合概率分布图等，将结果直观地提供给分析者。多元统计分析中的聚类分析、判别分析、回归分析、主分量分析、因子分析、典型相关分析、偏最小二乘回归等方法都能在一定程度上达到数据挖掘的目的，在数据挖掘的数据收集、清理环节发挥重要作用。多元分析与其他挖掘技术相结合，成为了数据挖掘中不可或缺的工具（陈伟志等，2003）。

12. 知识获取、知识表示、知识推理和知识搜索技术

知识获取是指在人工智能和知识上程系统中，机器（计算机或智能机）如何获取知识的问题。知识表示是指在计算机中对知识的一种描述，是一种计算机可以接受的用于描述知识的数据结构。表示方法可分为符号表示法和连接表示法：符号表示法使用各种包含具体含义的符号，以各种不同的方式和次序组合起来表示知识，它主要用来表示逻辑性知识；连接表示法是把各种物理对象以不同的方式及次序连接起来，并在其之间相互传递及加工各种包含具体意义的信息。在数据挖掘中关联规则的挖掘用到了符号表示法。知识推理技术从已知的事实出发，运用已掌握的知识，找出其中蕴含的事实，或归纳出新的事实。推理可分为经典推理和非经典推理，前者包括自然演绎推理、归纳演绎推理、与/或形演绎推理等，后者主要包括多值逻辑推理、模态逻辑推理、非单调推理等。知识搜索是根据问题的实际情况不断寻找可利用的知识，从而构造一条代价较小的推理路线。搜索分为盲目搜索和启发式搜索，盲目搜索是按预定的控制策略进行搜索，在搜索过程中获得的中间信息不用来改进控制策略。启发式搜索是在搜索过程中加入与问题有关的启发性信息，用于指导搜索朝着最有希望的方向前进，加速问题的求解过程，并找到最优解。

13. 决策与控制理论

传统的储存决策支持系统通常是在某个假设的前提下通过数据查询和分析来验证或否定这个假设，而数据挖掘技术则能够自动分析数据，进行归纳整理，从中发现潜在的模式，或产生联想，建立新的业务模型，帮助决策者调整市场策略并找出正确的决策。数据挖掘的出现使决策支持工具跨入了一个新阶段。数据挖掘技术的兴起为智能决策支持系统研究指明了一个新的方向，即基于数据挖掘的智能决策支持系统。

14. 可视化技术

可视化技术采用直观的图形图表方式将挖掘出来的模式加以表现，数据可视化大大扩展了数据的表达能力，从而也便于用户的理解。因此，数据挖掘中的可视化技术得到了数据挖掘研究人员高度的重视。

15. 并行计算技术和海量存储

强大的并行处理计算机可以提高数据挖掘的应用水平，因为并行处理技术可以将一个复杂的查询分解成多个子查询，每个子查询交给不同的处理器处理，这一处理过程是并行执行的。因此，并行处理技术可以大大加速数据挖掘的过程。

根据国内外专家学者对数据挖掘领域的研究，热点问题可以归纳为数据挖掘

与聚类分析，重点体现在预测分析、聚类分析、分类分析、关联规则等技术上。

2.1.4　数据挖掘的研究现状

与国外相比，国内对数据挖掘与知识发现的研究稍晚。目前，国内的许多科研单位和高等院校竞相开展知识发现的基础理论及其应用的研究，包括清华大学、中国科学院计算技术研究所、空军第三研究所、海军装备论证中心等。其中，北京系统工程研究所对模糊方法在知识发现中的应用进行了较为深入的研究，北京大学也在开展对数据立方体代数的研究，华中理工大学、复旦大学、浙江大学、中国科技大学、中国科学院数学研究所、吉林大学等单位开展了对关联规则开采算法的优化和改造；南京大学和上海交通大学等单位探讨并研究了非结构化数据的知识发现以及 Web 数据挖掘（李琼，2005）。这些研究的目的在于解决数据丰富而知识匮乏的突出矛盾。主要任务是对大型、分散数据库中的数据资源进行重新规划，重新组织，营造出新的、容易利用的企业信息资源库，以达到对信息流、物流、资金流等资源的统一管理和分析，挖掘出有价值的信息和知识，给企业的管理者和决策者提供有力的决策支持。

数据挖掘中还存在许多问题有待于进一步研究，包括下列几个研究方向：

（1）算法效率和可伸缩性。随着互联网技术的发展，数据库的规模呈指数增长。MB 规模的数据库已经非常普遍。在商业数据库中，GB 和 TB 规模的数据库也已经在使用中。当把 www 包括进来的时候，PB 规模的数据库正在出现。例如，美国国家航空航天局（National Aeronautics and Space Administration，NASA）轨道卫星上的地球观测系统（earth observation system，EOS）每小时会向地面发回大量图像数据；大型天文望远镜每年会产生不少于 10TB 的数据；等等。据统计，数据和计算资源的增长速度符合摩尔定理，每 18 个月翻一番。因此，海量数据挖掘的最大挑战不仅仅在于数据库的绝对规模，还在于数据挖掘系统是否能够处理这些持续增长的数据集合。传统进行数据分析的算法假设数据库中的记录数比较少，然而，现在许多数据库大到内存无法装下整个数据库。由于从磁盘中获得数据明显比从随机存取存储器（random access memory，RAM）中存取数据慢。因此，为了保证高效率，运用到大型数据库中的数据挖掘算法应该是高度可伸缩的，即如果给出一个固定的内存大小，算法的运行时间随着输入数据库的记录数呈线性递增，就说该算法是可伸缩的。假设现在使用一个计算复杂度为 $O(n^3)$的算法，根据摩尔定理，在 10 年后一个同样的数据挖掘任务将需要现在运行时间的 10 000 倍。其原因是在这段时间内，数据的规模和计算速度将大约增长 100 倍，而计算的复杂度将增加 1 000 000 倍。也就是说，如果一个数据挖掘任务现行需要 1 小时完成，10 年后它的运行时间要超过 1 年。因此，进行海量数据挖掘的算法最好具有线性的计算复杂度 $O(n)$，必须能有效地处理海量数据，其算法必须是高效率和可伸缩的（彭程，2006）。

（2）处理不同类型的数据和数据源。目前数据挖掘系统处理的数据库大多是关系数据库。随着数据库应用范围和规模的日益扩大、功能的日益完善，数据库中将包含大量复杂的数据类型，如非结构化和半结构化的数据、复杂的数据对象、混合文本、多媒体数据、时空数据、事务数据及历史数据等，甚至出现新的数据库模型。因此，保证数据挖掘系统能有效地处理不同类型的数据是至关重要的（罗可等，2002）。

（3）数据挖掘系统的交互性。数据挖掘中操作者的适当参与能加速数据挖掘的过程。一方面，有操作者参与的交互界面通过接收用户的检索、查询要求和数据挖掘策略，为用户表达要求和策略提供了方便；另一方面，交互界面又把生成的结果传递给用户，由于生成的结果可以是多种多样的，因此，能友好、准确而直观地描述挖掘结果的用户界面一直是研究的重要课题之一（崔永君，2009）。

（4）Web 挖掘。由于 Web 上存在大量信息，并且 Web 在当今社会扮演着越来越重要的角色，因此，Web 挖掘将成为数据挖掘中一个重要和内容丰富的子领域。

（5）数据挖掘中的隐私保护与信息安全。由于数据挖掘能从不同的角度、不同的抽象层面上分析数据，因此这将潜在地影响数据的私有性和安全性。随着计算机网络的日益普及，研究数据挖掘可能导致的非法数据入侵是实际应用中亟待解决的问题之一。

（6）探索新的应用领域。数据挖掘的应用领域在不断扩大。由于通用数据挖掘系统在处理特定应用问题时有其局限性，因此，目前的一种趋势是开发针对特定应用的数据挖掘系统。

（7）数据挖掘语言的标准化。标准的数据挖掘语言或有关方面的标准化工作将有助于数据挖掘系统的研究和开发，有利于用户学习和使用数据挖掘系统。

（8）数据挖掘结果的可用性、确定性及可表达性。可用性是指所发现的知识需精确地描述数据库的内容，并对已明确的应用是有用的。确定性是指非精确的结果需借助于不确定性方式来表达，以相似的规则或多个规则来描述。可表达性是指噪声及应去除的数据在数据挖掘系统中应被仔细处理。

（9）各种数据挖掘结果的表达。数据挖掘可以发现不同种类的知识，既可以从不同的角度来检验发现的知识，也可以用不同的形式来表示这些知识。这就要求既要表达对数据挖掘的要求，也要以高级语言或图形用户界面来表达发现的知识，使其易于被用户理解和运用。

（10）可视化数据挖掘。可视化数据挖掘是从大量数据中发现知识的有效途径，系统研究和开发可视化数据挖掘技术将有助于推进数据挖掘作为数据分析的基本工具。

2.1.5 数据挖掘的应用领域

数据挖掘的用途无所不在。它可以应用在生产任务的预测与分析、生产效益的评估与分析、销售领域的预测分析、物流企业的货源预测与分析、交通肇事逃逸案的分析、超市的物品摆放、银行的贷款预测与决策分析、服装领域的职业服装号型归档、大型数据库的关联知识挖掘、企业绩效评估与分析等相关的领域中；也可以应用在更细致的研究中，如在金融行业出现的基于数据仓库的贷款决策分析，通过数据挖掘产品的相关技术将银行和信用卡公司庞大的顾客资料做筛选、分析、推演及预测，找出哪些是最有贡献的顾客，哪些是高流失率族群，或是找出一个新的产品或促销活动可能带来的响应率，如何在合适的时间提供适当的产品及服务等挖掘功能。

数据挖掘技术从一开始就是面向应用的。它不但是面向特定数据库的简单检索查询调用，而且还要对这些数据进行微观、中观乃至宏观的统计、分析、综合和推理，以指导对于实际问题的求解，并试图发现事件之间的相互关联，甚至利用已有的数据对未来的活动进行预测。这样就把人们对数据的应用，从低层次的末端查询操作，提升到为各级经营决策者提供决策支持。这种需求驱动力，比数据库查询更为强大。同时需要指出的是，这里所说的知识发现，不是要求发现放之四海而皆准的真理，也不是要去发现崭新的自然科学定理和纯数学公式，更不是什么机器定理证明。所有发现的知识都是相对的，是有特定前提和约束条件、面向特定领域的，同时还要能够易于被用户理解，最好能用自然语言表达所发现的结果（张红军，2003）。

在 Gartner 的一次高级技术调查中，数据挖掘和人工智能被列为“未来三到五年内将对工业产生深远影响的五大关键技术”之首，并且还将并行处理体系和数据挖掘列为未来五年内投资焦点的十大新兴技术的前两位。根据 Gartner 的高性能计算（high performance computing，HPC）研究表明，随着数据捕获、传输和存储技术的快速发展，大型系统用户将更多地需要采用新技术来挖掘市场以外的价值，采用更为广阔的并行处理系统来创造新的商业增长点（蒋秀英，2008）。

数据挖掘的应用极其广泛。针对特定领域的应用，人们开发了许多专用的数据挖掘工具，包括天文学、生物医学、医疗保健、DNA 分析、银行、金融、零售业和电信业等。

数据挖掘在天文学上有一个非常著名的应用系统——天体分类与分析工具（sky image cataloging and analysis tool，SKICAT）。它是由美国加州理工学院开发的用于帮助天文学家发现遥远星体的工具，其任务是构造星体分类器对星体进行分类。

数据挖掘在生物医学上的应用主要集中于分子生物学，尤其是基因工程的研究。它在分子生物学上的工作可分为两种：一是从各种生物体的 DNA 序列中定位出具有某种功能的基因串；二是在基因数据库中搜索与某种具有高阶结构或功能的蛋白质相似的高阶结构序列。

数据挖掘在市场营销中的应用可分为两类——数据库市场营销和购物篮分析。前者的任务是通过交互查询、数据分割和模型预测等方法来选择有潜力的顾客以便向他们推销产品。后者的任务是分析市场销售数据（如 POS 数据库）以识别顾客的购买行为，从而帮助确定商店货架的布局等，促进商品的销售。

数据挖掘在银行业主要用于信用欺诈的建模和预测、风险评估、趋势分析、收益分析及辅助销售活动。在金融市场，已用于股票价格预测、购买权交易、债券等级评定、资产组合管理、商品价格预测、合并和买进及金融危机预测等方面（罗可，2005）。

2.2　数据挖掘与其他技术的关系

2.2.1　数据仓库与数据挖掘的关系

作为决策支持新技术，近十年数据仓库与数据挖掘发展迅速。数据仓库和数据挖掘二者相互结合共同发展，又相互影响、促进，两者的联系概括如下。

（1）数据挖掘和数据仓库是融合与互动发展。对于数据挖掘，如果能与数据仓库协同工作，则可以简化数据挖掘过程的某些步骤，从而大大提高数据挖掘的工作效率。数据仓库中的数据是经过预处理的，它清洗了原始数据中的不规范数据，统一了数据格式并做了一些必要的汇总，数据挖掘只需要在此基础之上再做进一步的预处理。数据挖掘和数据仓库的协同工作，是数据挖掘专家、数据仓库技术人员和行业专家共同努力的成果，更是广大渴望从数据库“奴隶”到数据库“主人”转变的企业最终用户的通途。一方面，两者协同工作可以迎合和简化数据挖掘过程中的重要步骤，提高数据挖掘的效率和能力，确保数据挖掘中数据来源的广泛性和完整性；另一方面，数据挖掘技术已经成为数据仓库应用中极为重要和相对独立的方面和工具。若将数据仓库比作矿坑，数据挖掘就是深入矿坑采矿的工作。毕竟数据挖掘不是一种无中生有的魔术，也不是点石成金的炼金术，若没有足够丰富完整的数据，很难期待数据挖掘能挖掘出什么有意义的信息。要将庞大的数据转换成有用的信息，必须先有效率地收集信息。随着科技的进步，功能完善的数据库系统就成了最好的收集数据的工具。数据仓库，简单地说，就是搜集来自其他系统的有用数据，存放在一个整合的储存区内。所以数据仓库其实就是一个经过处理整合，且容量特别大的关系型数据库，用以储存决策支持系统所需的数据，供决策支持或数据分析使用。从信息技术的角度来看，数据仓库的目标是在组织中和正确的时间之内，将正确的数据交给正确的人（朱世武等，2003）。

（2）数据挖掘和数据仓库的目的和过程不同。许多人对于数据仓库和数据挖掘时常混淆，不知如何分辨。其实，数据仓库是数据库技术的一个新主题，利用计算机系统帮助我们操作、计算和思考，让作业方式改变，从而使决策方式也跟着改变。数据仓库本身是一个非常大的数据库，它储存着由组织作业数据库中整合而来的数据，特别是由在线事务处理系统（on-line transaction processing，OLTP）所得来的数据。将这些整合过的数据置放于数据仓库中，决策者就可以利用这些数据做决策；但是，这个转换及整合数据的过程，是建立一个数据仓库最大的挑战。因为将作业中的数据转换成有用的策略性信息是整个数据仓库的重点。综上所述，数据仓库应该包括整合性数据（integrated data）、详细和汇总性的数据（detailed and summarized data）、历史数据、解释数据的数据。从数据仓库挖掘出对决策有用的信息与知识，是建立数据仓库与使用数据挖掘的最大目的，两者的本质与过程不同。换言之，数据仓库应先行建立完成，数据挖掘才能有效率地进行，因为数据仓库本身所含数据是干净（不会有错误的数据掺杂其中）、完备且经过整合的，因此两者关系可解读为数据挖掘是从数据仓库中找出有用信息的一种过程与技术（王娅纷，2009）。

一方面，数据仓库为数据挖掘提供了更好更广泛的数据源。数据仓库中集成和存储着来自异质信息源的数据，而这些信息源本身就可能是一个规模庞大的数据库。同时数据仓库存储了大量的、长时间的历史数据，可以用来进行数据的长期趋势分析，为决策者的长期决策行为提供支持。数据仓库中数据在时间轴上的纵深性是数据挖掘不能回避的难点问题之一。数据仓库为数据挖掘提供了新的支持平台，其发展不仅为数据挖掘开辟了新的空间，并且对数据挖掘技术提出了更高的要求。作为数据挖掘的对象，数据仓库技术的产生和发展为数据挖掘技术开辟了新的战场，提出了新要求和挑战。数据仓库的体系结构努力保证查询和分析的实时性，其一般设计成只读方式，更新由专门一套机制保证，数据仓库对查询的强大支持使数据挖掘效率更高。数据仓库为更好地使用数据挖掘工具提供了方便。数据仓库的建立，应充分考虑数据挖掘的要求。用户可以通过数据仓库服务器得到所需的数据，形成开采中间数据库，利用数据挖掘方法进行开采，获得知识。数据仓库为数据挖掘集成了企业内各部门全面的、综合的数据，数据挖掘要面对的是关系更复杂的企业全局模式的知识发现，数据仓库机制能够大大减少数据挖掘的障碍，一般进行数据挖掘要花大量的精力在数据准备阶段。数据仓库中的数据已经被充分收集起来进行了整理、合并，并且有些还进行了初步的分析处理。这样，数据挖掘的注意力能够更集中于核心处理阶段。另外，数据仓库中对数据不同粒度的集成和综合，能更有效地支持多层次、多种知识的开采。

另一方面，数据挖掘为数据仓库提供了更好的决策支持。高层决策要求系统能够提供更高层次的决策辅助信息，而基于数据仓库的数据挖掘能更好地满足高层战略决策的要求。数据挖掘对数据仓库中的数据进行模式抽取和知识发现，从数据仓库中揭示出对企业有潜在价值的规律，形成知识，为知识管理提供内容，在知识管理中起到中流砥柱的作用，这些是数据仓库所不能提供的。数据挖掘对数据仓库的数据组织提出了更高的要求，数据仓库作为数据挖掘的对象，要为数据挖掘提供更多、更好的数据，其数据的设计、组织都要考虑到数据挖掘的要求。数据挖掘还能为数据仓库提供广泛的技术支持，其可视化技术、统计分析技术等都为数据仓库提供了强有力的技术支持。

总之，数据仓库在纵向和横向两方面都为数据挖掘提供了更广阔的活动空间。数据仓库完成数据的收集、集成、存储、管理等工作，为数据挖掘准备了经过初步加工的数据，使得数据挖掘能更专注于知识的发现，同时由于数据仓库所具有的新特点，数据仓库对数据挖掘技术提出了更高的要求。另外，数据挖掘为数据仓库提供了更好的决策支持，同时促进了数据仓库技术的发展。可以说，要充分发挥数据挖掘和数据仓库技术的潜力，就必须将二者有机地结合起来（王预，2008）。

2.2.2　KDD 与数据挖掘的关系

KDD 是决策技术不可缺少的过程，也是数据仓库系统不可缺少的过程。Fayyad 等（1996）专家对 KDD 的定义是，KDD 是识别有效的、新颖的、潜在的和最终可以理解的模式的非平凡过程。经过数据挖掘之后的重要任务就是 KDD 的过程。曾经有的学者将数据挖掘、数据仓库、KDD 作为数据仓库系统的三部曲，三者缺一不可。有的学者认为数据挖掘和 KDD 是同一个概念，但有的学者认为它们之间存在差异。从技术角度看，数据挖掘是从大量的、不完全的、有噪声的、模糊的、随机的实际数据中，提取隐含的、先前未知的并有潜在价值的信息的非平凡过程。知识发现是从数据库中发现知识的全部过程，包括收集原始数据、数据清理、数据集成、数据仓库、数据选择、数据变换、数据预处理、数据挖掘、建立模型、模式评估、知识表示。数据挖掘是全部过程的一个特定的、关键的步骤，是指应用特定的算法从数据中提取模式（刘帅和蒋贵凰，2015）。KDD 的一般过程如图 2.2 所示。

KDD 主要由以下步骤组成：①数据预处理，消除噪声或不一致数据；②数据组织与集成，多种数据源可以融合为一体进行异构数据的整合；③数据选择，从数据库中检索分析与任务相关的数据；④数据变换，将数据变换或统一成适合挖掘的形式，如有的数据要变成逻辑形式的数据，有的数据库要转化成逻辑数据库；⑤数据挖掘，按照主题要求，提出挖掘任务和基本步骤，使用智能手段，从大量数据（信息）中找出频繁出现的规律性事物，即提取数据模式；⑥模式评估，根据某种兴趣度度量，如支持度、可信度等，识别表示知识价值的模式；⑦知识表示，使用可视化和知识表示方法，展现与描述挖掘的信息和知识。

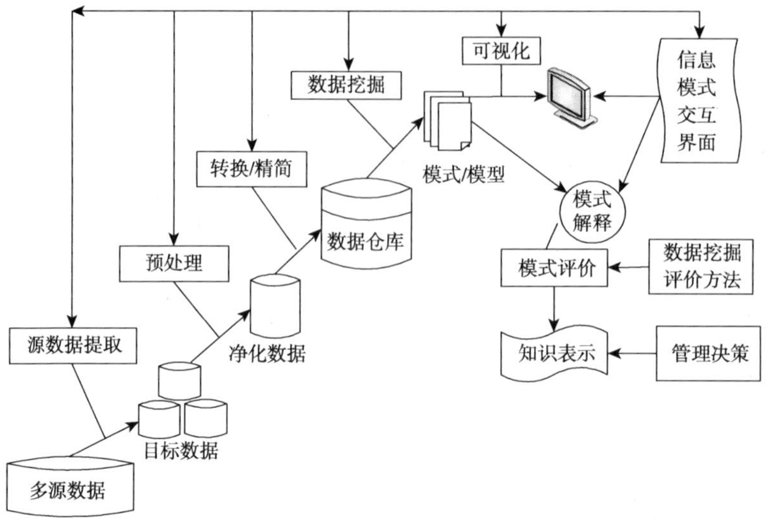

图 2.2　KDD 过程示意图

还有很多与数据挖掘和 KDD 相近或相关的术语，如数据分析、数据融合、数据的标准化/归一化、多智能体系统（multi-agent system，MAS）、决策支持系统、智能决策支持系统及群决策支持系统（group decision support system，GDSS）等。

2.2.3　OLAP 与数据挖掘的关系

OLAP（online analytical processing，即联机分析处理）是针对特定问题的联机数据访问和分析。通过对信息（维数据）的多种可能的观察形式进行快速、稳定一致和交互性的存取，允许管理决策人员对数据进行深入观察。OLAP 委员会对 OLAP 的定义是，使分析人员、管理人员或执行人员能够从多种角度对从原始数据中转化出来的、能够真正为用户所理解的、并真实反映企业维特性的信息进行快速、一致、交互的存取，从而获得对数据的更深入了解的一类软件技术（陈美华等，2008）。典型的 OLAP 系统体系结构如图 2.3 所示。

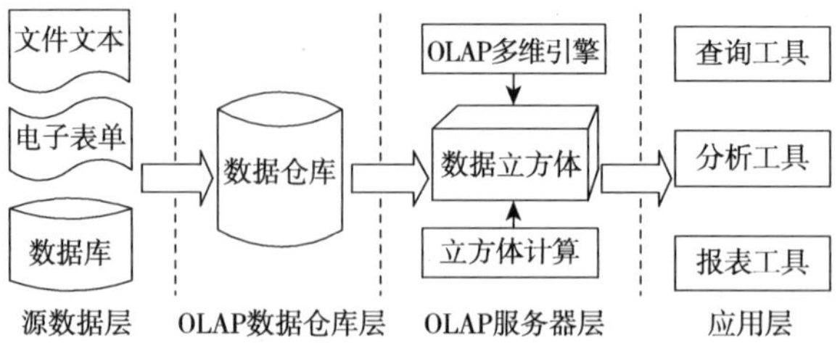

图 2.3　典型的 OLAP 系统体系结构

整个 OLAP 系统可采用 B/S 模式，大致分为四层：第一层是源数据层，存储了企业的业务细节数据。第二层是 OLAP 数据仓库层，数据抽取程序将源数据按主题进行归纳整理，存入 OLAP 数据库中，提供适合 OLAP 分析的详细、集成、准确的客户基础数据。第三层是 OLAP 服务器层，保存了分析所需的客户聚集数据和相关的元数据，代理用户的分析请求，获取分析数据并返回给用户。第四层是应用层，让用户根据模型信息，提交分析请求，然后将获得的数据按用户需要的方式展现（方伟和杜承烈，2007）。

OLAP 和数据挖掘作为两种不同的数据分析工具，存在着许多不同之处：①是否主动进行数据分析，这是 OLAP 和数据挖掘最本质的区别。OLAP 是一种求证性的分析工具，一般由客户预先设定一些假设，然后使用 OLAP 去验证这些假设，被动地进行数据分析；而数据挖掘是一种挖掘性的分析工具，它主要是利用各种挖掘算法主动地去挖掘大量数据中蕴涵的规律和模式，主动地进行数据分析；②是否受到用户水平的约束，OLAP 是由用户驱动的，很大程度上受到用户水平的约束；而数据挖掘是由数据驱动的，系统能够根据数据本身的规律自动发掘潜在的模式，不受用户水平的约束；③从数据分析的深度来看，OLAP 位于较浅的层次；而数据挖掘能从更深的层次上发现 OLAP 所不能发现的信息；④从分析的本质来看，OLAP 是建立一系列的假设，然后通过 OLAP 来证实或推翻这些假设从而得到结论，本质上是一个演绎推理的过程；而数据挖掘是依据数据特征采用不同的挖掘算法，在海量的数据中主动发掘模型，本质上是一个知识归纳的过程（李娴，2006）。

2.3　图 像 挖 掘

图像挖掘是用来挖掘大规模图像数据中隐含的知识、图像内或图像间的各种关系以及其他隐藏在图像数据中的各种模式的一种技术，主要包括图像获取、图像存储、图像压缩、多媒体数据库、图像处理与分析、模式识别、计算机视觉、图像检索、机器学习、人工智能、知识表现等多方面内容。图像挖掘可以按以下方式进行分类。

1）依照图像数据的格式进行分类

按图像数据的格式可将图像挖掘分为基于矢量数据的数据挖掘和基于栅格数据的数据挖掘。图像数据的表现形式分为栅格数据和矢量数据两种，绝大多数经成像设备直接生成的图像都是由栅格数据构成，即未经处理的原始图像都是由栅格数据组成的。

第二，间接基于视频特征的高级模式知识挖掘，如通过挖掘根据运动目标特征得出的运动目标行为或事件的描述数据，就可以得出表示交叉事件的关联关系模式或者多个事件的过渡模式，如体育视频中比赛和暂停的重复出现模式。

从功能角度划分，视频挖掘方法有以下几种类型。

（1）视频分类挖掘。根据视频镜头的颜色直方图、视频对象的运动特征或其他视频语义描述，把一组视频对象按照类别的概念描述分成若干类，从而使相似性大的视频对象划分为同一类。通过类别的概念描述或类别中视频对象的特征得出隐含在视频数据中的模式。

（2）视频聚类挖掘。根据视频对象的特征以一些聚类算法将具有相同特性的视频对象聚成簇，由此确定每个视频对象所在的类别。

（3）视频关联挖掘。把视频对象或者特征值看成是数据项，从中找出不同视频对象之间出现频率高的关联模式。例如，两个视频对象经常同时出现、视频镜头变换的频率和视频类型之间的关联等，这些关联信息就可以说明某种语义含义。DIMACS 小组将视频的视音频特征进行交叉挖掘，从中得出规律、知识，解决人物标志等问题。

（4）时序趋势分析。数据挖掘中的趋势和奇异点分析方法也可以应用到视频数据特征挖掘当中，挖掘视频的特征、对象行为、事件随时间发生的模式与趋势（代科学等，2006）。

第 3 章　非结构化数据挖掘的开源工具及应用举例

3.1　WEKA

WEKA 的全名是怀卡托智能分析环境（Waikato environment for knowledge analysis），它诞生于怀卡托大学（University of Waikato，位于新西兰）并在 1997 年首次以其现代的格式实现。

WEKA 是一款免费的，非商业化（与之对应的是 SPSS 公司商业数据挖掘产品——Clementine）的，基于 Java 环境下开源的机器学习以及数据挖掘软件。它可以运行于几乎所有的操作平台，包括 Linux、Windows 等操作系统。

WEKA 作为一个公开的数据挖掘工作平台，汇集了大量能承担数据挖掘任务的机器学习算法。作为知识获取的完整系统，包括了数据输入、数据预处理以及分类、回归、聚类、关联规则等经典学习算法，并提供了在新的交互式界面上进行可视化操作的服务。此外，通过 WEKA 提供的接口，可在其基础上编写实现新的数据挖掘算法（郑茹菁等，2015）。

3.1.1　WEKA 使用简介

访问 http://www.cs.waikato.ac.nz/ml/weka/downloading.html，可以下载与具体操作系统相匹配的 WEKA 版本，然后在已经安装了 Java 的机器上运行 WEKA（图3.1）。启动 WEKA 时，会出现图形用户界面（graphical user interface，GUI）选择器，包括以下四种方式。

1. Explorer

使用 WEKA 探索数据的环境。在这个环境中，WEKA 提供了数据的预处理，数据格式的转化（从 CSV 格式到 ARFF 格式的转化），各种数据挖掘算法（包括分类与回归算法、聚类算法、关联规则等），并提供了结果的可视化工具。

图 3.1　WEKA 界面

所谓“CSV”，是逗号分隔值（comma separated value）的英文缩写，通常都是纯文本文件。

WEKA 存储数据的格式是 ARFF（attribute-relation file format，即属性关系文件格式）文件，这是一种只含有用美国信息交换标准代码（American standard code for information interchange，ASCII）编码的文本文件。二维表格存储在如下的 ARFF 文件中。在 WEKA 安装目录的“data”子目录下可以找到相应的数据集用来实验。

2. Experimenter

Experimenter 是运行算法试验、管理算法方案之间的统计检验的环境。例如，用户可创建一次试验，在一系列数据集上运行多个算法，然后分析结果以判断是否某个算法比其他算法（在统计意义下）更好。

3. KnowledgeFlow

这个环境本质上和 Explorer 所支持的功能是一样的，但是它有一个可以拖放的界面。它有一个优势，就是支持增量学习（incremental learning）。

4. SimpleCLI

提供了一个简单的命令行界面，从而可以在没有自带命令行的操作系统中直接执行 WEKA 命令。

在提供的四种图形用户界面选项中，选择 Explorer 选项实现后文的主要功能演示见图3.2。

3.1.2　WEKA 数据格式

WEKA 与许多数据分析软件一样，WEKA 所处理的数据集是一个二维的表格。用 WEKA 打开一个 ARFF 格式文件，如图 3.3 所示。

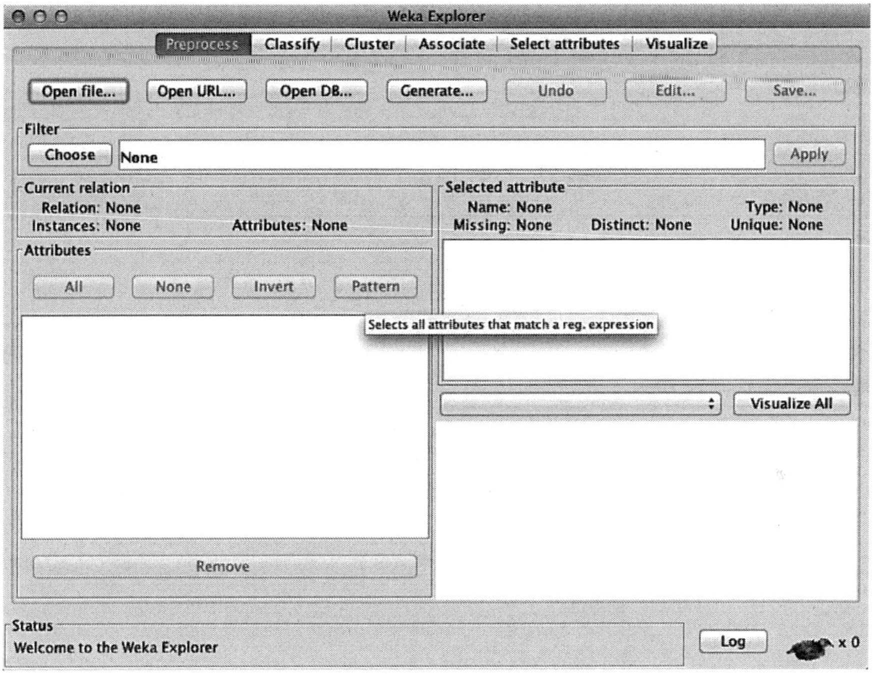

图 3.2　WEKA Explorer 功能

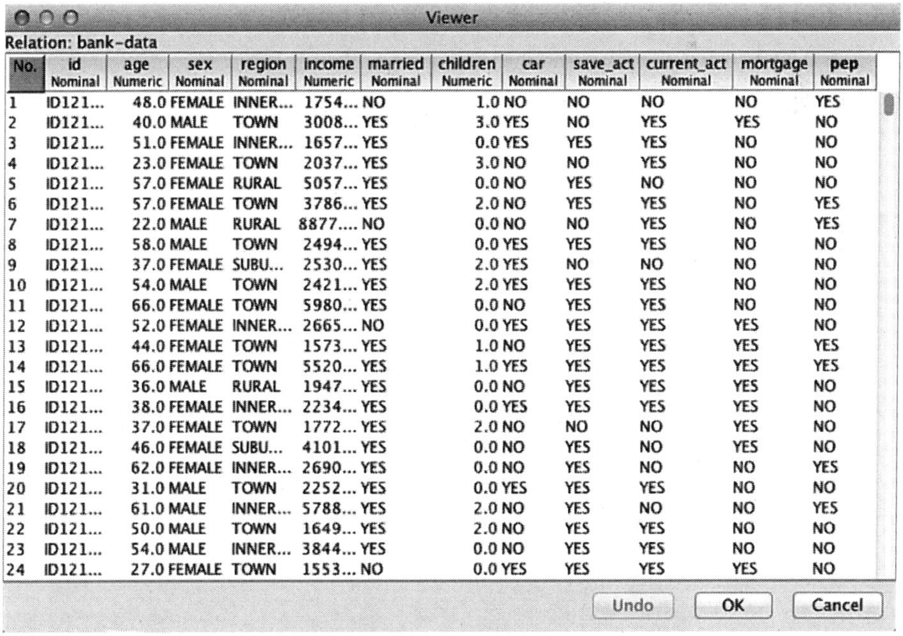

No.	id Nominal	age Numeric	sex Nominal	region Nominal	income Numeric	married Nominal	children Numeric	car Nominal	save_act Nominal	current_act Nominal	mortgage Nominal	pep Nominal
1	ID121...	48.0	FEMALE	INNER...	1754...	NO	1.0	NO	NO	NO	NO	YES
2	ID121...	40.0	MALE	TOWN	3008...	YES	3.0	YES	NO	YES	YES	NO
3	ID121...	51.0	FEMALE	INNER...	1657...	YES	0.0	YES	YES	YES	NO	NO
4	ID121...	23.0	FEMALE	TOWN	2037...	YES	3.0	NO	NO	YES	NO	NO
5	ID121...	57.0	FEMALE	RURAL	5057...	YES	0.0	NO	YES	NO	NO	NO
6	ID121...	57.0	FEMALE	TOWN	3786...	YES	2.0	NO	YES	YES	NO	YES
7	ID121...	22.0	MALE	RURAL	8877....	NO	0.0	NO	NO	YES	NO	YES
8	ID121...	58.0	MALE	TOWN	2494...	YES	0.0	YES	YES	YES	NO	NO
9	ID121...	37.0	FEMALE	SUBU...	2530...	YES	2.0	YES	NO	NO	NO	NO
10	ID121...	54.0	MALE	TOWN	2421...	YES	2.0	YES	YES	YES	NO	NO
11	ID121...	66.0	FEMALE	TOWN	5980...	YES	0.0	NO	YES	YES	NO	NO
12	ID121...	52.0	FEMALE	INNER...	2665...	NO	0.0	YES	YES	YES	YES	NO
13	ID121...	44.0	FEMALE	TOWN	1573...	YES	1.0	NO	YES	YES	YES	YES
14	ID121...	66.0	FEMALE	TOWN	5520...	YES	1.0	YES	YES	YES	YES	YES
15	ID121...	36.0	MALE	RURAL	1947...	YES	0.0	NO	YES	YES	YES	NO
16	ID121...	38.0	FEMALE	INNER...	2234...	YES	0.0	YES	YES	YES	YES	NO
17	ID121...	37.0	FEMALE	TOWN	1772...	YES	2.0	NO	NO	NO	YES	NO
18	ID121...	46.0	FEMALE	SUBU...	4101...	YES	0.0	NO	YES	NO	YES	NO
19	ID121...	62.0	FEMALE	INNER...	2690...	YES	0.0	NO	YES	NO	NO	YES
20	ID121...	31.0	MALE	TOWN	2252...	YES	0.0	YES	YES	YES	NO	NO
21	ID121...	61.0	MALE	INNER...	5788...	YES	2.0	NO	YES	NO	NO	YES
22	ID121...	50.0	MALE	TOWN	1649...	YES	2.0	NO	YES	YES	NO	NO
23	ID121...	54.0	MALE	INNER...	3844...	YES	0.0	NO	YES	YES	NO	NO
24	ID121...	27.0	FEMALE	TOWN	1553...	NO	0.0	YES	YES	YES	YES	NO

图 3.3　WEKA ARFF 格式文件

可以看到，该银行数据表格里的每一横行称做一个实例（Instance），相当于统计学中的一个样本，或者数据库中的一条记录。

每一列称做一个属性（Attribute），相当于统计学中的一个变量，或者数据库中的一个字段。这样一个表格（或者叫数据集），在 WEKA 看来，呈现出了属性之间的一种关系（relation）。图 3.3 中一共有 600 个实例、12 个属性，关系名称为“bank”。

识别 ARFF 文件的重要依据是分行，因此不能在这种文件里随意地断行。空行（或全是空格的行）将被忽略。以“%”开始的行是注释，WEKA 将忽略这些行。

除去注释后，整个 ARFF 文件可以分为两个部分：第一部分给出了头信息（head information），包括了对关系的声明和对属性的声明。第二部分给出了数据信息（data information），即数据集中给出的数据。从“@data”标记开始，后边的就是数据信息了。

1. 关系声明

关系名称用 ARFF 文件的第一个有效行来定义，格式为@relation <relation-name>其中<relation-name>是一个字符串。

如果这个字符串包含空格，它必须加上引号（指英文标点的单引号或双引号）。

2. 属性声明

属性声明用一列以“@attribute”开头的语句表示。数据集中的每一个属性都有与之对应的“@attribute”语句来定义它的属性名称和数据类型。

这些声明语句的顺序很重要，因为它表明了该项属性在数据部分的位置。例如，“humidity”是第三个被声明的属性，这说明数据部分那些被逗号分开的列中，第三列数据 85 90 86 96…是相应的“humidity”值。

3. 最后一个声明的属性被称做 class 属性，在分类或回归任务中，它是默认的目标变量

属性声明的格式为@attribute <attribute-name><datatype>。以此来定义属性名称和数据类型。其中，<attribute-name>是必须以字母开头的字符串。和关系名称一样，如果这个字符串包含空格，它必须加上引号。

WEKA 支持的数据类型<datatype>包括以下四种。

（1）numeric 数值型，包括“real”（实数）和“integer”（整数）。

（2）nominal-specification 分类型，即属性值是有限的集合，可以是字符串或数字，列出所有的可能类别名称并放在花括号中，如@attribute sex {FEMALE,MALE}。

（3）string 字符串型，值可以是任意的字符串。这种类型的属性在文本挖掘

中非常有用。

（4）date[<date-format>]日期和时间型。其中，<date-format>是一个字符串，用来规定该怎样解析和显示日期或时间的格式，默认的字符串是 ISO-8601 所给的日期时间组合格式“yyyy-MM-dd HH:mm:ss”。

数据文件中的每个实例占一行，实例的各属性值用逗号隔开。某些特征的数值如果是缺失的，可以用“？”代替。

3.1.3　WEKA 中的数据准备

1. 稀疏矩阵

有的时候数据集中含有大量的 0 值（如购物篮分析），这个时候用稀疏格式的数据存储更加节省空间。稀疏格式是针对数据信息中某个实例的表示而言，不需要修改 ARFF 文件的其他部分。看如下的数据：

```
@data
   0,X,0,Y,"class A"
   0,0,W,0,"class B"
```

用稀疏格式表达的话就是

```
@data
   {1 X, 3 Y, 4 "class A"}
   {2 W, 4 "class B"}
```

每个实例用花括号括起来。实例中每一个非 0 的属性值用<序号值>表示。属性之间用逗号分开。空格前面的序号是属性的序号，从 0 开始排序；空格后面的值是属性值。

注意在稀疏格式中没有注明的属性值不是缺失值，而是 0 值。若要表示缺失值必须显式的用问号表示出来。

2. 将 CSV 格式转换为 ARFF 格式

使用 WEKA 做知识获取，面临的第一个问题往往是，我们的数据不是 ARFF 格式的。WEKA 提供了对 CSV 文件的支持，而这种格式是被很多其他软件所支持的，经常用来作为不同程序之间数据交互的格式。

在 CSV 格式文件中，第一行记录是字段名。然后每行数据为一条记录，记录中的属性值以逗号分开，如果属性值中包括逗号、换行符或者空格，必须要用双引号括起来，而如果属性值中包括双引号，则用两个双引号来表示。

可以使用 WEKA 自带的命令行工具进行数据格式的转换。

在 WEKA 内进行的是如下三个步骤（图 3.4），具体如下。

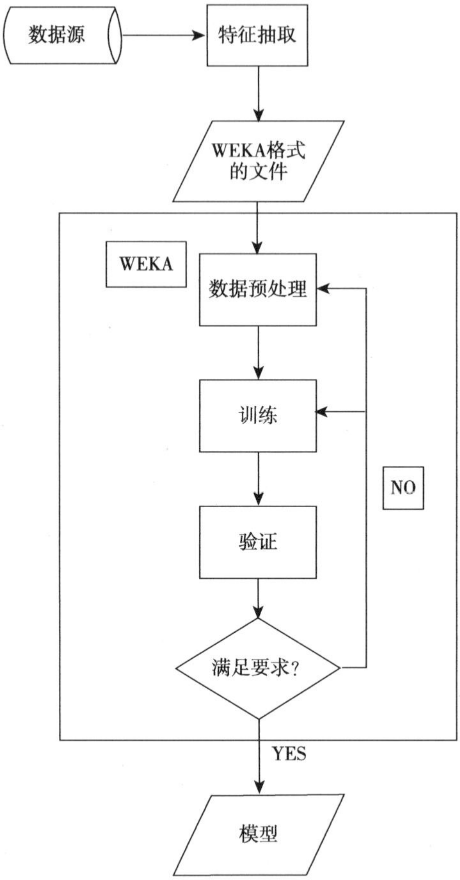

图 3.4　WEKA 数据格式转换的三个步骤

（1）数据预处理包括特征选择，特征值处理（如归一化），样本选择等操作。

（2）训练包括算法选择，参数调整，模型训练。

（3）对模型结果进行验证（郭新志，2009）。

3.1.4　WEKA 的应用举例

本小节以分类算法作为实例，进行使用说明，具体过程如下。

（1）对 bank-data.arff 数据进行预处理，去掉属性 id，对 child 值进行离散化，取值范围为{0,1,2,3}。然后将处理后的数据分为两部分，一部分作为训练数据，一部分作为待预测数据，其中，待预测数据的类别情况 pep 值未知。测试数据的 300 条实例如图 3.5 所示。

（2）选择面板上的 Classify 选项，以进行分类，如图 3.6 所示。

（3）在出现的分类面板上，在 Classifier 区域，点击 Choose 以选择相应的分

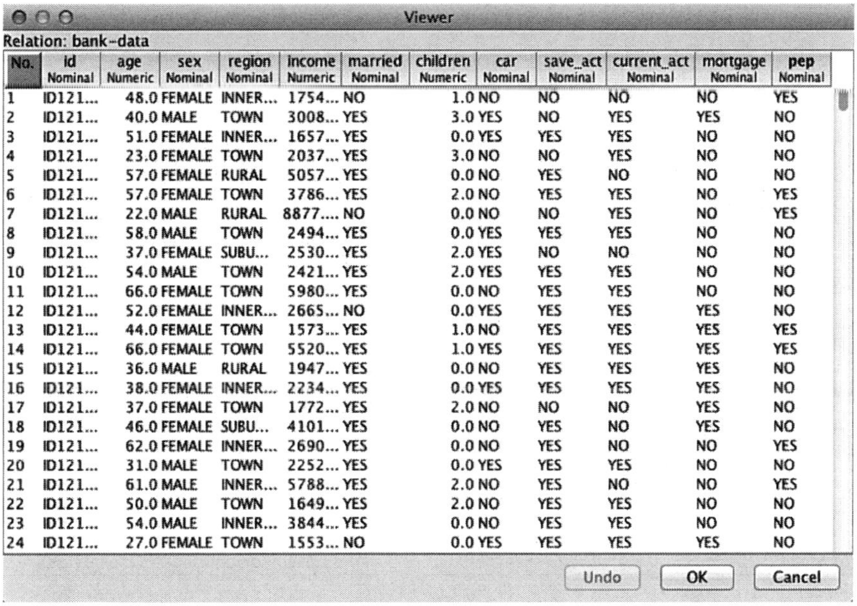
Viewer
Relation: bank-data

No.	id Nominal	age Numeric	sex Nominal	region Nominal	income Numeric	married Nominal	children Numeric	car Nominal	save_act Nominal	current_act Nominal	mortgage Nominal	pep Nominal
1	ID121...	48.0	FEMALE	INNER...	1754...	NO	1.0	NO	NO	NO	NO	YES
2	ID121...	40.0	MALE	TOWN	3008...	YES	3.0	YES	NO	YES	YES	NO
3	ID121...	51.0	FEMALE	INNER...	1657...	YES	0.0	YES	YES	YES	NO	NO
4	ID121...	23.0	FEMALE	TOWN	2037...	YES	3.0	NO	NO	YES	NO	NO
5	ID121...	57.0	FEMALE	RURAL	5057...	YES	0.0	NO	YES	NO	NO	NO
6	ID121...	57.0	FEMALE	TOWN	3786...	YES	2.0	NO	YES	YES	NO	YES
7	ID121...	22.0	MALE	RURAL	8877....	NO	0.0	NO	NO	YES	NO	YES
8	ID121...	58.0	MALE	TOWN	2494...	YES	0.0	YES	YES	YES	NO	NO
9	ID121...	37.0	FEMALE	SUBU...	2530...	YES	2.0	YES	NO	NO	NO	NO
10	ID121...	54.0	MALE	TOWN	2421...	YES	2.0	YES	YES	YES	NO	NO
11	ID121...	66.0	FEMALE	TOWN	5980...	YES	0.0	NO	YES	YES	NO	NO
12	ID121...	52.0	FEMALE	INNER...	2665...	NO	0.0	YES	YES	YES	YES	NO
13	ID121...	44.0	FEMALE	TOWN	1573...	YES	1.0	NO	YES	YES	YES	YES
14	ID121...	66.0	FEMALE	TOWN	5520...	YES	1.0	YES	YES	YES	YES	YES
15	ID121...	36.0	MALE	RURAL	1947...	YES	0.0	NO	YES	YES	YES	NO
16	ID121...	38.0	FEMALE	INNER...	2234...	YES	0.0	YES	YES	YES	YES	NO
17	ID121...	37.0	FEMALE	TOWN	1772...	YES	2.0	NO	NO	NO	YES	NO
18	ID121...	46.0	FEMALE	SUBU...	4101...	YES	0.0	NO	YES	NO	YES	NO
19	ID121...	62.0	FEMALE	INNER...	2690...	YES	0.0	NO	YES	NO	NO	YES
20	ID121...	31.0	MALE	TOWN	2252...	YES	0.0	YES	YES	YES	NO	NO
21	ID121...	61.0	MALE	INNER...	5788...	YES	2.0	NO	YES	NO	NO	YES
22	ID121...	50.0	MALE	TOWN	1649...	YES	2.0	NO	YES	YES	NO	NO
23	ID121...	54.0	MALE	INNER...	3844...	YES	0.0	NO	YES	YES	NO	NO
24	ID121...	27.0	FEMALE	TOWN	1553...	NO	0.0	YES	YES	YES	YES	NO

Undo　OK　Cancel

图 3.5　测试数据的 300 条实例

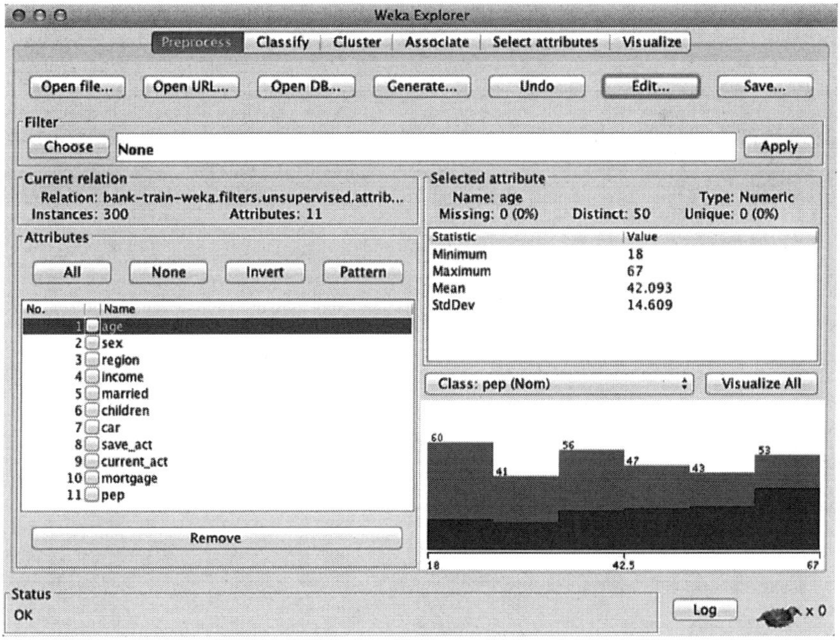

图 3.6　分类选项

类器。如图 3.7 所示，本例中选择 C4.5 决策树算法，即在 trees 目录下，选择可用的 J48 算法。

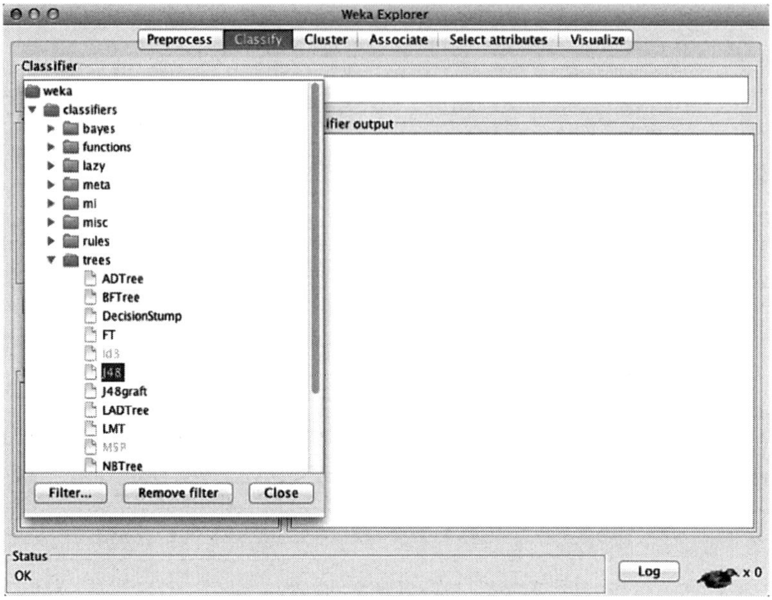

图 3.7　C4.5 决策树算法

（4）算法选择完毕后，在 Choose 后面的显示框内提示当前算法，点击该算法名称可以对相关参数进行修改，如图 3.8 和图 3.9 所示。

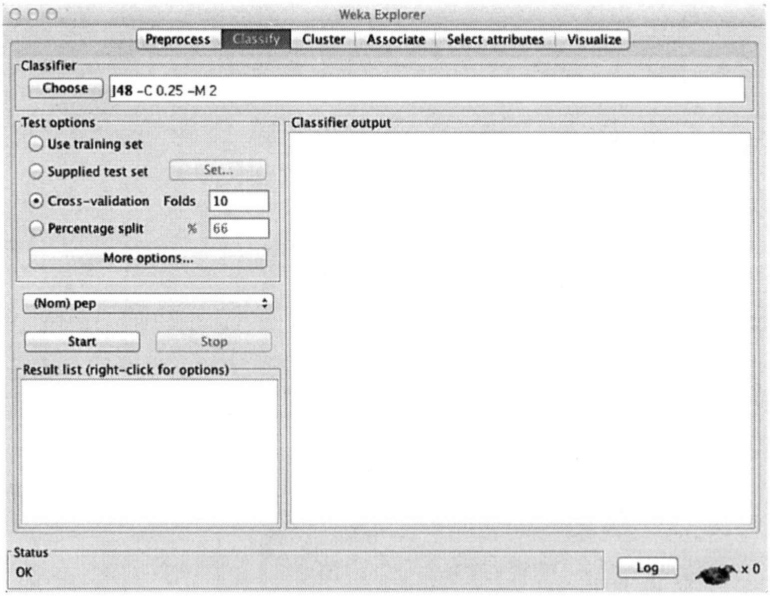

图 3.8　分类的运行界面

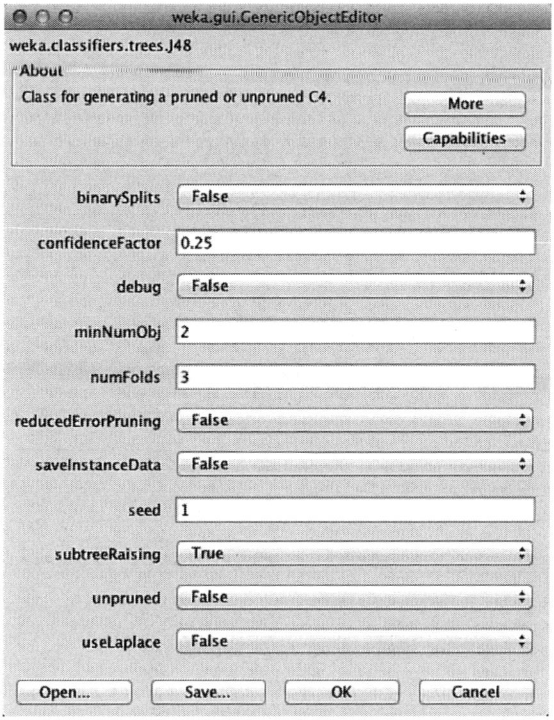

图 3.9　分类的参数设置

（5）关闭调整参数窗口，点击 Start 按钮，即可运行分类算法，结果如图 3.10 所示。

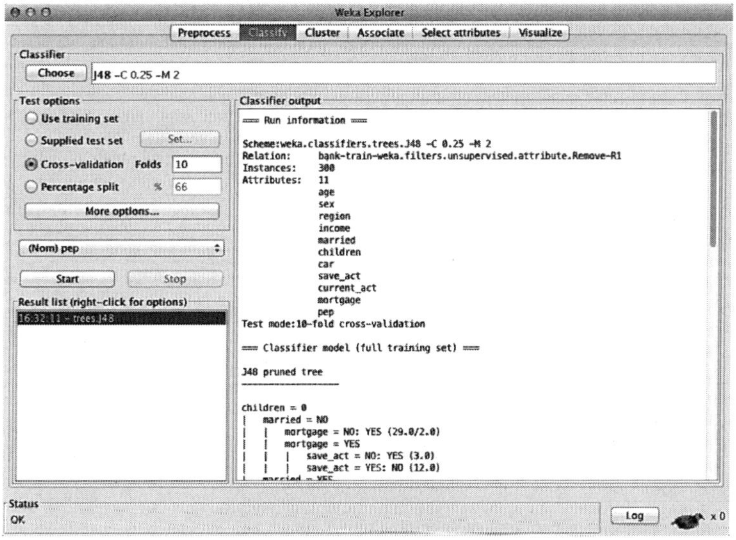

图 3.10　运行结果

在 Classifier output 区域显示分类默认输出的详细信息。主要有以下几项：①运行信息，该项给出了特征、样本及模型验证的一些概要信息。②使用全部训练数据构造的分类模型，给出的是模型的一些参数，不同的分类器给出的信息不同。③算法交叉验证的结果概要。④基于类的详细结果，给出了一些常用的验证标准的结果，如准确率（precision）、召回率（recall）、真阳性率（true positive rate）、假阳性率（false positive rate）、*F* 值（*F*-measure），受试者工作特征（receiver operating characteristic，ROC）面积等。另外，加权平均的系数是类大小的百分比。⑤混淆矩阵（图 3.11）。

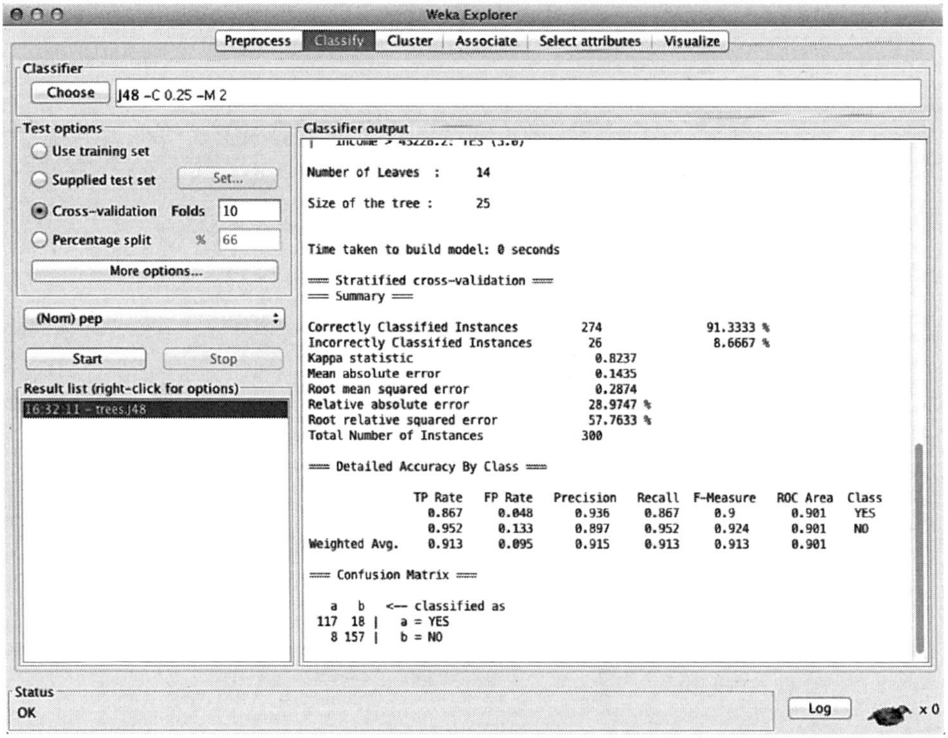

图 3.11　混淆矩阵

其中算法交叉验证的结果之一为正确分类率（correctly classified instances）274，91.333 3%，说明该分类器的准确率为 91.333 3%。

（6）查看决策树。右击 Result list，在出现的选项卡中选择 Visualize tree，如图 3.12 和图 3.13 所示。

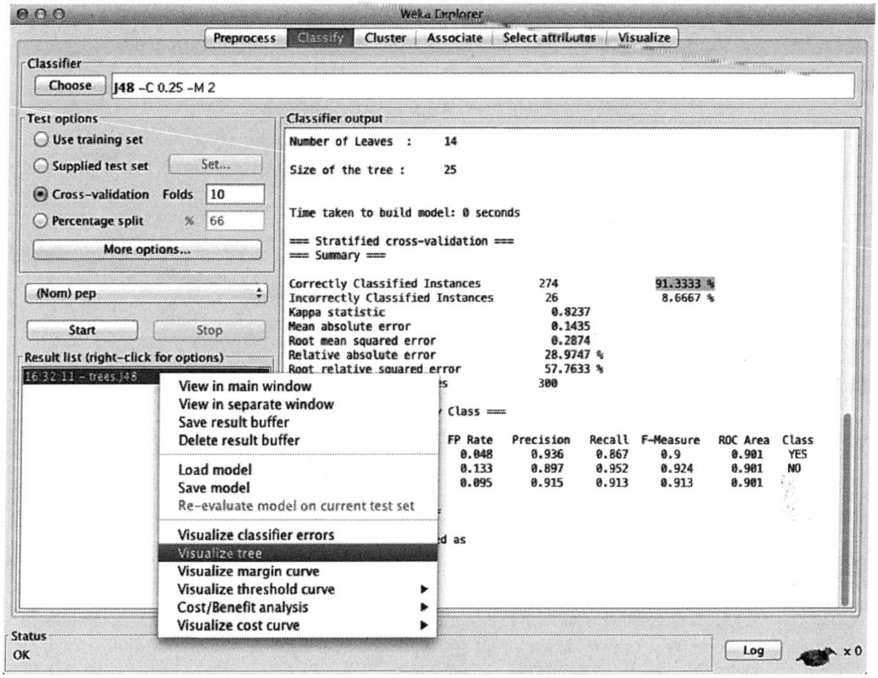

图 3.12　查看决策树选项

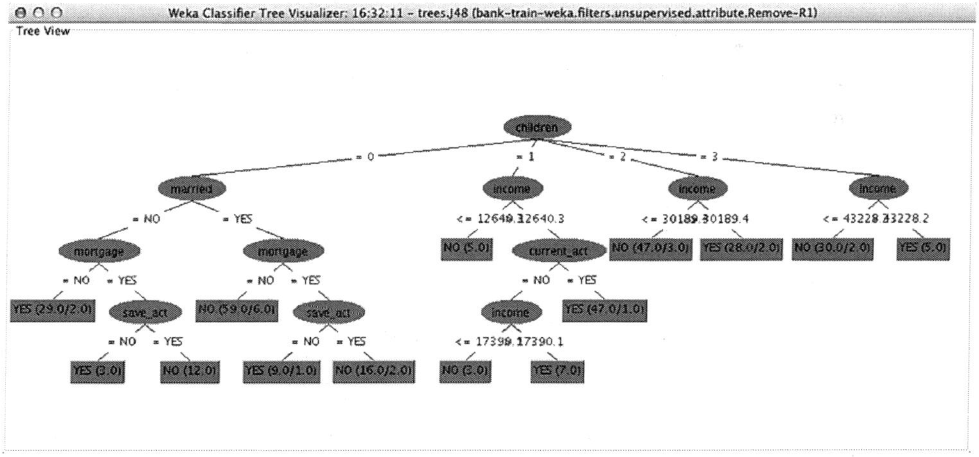

图 3.13　决策树结果

（7）用上面的模型对 bank-test.arff 分类情况进行预测。在 Supplied test set 中，设置 bank-test.arff 为测试数据集。然后右击 Result list 中的 model，选择 Re-evaluate model on current test set。得到 Re-evaluation 结果如图 3.14 所示。

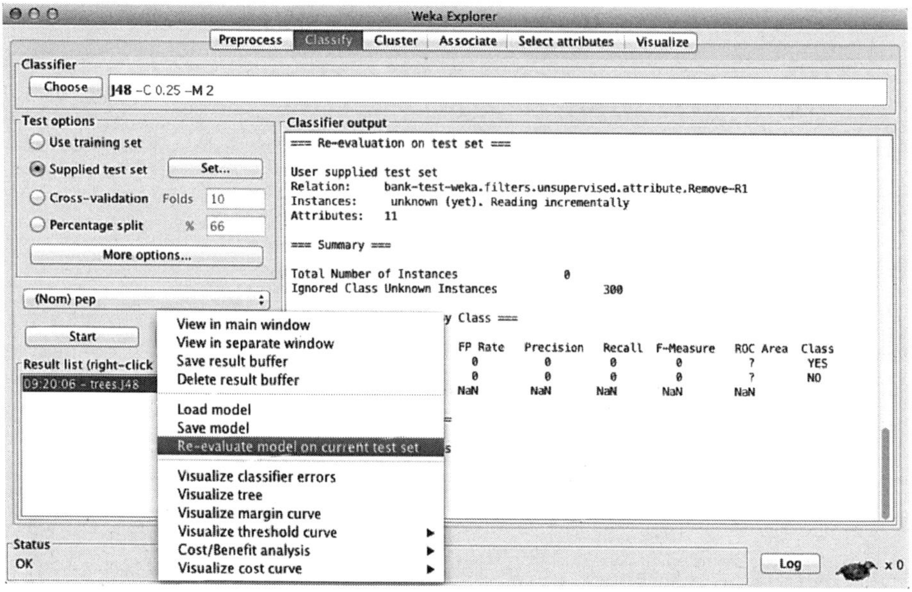

图 3.14　预测选项

（8）因为之前待预测数据的 pep 值缺失，所以 Re-evaluation 结果没有意义。此时若点击上图中的 Visualize classifier errors 选项，保存之后，可以看到新的结果中出现了预测值 predictedpep，从而实现了对测试数据的预测，如图 3.15 所示。

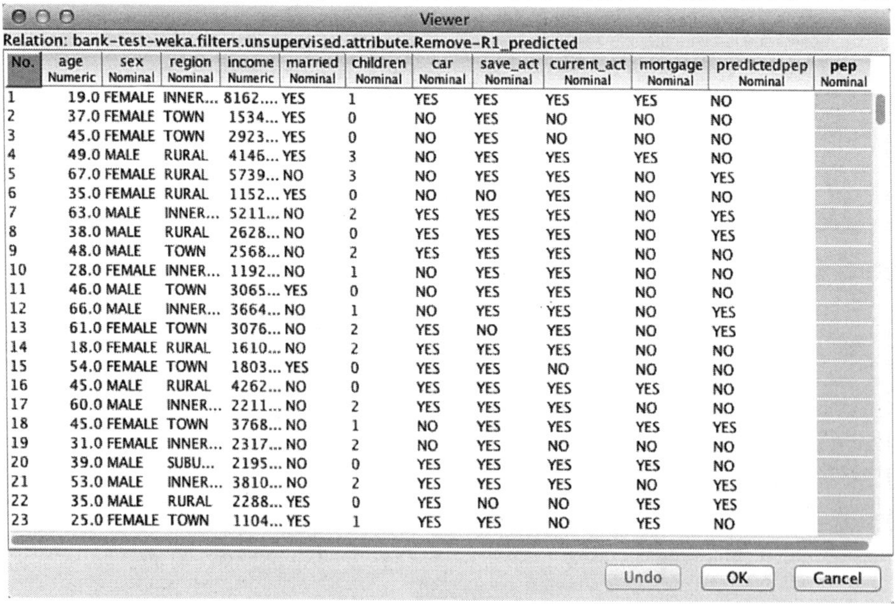

No.	age Numeric	sex Nominal	region Nominal	income Numeric	married Nominal	children Nominal	car Nominal	save_act Nominal	current_act Nominal	mortgage Nominal	predictedpep Nominal	pep Nominal
1	19.0	FEMALE	INNER...	8162....	YES	1	YES	YES	YES	YES	NO	
2	37.0	FEMALE	TOWN	1534...	YES	0	NO	YES	NO	NO	NO	
3	45.0	FEMALE	TOWN	2923...	YES	0	NO	YES	NO	NO	NO	
4	49.0	MALE	RURAL	4146...	YES	3	NO	YES	YES	YES	NO	
5	67.0	FEMALE	RURAL	5739...	NO	3	NO	YES	YES	NO	YES	
6	35.0	FEMALE	RURAL	1152...	YES	0	NO	NO	YES	NO	NO	
7	63.0	MALE	INNER...	5211...	NO	2	YES	YES	YES	NO	YES	
8	38.0	MALE	RURAL	2628...	NO	0	YES	YES	YES	NO	YES	
9	48.0	MALE	TOWN	2568...	NO	2	YES	YES	YES	NO	NO	
10	28.0	FEMALE	INNER...	1192...	NO	1	NO	YES	YES	NO	NO	
11	46.0	MALE	TOWN	3065...	YES	0	NO	YES	YES	NO	NO	
12	66.0	MALE	INNER...	3664...	NO	1	NO	YES	YES	NO	YES	
13	61.0	FEMALE	TOWN	3076...	NO	2	YES	NO	YES	NO	YES	
14	18.0	FEMALE	RURAL	1610...	NO	2	YES	YES	YES	NO	NO	
15	54.0	FEMALE	TOWN	1803...	YES	0	YES	YES	NO	NO	NO	
16	45.0	MALE	RURAL	4262...	NO	0	YES	YES	YES	YES	NO	
17	60.0	MALE	INNER...	2211...	NO	2	YES	YES	YES	NO	NO	
18	45.0	FEMALE	TOWN	3768...	NO	1	NO	YES	YES	YES	YES	
19	31.0	FEMALE	INNER...	2317...	NO	2	NO	YES	NO	NO	NO	
20	39.0	MALE	SUBU...	2195...	NO	0	YES	YES	YES	YES	NO	
21	53.0	MALE	INNER...	3810...	NO	2	YES	YES	YES	NO	YES	
22	35.0	MALE	RURAL	2288...	YES	0	YES	NO	NO	YES	YES	
23	25.0	FEMALE	TOWN	1104...	YES	1	YES	YES	NO	YES	NO	

图 3.15　预测结果

3.2　R 语言简介

3.2.1　R 语言介绍

1. 基本概念

R 语言最初是由来自新西兰奥克兰大学的 Ihaka 和 Gentleman 开发的，一种适用于统计分析计算和图像处理的语言。因开发者两人的名字都是以 R 开头，所以其也被形象地称为 R 语言。R 语言受 S 语言和 Scheme 语言的影响发展而来，是统计领域广泛使用的诞生于 1980 年左右的 S 语言的一个分支，可以认为 R 语言是 S 语言的一种实现。而 S 语言是由 AT&T 贝尔实验室（AT&T Bell Laboratories）开发的一种用来进行数据探索、统计分析和作图的解释型语言。最初 S 语言的实现版本主要是 S-PLUS。S-PLUS 是一个商业软件，它基于 S 语言，并由 MathSoft 公司的统计科学部进一步完善，后来便由 Gentleman 和 Ihaka 及其他志愿人员开发了一个 R 系统（张苗林和曾碧贵，2015）。

R 语言可以看做 AT&T 贝尔实验室的 Becker、Chambers 和 Wilks 开发的 S 语言的一种实现。当然，S 语言也是 S-PLUS 的基础。所以，两者在程序语法上可以说是几乎一样的，只是在函数方面有细微差别，R 程序十分容易地就能移植到 S 程序中，而很多的 S 程序只要稍加修改也能运用于 R 语言之中。

R 语言是一套由数据操作、计算和图形展示功能整合而成的套件，其包括：有效的数据存储和处理功能，一套完整的数组（特别是矩阵）计算操作符，拥有完整体系的数据分析工具，为数据分析和显示提供的强大图形功能，一套（源自 S 语言）完善、简单、有效的编程语言（包括条件、循环、自定义函数、输入输出功能）。

R 语言具有免费、开源及统计模块齐全的特征，已被国外大量学术和科研机构采用，其应用范围涵盖了数据挖掘、机器学习、计量经济学、市政金融学、统计遗传学、自然语言处理、心理计量学和空间统计学诸多领域（马相如，2010）。

2. R 语言的背景

1）自由的 GNU

GNU 是一套由完全自由软件构成的计算机操作系统，其名称是“GNS’s Not Uniix”的递归缩写。GNU 由 Stallman 发起，后来在“GNU 计划”下开发，目前已经包含大量的自由软件。其中，“自由”是指以任何目的运行此程序的自由；以学习程序工作机理为目的，对程序进行修改的自由；再发行复制件的自由；改进此程序，并公开发布改进的自由。

自由的 GNU 对统计的意义在于，能够对现实生活中复杂的数据一步步地进行处理，并且随时以数值或图形的形式观察中间结果，以便统计人员决定下一步分析应该朝怎样的方向进行。这就避免了像商业软件一样在固定的分析过程中存在的问题，如无法得到取截尾均值作为统计量和统计方法的归类不清，还避免了像商业软件一样源代码不被公开，其中的具体程序过程只有内部人员清楚，用户对此毫不知情，但用户可以得知其中的计算会暗含着何种漏洞或错误。以 Excel 为例，有时计算出现负的方差，有时能产生有严重缺陷的随机数等。

总之，自由的 GNU，一方面可自由计算任何想计算的统计量（包括图形）；另一方面，保证用户能够使用正确的计算机程序，即保证用户清楚他们利用计算机究竟在做什么。如果用户被剥夺了这种自由，那么统计分析工作的效率和信度都将大打折扣。

2）S 语言的荣耀

S 语言是一门用于数据分析和图示的高层语言。1998 年美国计算机学会授予 S 语言的主要设计者 Chambers“软件系统奖”，以表彰 S 取得的成就。

3）Scheme 语言的荣耀

Scheme 语言是 LISP 语言的一个变种，与其他 LISP 不同的是 Scheme 可以编译成机器码。它诞生于 1975 年的 MIT，在国内外被广泛运用，就像国内的 C++、Java、C 那样受到商业领域的青睐。

Scheme 的一个主要特征是可以像操作数据一样操作函数调用。其主要目的是训练人的机器化思维，并以简洁的语言环境和大量的耐力思考而著称。主要的 Scheme 环境包括 MIT-Scheme 与 DrScheme。

3.2.2 R 语言的发展

R 语言的发展阶段如图 3.16 所示。

1）思想火花

在最早的时候，R 语言还没有发明之前，Ihaka 从一本书中了解到了 Schama 语言，他对 Scheme 非常感兴趣。大约与此同时，他获得了一本新 S 语言的源代码，此时他注意到了 Scheme 和 S 语言两者之间的异同点。

后来，Ihaka 开始准备用 Scheme 向别人演示词法作用域，但是由于手边没有 Scheme 的书，就用 S 来演示但却失败了，这让他萌生了改进 S 语言的想法。

2）萌芽

相当长的一段时间之后，Ihaka 和 Gentleman 在奥克兰大学成了同事，他们都对统计计算十分感兴趣，并且试图为他们的实验室寻找一个更好的软件。

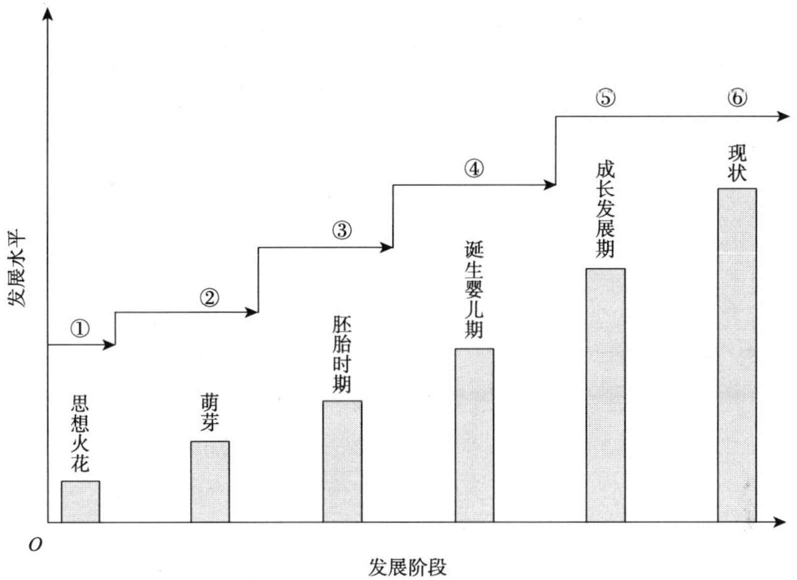

图 3.16　R 语言的发展阶段

因为在商业软件中找不到他们想要的，这使 Ihaka 想到当初改进 S 语言的想法，于是他们决定自己开发一种语言。

3）胚胎时期

1993 年，两人将 R 的部分二进制文件放在卡内基·梅隆大学统计系的 Statiib 中，并在 S 语言的新闻列表上发布了一个公告。

随后有些人开始下载使用并给他们反馈，其中以苏黎世理工学院的 Martin Macher 最为突出，其极力劝说两位原作者公布源代码，让 R 成为自由软件。于是 1995 年 6 月 R 的源代码正式发布到了自由软件协会的文件传输协议（file transfer protocol，FTP）上。

4）诞生婴儿期

随着开发的进行，程序版本的归档又成了问题。维也纳工业大学的 Kurt Hornik 承担了这份任务，在维也纳建立了 R 程序的归档，使得程序版本的发布变得更加规范。同时在世界各地也出现了 R 程序的镜像。

5）成长发展期

随着时间的推移，于 1997 年中期 R 核心团队正式成立，包含 11 位早期成员，包括现在 R 语言版本依然是“R 语言开发核心团队”负责开发。核心团队人员主要来自世界各地的大学，也有来自企业的成员。R 语言自身扩展性非常强，随着发展和使用人数的增多，吸引了大量用户编写自定义的函数包供更多的人使用，这些附件包可以从世界各地的硫系化合物随机存储器（chalcogenide random access memory，CRAM）镜像上下载。

6）现状

目前，截至本书写作时，R 语言源程序的最新版本是 3.3.0，源程序的大小由 1997 年的 959K 增大到了今天的大约 28M；从版本更新以及文件大小来看，R 的发展速度的确非常快，而且整个软件系统的体积也保持着非常小的优势，这几乎是任何一个商业软件都无法比拟的。

现在 R 的邮件列表依然是苏黎世理工学院的 Martin Macher 提供支持，这些邮件列表主要包含四大类——R-announce 消息发布、R-help 附加包、R-help 帮助、R-devel R 程序开发。

R 也有其刊物 *R News*，创办于 2001 年。该刊物主要介绍 R 的最新特征、CRAN（comprehensive archive network，即 R 综合典藏网）的动态、附件包的说明短文、编程技巧、手册和 FAQ 中没有介绍的小提示以及 R 在数据分析中的应用示例。自 2009 年起，*R News* 更名为 *The R Journal*。

据 R 官方网站不完全统计，与 R 语言相关的出版数据，内容包括 S 语言介绍、统计编程、数据分析、统计图示和与 R 相关的其他软件应用等。

从 2004 年起到 2016 年为止（2005 年除外），R 团队每年都会举办一次 useR 会议，已经在奥地利、美国、德国等地举办过，每年的参会人数和演讲篇数都在增多。例如，在德国多蒙特德大学举办的 useR 一共有超过 400 人参加，报告会多达 170 场左右。另外，R 团队每两年也会举办一次统计计算方向会议，讨论以 R 语言为重心的统计计算问题。

虽然说 R 语言诞生于新西兰，但后来的服务器架设在奥地利，现在 Windows 主程序的维护者在加拿大，而 Windows 附加包维护者在德国，Mac OS 版本维护者在美国，件列表维护者在瑞士。就是这样的一个形式松散却有着共同目标的群体，数十年间以志愿者的身份坚持不懈地推进 R 语言的发展，众多统计学或相关领域的程序员也贡献出了自己的力量，将大量统计方法以附加包的形式发布出来，使其他不擅长编程的用户也可以用最快的速度运用上最新的统计方法，而封闭源代码的商业源代码则很难有这样的推送力量。R 语言发展到今天，在正式开源社区不断推送下，组建完善并得到了进一步发展，并成就了 R 语言的今天。

3.2.3 R 语言的使用

R 语言的语法表面上类似 C 语言，但在语义上是函数设计语言（functional programming language）的变种并且对 LISP 以及巧妙的编程语言有很强的兼容性。特别的是，它允许在“语言上计算”（computing on the language），这使得它可以把表达式作为函数的输入参数，而这种做法对统计模拟和绘图非常有用。

R 是一个免费的自由软件，它有 UNIX、Linux、Mac OS 和 Windows 版本，都是可以免费下载和使用的，在其中可以下载到 R 的安装程序、各种外挂程序和文档。在 R 的安装程序中只包含了 8 个基础模块，其他外在模块可以通过 CRAN 获得。

R 的源代码可自由下载使用，亦有已编译的执行档版本可以下载，可在多种平台中运行，包括 UNIX(也包括 FreeBSD 和 Linux)、Windows 和 Mac OS。R 主要以命令执行操作，同时有人开发了几种图形用户界面。

R 具有多种统计学及数字分析功能。因为 S 的血缘，R 比其他统计学或数学专用的编程语言有更强的物件导向（面向对象程序设计）功能。

R 的另一强项是绘图功能，制图具有印刷的水准，也可加入数学符号。

虽然 R 主要用于统计分析或者开发统计相关的软体，但也有人用于矩阵计算。其分析速度可媲美 GNU Octave 甚至商业软件 MATLAB。

R 的功能可以通过由用户撰写的套件增强。增加的功能有特殊的统计技术、绘图功能以及编程界面和数据输出/输入功能。这些软件包是由 R 语言、LaTeX、Java 及最常用的 C 语言和 Fortran 撰写的。下载的执行档版本会包含有一批核心功能的软件包，而根据 CRAN 记录有过一千多种不同的软件包，其中有几款较为常用，如用于经济计量、财经分析、人文科学研究以及人工智能的软件包。

3.2.4　R 语言的应用举例

表 3.1 为 1995~2014 年中国主要港口主要货物吞吐量，以前 17 项数据（1995~2011 年）作为数据源，建立回归模型来预测 2012~2014 年三年的吞吐量，分别预测出点估计值和区间估计值（表 3.2）。

表 3.1　1995~2014 年中国主要港口主要货物吞吐量（单位：万吨）

序号（x_i）	年份	货物吞吐量实际值（y_i）
1	1995	80 166
2	1996	85 152
3	1997	90 822
4	1998	92 237
5	1999	105 162
6	2000	125 603
7	2001	142 634
8	2002	166 628
9	2003	201 126
10	2004	246 074
11	2005	292 777
12	2006	342 191
13	2007	388 200
14	2008	429 599

续表

序号（x_i）	年份	货物吞吐量实际值（y_i）
15	2009	475 481
16	2010	548 358
17	2011	616 292
18	2012	665 245
19	2013	728 098
20	2014	769 557

表 3.2　2012~2014 年中国主要港口主要货物吞吐量（单位：万吨）

序号（x_i）	年份	货物吞吐量实际值	点估计值	区间估计值
18	2012	665 245		
19	2013	728 098		
20	2014	769 557		

R 语言的运行界面如图 3.17 所示。

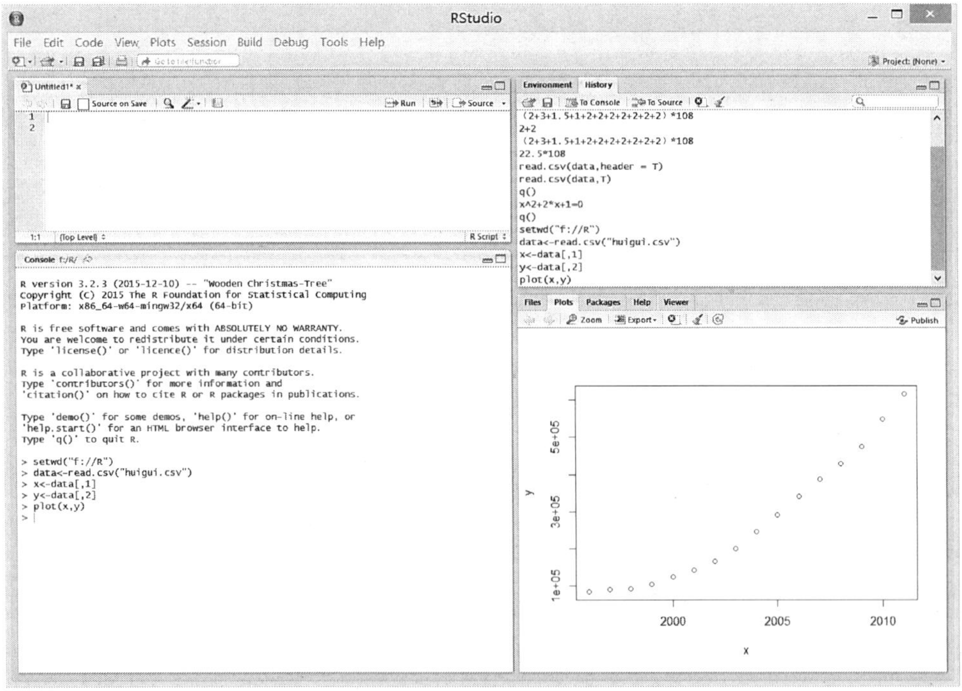

图 3.17　R 语言的运行界面

setwd ( ) 用来设置默认路径，plot ( ) 用来进行描点

由图 3.18 可知，样本点趋势符合一元二次回归方程式，建立以下模型：

```
> x1<-x
> x2<-x^2
> lm<-lm(y~x1+x2)
```

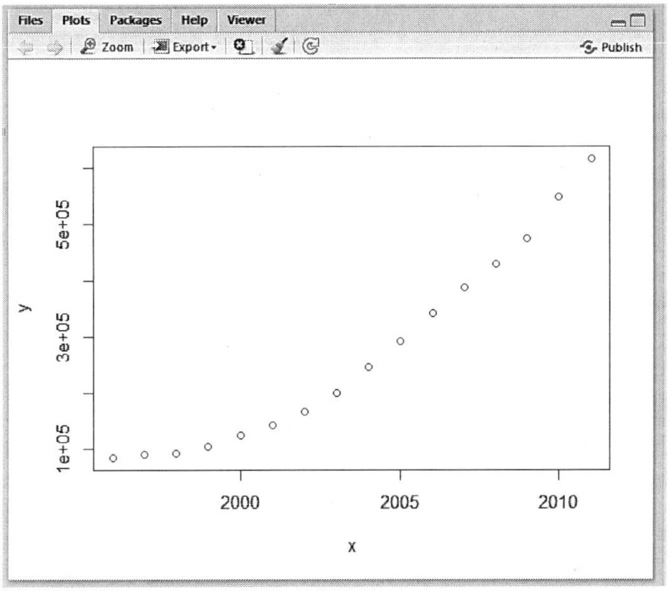

图 3.18　R 语言训练样本

用 summary（）显示回归结果见图 3.19。

```
> summary(lm)

Call:
lm(formula = y ~ x1 + x2)

Residuals:
   Min     1Q Median     3Q    Max 
-12660  -4329  -1076   4879  13953 

Coefficients:
              Estimate Std. Error t value Pr(>|t|)    
(Intercept)  8.735e+09  4.245e+08   20.58 2.65e-11 ***
x1          -8.755e+06  4.238e+05  -20.66 2.52e-11 ***
x2           2.194e+03  1.058e+02   20.74 2.39e-11 ***
---
Signif. codes:  0 ‘***’ 0.001 ‘**’ 0.01 ‘*’ 0.05 ‘.’ 0.1 ‘ ’ 1

Residual standard error: 7993 on 13 degrees of freedom
Multiple R-squared:  0.9982,	Adjusted R-squared:  0.9979 
F-statistic:  3616 on 2 and 13 DF,  p-value: < 2.2e-16
```

图 3.19　R 语言的回归结果

由回归结果可知，修正 R^2=0.998 2，添加回归趋势线如图 3.20 所示，可知拟合效果很好。

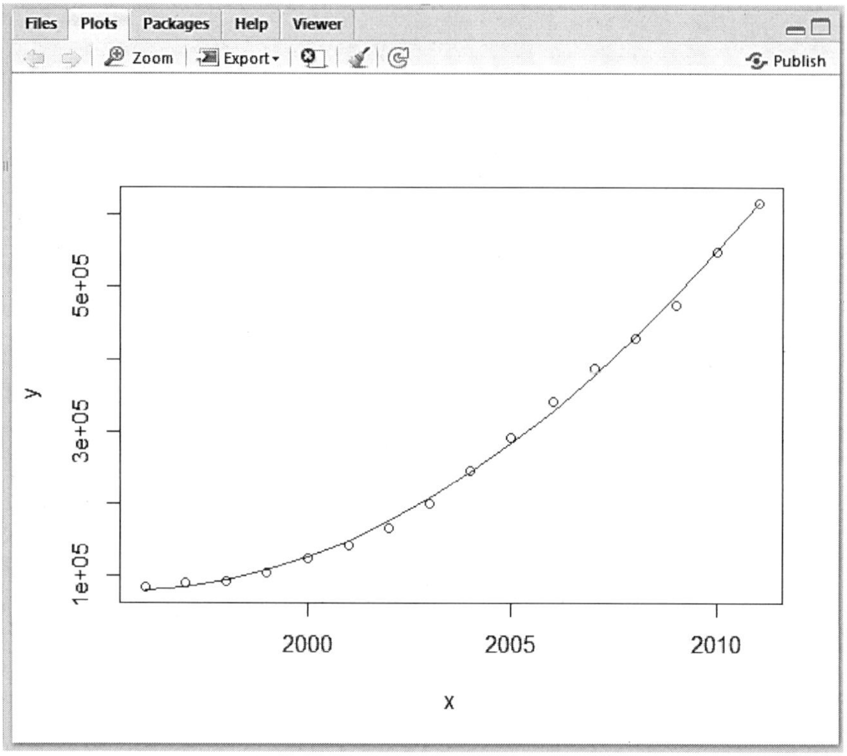

图 3.20　R 语言的拟合效果

```
> lines(x,fitted(lm))
```

求得 1995~2011 年的模型预测值，包括点预测值及区间预测值：

```
> point<-data.frame(x1=1995:2011,x2=(1995:2011)^2)
> predict(lm,point,interval = "prediction")
        fit       lwr      upr
1  79784.06  57069.12 102499.0
2  80431.81  59692.86 101170.8
3  85467.36  66053.49 104881.2
4  94890.69  76247.17 113534.2
5 108701.81  90408.79 126994.8
6 126900.73 108685.49 145116.0
7 149487.42 131210.39 167764.5
```

```
8   176461.91 158086.89 194836.9
9   207824.19 189383.37 226265.0
10  243574.25 225133.44 262015.1
11  283712.11 265337.08 302087.1
12  328237.75 309960.72 346514.8
13  377151.18 358935.95 395366.4
14  430452.40 412159.38 448745.4
15  488141.40 469497.88 506784.9
16  550218.20 530804.33 569632.1
17  616682.78 595943.83 637421.7
```

建立 2012~2014 年三年样本点的数据框并进行预测：

```
> point<-data.frame(x1=2012:2014,x2=(2012:2014)^2)
> predict(lm,point,interval = "prediction")
       fit      lwr      upr
1 687535.2 664820.2 710250.1
2 762775.3 737388.0 788162.6
3 842403.3 813645.4 871161.2
```

训练样本及其预测值的结果如表 3.3 和表 3.4 所示。

表 3.3　1995~2011 年中国主要港口主要货物吞吐量结果展现（单位：万吨）

序号（x_i）	年份	货物吞吐量实际值（y_i）	模型预测值
1	1995	80 166	79 784.06
2	1996	85 152	80 431.81
3	1997	90 822	85 467.36
4	1998	92 237	94 890.69
5	1999	105 162	108 701.81
6	2000	125 603	126 900.73
7	2001	142 634	149 487.42
8	2002	166 628	176 461.91
9	2003	201 126	207 824.19
10	2004	246 074	243 574.25
11	2005	292 777	283 712.11
12	2006	342 191	328 237.75
13	2007	388 200	377 151.18
14	2008	429 599	430 452.40

续表

序号（x_i）	年份	货物吞吐量实际值（y_i）	模型预测值
15	2009	475 481	488 141.40
16	2010	548 358	550 218.20
17	2011	616 292	616 682.78

表 3.4　2012~2014 年中国主要港口主要货物吞吐量预测结果展现（单位：万吨）

序号（x_i）	年份	实际值	点估计值	区间估计值
18	2012	665 245	687 535.2	664 820.2~710 250.1
19	2013	728 098	762 775.3	737 388.0~788 162.6
20	2014	769 557	842 403.3	813 645.4~871 161.2

结构化数据挖掘技术篇

第 4 章　数据预处理技术

没有高质量的数据就没有高质量的挖掘。初步采集到的数据大都存在不完整、不一致等问题，不适宜直接用于数据挖掘。为了提高数据挖掘的质量产生了数据预处理技术。数据预处理在数据挖掘过程中至关重要。这些数据处理技术在数据挖掘之前使用，可以大大提高数据的质量，保证数据挖掘结果的有效性，同时降低数据挖掘所需要的时间（方杰和朱京红，2010）。

本章将首先阐述数据预处理的基本理论，介绍初始数据可能存在的不完整、噪声和不一致问题，同时提出数据预处理的目的与流程。其次，针对数据预处理流程中的四种常见的形式——数据清理、数据集成与融合、数据变换和数据归约（图 4.1），分别进行详细阐述，包括各自采用的主要处理技术，并举例加以说明。

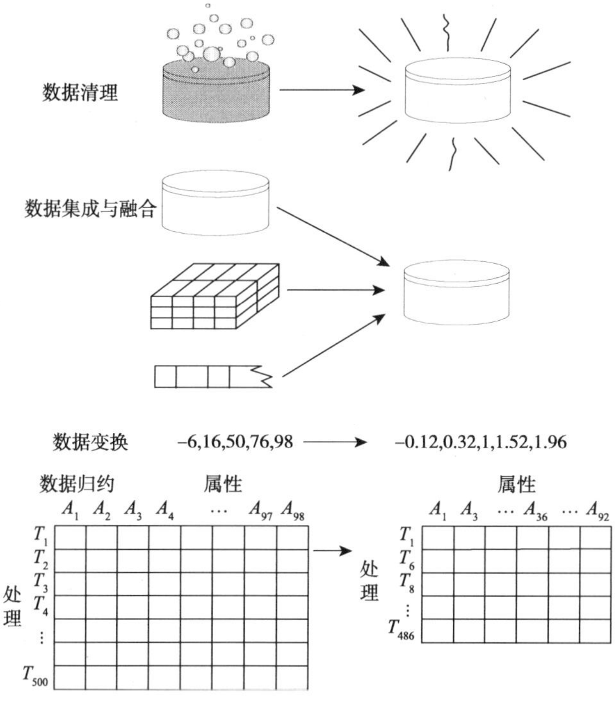

图 4.1　数据预处理的四种形式

4.1　数据预处理

数据预处理是数据挖掘（知识发现）过程中的一个重要步骤。现实世界中的数据大多都是不完整的、包含噪声的、不一致的脏数据，无法直接进行数据挖掘，或者挖掘结果差强人意。

所谓的不完整数据是指感兴趣的属性没有值。不完整数据的产生包括以下几个原因：①有些属性的内容有时没有，如订单中的客户信息；②有些数据当时被认为是不必要的；③由于误解或检测设备失灵导致相关数据没有记录下来；④与其他记录内容不一致而被删除；⑤历史记录或对数据的修改被忽略了。

噪声数据是指数据中存在着错误或异常（偏离期望值）的数据。噪声数据的产生原因如下：①数据采集设备有问题；②在数据录入过程发生了人为或计算机错误；③数据传输过程中发生错误，如技术限制（有限通信缓冲区）。

不一致数据则是指数据内涵出现不一致情况，通常由于命名规则或数据代码不同而引起的不一致（如作为关键字的编码出现同一部门不同值）。

为了提高数据挖掘的质量需要根据数据挖掘的需求，将相关的多源数据集成融合后，进行多种数据预处理操作，以消除噪声、不一致、冗余的数据，最终达到提高数据挖掘所获模式知识质量（刘涛和高慧，2015）。

常用数据预处理的流程主要包括：数据清理、数据集成和融合、数据变换、数据归约，以及在对数据挖掘结果的评价计划基础上进行的二次预处理的精炼。其中前四项为数据预处理常见的四种形式。

数据预处理流程如图 4.2 所示。

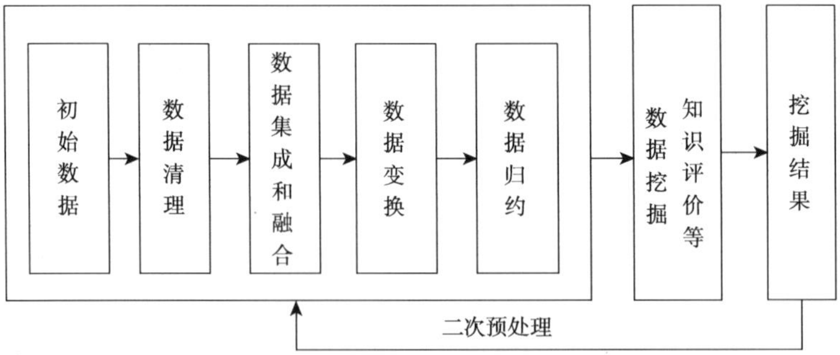

图 4.2　数据预处理流程

4.2 数 据 清 理

数据质量问题是数据源中普遍存在的问题，是制约决策支持、数据挖掘、OLAP 分析正确实施的“瓶颈”之一，为了提高数据质量，数据清理变得极其重要。数据清理在不同的应用领域的要求不完全相同，很难有一致的定义，但总的来说，数据清理过程是一个减少错误和不一致性，解决对象识别的过程。

数据清理是数据准备过程中最花费时间、最乏味的，但也是最重要的。该步骤可以有效地减少学习过程中可能出现的相互矛盾的情况。现实世界的数据常常是有噪声、不完全、不一致和冗余的。下面将详细介绍数据清理的主要处理方法（彭高辉和王志良，2008）。

4.2.1 噪声数据处理

所谓噪声数据是指数据中存在错误或异常（偏离期望值）的数据，目前处理噪声数据最广泛的技术是数据平滑方法。

1. 分箱技术

通过利用相应被平滑数据点的周围点，对一组排序数据进行平滑处理。假设给定一个数值型属性，如排序后的价格：4，8，15，21，21，24，25，28，34，将排序后的数据分配到若干箱中，分箱技术利用周围点的数值来进行局部平滑，以下将描述一些分箱方法。

（1）划分为等高度的箱。每个箱中包含三个数值。

箱 1：4，8，15；箱 2：21，21，24；箱 3：25，28，34。

（2）箱均值平滑。对每个箱中所有值均用该箱的均值替换。

箱 1：9，9，9；箱 2：22，22，22；箱 3：29，29，29。

（3）箱边界平滑。对于给定的箱，其最大值与最小值就构成了该箱的边界，利用每个箱的边界值（最大值或最小值），替换该箱中除了边界值以外的所有值。一般情况下，每个箱的宽度越宽，其平滑效果越明显。

箱 1：4，4，15；箱 2：21，21，24；箱 3：25，25，34。

2. 聚类技术

根据要求选择模糊聚类分析或灰色聚类分析技术检测孤立点数据，消除噪声并进行修正，如图 4.3 所示，还可结合灰色数学或粗糙集等数学方法进行相应检测。

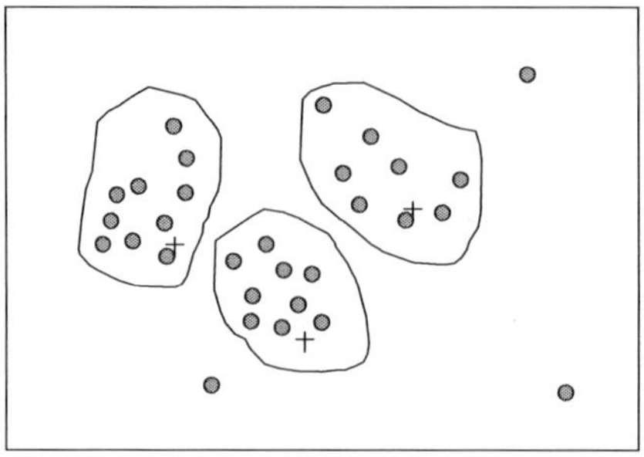

图 4.3　基于聚类分析的异常数据检测图

3. 回归方法

利用拟合函数对数据进行平滑。例如，借助线性回归方法，包括多元线性回归方法，就可以获得多个变量之间的一个拟合关系，从而达到利用一个（或一组）变量值来帮助预测另一个（或一组）变量取值的目的，如图 4.4 所示。利用回归分析方法所获得的拟合函数，能够帮助平滑数据且除去其中的噪声。

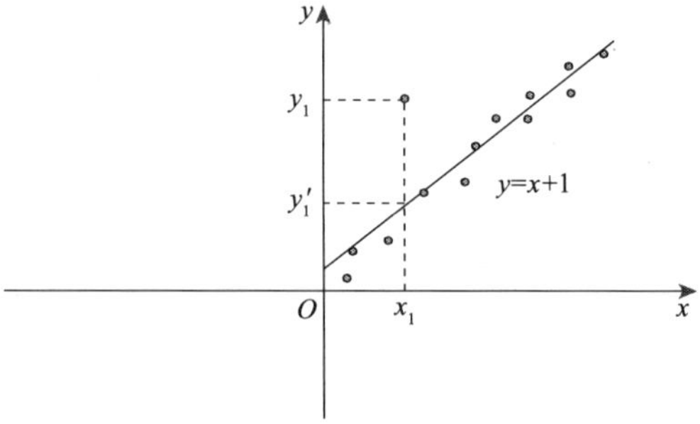

图 4.4　利用回归分析方法获得的拟合函数

4. 计算机和人工相结合的方式

通过人与计算机检查相结合的方法，可以帮助发现异常数据，如利用基于信息论的方法可帮助识别用于分类识别手写符号库中的异常模式，所识别出的异常模式可输出到一个列表中，然后由人对这一列表中的各异常模式进行检查，并最终确认无用的模式（真正异常的模式）。这种人机结合检查方法比单纯利用手工方法手写符号库进行检查要快许多。

对于噪声数据，尤其对于孤立点或异常数据，是不可以随便以删除方式进行处理的。因为某些孤立点数据和离群数据代表了某些有特定意义和重要的潜在知识。因此，对于孤立点应先进入数据库，而不进行任何处理。当然，如果结合专业知识分析，确信无用则可进行删除处理（邵明豪，2009）。

4.2.2　错误数据处理

对带有错误的数据元组，结合数据所反映的实际问题，进行分析、更改、删除或忽略。同时也可结合模糊数学的隶属函数寻找约束函数，根据前一段历史数据趋势对当前数据进行修正。

4.2.3　空缺数据处理

假设在分析一个商场销售数据时，发现有多个记录中的属性值为空，如顾客的收入属性，对于为空的属性值，可以采用以下方法进行空缺数据处理。

（1）忽略该条记录。若一条记录中有属性值被遗漏了，则将此条记录排除在数据挖掘过程之外，尤其当类别属性的值没有而又要进行分类数据挖掘时。当然这种方法并不是很有效，尤其是在每个属性缺失数据的记录比例相差较大时。

（2）人工填写空缺值。一般来讲，这种方法比较耗时，而且对于存在许多空缺值情况的大规模数据集而言，显然可行性较差。

（3）使用缺省值填补空缺值。对一个属性的所有空缺值均利用一个事先确定好的值来填补，如都用 OK 来填补。但当一个属性空缺值较多时，若采用这种方法，就可能误导挖掘进程。因此这种方法虽然简单，但并不推荐使用，或使用时需要仔细分析填补后的情况，以尽量避免最终挖掘结果产生较大的误差。

（4）使用属性的平均值填补空缺值。计算一个属性（值）的平均值，并用此值填补该属性所有空缺的值。如一个顾客的平均收入（Income）为 12 000 元，则用此值填补 Income 属性中所有空缺的值。

（5）使用与给定元组同一类别的所有样本的平均值填补空缺值。这种方法适合在进行分类挖掘时使用。例如，若要对商场顾客按信用风险（credit risk）进行分类挖掘时，就可以用在同一信用风险类型下（如良好）的 Income 属性的平均值来填补所有在同一信用风险类别下属性 Income 的空缺值。

（6）使用最可能的值填补空缺值。可以利用回归分析、贝叶斯计算公式或决策树推断出该条记录特定属性的最大可能的取值。例如，利用数据集中其他顾客的属性值，可以构造一个决策树来预测属性 Income 的空缺值。

4.2.4　冗余数据处理

冗余数据处理包括属性冗余和属性数据的冗余。若通过因子分析或经验等方法确信部分属性的相关数据足以对信息进行挖掘和决策，那么可通过相关数学方法找出具有最大影响属性因子的属性数据，其余属性则可删除。若某属性的部分数据足以反映该问题的信息，则其余的可删除。若经过分析，该部分冗余数据可能还有他用则先保留并作备注说明。

4.3 数据集成和融合

4.3.1 数据集成

数据挖掘需要对数据进行集成，也就是将多个数据源中的数据合并存放在一个统一的数据存储（如数据仓库、数据库等）中，以便为数据挖掘工作的顺利完成提供完整的数据基础。这里的多个数据源可以是多个数据库、数据立方体或一般的数据文件。

数据集成时需要考虑解决以下三个问题。

（1）模式集成。即如何使来自多个数据源的现实世界的实体相互匹配，这其中就涉及实体识别问题。例如，当需要确定一个数据库中的“student_number”与另一个数据库中的“student_no”是否表示同一实体时，通常借助于数据库或数据仓库的元数据进行模式识别，所谓元数据就是关于数据的数据，这些元数据可以避免在模式集成时发生错误。

（2）冗余。数据集成往往导致数据冗余，如同一属性多次出现、同一属性命名不一致或者某一属性可以从其他属性中推演出来等。例如，学生成绩表中的“平均成绩”属性，它可以根据“成绩”属性计算出来，因此它是冗余的属性（刘莉等，2003）。

属性间冗余可以用相关分析检测到再删除。例如，给定两个属性，则根据这两个属性的数值分析出这两个属性间的相互关系。属性 A、B 之间的相互关系可以根据式（4.1）分析获得。

$$r_{A,B}=\frac{\sum(A-\overline{A})(B-\overline{B})}{(n-1)\sigma_A\sigma_B} \tag{4.1}$$

其中，$\overline{A}$ 和 $\overline{B}$ 分别代表属性 A、B 的平均值；σ_A 和 σ_B 分别表示属性 A、B 的标准方差。若有 $r_{A,B}>0$，则属性 A、B 之间是正关联，也就是说若 A 增加，B 也增加；$r_{A,B}$ 值越大，说明属性 A、B 正关联关系越紧密。若有 $r_{A,B}=0$，则属性 A、B 之间相互独立，说明属性 A、B 两者之间没有关系。若有 $r_{A,B}<0$，则属性 A、B 之间是负关联，也就是说若 A 增加，B 则减少；$|r_{A,B}|$ 值越大，说明属性 A、B 负关联关系越紧密。利用式（4.1）可以分析以上提及的两属性“student_number”与“student_no”之间的关系。

除了检查属性是否冗余之外，还需要检查记录行的冗余。

（3）数据值冲突的检测与处理。由于表示、比例、编码等的不同，现实世界中的同一实体，在不同数据源中的属性值可能不同。例如，同样的货品单价，不同的系统采用不同的货币类型度量。这种数据语义上的歧义性是数据集成的最大难点，目前还没有很好的办法解决。

4.3.2　数据融合

美国学者最早提出“数据融合”（信息融合）一词，并于 20 世纪 80 年代建立其技术。本书所讲的融合仅限于数据层的数据融合，即把数据融合的思想引入数据预处理的过程中，加入数据的智能化合成，产生比单一信息源更准确、更完全、更可靠的数据再进行估计和判断，然后存入数据仓库或数据挖掘模块中。常见的数据融合方法如表 4.1 所示。

表 4.1　常见数据融合方法

数据融合方法分类	具体方法
静态的融合方法	贝叶斯估值、加权最小平方等
动态的融合方法	递归加权最小平方、卡尔曼滤波、小波变换的分布式滤波等
基于统计的融合方法	马尔科夫随机场、最大似然法、贝叶斯估值等
信息论算法	聚集分析、自适应神经网络、表决逻辑、信息熵等
模糊理论/灰色理论	灰色关联分析、灰色聚类等

4.4　数据变换

数据变换是采用线性或非线性的数学变换方法将多维数据压缩成较少维数的数据，消除它们在时间、空间、属性及精度等特征表现方面的差异，构成一个适合数据挖掘的描述形式。这类方法虽然对原始数据都有一定的损害，但其结果往往具有更大的实用性。数据变换包含以下处理内容。

4.4.1　数据平滑

帮助除去数据中的噪声，主要技术方法包括分箱方法、聚类方法和回归方法。

4.4.2　数据聚集

对数据进行总结或合计操作。例如，每天销售额（数据）可以进行合计操作以获得每月或每年的总额。这一操作常用于构造数据立方或对数据进行多细度的分析。

4.4.3　数据泛化处理

所谓泛化处理就是用更抽象（更高层次）的概念来取代低层次或数据层的数

据对象。例如，街道属性就可以泛化到更高层次的概念，如城市、国家。同样对于数值型的属性（如年龄属性）可以映射到更高层次概念，如年轻、中年和老年（胡学钢等，2008）。

4.4.4 数据规格化

规格化就是将有关属性数据按比例投射到特定的小范围之中，以消除数值型属性因大小不一而造成的挖掘结果的偏差，如将工资收入属性值映射到−1.0~1.0范围内。

规格化处理常常用于神经网络、基于距离计算的最近邻分类和聚类挖掘的数据预处理。对于神经网络，采用规格化后的数据不仅有助于确保学习结果的正确性，还会帮助提高学习的速度。对于基于距离计算的挖掘，规格化方法可以帮助消除因属性取值范围不同产生的对于挖掘结果公正性的影响。下面介绍三种规格化方法。

1. 最大最小规格化方法

最大最小规格化方法对被初始数据进行一种线性转换。设 $\min_A$ 和 $\max_A$ 为属性 A 的最小和最大值。最大最小规格化方法将属性 A 的一个值 v 映射为 v' 且有 $v' \in [\text{new\_min}_A, \text{new\_max}_A]$，具体映射计算公式如式（4.2）所示。

$$v' = \frac{v - \min_A}{\max_A - \min_A}(\text{new\_max}_A - \text{new\_min}_A) + \text{new\_min}_A \tag{4.2}$$

最大最小规格化方法保留了原来数据中存在的关系，但若将来遇到超过目前属性 A 取值范围的数值，将会引起系统出错。

例 4.1　假设属性 A 的最大最小值分别是 1 500 和 1 020，若要利用最大最小规格化方法将属性 A 的值映射到 0~1 的范围内，那么属性 A 中的 1 260 将被转化为

$$\frac{1\,260 - 1\,020}{1\,500 - 1\,020} \times (1.0 - 0.0) + 0 = 0.5$$

2. 零均值规格化方法

零均值规格化方法（Z-score 规格化）是根据属性 A 的均值和偏差来对 A 进行规格化。属性 A 的 v 值可以通过式（4.3）获得其映射值 v'：

$$v' = \frac{v - \bar{A}}{\sigma_A} \tag{4.3}$$

其中，$\bar{A}$ 和 σ_A 分别为属性 A 的均值和方差。

这种规格化方法常用于属性 A 的最大值与最小值未知，或使用最大最小规格化方法时会出现异常数据的情况。

例 4.2　假设属性 A 的均值与方差分别为 1 200 和 100，使用零均值规格化方法将 1 260 的属性 A 值映射为

$$\frac{1260-1200}{100}=0.6$$

3. 十基数变换规格化方法

十基数变换规格化方法是通过移动属性 A 值的小数位置来达到规格化的目的。所移动的小数位数取决于属性 A 绝对值的最大值。属性 A 的 v 值可以通过以下计算公式获得其映射值 v'（梁金凤等，2010）：

$$v'=\frac{v}{10^j} \tag{4.4}$$

其中，j 为使 $\max(|v'|)<1$ 成立的最小值。

例 4.3　假设属性 A 的取值范围介于−997~967。属性 A 绝对值的最大值为 997。采用十基数变换规格化方法，就是将属性 A 的每个值除以 1 000，j=3 即可，因此−997 映射为−0.997。

4.4.5　属性构造

根据已有属性集构造新的属性，以推动数据挖掘过程的进行。

对于属性构造方法，它可以利用已有属性集构造出新的属性，并加入现有属性集合中以帮助挖掘更深层次的模式知识，提高挖掘结果准确性。例如，根据宽、高属性，可以构造一个新属性——面积。构造合适的属性能够帮助减少学习构造决策树时所出现的碎块情况。此外属性结合可以帮助发现所遗漏的属性之间的相互联系，对于数据挖掘过程来说十分重要。

上述数据变换方法总结如表 4.2 所示。

表 4.2　数据变换方法分类

数据变换方法	作用
数据平滑	去噪，将连续数据离散化，增加粒度
数据聚集	对数据进行汇总
数据泛化	减少数据复杂度，用高层概念替换
数据规格化	使数据按比例缩放，落入特定区域
属性构造	构造出新的属性

数据变换可用相当少的变量来捕获原始数据的最大变化。具体采用哪种变换方法应根据涉及的相关数据的属性特点而定，根据研究目的可把定性问题定量化，也可把定量问题定性化。

4.5 数据归约

4.5.1 数据归约的方法策略

在数据集预处理过程中，对于小型或者中型的数据集只需要运用上文提到的数据预处理技术就已经足够了，但是大型数据集往往存在海量数据，上文数据预处理技术是不够的，通常在应用数据挖掘技术之前，可以采取一个中间的、额外的步骤——数据归约技术。

数据经过去噪处理后，需根据相关要求对数据的属性进行相应处理。数据归约就是从源数据集中得到数据集的归约表示，在减少数据存储空间的同时尽可能保证数据的完整性，获得比原始数据量小得多的数据集，并将数据以合乎要求的方式表示，最终达到经过数据挖掘后的结果与数据归约前的结果相同或者几乎相同的目标。同时需要注意，用于数据归约的时间不应当超过或“抵消”在归约后的数据上挖掘节省的时间（李玲娟等，2006）。

数据归约的主要方法策略如表 4.3 所示。

表 4.3　常见数据归约方法

数据归约方法分类	具体方法
数据立方体聚集	数据立方体聚集等
维规约	属性子集选择方法等
数据压缩	小波变换、主成分分析、分形技术等
数值压缩	回归、直方图、聚类等
离散化和概念分层	分箱技术、直方图、基于熵的离散化等

1. 数据立方体

数据立方体存储有多维聚集信息，并提供对预计算的汇总数据进行快速访问的服务。在数据立方体中存在着不同级别的汇总。在最低层次所建立的数据立方称为基立方，而最高抽象层次的数据立方称为顶立方。每个较高层次的数据立方都是对其低一层数据的进一步抽象，因此它也是一种有效的数据消减。图 4.5 就是一个对某公司三年销售额的合计处理的描述。

图 4.6 则描述在三个维度上对某公司原始销售数据进行合计所获得的数据立方。它从时间、公司分支以及商品类型三个角度（维）描述相应（时空）的销售额（对应一个小立方块）。每个属性都可对应一个概念层次树，以帮助进行多抽象层次的数据分析。例如，一个分支属性的（概念）层次树，可以提升到更高一层的区域概念，这样就可以将多个同一区域的分支合并到一起，顶立方代表整个

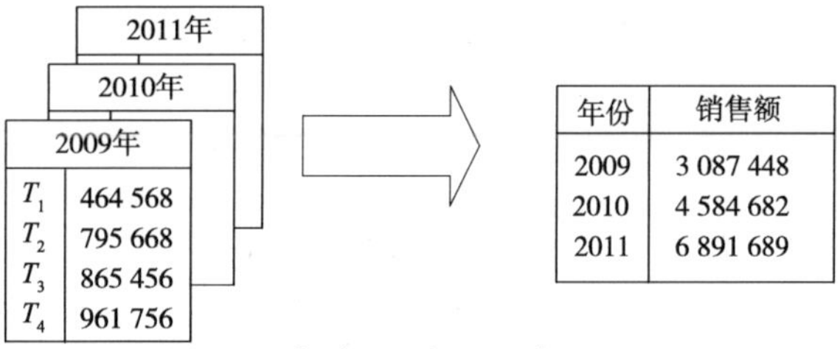

图 4.5　合计处理描述示意图

公司五年所有分支、所有类型商品的销售总额。

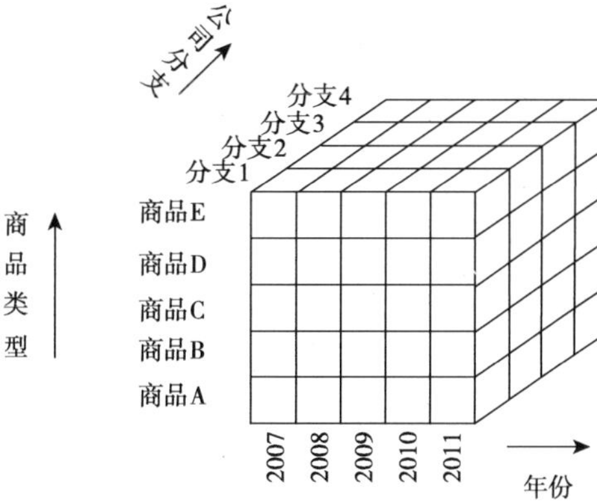

图 4.6　数据立方体示意图

2. 维规约

维规约是通过删除多余和无关的属性的方法从而有效减少数据集的规模，通常采用属性子集的选择方法。属性子集选择方法的目标就是寻找出最小的属性子集并确保新数据子集的概率分布尽可能接近原来数据集的概率分布。利用筛选后的属性集进行数据挖掘并获得结果，由于使用了较少的属性，因此用户更加容易理解挖掘结果。构造属性子集的基本启发式方法包括逐步向前选择、逐步向后删除、向前选择和向后删除的结合、决策树归纳以及基于统计分析的归约（主成分分析、回归分析等）（党怀义，2013）。

3. 数据压缩

数据压缩就是利用数据编码或数据转换将原来的数据集合压缩为一个较小规模的数据集合。若仅根据压缩后的数据集就可以恢复原来的数据集，那么就认为这一压缩是无损的；反之就称为有损的。在数据挖掘领域中通常使用的两种数据压缩方法均是有损的，它们是小波变换和主成分分析。

4. 数值压缩

数值压缩通过选择替代的、“较小的”数据表示形式来减少数据量。其可以分为参数方法和非参数方法。参数方法包括回归和对数线性模型；非参数方法常用的形式包括直方图、聚类、抽样（刘越江和黄今慧，2003）。

5. 离散化和概念分层

离散化技术方法可以通过将属性（连续取值）域值范围分为若干区间的方法来帮助消减一个连续（取值）属性的取值个数，从而减少和简化了原来的数据，其中可以用一个标签来表示一个区间内的实际数据值。在基于决策树的分类挖掘中，消减一个属性取值个数的离散化处理是一个极为有效的数据预处理步骤。

对一个属性递归地进行离散化，产生属性值的分层或多分辨率划分，此分层称做概念分层。概念层次树可以通过利用较高层次概念（如青年、中年、老年）替换低层次的属性值（如实际年龄数值）来减少原来数据集。虽然一些细节在数据泛化过程中消失了，但这样所获得的泛化数据或许会更易于理解，同时更有意义。另外，在消减后的数据集上进行数据挖掘显然效率更高（杜建军等，2008）。

4.5.2　数据归约的分类

数据归约主要包括元组归约和属性归约，这也是与关系数据库相关联的。元组和属性是关系数据库中重要的概念。关系数据库是一个被组织成一组正式描述表格的数据项的集合，元组简单地说就是关系数据库中表的行或者记录，其相对应的属性就是关系数据库中表的列。

1. 元组归约

利用离散化数值型属性和泛化字符型属性值来归约数据库中的元组就是元组归约。元组归约的两种重要方法就是连续属性离散化和数据的泛化或者说概念分层。

连续属性离散化是把数值型属性的值划分为若干个子区间，每一个子区间对应一个离散值。数据的泛化是从低层概念的集合到更高一层的映射，并且可以在不同的概念层次上进行，因此不同的元组将被泛化为相同的元组，组成一个广义的元组并累计它们对应的计数值，达到元组归约的目的。通过这两个方法元组的数量将大大减少同时也尽可能地保证了数据的完整性。

2. 属性归约

对一些在数据挖掘中不相关或者不重要的属性进行分析，分析后进行必要的删除属性，这就是属性归约。属性归约中的重要方法是属性排序、属性提取和属性子集的选择。

属性排序是根据某些评估测度标准来排出属性的顺序，排序的结果可以作为属性归约的依据，也可以作为属性离散化或属性子集选择的依据。属性的提取是指通过寻找原始属性空间与低维度空间的一个映射或变换，使用新属性代替原始属性。属性子集的选择是指从一组属性中挑选出一些最有代表性的属性。通过这些方法将属性项的数量大大减少，从而达到属性归约的目的（文专和王正欧，2003）。

除了把数据归约分为元组归约和属性归约这种分法外，还可以把数据归约分为特征归约、样本归约和特征值归约。特征归约是从原有的特征中删除不重要或者不相关的特征，对特征进行重组来减少特征的数量进而减少数据集的大小，提高数据挖掘的效率。样本归约就是从原有数据集中选取一个有代表性的样本的子集，这样数据量将得到有效的控制。特征值归约类似上面提到的连续属性离散化方法，将连续型特征的值离散化，得到若干个区间来减少数据量。

4.5.3　数据归约的意义

数据归约在数据挖掘中起着重要的作用，是大型数据集在进行数据挖掘之前不可或缺的步骤和方法。其重要作用主要体现在以下几个方面。

1）保证数据挖掘能够顺利进行

在进行数据挖掘时并不是所有的数据集都能通过数据挖掘算法来进行挖掘的，数据挖掘算法对于数据集是有严格要求的。例如，有些算法只能对离散化的数值进行操作，而不能对连续化的数值进行操作，这就可以通过数据归约的离散化数值型连续属性来使数值离散化，同时减少相应的数据量。所以说数据归约保证了数据挖掘能够顺利地进行。

2）数据归约是数据挖掘技术更高效完成的基础

对于一些大型数据集的数据，进行数据挖掘将会花费大量的时间，效率较低。虽然可以运用数据清理、数据融合、数据变换等数据预处理方法提高数据挖掘的效率，但是只通过这些技术是不够的。数据归约将大大减少数据量，删除那些不需要的元组和属性，并从有用的属性中选择或提取少数有代表性的几个属性，这样通过挖掘技术才能够顺畅地、高效率地完成相应工作。

3）数据归约的结果对数据挖掘最终的结果影响也是巨大的

数据归约能大大提高数据挖掘的效率，并且对数据挖掘的影响也是巨大的。因为运用适当的数据归约方法，经过数据挖掘后的结果与数据归约前的结果应该相同或者几乎相同，但要是运用不适当或者说发生错误的环节，那么进行数据归约之后数据挖掘的结果将会无效或者能提取的信息价值非常小，这样就只能在重新进行数据归约之后再进行数据挖掘操作。

本章主要阐述了数据预处理的主要流程与技术方法。研究的主要内容包括数据预处理的原因及意义、数据清洗、数据集成和融合、数据变换以及数据归约的含义与主要方法。

针对高维数据的数据预处理过程，降维也就是维数消减，将会影响系统的运行复杂性和挖掘效率。对降维方法的研究主要集中在两个方面：一种是从有关变量中消除无关、弱相关或冗余的维，寻找一个变量子集来构建模型，即子集选择法；另一种则是粗糙集这种无法处理连续属性值的数据挖掘方法，需对数据中包含的连续属性取值进行离散化，可利用概念层次树，将数据泛化到更高的层次，从而有效减少在学习过程所涉及的输入、输出操作。

在数据预处理的实际应用过程中，前述主要步骤有时并不是完全分开的。另外，应该针对具体所要研究的问题通过详细分析后再进行预处理方法的选择，整个预处理过程要尽量人机结合，尤其要注重和客户及专家多方面的交流。预处理后，若挖掘结果显示和实际差异较大，在排除源数据的问题后则有必要考虑数据的二次预处理，以修正初次数据预处理中引入的误差或方法的不当。若二次挖掘结果仍然异常则需要另行斟酌以达到较好的挖掘效果。另外，对于动态数据，如数据流问题，它和普通数据的预处理有何区别以及如何更好地进行预处理，有待于以后深入研究。

第 5 章　预测模型研究与应用

本章将对预测模型展开深入的探讨并指出预测方法的分类和建模的一般步骤，重点阐述四类典型的预测方法数学模型和实例应用，具体如下：①一元线性回归、多元线性回归、非线性回归预测模型；②皮尔（Pearl）、龚珀兹（Gompertz）、林德诺（Ridenour）三种趋势外推预测模型；③移动平均、指数平滑和季节指数三类时间序列预测模型；④马尔可夫预测模型。

5.1　预测模型的基础理论

5.1.1　预测方法的分类

按预测目标范围不同，可分为宏观预测和微观预测，宏观经济预测是指对整个国民经济或一个地区、一个部门的经济发展前景的预测；而微观经济预测是指将单个经济单位的经济活动前景作为考察的对象。按预测期限长短的不同，可分为长期预测、中期预测和短期预测。按预测结果的性质不同，可分为定性预测与定量预测。以下将对定性、定量两种预测方法加以阐述。

（1）定性预测。主要是根据事物的性质与特点以及过去和现在的有关数据，对事物做非数量化的分析，然后根据这种分析对事物的发展趋势做出判断和预测。定性预测在很大程度上取决于经验和专家的努力，依靠主观判断来取得预测结果。其特点为简单易行、花费时间少、应用历史较久。当缺乏统计数据，不能构成数学模型或环境变化很大，历史统计数据的规律无法反映事物变化规律时一般用定性预测。主要包括用户意见法（对象调查法）、员工意见法、个人判断、专家会议、特尔菲法、主观概率法、类推法、目标分解法等方法。这些方法在一定程度上都存在片面性、准确度不太高的缺点，可以作为定性预测的辅助方法。

（2）定量预测。定量预测主要利用历史统计数据并通过一定的数学方法建立模型，以模型为主对事物的未来做出判断和预测的数量化分析，也称客观预测（祝建，2010）。本书所采用的定量预测模型体系如图 5.1 所示。

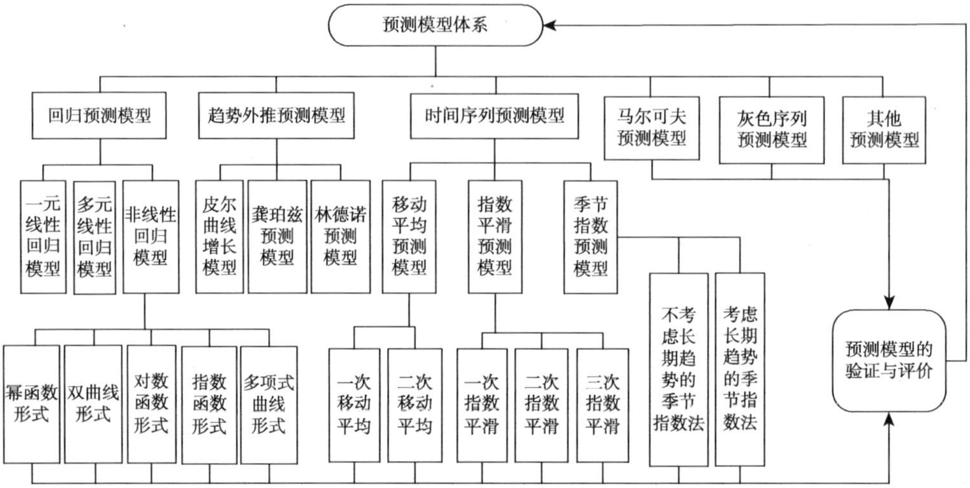

图 5.1　预测模型体系结构

本章后面的内容中将详细介绍定量预测方法中的回归分析、时间序列分析、趋势外推法、马尔可夫预测等方法。

5.1.2　预测方法的一般步骤

预测方法的一般步骤具体如下。

（1）预测目标分析和确定预测期限：确定预测目标和预测期限是进行预测工作的前提。

（2）进行调研，收集资料：预测以一定的资料和信息为基础，应以预测目标为中心收集充分、详尽、可靠的资料。同时要去伪存真，去掉不真实和与预测对象关系不密切的资料。

（3）选择合适的预测方法：分别研究当前预测理论领域的各种预测模型和预测方法。预测方法的选取应服从于预测的目的和资料、信息的条件。可同时使用多种预测方法独立地进行预测，并对各种预测值分别进行合理性分析与判断。

（4）考虑模型运行平台：依据预测理论和预测方法，选择合适的数据库和编程语言构建预测模型系统。

（5）对预测的结果进行分析和评估：考核预测结果是否满足预测目标的要求，对各种预测模型进行相关检验，比较预测精确度。根据不同模型的拟合效果和精度，选取精度较高和拟合效果好的模型。

（6）模型的更新：应该根据最新的管理、经济动态和新到来的信息数据，重新调整原来的预测模型以提高预测的准确性。

5.2　回归分析预测模型

5.2.1　一元线性回归预测模型

一元线性回归分析是处理两个变量 x（自变量）和 y（因变量）之间关系的最简单模型，研究的是这两个变量之间的线性相关关系。通过对该模型的讨论，不但可以掌握有关一元线性回归的理论知识，而且可以从中了解回归分析方法的数学模型、基本思想、方法及应用。

1. 数学模型

1）一元回归公式

以影响预测的各因素作为自变量或解释变量 x 和因变量或被解释变量 y 有如下关系：

$$y_i = a + bx_i + u_i,\quad i = 1,2,\cdots,n \tag{5.1}$$

式（5.1）称为一元线性回归模型（one variable linear regression model）。其中，u 表示一个随机变量，称为随机项；a、b 表示两个常数，称为回归系数（参数）；i 表示变量的第 i 个观察值；n 表示共有 n 组样本观察值。

2）建立模型与相关检验

（1）参数的最小二乘估计。与 y_i 的估计值 $\hat{y}_i = \hat{a} + \hat{b}x_i$ 相对应，$\hat{y}_i$ 与 y_i 之差称为估计误差或残差，以 ℓ_i 表示，$\ell_i = y_i - \hat{y}_i$。显然，误差 ℓ_i 的大小是衡量估计量 $\hat{a}$、$\hat{b}$ 好坏的重要标志。我们以误差平方和作为衡量总误差最小的准则，对参数 a、b 做出估计，令

$$Q = \sum_{i=1}^{n}(y_i - \hat{y}_i)^2 = \sum_{i=1}^{n}\ell^2{}_i = \sum_{i=1}^{n}(y_i - \hat{a} - \hat{b}x_i)^2 \tag{5.2}$$

使 Q 达到最小以估计出 $\hat{a}$、$\hat{b}$ 的方法称为最小二乘法（method of least-squares）。由多元微分学可知，使 Q 达到最小的参数的 $\hat{a}$、$\hat{b}$ 的最小二乘估计量（least-squares estimator of regression coefficient）必须满足：

$$\begin{cases} \dfrac{\partial Q}{\partial \hat{a}} = -2\sum_{i=1}^{n}(y_i - \hat{a} - \hat{b}x_i) = 0 \\ \dfrac{\partial Q}{\partial \hat{b}} = -2\sum_{i=1}^{n}(y_i - \hat{a} - \hat{b}x_i)x_i = 0 \end{cases},\quad i=1, 2,\cdots, n \tag{5.3}$$

解上述方程组得

$$\hat{b}=\frac{\sum_{i=1}^{n}x_iy_i-\bar{x}\sum_{i=1}^{n}y_i}{\sum_{i=1}^{n}x_i^2-\bar{x}\sum_{i=1}^{n}x_i}=\frac{\sum_{i=1}^{n}x_iy_i-n\overline{xy}}{\sum_{i=1}^{n}(x_i-\bar{x})^2},\quad \hat{a}=\bar{y}-\hat{b}\bar{x} \tag{5.4}$$

其中，$\bar{x}=\frac{1}{n}\sum_{i=1}^{n}x_i$；$\bar{y}=\frac{1}{n}\sum_{i=1}^{n}y_i$。

若令

$$l_{xx}=\sum_{i=1}^{n}\left(x_i-\bar{x}\right)^2,\quad l_{yy}=\sum_{i=1}^{n}\left(y_i-\bar{y}\right)^2,\quad l_{xy}=\sum_{i=1}^{n}\left(x_i-\bar{x}\right)\left(y_i-\bar{y}\right)$$

则式（5.4）可以写成

$$\begin{cases}\hat{a}=\bar{y}-\hat{b}\bar{x}\\ \hat{b}=\dfrac{l_{xy}}{l_{xx}}\end{cases}$$

（2）相关性检验。一般情况下，在一元线性回归方程中用相关性检验较好，相关系数 R 是描述变量 x 与 y 之间线性关系密切程度的一个数量指标。

$$R=\frac{\sum_{i=1}^{n}x_iy_i-n\overline{xy}}{\sqrt{\sum_{i=1}^{n}x_i^2-n\bar{x}^2}\sqrt{\sum_{i=1}^{n}y_i^2-n\bar{y}^2}}=\frac{l_{xy}}{\sqrt{l_{xx}l_{yy}}},\quad -1\leqslant R\leqslant 1 \tag{5.5}$$

查相关系数临界值表，若 $R>R_\alpha(n-2)$，则线性相关关系显著，即通过检验，可以进行预测；反之，没有通过检验，该一元回归方程不可以作为预测模型。

3）应用回归方程进行预测

（1）预测值的点估计。当方程通过检验后，由已经求出的回归方程和给定的某一个解释变量 x_0，可以求出此条件下的点预测值，输入 x_0 的值，则预测值为 $\hat{y}_0=\hat{a}+\hat{b}x_0$。

（2）区间估计。为估计预测风险和给出置信水平（confidence level），应继续做区间估计，也就是在一定的显著性水平下，求出置信区间(confidence region)，即求出一个正实数δ，使实测值 y_0 以α的概率落在区间 $(\hat{y}_0-\delta,\hat{y}_0+\delta)$ 内，满足 $P(\hat{y}_0-\delta,\hat{y}_0+\delta)=\alpha$。由于预测值和实际值都服从正态分布，因此预测误差 $y_0-\hat{y}_0$ 也服从正态分布，$\delta=t_{\frac{\alpha}{2}}(n-2)\times\sigma\times\sqrt{1+\frac{1}{n}+\frac{(x_0-\bar{x})^2}{l_{xx}}}$，$\sigma=\sqrt{(l_{yy}-b\times l_{xy})/n-2}$，求出$\delta$后，可得出结论，在$\alpha$的概率下，预测范围为 $(\hat{y}_0-\delta,\hat{y}_0+\delta)$。

2. 一元线性回归模型实例

表 5.1 给出的是 2000~2013 年人均原煤产量，下面将根据表中数据建立一元线性回归模型并对 2013 年以后的人均原煤产量进行预测。

表 5.1　2000~2013 年人均原煤产量

序号（x_i）	年份	人均原煤产量（y_i）/吨
1	2000	1.10
2	2001	1.16
3	2002	1.21
4	2003	1.42
5	2004	1.64
6	2005	1.81
7	2006	1.96
8	2007	2.09
9	2008	2.19
10	2009	2.34
11	2010	2.56
12	2011	2.80
13	2012	2.92
14	2013	2.93

其在计算过程中所用到的中间数据均列入表 5.2 中，具体过程如下所示。

表 5.2　2000~2013 年人均原煤产量一元线性回归计算过程

序号(x_i)	年份	$\bar{x}$	$x_i-\bar{x}$	$(x_i-\bar{x})^2$	人均原煤产量(y_i)/吨	$\bar{y}$	$y_i-\bar{y}$	$(y_i-\bar{y})^2$
1	2000	7.5	−6.5	42.25	1.10	2.01	−0.91	0.828 1
2	2001	7.5	−5.5	30.25	1.16	2.01	−0.85	0.722 5
3	2002	7.5	−4.5	20.25	1.21	2.01	−0.80	0.640 0
4	2003	7.5	−3.5	12.25	1.42	2.01	−0.59	0.348 1
5	2004	7.5	−2.5	6.25	1.64	2.01	−0.37	0.136 9
6	2005	7.5	−1.5	2.25	1.81	2.01	−0.2	0.040 0
7	2006	7.5	−0.5	0.25	1.96	2.01	−0.05	0.002 5
8	2007	7.5	0.5	0.25	2.09	2.01	0.08	0.006 4
9	2008	7.5	1.5	2.25	2.19	2.01	0.18	0.032 4

续表

序号 (x_i)	年份	$\bar{x}$	$x_i-\bar{x}$	$(x_i-\bar{x})^2$	人均原煤产量 (y_i) /吨	$\bar{y}$	$y_i-\bar{y}$	$(y_i-\bar{y})^2$
10	2009	7.5	2.5	6.25	2.34	2.01	0.33	0.108 9
11	2010	7.5	3.5	12.25	2.56	2.01	0.55	0.302 5
12	2011	7.5	4.5	20.25	2.80	2.01	0.79	0.624 1
13	2012	7.5	5.5	30.25	2.92	2.01	0.91	0.828 1
14	2013	7.5	6.5	42.25	2.93	2.01	0.92	0.846 4

（1）计算 $\bar{x}$、$\bar{y}$。

$$\bar{x}=\frac{1}{n}\sum_{i=1}^{n}x_i=\frac{1}{14}(1+2+3+4+5+6+7+8+9+10+11+12+13+14)=7.5$$

$$\bar{y}=\frac{1}{n}\sum_{i=1}^{n}y_i=\frac{1}{14}(1.1+1.16+1.21+1.42+1.64+1.81+1.96+2.09+2.19+2.34+2.56+2.8+2.92+2.93)\approx 2.01$$

（2）分别计算 l_{xx}、l_{yy}、l_{xy}。

$$l_{xx}=\sum_{i=1}^{n}(x_i-\bar{x})^2=42.25+30.25+20.25+12.25+6.25+2.25+0.25+0.25+2.25+6.25+12.25+20.25+30.25+42.25=227.5$$

$$l_{yy}=\sum_{i=1}^{n}(y_i-\bar{y})^2=0.828\,1+0.722\,5+0.640\,0+0.348\,1+0.136\,9+0.040\,0+0.002\,5+0.006\,4+0.032\,4+0.108\,9+0.302\,5+0.624\,1+0.828\,1+0.846\,4=5.466\,9$$

$$l_{xy}=\sum_{i=1}^{n}(x_i-\bar{x})(y_i-\bar{y})=(-6.5)\times(-0.91)+(-5.5)\times(-0.85)+(-4.5)\times(-0.8)+(-3.5)\times(-0.59)+(-2.5)\times(-0.37)+(-1.5)\times(-0.2)+(-0.5)\times(-0.05)+0.5\times 0.08+1.5\times 0.18+2.5\times 0.33+3.5\times 0.55+4.5\times 0.79+5.5\times 0.91+6.5\times 0.92=35.105$$

（3）计算系数 $\hat{a}$、$\hat{b}$。

$$\hat{b}=\frac{l_{xy}}{l_{xx}}=\frac{35.105}{227.5}\approx 0.1543,\hat{a}=\bar{y}-\hat{b}\bar{x}=2.01-0.154\,3\times 7.5=0.852\,75$$

所以此预测模型为

$$\hat{y}=\hat{a}+\hat{b}x=0.852\,75+0.154\,3x \tag{5.6}$$

（4）一元线性回归方程的相关性检验。计算相关系数，可得

$$R=\frac{l_{xy}}{\sqrt{l_{xx}l_{yy}}}=\frac{35.105}{\sqrt{227.5\times 5.466\,9}}\approx 0.995\,4$$

因为相关系数 R=0.995 4，接近 1，属于正相关，所以可以认为 x 和 y 之间存

在显著的线性关系，式（5.6）可以作为预测模型。

（5）预测分析。根据上面所求的一元线性预测模型 y=0.852 75+0.154 3x，如果要预测 2014 年人均原煤产量的点估计值和区间估计值，将 x=15 带入式（5.6）可得

Y_{2014}=0.852 75+0.154 3×15=0.852 75+0.154 3×15≈3.17

Y_{2004} 的 95%的估计区间为

$$\sigma=\sqrt{(l_{yy}-b\times l_{xy})/n-2}=\sqrt{(5.466\,9-0.154\,3\times 35.105)/(14-2)}\approx 0.064\,7$$

$$\delta=t_{\frac{\alpha}{2}}(n-2)\times\sigma\times\sqrt{1+\frac{1}{n}+\frac{(x_0-\overline{x})^2}{l_{xx}}}=t_{0.025}(12)\times 0.064\,7\times\sqrt{1+\frac{1}{14}+\frac{(15-7.5)^2}{227.5}}$$

$$=2.179\times 0.064\,7\times 1.148\,3\approx 0.161\,9$$

所以 Y_{2004} 的 95%的估计区间为

(3.17−0.161 9，3.17+0.161 9)=(3.008 1，3.331 9)

上述的一元回归预测模型完整过程的编程实现界面如图 5.2 所示。

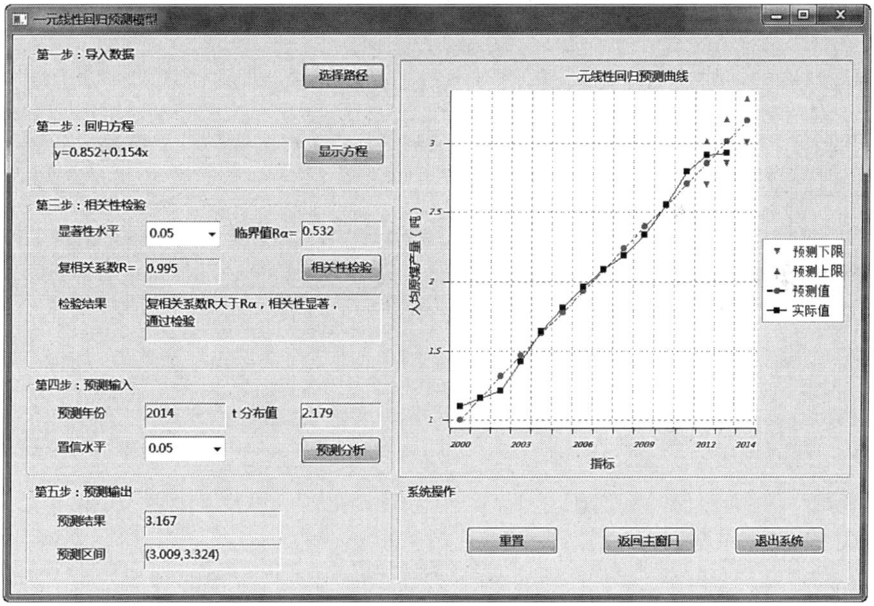

图 5.2　对人均原煤产量预测的一元线性回归模型

5.2.2　多元线性回归预测模型

对多元线性回归模型（multivariate linear regression model）的基本假设建立在对一元线性回归模型的基本假设基础之上，还要求所有自变量彼此线性无关，这样随机抽取 n 组样本观察值就可以进行参数估计。

1. 数学模型

1）多元回归公式

$$y_i = b_0 + b_1 x_1 + b_2 x_2 + \cdots + b_k x_k + u_i,\quad i = 1,2,\cdots,n \tag{5.7}$$

2）建立模型与相关检验

参数的最小二乘估计。式（5.7）对应的样本回归模型为 $\hat{y}_i = \hat{b}_0 + \hat{b}_1 x_{1i} + \hat{b}_2 x_{2i} + \cdots + \hat{b}_k x_{ki}$（$i$=1,2,⋯,$n$）。利用最小二乘法求参数估计量 $\hat{b}_0, \hat{b}_1, \hat{b}_2, \cdots, \hat{b}_k$。设残差平方和为 Q，则 $Q = \sum_{i=1}^{n}\left[y_i - \left(\hat{b}_0 + \hat{b}_1 x_{1i} + \hat{b}_2 x_{2i} + \cdots + \hat{b}_k x_{ki}\right)\right]^2$ 要达到最小。

由偏微分知识可知：

$$\begin{cases} \dfrac{\partial Q}{\partial \hat{b}_0} = -2\sum_{i=1}^{n}\left[y_i - \left(\hat{b}_0 + \hat{b}_1 x_{1i} + \hat{b}_2 x_{2i} + \cdots + \hat{b}_k x_{ki}\right)\right] = 0 \\ \vdots \\ \dfrac{\partial Q}{\partial \hat{b}_k} = -2\sum_{i=1}^{n}\left[y_i - \left(\hat{b}_0 + \hat{b}_1 x_{1i} + \hat{b}_2 x_{2i} + \cdots + \hat{b}_k x_{ki}\right)\right] x_{ki} = 0 \end{cases} \tag{5.8}$$

经整理，写成矩阵形式，得到

$$\boldsymbol{x}\hat{\boldsymbol{B}} = \boldsymbol{y} \Rightarrow (\boldsymbol{x}^{\mathrm{T}}\boldsymbol{x})\hat{\boldsymbol{B}} = \boldsymbol{x}^{\mathrm{T}}\boldsymbol{y} \Rightarrow \hat{\boldsymbol{B}} = (\boldsymbol{x}^{\mathrm{T}}\boldsymbol{x})^{-1}(\boldsymbol{x}^{\mathrm{T}}\boldsymbol{y}) \tag{5.9}$$

其中，$\boldsymbol{x} = \begin{bmatrix} 1 & x_{11} & x_{21} \cdots x_{k1} \\ 1 & x_{12} & x_{22} \cdots x_{k2} \\ \vdots & \vdots & \vdots \quad\ \ \vdots \\ 1 & x_{1n} & x_{2n} \cdots x_{kn} \end{bmatrix}$；$\boldsymbol{y} = \begin{bmatrix} y_1 \\ y_2 \\ \vdots \\ y_n \end{bmatrix}$；$\hat{\boldsymbol{B}} = \begin{bmatrix} \hat{b}_0 \\ \hat{b}_1 \\ \vdots \\ \hat{b}_k \end{bmatrix}$；$\boldsymbol{x}^{\mathrm{T}}$ 为 $\boldsymbol{x}$ 的转置矩阵。

多元线性回归模型的检验。

TSS：$\sum_{i=1}^{n}(y_i - \bar{y})^2$ 表示观察值 y_i 与其平均值的总离差平方和。

ESS：$\sum_{i=1}^{n}(\hat{y}_i - \bar{y})^2$ 表示由回归方程中 x 的变化而引起的回归平方和。

RSS：为 TSS−ESS=$\sum_{i=1}^{n}(y_i - \hat{y}_i)^2$，表示不能用回归方程解释的部分，是由其他未能控制的随机干扰因素引起的残差平方和。

（1）拟合优度检验。拟合优度 R^2（goodness of fit）：R^2 = ESS/TSS（$0 \leqslant R^2 \leqslant 1$）。拟合优度衡量的是回归平方和在总离差平方和中所占的比重大小。比重越大线性回归效果越好，也就是 R^2 越接近 1，回归直线与样本观察值拟合得越好。拟合优度也称为决定系数或相关系数。

拟合优度的修正值为

$$\bar{R}^2 = 1-(1-R^2)\frac{n-1}{n-m-1}$$

其中，n 为样本总数；m 为自变量个数；$n-m-1$ 为 RSS 的自由度；$n-1$ 为 TSS 的自由度。

（2）F 检验。在多元线性回归模型中，所得回归方程的显著性检验（F 检验）是指回归系数总体的回归显著性。F 检验的步骤如下。

第一步，假设 H0：$b_1=b_2=\cdots=b_k=0$，备择假设 H1：b_j 不全为零（$j=1, 2, \cdots, k$）。

第二步，计算构造统计量 $F\dfrac{\mathrm{ESS}/k}{\mathrm{RSS}/n-k-1}$（$n$ 为样本总数，k 为自变量个数）。

第三步，给定显著性水平 α，确定临界值 $F_\alpha(k, n-k-1)$。

第四步，把 F 与 $F_\alpha(k, n-k-1)$ 相比较，若 $F>F_\alpha(k, n-k-1)$ 则认为回归方程有显著意义，反之则判定回归方程预测不显著。

（3）t 检验。对引入回归方程的自变量逐个进行显著性检验的过程，称为回归系数的显著性检验（t-test or student' s t-test），t 检验的步骤如下。

第一步，假设 H0：$b_i=0$，备择假设 H1：$b_i\neq0$（$i=1, 2, \cdots, n$）。

第二步，计算统计量 $|T_i|$：

$$|T_i| = \frac{\hat{b}_i}{\sqrt{\dfrac{1}{n-k-1}\sum_{i=1}^{n}(y_i-\hat{y}_i)^2(\boldsymbol{x}^{\mathrm{T}}\boldsymbol{x})_{ii}^{-1}}} \tag{5.10}$$

第三步，给定显著性水平 α，确定临界值 $t_{\frac{\alpha}{2}}(n-k-1)$。

第四步，$|T_i|$ 与 $t_{\frac{\alpha}{2}}(n-k-1)$ 比较，也就是统计量与临界值比较。若 $|T_i|>t_{\frac{\alpha}{2}}(n-k-1)$，则认为回归系数 $\hat{b}_i$ 与零有显著差异，必须在原回归方程中保留 x_i；否则，应去掉 x_i 重新建立回归方程。

（4）应用回归方程进行预测。

预测值的点估计。当方程通过检验后，由已经求出的回归方程和给定的解释变量 $\boldsymbol{X}_0=(x_{01}, x_{02}, \cdots, x_{0k})$，可以求出此条件下的点预测值，输入 $\boldsymbol{X}_0$ 的值，则预测值 $\hat{y}_i=\hat{b}_0+\hat{b}_1x_{01}+\hat{b}_2x_{02}+\cdots+\hat{b}_kx_{0k}$。

区间估计。为估计预测风险和给出置信水平，应继续做区间估计，也就是在一定的显著性水平下，求出置信区间，即求出一个正实数 δ，使实测值 y_0 以 α 的概率落在区间 $(\hat{y}_0-\delta, \hat{y}_0+\delta)$ 内，满足 $P(\hat{y}_0-\delta, \hat{y}_0+\delta)=\alpha$，其中，$\delta=t_{\frac{\alpha}{2}}(n-m-1)\times\sigma\times\sqrt{1+\boldsymbol{X}_0(\boldsymbol{X}^{\mathrm{T}}\boldsymbol{X})^{-1}\boldsymbol{X}_0^{\mathrm{T}}}$，$\sigma=\sqrt{\mathrm{RSS}/n-m-1}$。

2. 应用多元回归方程进行客运量预测的实例

下面以使用两个自变量（人口数及城市 GDP）建立的某城市水路客运量的二元回归预测模型问题为例，具体数据如表 5.3 所示。

表 5.3　2002~2014 年某城市的水路客运量，人口数及城市 GDP

序号	年份	水路客运量（y）/万人	市人口数（x_1）/万人	城市 GDP（x_2）/万元
1	2002	5 044	1 423	30 840
2	2003	4 360	1 456	34 892
3	2004	5 437	1 493	41 099
4	2005	5 779	1 538	45 444
5	2006	6 269	1 601	49 505
6	2007	6 915	1 676	60 096
7	2008	7 646	1 771	64 491
8	2009	8 161	1 860	66 940
9	2010	8 915	1 962	73 856
10	2011	9 800	2 019	81 658
11	2012	10 398	2 069	87 475
12	2013	11 680	2 115	94 648
13	2014	12 709	2 152	99 995

具体预测过程如下，其中在计算过程中所用到的中间数据均列入表 5.4。

表 5.4　2002~2014 年某市水路货运量预测的二元回归模型计算过程

年份	x_{1i}	$\overline{x}_1$	$x_{1i}-\overline{x}_1$	x_{2i}	$\overline{x}_2$	$x_{2i}-\overline{x}_2$	y_i	$\overline{y}$	$y_i-\overline{y}$
2002	1 423	1 779.6	−356.2	30 840	63 918.4	−33 078.4	5 044	7 931.8	−2 887.8
2003	1 456	1 779.6	−323.6	34 892	63 918.4	−29 026.4	4 360	7 931.8	−3 571.8
2004	1 493	1 779.6	−286.6	41 099	63 918.4	−22 819.4	5 437	7 931.8	−2 494.8
2005	1 538	1 779.6	−241.6	45 444	63 918.4	−18 474.4	5 779	7 931.8	−2 152.8
2006	1 601	1 779.6	−178.6	49 505	63 918.4	−14 413.4	6 269	7 931.8	−1 662.8
2007	1 676	1 779.6	−103.6	60 096	63 918.4	−3 822.4	6 915	7 931.8	−1 016.8
2008	1 771	1 779.6	−8.6	64 491	63 918.4	572.6	7 646	7 931.8	−285.8

续表

年份	x_{1i}	$\overline{x}_1$	$x_{1i}-\overline{x}_1$	x_{2i}	$\overline{x}_2$	$x_{2i}-\overline{x}_2$	y_i	$\overline{y}$	$y_i-\overline{y}$
2009	1 860	1 779.6	80.4	66 940	63 918.4	3 021.6	8 161	7 931.8	229.2
2010	1 962	1 779.6	182.4	73 856	63 918.4	9 937.6	8 915	7 931.8	983.2
2011	2 019	1 779.6	239.4	81 658	63 918.4	17 739.6	9 800	7 931.8	1 868.2
2012	2 069	1 779.6	289.4	87 475	63 918.4	23 556.6	10 398	7 931.8	2 466.2
2013	2 115	1 779.6	335.4	94 648	63 918.4	30 729.6	11 680	7 931.8	3 748.2
2014	2 152	1 779.6	372.4	99 995	63 918.4	36 076.6	12 709	7 931.8	4 777.2

1）参数估计

从表 5.3 中的数据出发，在 x_1, x_2 和 y 之间建立回归方程 $\hat{y}=\hat{b}_0+\hat{b}_1x_1+\hat{b}_2x_2$，其中回归系数的估计仍用最小二乘法解得 $\hat{b}_0=\overline{y}-\hat{b}_1\overline{x}_1-\hat{b}_2\overline{x}_2$，并且满足下述方程组：

$$\begin{cases} l_{11}\hat{b}_1+l_{12}\hat{b}_2=l_{1y} \\ l_{21}\hat{b}_1+l_{22}\hat{b}_2=l_{2y} \end{cases} \tag{5.11}$$

其中，

$$\overline{y}=\frac{1}{n}\sum_{i=1}^{n}y_i,\quad \overline{x}_1=\frac{1}{n}\sum_{i=1}^{n}x_{1i},\quad \overline{x}_2=\frac{1}{n}\sum_{i=1}^{n}x_{2i}$$

令

$$l_{11}=\sum_{j=1}^{n}\left(x_{1j}-\overline{x}_1\right)^2,\quad l_{22}=\sum_{j=1}^{n}(x_{2j}-\overline{x}_2)^2,\quad l_{12}=l_{21}\sum_{j=1}^{n}\left(x_{1j}-\overline{x}_1\right)\left(x_{2j}-\overline{x}_2\right)$$

$$l_{1y}=\sum_{j=1}^{n}(x_{1j}-\overline{x}_1)(y_j-\overline{y}),\quad l_{2y}=\sum_{j=1}^{n}\left(x_{2j}-\overline{x}_2\right)\left(y_j-\overline{y}\right),\quad l_{yy}=\sum_{j=1}^{n}(y_j-\overline{y})^2$$

解方程组（5.11），得到

$$\hat{b}_1=\frac{l_{1y}l_{22}-l_{2y}l_{12}}{l_{11}l_{22}-l_{12}l_{21}},\quad \hat{b}_2=\frac{l_{2y}l_{11}-l_{1y}l_{21}}{l_{11}l_{22}-l_{12}l_{21}}$$

将表 5.4 中的数据代入式（5.11）可得

$$l_{yy}=\sum_{j=1}^{n}(y_j-\overline{y})^2=83\,298\,358.32,\quad l_{11}=\sum_{j=1}^{n}(x_{1j}-\overline{x}_1)^2=847\,069.1,$$

$$l_{22}=\sum_{j=1}^{n}(x_{2j}-\overline{x}_2)^2=6\,244\,747\,783,\quad l_{12}=l_{21}=\sum_{j=1}^{n}\left(x_{1j}-\overline{x}_1\right)\left(x_{2j}-\overline{x}_2\right)=72\,018\,793.9,$$

$$l_{1y}=\sum_{j=1}^{n}(x_{1j}-\overline{x}_1)(y_j-\overline{y})=8\,220\,428.8,\quad l_{2y}=\sum_{j=1}^{n}(x_{2j}-\overline{x}_2)(y_j-\overline{y})=712\,816\,822.2,$$

$$\hat{b}_1=\frac{l_{1y}l_{22}-l_{2y}l_{12}}{l_{11}l_{22}-l_{12}l_{21}}=\frac{8\,220\,428.8\times 6\,244\,747\,783-712\,816\,822.2\times 72\,018\,793.9}{847\,069.1\ \times 6\,244\,747\,783-72\,018\,793.9\ \times 72\,018\,793.9}\approx -0.017\ ,$$

$$\hat{b}_2=\frac{l_{2y}l_{11}-l_{1y}l_{21}}{l_{11}l_{22}-l_{12}l_{21}}=\frac{712\,816\,822.2\times 847\,069.1-8\,220\,428.8\times 72\,018\,793.9}{847\,069.1\ \times 6\,244\,747\,783-72\,018\,793.9\ \times 72\,018\,793.9}\approx 0.114\ ,$$

$$\hat{b}_0=\overline{y}-\hat{b}_1\overline{x}_1-\hat{b}_2\overline{x}_2=7\,931.8-(-0.017)\times 1\,779.6-0.114\times 63\,918.4=652.936\ ,$$

因此，所确定的二元回归方程为

$$y=652.936-0.017\,x_1+0.114\,x_2$$

2）回归方程的显著性检验

回归方程的显著性检验计算过程所需数据均列入表 5.5 中。

表 5.5 2002~2014 年某市水路货运量预测的二元回归模型检验计算过程

年份	x_{1i}	x_{2i}	$\hat{y}_i$	y_i	$\overline{y}$	$y_i-\overline{y}$	$\hat{y}_i-\overline{y}$	$y_i-\hat{y}_i$
2002	1 423	30 840	4 161.27	5 044	7 931.8	−2 887.8	−3 770.53	882.73
2003	1 456	34 892	4 632.08	4 360	7 931.8	−3 571.8	−3 299.72	−272.08
2004	1 493	41 099	5 364.61	5 437	7 931.8	−2 494.8	−2 567.19	72.39
2005	1 538	45 444	5 861.42	5 779	7 931.8	−2 152.8	−2 070.38	−82.42
2006	1 601	49 505	6 308.26	6 269	7 931.8	−1 662.8	−1 623.54	−39.26
2007	1 676	60 096	7 548.25	6 915	7 931.8	−1 016.8	−383.55	−633.25
2008	1 771	64 491	8 009.42	7 646	7 931.8	−285.8	77.62	−363.42
2009	1 860	66 940	8 236.24	8 161	7 931.8	229.2	304.44	−75.24
2010	1 962	73 856	9 001.64	8 915	7 931.8	983.2	1 069.84	−86.64
2011	2 019	81 658	9 913.63	9 800	7 931.8	1 868.2	1 981.83	−113.63
2012	2 069	87 475	10 587.32	10 398	7 931.8	2 466.2	2 655.52	−189.32
2013	2 115	94 648	11 431.14	11 680	7 931.8	3 748.2	3 499.34	248.86
2014	2 152	99 995	12 057.89	12 709	7 931.8	4 777.2	4 126.09	651.11

（1）拟合优度检验。将表 5.5 中的数据代入模型检验参数中可知：

拟合优度为

$$R^2=\frac{\text{ESS}}{\text{TSS}}=\frac{80\,257\,681.08}{83\,298\,358.32}=0.963\,5$$

拟合优度修正值为

$$\overline{R}^2=1-(1-R^2)\times\frac{13-1}{13-2-1}\approx 0.956\,2$$

（2）F 检验。

$$F=\frac{\frac{\text{ESS}}{2}}{\frac{\text{RSS}}{13-2-1}}\approx 131.973$$

给定显著性水平 α=0.05，$F_\alpha=(2,13-2-1)=4.10$，$F>F_\alpha(k,n-k-1)$ 则回归方程有显著意义。

（3）t 检验。给定显著性水平 α=0.05，临界值 $t_{\frac{\alpha}{2}}(n-k-1)=2.228$。

$$s_y=\sqrt{\frac{\text{RSS}}{n-m-1}}=\sqrt{\frac{3\,040\,677.24}{13-2-1}}=551.42$$

由式 $|T_i|=\dfrac{\hat{b}_i}{\sqrt{\dfrac{1}{n-k-1}\sum\limits_{i=1}^{n}(y_i-\hat{y}_i)^2(\boldsymbol{x}^{\mathrm{T}}\boldsymbol{x})_{ii}^{-1}}}$ 计算得 $|T_1|>t_{\frac{\alpha}{2}}(n-k-1)$ 并且 $|T_2|>t_{\frac{\alpha}{2}}(n-k-1)$，认为回归系数 $\hat{b}_1$ 和 $\hat{b}_2$ 与零有显著差异，保留 x_1 和 x_2 在原回归方程中。

3）预测分析

根据上面所求的多元线性回归预测模型 y=652.936−0.017 x_1 +0.114 x_2，预测 2015 年的货运量，将 x_1 =2 160，x_2 =103 000 代入上式，分别得到点估计值和区间估计值。

$$y_{2015}=652.936-0.017\times 2\,160+0.114\times 103\,000=12\,393.968$$

y_{2015} 的 95%的估计区间为(12 393.968−1 076.515,12 393.968+1 076.515)=(11 317.453, 13 470.483)。

上述的多元回归预测模型完整过程的编程实现界面如图 5.3 所示。

5.2.3　非线性回归预测模型

1. 数学模型

在许多实际问题中，不少经济变量之间的关系为非线性的，可以通过变量代换把本来应该用非线性回归处理的问题近似转化为线性回归问题，再进行分析预测。表 5.6 中列举的是五种常见的非线性形式及线性变换的方式，这些非线性模型都可转化为一元或多元线性模型，利用前面介绍过的一元和多元线性回归模型的最小二乘法求出参数估计、模型的拟合优度和显著性检验及评价预测模型的预测精度等。

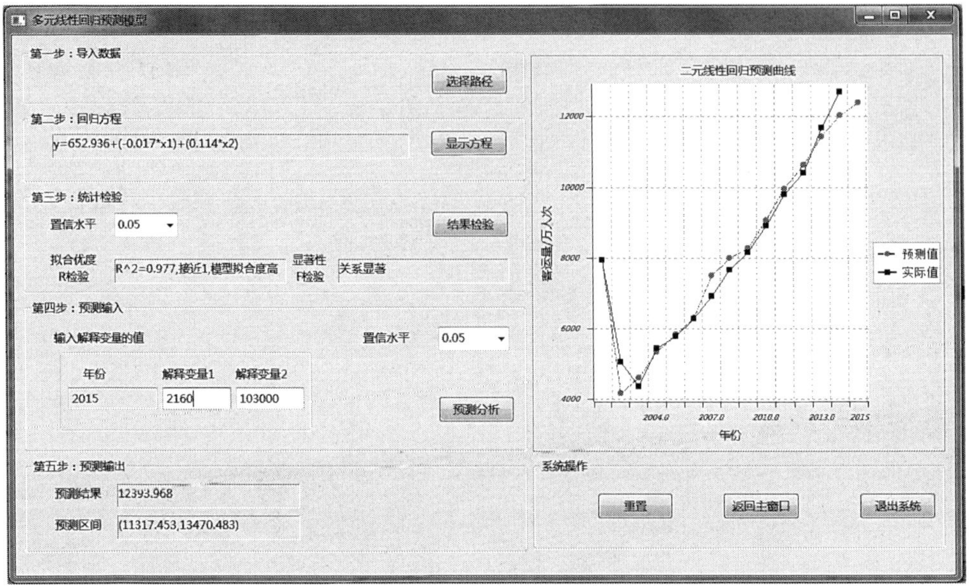

图 5.3　水路客运量多元回归预测模型

解释变量为某市人口数与某市 GDP

表 5.6　五种常见的非线性模型及线性变换的方式

幂函数形式	$y=ax^b$	$y'=\log(y)$ $x'=\log(x)$ $a'=\log(a)$	$y'=a'+b\,x'$
双曲线形式	$1/y=a+b\,(1/x)$	$y'=1/y$ $x'=1/x$	$y'=a+b\,x'$
对数函数形式	$y=a+b\log(x)$	$x'=\log(x)$	$y=a+b\,x'$
指数函数形式	$y=ae^{bx}$	$y'=\ln(y)$ $a'=\ln(a)$	$y'=a'+b\,x$
多项式曲线形式	$y=b_0+b_1x+b_2x_2+\cdots+b_kx_k$	$x_1=x,\ x_2=x_2\cdots$ $x_k=x_k$	$y=b_0+b_1x_1+b_2x_2+\cdots+b_kx_k$

2. 应用非线性模型进行客运量预测的实例

根据某省交通统计汇编材料得到表 5.7 中所列数据，包括我国 1991~2014 年全社会铁路客运量、铁路旅客周转量、水运客运量和水运旅客周转量。

表 5.7　我国铁路客运量、铁路旅客周转量、水运客运量和水运旅客周转量

年份	客运量 X_1 /万人	旅客周转量 X_2 /（亿人/千米）	水运客运量 X_3 /万人	水运旅客周转量 X_4 /（亿人/千米）
2014	235 704	11 604.8	26 293	74.3
2013	210 579	10 595.6	23 535	68.3
2012	189 337	9 812.3	25 752	77.5
2011	186 226	9 612.3	24 556	74.5
2010	167 609	8 762.2	22 392	72.3
2009	152 451	7 878.9	22 314	69.4
2008	146 193	7 778.6	20 334	59.2
2007	135 670	7 216.3	22 835	77.8
2006	125 656	6 622.1	22 047	73.6
2005	115 583	6 062.0	20 227	67.8
2004	111 764	5 712.2	19 040	66.3
2003	97 260	4 788.6	17 142	63.1
2002	105 606	4 969.4	18 693	81.8
2001	105 155	4 766.8	18 645	89.9
2000	105 073	4 532.6	19 386	100.5
1999	100 164	4 135.9	19 151	107.3
1998	96 085	3 584.9	20 545	155.7
1997	93 308	3 347.6	22 573	160.6
1996	94 797	3 545.7	22 895	171.8
1995	102 745	3 636.0	23 924	183.5
1994	108 738	3 483.3	26 265	196.4
1993	105 458	3 152.2	27 074	198.4
1992	99 693	2 828.1	26 502	177.2
1991	95 080	2 612.6	26 109	164.9

运行非线性回归中的指数函数预测模型，得到其运行界面及统计检验过程如图 5.4 所示。

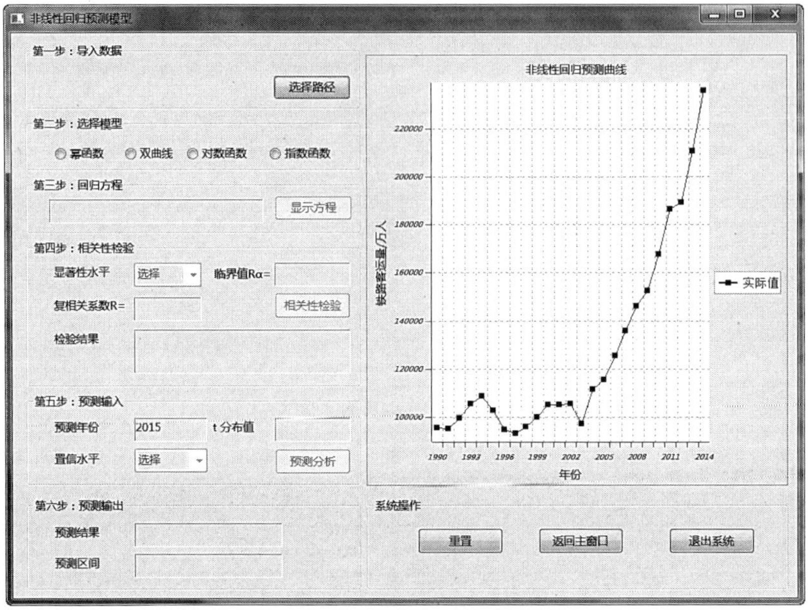

图 5.4　指数函数预测模型界面

为了观察预测模型对原始数据的拟合效果，单击“数据拟合”按钮，得到的预测模型拟合效果界面图如图 5.5 所示。

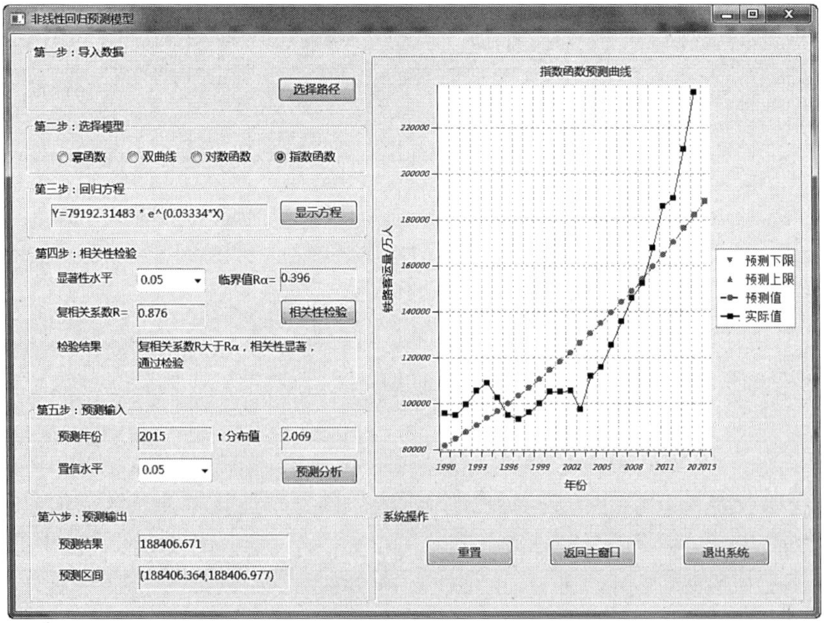

图 5.5　指数函数预测模型对原始数据拟合图形

而幂函数预测模型的检验过程及拟合效果图如图 5.6 所示。

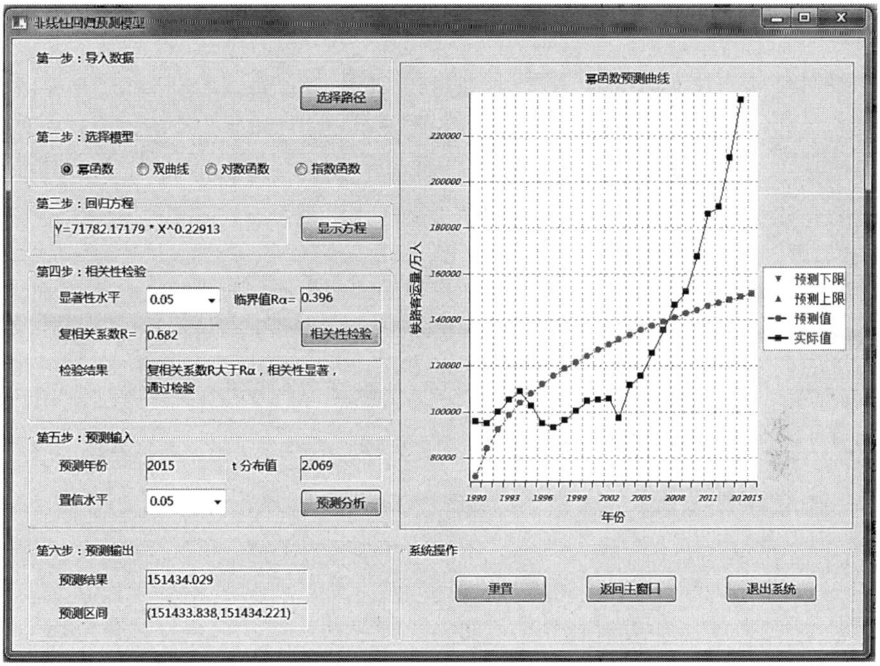

图 5.6　幂函数预测模型检验过程及拟合效果图

通过对表 5.7 中的铁路客运量和铁路旅客周转量、水运客运量和水运旅客周转量数据分别进行运算，得到非线性回归曲线方程，如表 5.8 所示。

表 5.8　各种非线性预测模型的曲线方程

函数模型	客运量 X_1	旅客周转量 X_2	公路客运量 X_3	公路旅客周转量 X_4
幂函数形式	Y=71 782.171 79 ×X−0.229 13	Y=1 592.140 44 ×X−0.507 06	Y=26 478.512 93 ×X −0.071 76	Y=284.498 97 ×X−0.440 53
双曲线形式	1/Y=0.000 01+1/X	1/Y=0.000 16+0.000 35 ×1/X	1/Y=0.000 05−0.000 001 ×1/X	1/Y=0.012 37−0.011 4 ×1/X
对数函数形式	Y=54 226.732 56 +72 486.339 14×lg$X$	Y=−443.992 09 +6 135.507 77×lg$X$	Y=26 540.824 12 −3 892.976 95×lg$X$	Y=232.110 75 −118.773 01×lg$X$
指数函数形式	Y=79 192.314 83 ×e0.033 34X	Y=2 271.225 85 ×e0.063 17X	Y=23 524.047 34 ×e−0.003 71X	Y=201.448 62 ×e−0.052 07X
多项式形式	Y=89 593.836+6 562.041X −1 138.791X_2 +66.744X_3−0.905X_4	Y=2 097.629+360.229X −38.029X_2 +2.636X_3−0.044X_4	Y=26 172.023+1 133.877X −379.607X_2 +25.37X_3−0.483X_4	Y=129.862+39.238X −7.22X_2+0.389X_3 −0.007X_4

5.3　趋势外推预测模型

趋势外推法的基本理论是，事物发展过程一般都是渐进式的变化，而不是跳跃式的变化，决定事物过去发展的因素在很大程度上也决定该事物未来的发展，事物的变化不会太大。依据这种规律推导，就可以预测出它的未来趋势和状态。趋势外推预测模型是在对研究对象过去和现在的发展做了全面分析之后，利用某种模型描述某一参数的变化规律，然后以此规律进行外推。趋势外推预测模型包括皮尔预测模型、龚珀兹预测模型、林德诺预测模型和其他一些生长曲线和包络曲线预测模型等。建立趋势外推预测模型主要包括六个步骤：①选择预测参数；②收集必要的数据；③拟合曲线；④趋势外推；⑤预测说明；⑥研究预测结果在制订规划和决策中的应用。

5.3.1　皮尔预测模型

1. 皮尔曲线数学模型

皮尔是美国生物学家和人口统计学家，他曾对生物繁殖和人口增长进行过集中研究，发现它们都符合 S 形曲线的规律。皮尔曲线能较好地描述技术增长和新技术扩散过程，如某种耐用消费品的普及过程、流行商品的累计销售额以及被置于孤岛上的动植物增长现象等。

皮尔曲线的数学模型为

$$y(t)=\frac{L}{1+a\mathrm{e}^{-bt}} \tag{5.12}$$

其中，$a>0$；$b>0$；t 为时间；L 为渐进线值（极限值）。

皮尔曲线参数的求解方法如下：首先利用三次样条插值法来实现非等时距沉降时间序列的等时距变换。其次将等时间序列的样本分为 3 段，第 1 段为 t=1, 2, 3, …, r；第 2 段为 t=r+1, r+2, r+3, …, 2r；第 3 段为 t=2r+1, 2r+2, 2r+3, …, 3r。设 S_1、S_2、S_3 分别为这 3 个段内各项数值的倒数之和，则有

$$\begin{cases} S_1=\sum\limits_{t=1}^{r}\dfrac{1}{y(t)} \\ S_2=\sum\limits_{t=r+1}^{2r}\dfrac{1}{y(t)} \\ S_3=\sum\limits_{t=2r+1}^{3r}\dfrac{1}{y(t)} \end{cases} \tag{5.13}$$

将皮尔预估模型改写为倒数形式，即

$$\frac{1}{y(t)}=\frac{1}{L}+\frac{a\mathrm{e}^{-bt}}{L} \tag{5.14}$$

则有

$$\begin{cases} S_1 = \sum_{t=1}^{r} \dfrac{1}{y(t)} = \dfrac{r}{L} + \dfrac{a}{L}\sum_{t=1}^{r} e^{-bt} = \dfrac{r}{L} + \dfrac{ae^{-b}(1-e^{-rb})}{L(1-e^{-b})} \\ S_2 = \sum_{t=r+1}^{2r} \dfrac{1}{y(t)} = \dfrac{r}{L} + \dfrac{ae^{-(r+1)b}(1-e^{-rb})}{L(1-e^{-b})} \\ S_3 = \sum_{t=2r+1}^{3r} \dfrac{1}{y(t)} = \dfrac{r}{L} + \dfrac{ae^{-(2r+1)b}(1-e^{-rb})}{L(1-e^{-b})} \end{cases} \tag{5.15}$$

于是，各参数的计算公式为

$$b = \frac{\ln \dfrac{(S_1 - S_2)}{(S_2 - S_3)}}{r} \tag{5.16}$$

$$L = \frac{r}{S_1 - \dfrac{(S_1 - S_2)^2}{(S_1 - S_2) - (S_2 - S_3)}} \tag{5.17}$$

$$a = \frac{(S_1 - S_2)^2 (1 - e^{-b}) L}{[(S_1 - S_2) - (S_2 - S_3)] e^{-b} (1 - e^{-rb})} \tag{5.18}$$

2. 应用皮尔曲线模型进行客运量预测

根据表 5.7 中的数据，应用皮尔曲线模型对某省全社会客运总量进行预测，得到的运行界面如图 5.7 所示。

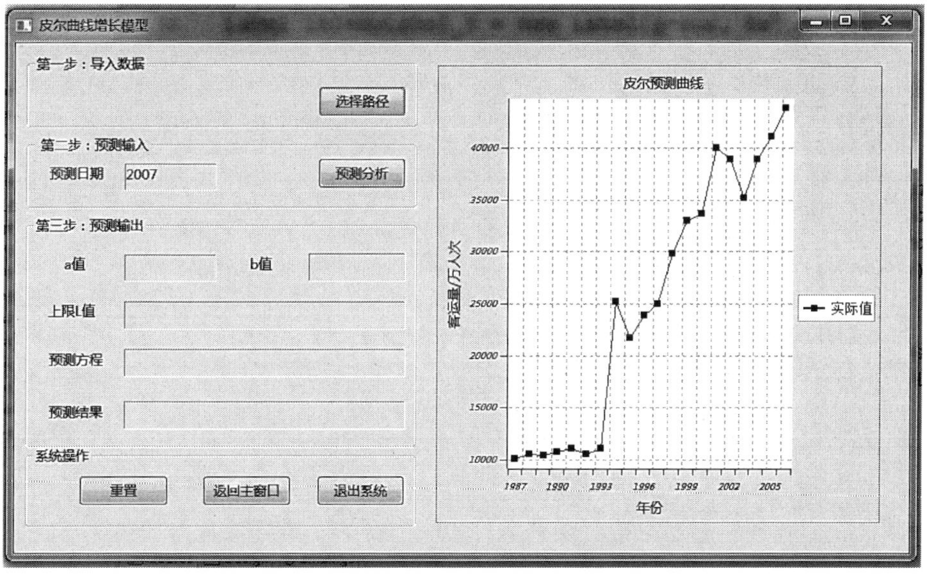

图 5.7　皮尔预测模型运行界面

为了观察预测模型对原始数据的拟合效果，点击“显示拟合图形”按钮，得到拟合图形，如图 5.8 所示。

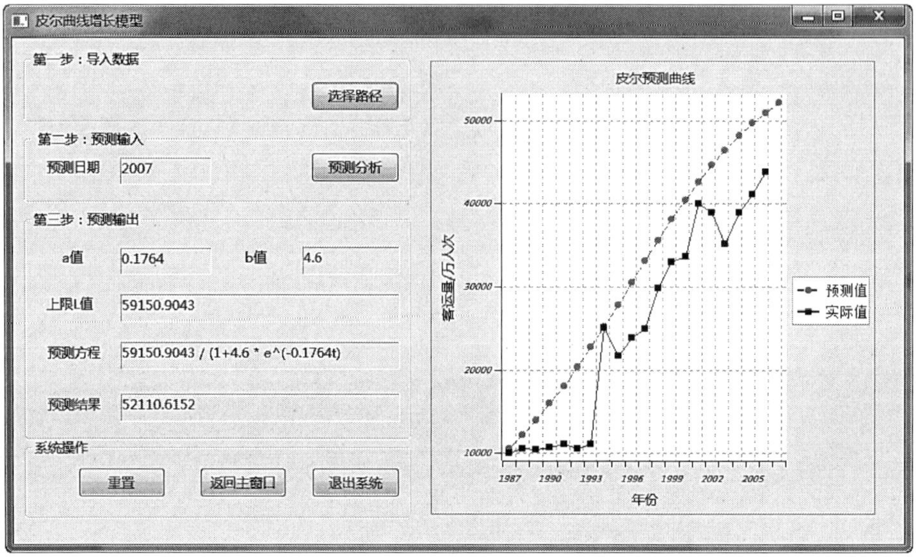

图 5.8　皮尔预测模型对原始数据拟合图形

通过对某省全社会客运量和旅客周转量、公路客运量和公路旅客周转量时间序列数据分别进行运算，得到对应的皮尔预测模型参数和曲线方程如表 5.9 所示。

表 5.9　不同时间序列的皮尔预测模型参数和曲线方程

预测对象	L	a	b	皮尔曲线方程
客运量（X_1）	59 150.904 3	0.176 4	4.6	$X_1(t)=\dfrac{59\,150.904\,3}{(1+4.6\mathrm{e}^{-0.176\,4t})}$
旅客周转量（X_2）	−137.964 9	0.043 4	−2.479 8	$X_2(t)=\dfrac{-137.964\,9}{(1-2.479\,8\mathrm{e}^{-0.043\,4t})}$
公路客运量（X_3）	51 854.960 6	0.194 6	4.659 4	$X_3(t)=\dfrac{51\,854.960\,6}{(1+4.659\,4\mathrm{e}^{-0.194\,6t})}$
公路旅客周转量（X_4）	−91.725 3	0.035 7	−2.347 9	$X_4(t)=\dfrac{-91.725\,3}{(1-2.347\,9\mathrm{e}^{-0.035\,7t})}$

利用表 5.9 所列的预测模型，通过计算得出不同运量预测对象的预测值序列 $\hat{X}_1,\hat{X}_2,\hat{X}_3,\hat{X}_4$（表 5.10），同时列出预测序列对原数据序列的拟合相对误差值 $\varDelta_1,\varDelta_2,\varDelta_3,\varDelta_4$ 和各自的平均相对误差 $\overline{\varDelta}$ $\left(\left(\varDelta_i=\hat{x}_i(t)-x_i^{(0)}(t)\right)\big/\hat{x}_i(t)\times 100\%\right)$①。

① 5.3.2 小节和 5.3.3 小节中的 $\hat{X}_1,\hat{X}_2,\hat{X}_3,\hat{X}_4$， $\varDelta_1,\varDelta_2,\varDelta_3,\varDelta_4$ 的意思均和本部分相同。

通过分析表 5.10 所列的平均相对误差，可以看出皮尔曲线模型预测方法对某省全社会客运量和公路旅客周转量的预测效果较好，可以较好地拟合出运量数据的发展趋势，而且随着时间的推进，预测序列和原序列越来越贴近，因此皮尔曲线预测方法比较适用于长期预测，得到的曲线方程也能较好的反应出预测对象在未来的发展趋势。

表 5.10　1997~2006 年不同预测对象的皮尔模型拟合值和相对误差序列

年份	$\hat{X}_1$ /万人	Δ_1 /%	$\hat{X}_2$ /(亿人/千米)	Δ_2 /%	$\hat{X}_3$ /万人	Δ_3 /%	$\hat{X}_4$ /(亿人/千米)	Δ_4 /%
1997	33 077.59	24.41	227.40	24.19	31 133.49	24.72	142.65	16.23
1998	35 616.47	16.15	256.22	25.90	33 500.8	16.28	156.69	15.88
1999	38 065.72	13.41	291.61	18.39	35 737.68	13.83	173.14	5.16
2000	40 394.31	16.56	336.05	29.20	37 816.68	16.47	192.65	11.13
2001	42 577.70	6.09	393.47	22.69	39 717.67	4.55	216.15	7.68
2002	44 598.5	12.82	470.43	40.14	41 432.59	11.36	244.99	14.24
2003	46 446.41	24.31	578.94	54.49	42 959.47	23.09	281.19	31.41
2004	48 117.73	19.15	742.73	57.22	44 303.44	17.61	327.95	30.74
2005	49 614.32	17.20	1 019.00	67.46	45 474.51	15.32	390.63	40.32
2006	50 942.53	13.93	1 582.71	77.10	46 485.98	12.10	478.96	48.28
$\bar{\Delta}$	16.40%		41.68%		15.53%		22.11%	

5.3.2　龚珀兹预测模型

1. 龚珀兹曲线数学模型

龚珀兹是英国统计学家和数学家，他在研究控制死亡率问题时提出了一种曲线，被人们称做龚珀兹曲线，可以用于技术增长和技术扩散预测。

1）数学模型

$$X(t) = Ka^{b^t} \tag{5.19}$$

其中，$0< a <1$；$0<b<1$；$X(t)$为函数值，t 为时间；k 为渐进线值（极限值）。对龚珀兹模型两边同时取对数，可以得到 $\ln(Y_t/K)=bt\ln a$，再取对数，则得 $\ln\ln(Y_t/K)=t\ln b+\ln(1/a)$，其中 a、b 为待定参数。

2）模型参数估计

应用最小二乘原理取待定系数 a、b。构造新方程：

$$\phi = \sum [t\ln b + \ln(1/a) - \ln\ln(K/Y_t)]^2 \tag{5.20}$$

令 $\dfrac{\partial\phi}{\partial\ln b}=0$， $\dfrac{\partial\phi}{\partial\ln\ln(1/a)}=0$，则

$$\sum t^2\ln b + \sum t\ln\ln(1/a) = \sum t\ln\ln(K/t) \tag{5.21}$$

$$\sum t\ln b + \sum \ln\ln(1/a) = \sum \ln\ln(K/t) \tag{5.22}$$

联立式（5.21）和式（5.22），构建向量，求得参数 a 和 b 为

$$\begin{pmatrix} \ln b \\ \ln\ln(1/a) \end{pmatrix} = \begin{pmatrix} \sum t^2 & \sum t \\ \sum t & n \end{pmatrix}^{-1} \cdot \begin{pmatrix} \sum t(\ln\ln(k/y)) \\ \sum \ln\ln(k/y) \end{pmatrix} \tag{5.23}$$

2. 应用龚珀兹曲线模型进行客运量预测

根据表 5.7 中的数据，应用龚珀兹曲线模型对我国水运客运量进行预测，程序运行界面如图 5.9 所示。

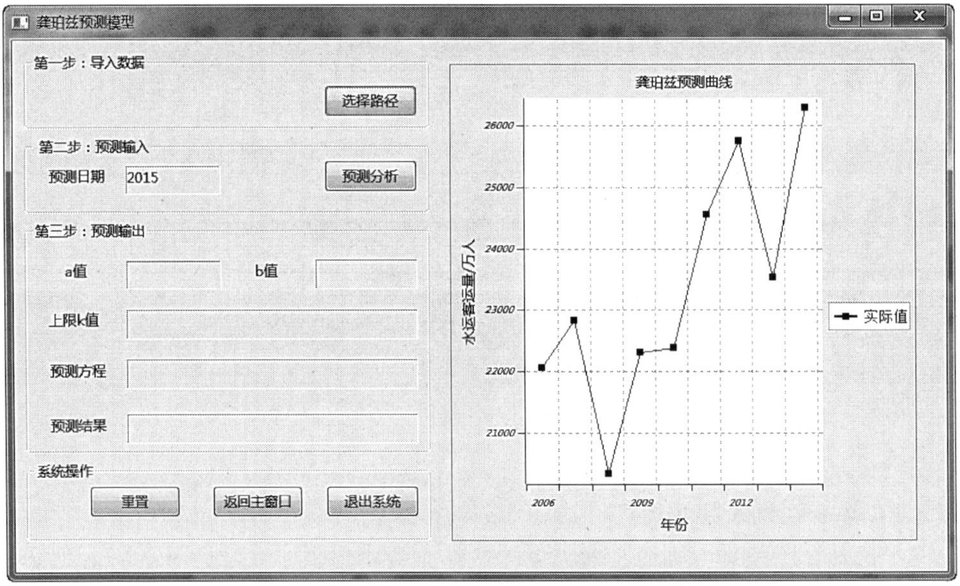

图 5.9　龚珀兹预测模型运行界面

为了观察预测模型对原始数据的拟合效果，点击“显示拟合图形”按钮，得到拟合图形如图 5.10 所示。

通过对我国铁路客运量和铁路旅客周转量、水运客运量和水运旅客周转量时间序列数据分别进行运算，得到龚珀兹预测模型的参数和曲线方程如表 5.11 所示。

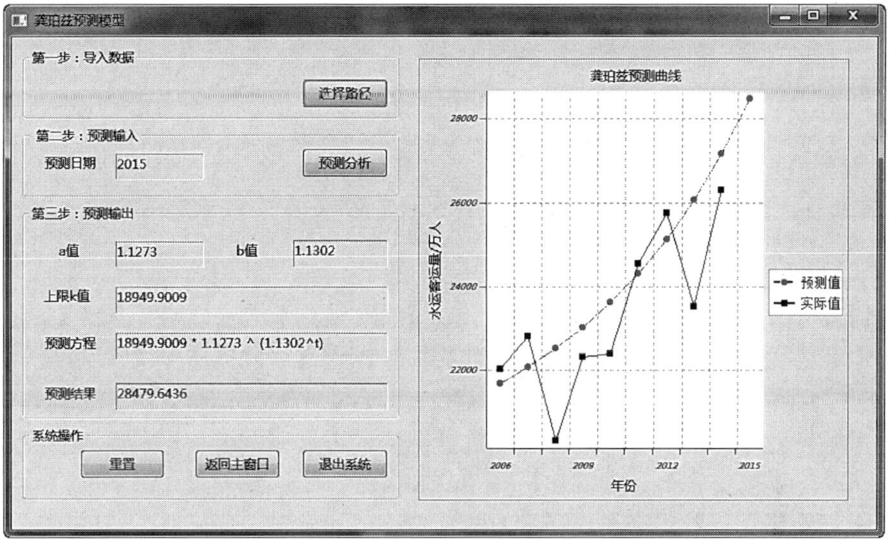

图 5.10　龚珀兹预测模型对原始数据拟合图形

表 5.11　不同时间序列的龚珀兹预测模型参数和曲线方程

预测对象	$\hat{K}$	$\hat{a}$	$\hat{b}$	龚珀兹曲线方程
铁路客运量（X_1）	2 189.210 8	57.753 4	1.017 1	$X_1(t)=2\,189.210\,8\times 57.753\,4^{1.017\,1^t}$
铁路旅客周转量（X_2）	15.670 1	430.705 1	1.010 4	$X_2(t)=15.670\,1\times 430.705\,1^{1.010\,4^t}$
水运客运量（X_3）	18 949.900 9	1.127 3	1.130 2	$X_3(t)=18\,949.900\,9\times 1.127\,3^{1.130\,2^t}$
水运旅客周转量（X_4）	74.618 5	0.920 3	0.803 8	$X_4(t)=74.618\,5\times 0.920\,3^{0.803\,8^t}$

根据表 5.11 所列的龚珀兹预测模型，计算得出不同预测对象的龚珀兹模型拟合值和相对误差序列，如表 5.12 所示。

表 5.12　2006~2014 年不同预测对象的龚珀兹模型拟合值和相对误差序列

年份	$\hat{X}_1$ /万人	Δ_1 /%	$\hat{X}_2$ /（亿人/千米）	Δ_2 /%	$\hat{X}_3$ /万人	Δ_3 /%	$\hat{X}_4$ /（亿人/千米）	Δ_4 /%
2006	135 515.23	7.28	7 188.65	7.88	21 698.11	1.61	69.80	5.44
2007	145 420.69	6.71	7 661.74	5.81	22 084.10	3.40	70.72	10.01
2008	156 238.54	6.43	8 171.39	4.81	22 528.61	9.74	71.47	17.17
2009	168 067.23	9.29	8 720.77	9.65	23 041.78	3.16	72.08	3.72
2010	181 017.22	7.41	9 313.40	5.92	23 635.85	5.26	72.57	0.37
2011	195 212.66	4.60	9 953.09	3.42	24 325.72	0.95	72.97	2.10
2012	210 793.27	10.18	10 644.08	7.81	25 129.69	2.48	73.29	5.74

续表

年份	$\hat{X}_1$ /万人	Δ_1 /%	$\hat{X}_2$ /（亿人/千米）	Δ_2 /%	$\hat{X}_3$ /万人	Δ_3 /%	$\hat{X}_4$ /（亿人/千米）	Δ_4 /%
2013	227 916.51	7.61	11 390.98	6.98	26 070.36	9.73	73.55	7.14
2014	246 760.04	4.48	12 198.90	4.87	27 175.97	3.25	73.76	0.73
$\bar{\Delta}$	7.11%		6.35%		4.40%		5.82%	

通过分析表 5.12 中的平均相对误差，可以看出龚珀兹曲线模型预测方法对我国水运客运量和水运旅客周转量的预测效果较好。通过此方法可发现我国铁路客运量、水运客运量的发展趋势是先迅速增加，后缓慢增加；而我国铁路旅客周转量、水运旅客周转量的发展趋势是先缓慢增加，后迅速增加。这是因为旅客周转量反映的是运输业旅客运输工作量的综合性指标，是运输工具所载运的全体旅客运送距离的综合，因此旅客周转量的增长是运量和运输距离同时增长的结果。近年来，我国铁路旅程数逐年增加，因此旅客周转量的增长速度也越来越快，龚珀兹曲线的预测结果很好地说明了这一趋势，此模型非常适用于长期预测。

5.3.3　林德诺预测模型

1. 林德诺曲线数学模型

林德诺生长曲线模型常用于新技术发展和新产品销售的预测，其是基于下述假设条件建立的：新产品的推广或熟悉新产品的人数的增长率与已熟悉新产品的人数和未熟悉新产品的人数的乘积成正比。

其数学模型的一般形式为

$$N(t)=\frac{L}{1+\left(\dfrac{L}{N_0}-1\right)\mathrm{e}^{-at}},\quad t\geqslant t_0, a>0 \tag{5.24}$$

其中，$N(t)$为 t 时的预测量；N_0 为 $t=t_0$ 时的量；a 为校正系数；L 为 $N(t)$的极限值。

皮尔预测模型的形式为 $N(t)=\dfrac{L}{1+b\mathrm{e}^{-at}}$，$a>0$。因此，不难看出皮尔模型和林德诺模型满足的是同一个微分方程，求解的方式相似，可化为

$$\frac{1}{N(t)}\frac{N(t)}{\mathrm{d}t}=a\left(1-\frac{N(t)}{L}\right) \tag{5.25}$$

2. 应用林德诺曲线模型进行客运量预测

林德诺曲线模型与皮尔模型的参数和方程完全一样，只是它们的背景不同，因而林德诺模型对我国旅客周转量的预测结果正如皮尔模型所预测的那样。

5.4　时间序列预测模型

5.4.1　移动平均预测模型

1. 移动平均法的数学模型

1）一次移动平均法

一次移动平均法是在算术平均法的基础上改进而形成的预测法，其基本思想是每次取一定数量周期的数据平均，按时间顺序逐次推进。每推进一个周期，舍去前一个周期的数据，增加一个新周期的数据，再进行平均（王革新等，2011）。一次移动平均法一般只应用于一个时期后的预测（即预测第 t+1 期）。

一次移动平均法预测模型：

$$\hat{Y}_{t+1}=M_t^{(1)} \tag{5.26}$$

其中，一次移动平均数 $M_t^{(1)}=\dfrac{y_t+y_{t-1}+\cdots+y_{t-N+1}}{N}$，$M_t^{(1)}$ 代表第 t 期一次移动平均值；N 代表计算移动平均值时所选定的数据个数，一般情况下，N 越大，修匀的程度越强，波动也越小，N 越小，对变化趋势反应越灵敏，但修匀的程度越差。实际预测中可以利用试算法，即选择几个 N 值进行计算，比较它们的预测误差，从中选择使误差较小的 N 值。

2）二次移动平均法

当序列具有线性增长的发展趋势时，用一次移动平均预测会出现滞后偏差，表现为对于线性增长的时间序列预测值偏低。这时可进行二次移动平均计算，二次移动平均就是将一次移动平均再进行一次移动平均来建立线性趋势模型。

二次移动平均法的线性趋势预测模型

$$\hat{y}_{t+\tau}=\hat{a}_t+\hat{b}_t\tau \tag{5.27}$$

其中，$\hat{a}_t=2M_t^{(1)}-M_t^{(2)}$ 表示截距；$\hat{b}_t=\dfrac{2}{N-1}\left(M_t^{(1)}-M_t^{(2)}\right)$ 表示斜率；τ为预测超前期；$M_t^{(1)}$ 为一次移动平均数，$M_t^{(2)}$ 代表第 t 期二次移动平均数，计算公式为 $M_t^{(2)}=\dfrac{M_t^{(1)}+M_{t-1}^{(1)}+\cdots+M_{t-N+1}^{(1)}}{N}$；$N$ 代表计算移动平均值时所选定的数据个数。

二次移动平均法有多期预测能力，短期预测效果较好，操作简单但不能应付突发事件。

确定计算期数 N 的多少对这种预测的影响很大。计算期的多少应根据未来趋势与过去的关系确定。移动平均预测模型中移动平均数 N 的选择为：期数越多，修匀的作用越大，趋势就越平滑；反之则反映波动越灵敏。一般来说，当时间序列的变化趋势较为稳定时，N 可以取大些；当时间序列波动较大，变化明显时，N 可以取小些。从理论上说，它应与循环变动或季节变动周期吻合，这样可以消除循环变动和季节变动的影响。实际预测中可以利用试算法，即选择几个 N 值进行计算，比较它们的预测误差，从中选择使误差较小的 N 值（李楠，2011）。

2. 移动平均数学模型应用举例一

我国 2004~2014 年参加城镇职工基本养老保险的数据如表 5.13 第 2 列，试用二次移动平均法预测 2015 年及之后两年的参保人数。从职工养老保险数据的观察值判断，该时间序列近似值呈直线上升趋势，可用二次移动平均法预测。为了提高灵敏度，N 取 3。根据式（5.26）计算一次移动平均值表 5.13 的第 3 列；根据式（5.27）计算的二次移动平均值表 5.13 所示的第 4 列。参数 $\hat{a}_t$ 、$\hat{b}_t$ 的计算如下：

$$a_t = 2M_t^{(1)} - M_t^{(2)} = 2\times 24\,229.8 - 22\,817.91 = 25\,641.69$$

$$b_t = \frac{2}{N-1}\left(M_t^{(1)} - M_t^{(2)}\right) = \frac{2}{3-1}\left(24\,229.8 - 22\,817.91\right) = 1\,411.89$$

表 5.13　2004~2014 年城镇职工和养老保险的数据和一次、二次移动均值（N=3）

年份	参保人数 Y_t /万人	一次移动均值 $M_t^{(1)}$	一次移动均值 $M_t^{(2)}$
2004	12 250.3	—	—
2005	13 120.4	—	—
2006	14 130.9	13 167.20	—
2007	15 183.2	14 144.83	—
2008	16 587.5	15 300.53	14 204.19
2009	17 743.0	16 504.57	15 316.64
2010	19 402.3	17 910.93	16 572.01
2011	21 565.0	19 570.10	17 995.20
2012	22 981.1	21 316.13	19 599.05
2013	24 177.3	22 907.80	21 264.68
2014	25 531.0	24 229.80	22 817.91

根据 $\hat{y}_{t+\tau} = \hat{a}_t + \hat{b}_t\tau$ 模型，预测公式为 $\hat{y}_z$ =25 641.69+1 411.89τ，设 2015 年 τ=1，2016 年 τ=2，2017 年 τ=3，则预测值分别为

$$\hat{y}_{2015} = 25\,641.69 + 1\,411.89\times 1 = 27\,053.58$$

$$\hat{y}_{2016} = 25\,641.69 + 1\,411.89\times 2 = 28\,465.47$$

$$\hat{y}_{2017} = 25\,641.69 + 1\,411.89\times 3 = 29\,877.36$$

3. 移动平均数学模型应用举例二

根据表 5.13 的数据，应用移动平均模型对我国城镇职工养老保险基本情况进行预测，得到一次移动平均和二次移动平均预测结果，程序运行界面如图 5.11 所示。

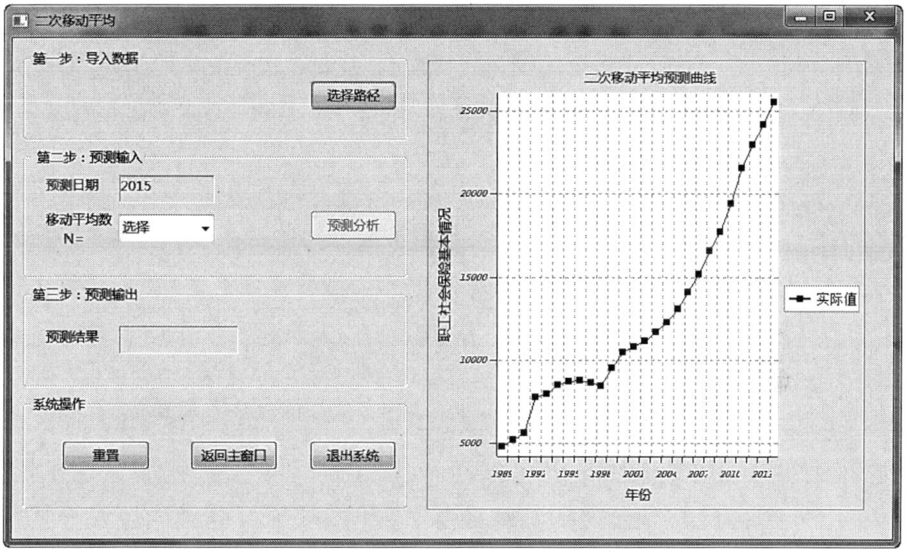

图 5.11　移动平均预测模型运行界面

为了观察预测模型对原始数据的拟合效果，点击“数据拟合”按钮，得到拟合图形如图 5.12 所示。

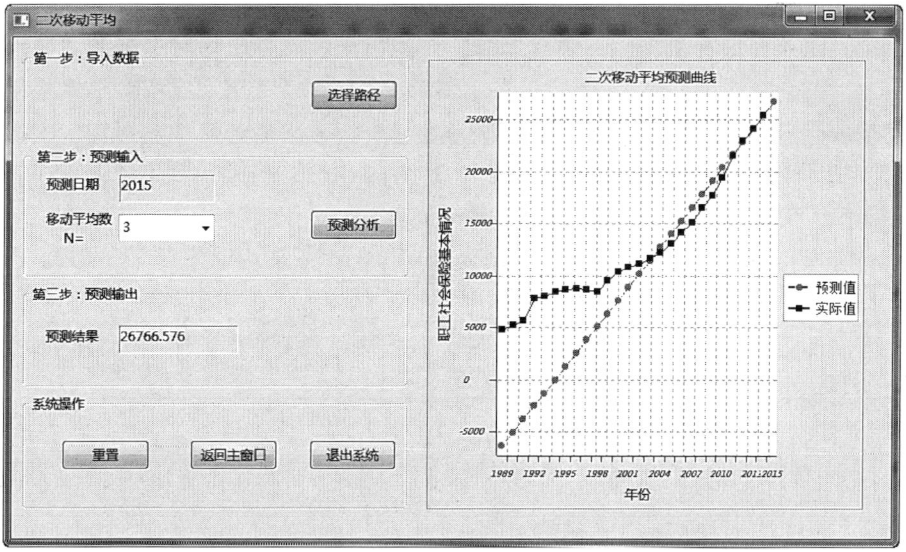

图 5.12　二次移动平均预测模型对原始数据拟合图形（N=3）

5.4.2　指数平滑预测模型

指数平滑法是用过去时间数列值的加权平均数作为预测值的，它是加权移动平均法的一种特殊情形。根据平滑次数不同，指数平滑法分为一次指数平滑法、二次指数平滑法和三次指数平滑法等。但它们的基本思想都是：预测值是以前观测值的加权和，对不同的数据给予不同的权，新数据给较大的权，旧数据给较小的权（陈宛庚和袁梅，2012）。

1. 指数平滑预测模型

1）一次指数平滑法

设时间序列为 $y_1, y_2, \cdots, y_t$，则一次指数平滑公式为

$$S_t^{(1)} = \alpha y_t + (1-\alpha) S_{t-1}^{(1)} \tag{5.28}$$

其中，$S_t^{(1)}$ 为第 t 周期的一次指数平滑值；α 为加权系数，$0<\alpha<1$。为了弄清指数平滑的实质，将式（5.28）依次展开，可得

$$S_t^{(1)} = \alpha \sum_{j=0}^{t-1} (1-\alpha)^j y_{t-j} + (1-\alpha)^t S_0^{(1)} \tag{5.29}$$

由于 $0<\alpha<1$，当 $t\to\infty$ 时，$(1-\alpha)\to 0$，于是式（5.29）变为

$$S_t^{(1)} = \alpha \sum_{j=0}^{\infty} (1-\alpha)^j y_{t-j} \tag{5.30}$$

以第 t 周期的一次指数平滑值作为第 t+1 期的预测值为

$$\hat{y}_{t+1} = S_t^{(1)} = \alpha y_t + (1-\alpha) \hat{y}_t \tag{5.31}$$

2）二次指数平滑法

当时间序列没有明显的趋势变动时，使用第 t 周期一次指数平滑就能直接预测第 t+1 期之值。但当时间序列的变动出现直线趋势时，用一次指数平滑法来预测存在着明显的滞后偏差。修正的方法是在一次指数平滑的基础上再做二次指数平滑，利用滞后偏差的规律找出曲线的发展方向和发展趋势，然后建立直线趋势预测模型，即二次指数平滑法（冯金巧等，2007）。

设一次指数平滑为 $S_t^{(1)}$，则二次指数平滑 $S_t^{(2)}$ 的计算公式为

$$S_t^{(2)} = \alpha S_t^{(1)} + (1-\alpha) S_{t-1}^{(2)} \tag{5.32}$$

若时间序列 $y_1, y_2, \cdots, y_t$ 从某时期开始具有直线趋势，且被认为未来时期亦按此直线趋势变化，可用如下的直线趋势模型来预测：

$$\hat{y}_{t+T} = a_t + b_t T, \quad T = 1, 2, \cdots, t \tag{5.33}$$

其中，t 为当前时期数；T 为由当前时期数 t 到预测期的时期数；$\hat{y}_{t+T}$ 为第 t+T 期的预测值；a_t 为截距；b_t 为斜率，其计算公式分别为 $a_t = 2S_t^{(1)} - S_t^{(2)}$，$b_t = \dfrac{\alpha}{1-\alpha}(S_t^{(1)} - S_t^{(2)})$。

3）三次指数平滑法

若时间序列的变动呈现出二次曲线趋势，则需要用三次指数平滑法。三次指数平滑是在二次指数平滑的基础上再进行一次平滑，其计算公式为

$$S_t^{(3)} = \alpha S_t^{(2)} + (1-\alpha) S_{t-1}^{(3)} \tag{5.34}$$

三次指数平滑法的预测模型为

$$\hat{y}_{t+T} = a_t + b_t T + c_t T^2 \tag{5.35}$$

其中，

$$a_t = 3S_t^{(1)} - 3S_t^{(2)} + S_t^{(3)}$$

$$b_t = \frac{\alpha}{2(1-\alpha)^2}\left[(6-5\alpha)S_t^{(1)} - 2(5-4\alpha)S_t^{(2)} + (4-3\alpha)S_t^{(3)}\right]$$

$$c_t = \frac{\alpha}{2(1-\alpha)^2}\left[S_t^{(1)} - 2S_t^{(2)} + S_t^{(3)}\right]$$

2. 指数平滑法的应用举例

1）二次指数平滑法的应用举例

国内旅游 2003~2014 年人均花费数值如表 5.14 第 3 列所示，以此预测 2015 年和 2016 年国内旅游的人均花费数值。从观察期时间序列资料可知变动趋势接近上升，可用二次指数平滑法。因观察期数较少，初始值用最初两期观察值平均为 411.6 元代替。取α=0.4。按式（5.31）计算一次指数平滑值，见表 5.14 第 4 列，如 $S_1^{(1)} = 0.4\times427.5 + (1-0.4)\times411.6 \approx 418.0$；$S_8^{(1)} = 0.4\times731 + (1-0.4)\times539.3 \approx 616.0$。

表 5.14　国内旅游 2003~2014 年人均花费数值资料和预测过程

年份	t	人均花费 Y_t /元	$S_t^{(1)}(\alpha=0.4)$ /元	$S_t^{(2)}(\alpha=0.4)$ /元	预测值 $\hat{Y}_t$ /元
2003	0	395.7	411.6	411.6	306.5
2004	1	427.5	418.0	414.2	355.6
2005	2	436.1	425.2	418.6	404.7
2006	3	446.9	433.9	424.7	453.8
2007	4	482.6	453.4	436.2	502.9
2008	5	511.0	476.4	452.3	552.0
2009	6	535.4	500	471.4	601.1
2010	7	598.2	539.3	498.0	650.2
2011	8	731.0	616.0	545.2	699.3
2012	9	767.9	676.8	597.8	748.4
2013	10	805.5	728.3	650.0	797.5
2014	11	839.7	772.9	699.2	846.6

按式（5.32），根据一次指数平滑资料 $S_1^{(1)}$ 做二次指数平滑，平滑值如表 5.14 中第 5 列，如 $S_1^{(2)}=0.4\times 418+\left(1-0.4\right)\times 411.6\approx 414.2$；$S_8^{(2)}=0.4\times 616+\left(1-0.4\right)\times 498=545.2$。

预测模型参数如下：

$$a_t=2S_t^{(1)}-S_t^{(2)}=2\times 772.9-699.2=846.6$$

$$b_t=\frac{\alpha}{1-\alpha}\left(S_t^{(1)}-S_t^{(2)}\right)=\frac{0.4}{1-0.4}\times\left(772.9-699.2\right)\approx 49.1$$

预测方程为

$$\hat{Y}_{t+T}=846.6+49.1T$$

按建立的预测方程计算预测值（理论趋势值）如表 5.14 中第 6 列，如：

$$\hat{Y}_{2014}=\hat{Y}_{11+0}=846.6+49.1\times 0=846.6$$

$$\hat{Y}_{2013}=\hat{Y}_{11-1}=846.6+49.1\times\left(-1\right)=797.5$$

按预测方程预测未来期的年营业额为

$$\hat{Y}_{2015}=\hat{Y}_{11+1}=846.6+49.1\times 1=895.7$$

$$\hat{Y}_{2016}=\hat{Y}_{11+2}=846.6+49.1\times 2=944.8$$

2）应用指数平滑法进行客运量预测

根据表 5.7 中的数据，应用指数平滑法对某省全社会客运总量建立一次、二次和三次指数预测模型，其中一次指数平滑预测的程序运行结果界面如图 5.13 所示。

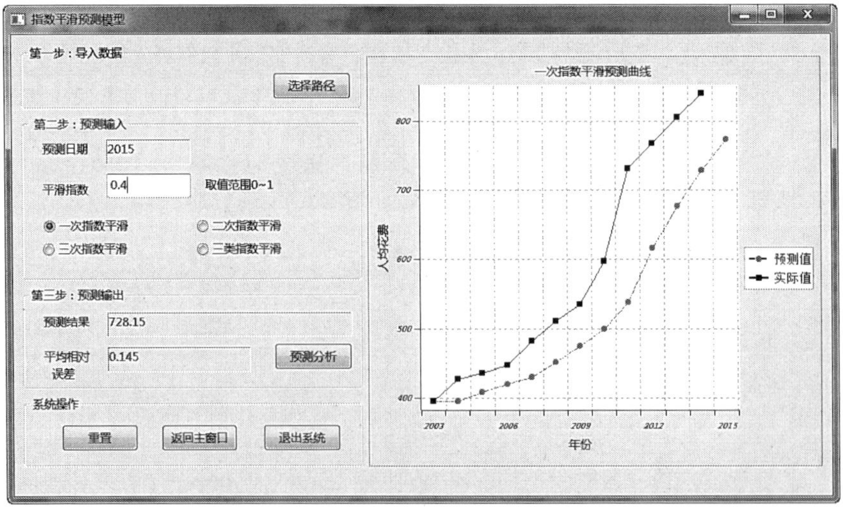

图 5.13　一次指数平滑模型运行界面

采用一次指数平滑、二次指数平滑和三次指数平滑方法分别预测某省公路客运量（数据为表 5.7 中的 X_3），$\hat{X}_{31}$ 为一次指数平滑预测值，$\hat{X}_{32}$ 为二次指数平滑预测值，$\hat{X}_{33}$ 为三次指数平滑预测值，预测结果对比如表 5.15 所示。

表 5.15　利用指数平滑法预测铁路旅客周转量对比结果（ α 取 0.7）

年份	实际铁路旅客周转量/（亿人/千米）	$\hat{X}_{11}$		$\hat{X}_{12}$		$\hat{X}_{13}$	
		预测值/（亿人/千米）	相对误差/%	预测值/（亿人/千米）	相对误差/%	预测值/（亿人/千米）	相对误差/%
2002	4 969.4	4 969.40	0.00	4 969.40	0.0	4 969.40	0.00
2003	4 788.6	4 879.00	1.85	2 571.43	86.2	5 476.20	12.56
2004	5 712.2	4 815.72	18.60	3 389.23	68.5	6 028.20	5.24
2005	6 062.0	5 443.26	11.40	4 207.03	44.1	6 580.20	7.88
2006	6 622.1	5 876.38	12.70	5 024.83	31.8	7 132.20	7.15
2007	7 216.3	6 398.38	12.80	5 842.63	23.5	7 684.20	6.09
2008	7 778.6	6 970.92	11.60	6 660.43	16.8	8 123.70	4.30
2009	7 878.9	7 356.30	7.10	7 478.23	5.4	8 971.22	12.20
2010	8 762.2	7 722.12	13.50	8 296.03	5.6	9 252.92	5.30
2011	9 612.3	8 450.18	13.80	9 113.83	5.5	9 506.22	1.10
2012	9 812.3	9 263.66	6.00	9 931.63	1.2	9 981.12	1.70
2013	10 595.6	9 647.71	9.80	10 749.43	1.4	10 677.62	0.80
2014	11 604.8	10 311.23	12.50	11 567.23	0.3	11 595.72	0.08
平均相对误差		10.95%		24.10%		5.34%	

可以看出三次指数平滑预测方法的拟合效果明显好于一次和二次指数平滑，三种指数平滑对铁路旅客周转量数据进行拟合得到的相对误差序列如图 5.14 所示。

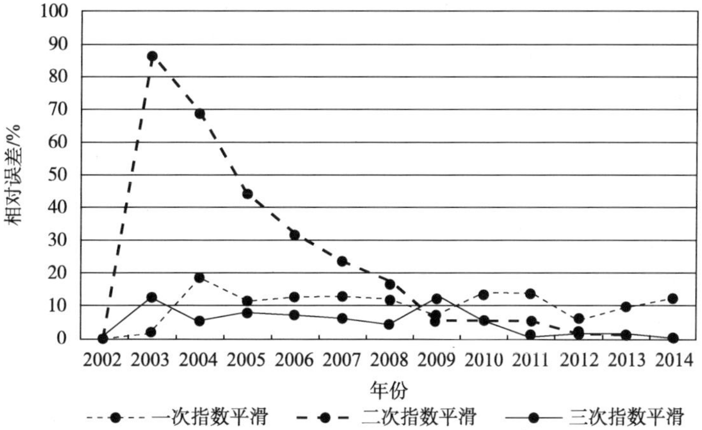

图 5.14　一次、二次和三次指数平滑法拟合的相对误差序列曲线

在指数平滑法中，预测成功的关键是α的选择。α的大小规定了在新预测值中新数据和原预测值所占的比例。α值愈大，新数据所占的比重就愈大，原预测值所占比重就愈小，反之亦然。指数平滑值与所有的数据都有关，权重衰减，距离现在越远的数据权系数越小。权重衰减的速度取决于α的大小，α越大，衰减越快；α越小，衰减越慢（王争艳等，2009）。

三次指数平滑预测中，α的不同取值对预测效果的影响，如表 5.16 所示。

表 5.16　α 不同取值时的三次指数平滑预测结果比较

年份	实际铁路旅客周转量/（亿人/千米）	α=0.5		α=0.7		α=0.9	
		预测值	相对误差/%	预测值	相对误差/%	预测值	相对误差/%
2002	4 969.4	4 969.40	0	4 969.40	0	4 969.40	0
2003	4 788.6	4 768.74	0.42	5 476.20	12.56	4 866.90	1.6
2004	5 712.2	5 637.50	1.32	6 028.20	5.24	5 847.50	2.3
2005	6 062.0	6 252.90	3.1	6 580.20	7.87	6 328.70	4.2
2006	6 622.1	6 877.35	3.71	7 132.20	7.15	6 857.40	3.4
2007	7 216.3	7 451.60	3.16	7 684.20	6.09	7 532.80	4.2
2008	7 778.6	8 056.34	3.32	8 123.70	4.3	7 864.70	1.09
2009	7 878.9	8 745.65	10.1	8 971.22	12.1	8 037.40	1.9
2010	8 762.2	9 075.30	3.45	9 252.92	5.3	8 862.30	1.1
2011	9 612.3	9 520.83	0.96	9 506.22	1.1	9 528.39	0.8
2012	9 812.3	10 082.24	0.26	9 981.12	1.7	9 914.58	1.03
2013	10 595.6	10 759.53	0.15	10 677.62	0.7	10 606.00	0
2014	11 604.8	11 552.70	0.45	11 595.72	0.07	11 604.96	0
平均相对误差		2.53%		5.34%		1.8%	

加权系数α取值分别为 0.5、0.7 和 0.9 时应用三次指数平滑对实际铁路旅客周转量数据进行拟合得到的相对误差序列，如图 5.15 所示。

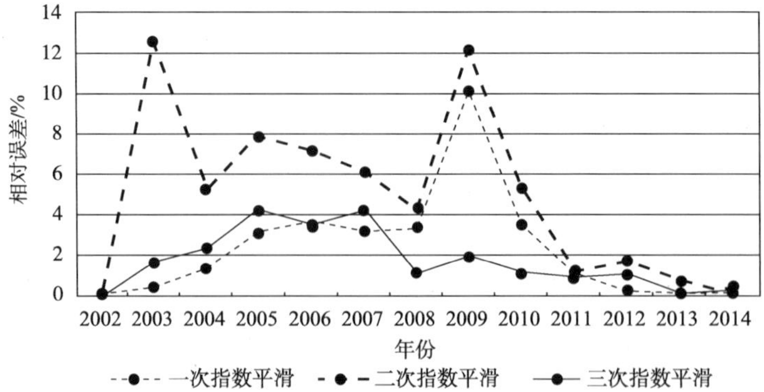

图 5.15　α不同取值的三次指数平滑拟合的相对误差序列曲线

可以看出α取 0.9 时的预测效果较好，拟合原始序列的平均相对误差达到了 0.87%，具有很高的精度。因此，在选用指数平滑法进行研究时，对于不同预测对象，可先选择不同的α值，比较对原序列拟合的平均相对误差和拟合图形的效果，确定预测模型的α值。

5.4.3　季节指数预测模型

季节指数预测法是指变量在一年内以季度（月）的循环为周期特征，通过计算变量的季节指数达到预测目标的一种方法。季节指数法的预测过程：首先分析判断时间序列观察数据是否呈季节性波动。通常可将 3~5 年的资料按月或按季度展开，绘制历史曲线图，以观察其在一年内有无周期性波动来做出判断；其次将各种因素结合起来考虑，即考虑它是否还受长期趋势变动的影响，是否受随机波动的影响等。

1. 季节指数水平法

1）季节指数水平法模型

第一步：收集三年以上各年中各月或季度数据 Y_t，形成时间序列。

第二步：计算各年同季度或同月的平均值$\overline{Y}_i$：$\overline{Y}_i=\sum_{i=1}^{n}Y_i/n$，$Y_i$为各年各月或各季度观察值，$n$ 为年数。

第三步：计算所有年度所有季度或月的平均值$\overline{Y}_0$：$\overline{Y}_0=\sum_{i=1}^{n}\overline{Y}_i/n$，$n$ 为一年季度数或月数。

第四步：计算各季度或各月的季度比率 f_i（即季节指数）：$f_i=\overline{Y}_i/\overline{Y}_0$。

第五步：计算预测期趋势值 $\hat{X}_t$。趋势值是不考虑季节变动影响的市场预测趋势估计值。其计算方法有多种，可以采用以观察年的年均值除以一年的月数或季度数的方法。

第六步：建立季节指数水平预测模型，进行预测，即 $\hat{Y}_t=\hat{X}_t\cdot f_t$。

2）季节指数水平法应用举例

某地区 2011~2014 年各季度平均气温如表 5.17 第 2~5 列所示，试预测 2015 年各季度销售额。具体预测过程如下。

（1）计算各年同季度平均气温于表 5.17 第 6 列。

第一季度为

$$\frac{1.17+0.34+0.03+3.03}{4}\approx 1.14$$

第二季度为

$$\frac{20.97+21.33+19.43+21.47}{4}=20.8$$

第三季度为

$$\frac{24.70+24.83+25.13+26.50}{4}=25.29$$

第四季度为

$$\frac{6.77+4.90+6.67+6.63}{4}\approx 6.24$$

（2）计算所有年所有季度的季度平均气温

$$\bar{Y}_0=\frac{1.14+20.80+25.29+6.24}{4}=13.367\,5$$

（3）计算各季度比率，列入表 5.17 第 7 列。

第一季度为

$$f_1=1.14/13.367\,5\approx 8.53\%$$

第二季度为

$$f_2=20.80/13.367\,5\approx 155.60\%$$

第三季度为

$$f_3=25.29/13.367\,5\approx 189.19\%$$

第四季度为

$$f_4=6.24/13.367\,5\approx 46.68\%$$

（4）预测年的季度趋势值 $\hat{X}_t$

$$\hat{X}_t=\frac{3.03+21.47+26.50+6.63}{4}=14.407\,5$$

（5）2015 年各季度预测值 $\hat{Y}_t$ 列于表 5.17 第 8 列。

第一季度为

$$\hat{Y}_1=14.407\,5\times 0.085\,3\approx 1.23$$

第二季度为

$$\hat{Y}_2=14.407\,5\times 1.556\,0\approx 22.42$$

第三季度为

$$\hat{Y}_3=14.407\,5\times 1.891\,9\approx 27.26$$

第四季度为

$$\hat{Y}_4=14.407\,5\times 0.466\,8\approx 6.73$$

表 5.17　2011~2014 年某地区各季度平均气温数据及预测过程

季度	某地区各年平均气温/℃				季度平均气温 Y_t /℃	季度比率 f_t/%	预测值 $\hat{Y}_t$ /℃
	2011 年	2012 年	2013 年	2014 年			
第一季度	1.17	0.34	0.03	3.03	1.14	8.53	1.23
第二季度	20.97	21.33	19.43	21.47	20.80	155.60	22.42
第三季度	24.70	24.83	25.13	26.50	25.29	189.19	27.26
第四季度	6.77	4.90	6.67	6.63	6.24	46.68	6.73

2. 季节指数趋势法

长期趋势的季节指数法是指在时间序列观察值既有季节周期变化，又有长期趋势变化的情况下，首先建立趋势预测模型，其次在此基础上求得季节指数，最后建立数学模型进行预测的一种方法。

1）季节指数趋势法模型

第一步：以一年的季度数 4 或一年的月数 12 为 N，对观察值的时间序列进行 N 项移动平均。由于 N 为偶数，应再对相邻两期移动的平均值再平均后对正，形成新序列 M_t，以此为长期趋势。

第二步：将各期观察值除去同期移动均值得到季度比率 f_t（f_t=Y_t /M_t），以消除趋势。

第三步：将各年同季度或同月的季度比率平均，季度平均比率 F_i 可消除不规则变动。其中，i 表示季度别或月份别。

第四步：计算时间序列线性趋势预测值 $\hat{X}_t$，模型为 $\hat{X}_t = a + bt$，可以采用多种方法，这里可以采用移动平均法：

$$b = \frac{M_t\text{末项}-M_t\text{首项}}{M_t\text{项数}};\quad a = \frac{\sum_{t=1}^{n} Y_t - b\sum_{t=1}^{n} t}{n}$$

第五步：求季节指数趋势预测值

$$\hat{Y}_t = \hat{X}_t \bullet F_i$$

2）季节指数趋势法应用举例

2012~2015 年商务用房竣工面积各季度数据如表 5.18 所示，试预测 2016 年各季度竣工面积数值。

表 5.18　2012~2015 年商务用房竣工面积各季度数据及预测（单位：万平方米）

年份	季度	竣工面积 Y_t	移动均值 N=4	对正均值 $M_t(N=2)$	季度比率 f_t	长期趋势 $\hat{X}_t$	预测值 $\hat{Y}_t$
2012	1	75.56	—	—	—	307.12	165.57
	2	306.19	—	—	—	318.44	264.97
	3	174.32	325.20	341.2	0.510 9	329.56	208.41
	4	744.91	357.20	344.9	2.159 8	340.88	679.89
2013	1	203.38	332.60	339.3	0.599 4	352.20	189.87
	2	206.05	346.00	348.8	0.590 7	363.52	302.48
	3	229.63	351.60	352.8	0.650 9	374.84	237.05
	4	767.31	354.00	340.9	2.250 8	386.16	770.20
2014	1	212.96	327.70	366.6	0.580 9	397.48	214.28
	2	307.70	405.50	410.7	0.749 2	408.80	340.16
	3	334.04	415.80	419.0	0.797 2	420.12	265.68
	4	808.40	422.00	457.3	1.767 8	431.44	860.51
2015	1	237.73	492.60	485.5	0.489 6	442.76	238.69
	2	590.39	478.40	477.0	1.237 7	454.08	377.84
	3	277.04	475.45	—	—	465.40	294.31
	4	796.64	—	—	—	476.72	950.82

预测过程如下：

（1）将数列 Y_t 进行四项移动平均，平均值于表 5.18 第 4 列，如 2012 年第一至四季度平均值 325.245 放在第三、四季度之间。

（2）将相邻两移动平均值 M_t 平均对应于表 5.18 第 5 列，如（325.2+357.2）/2=341.2 置于 2012 年第三季度。

（3）将同期 Y_t 除以 M_t 算出各期季度比率 f_t 于表 5.18 第 6 列，如 2013 年第一季度 f_t 为 203.38/339.3≈0.599 4。

（4）计算季度比率平均值 F_i。各季度平均比率之和应等于季度数，由于小数原因，可能略大于或小于季度数，计算调整系数调整平均比率。调整系数 $r=\dfrac{\text{季数}}{\text{平均比率之和}}=\dfrac{4}{4.13}\approx 0.968\,5$。将系数 r 乘以平均比率得到 F_i 作为调整后平均比率，列于表 5.19。

表 5.19　季度平均比率值

季度	2012 年	2013 年	2014 年	2015 年	比率合计	平均比率	调整比率
1	—	0.599 4	0.580 9	0.489 6	1.669 9	0.556 6	0.539 1
2	—	0.590 7	0.749 2	1.237 7	2.577 6	0.859 2	0.832 1
3	0.510 9	0.650 9	0.797 2	—	1.959 0	0.653 0	0.632 4
4	2.159 8	2.250 8	1.767 8	—	6.178 4	2.059 4	1.994 5

（5）建立趋势模型，计算各期线性值 $\hat{X}_t$，如模型参数 a、b 值按移动平均算法计算，$b=\dfrac{M_t\text{末项}-M_t\text{首项}}{M_t\text{项数}}=\dfrac{477-341.2}{16-4}=11.32$；$a=\dfrac{\sum\limits_{t=1}^{n}Y_t-b\sum\limits_{t=1}^{n}t}{n}=\dfrac{6\,272.25-11.32\times136}{16}\approx295.8$；则趋势模型则为 $\hat{X}_t=295.8+11.32t$。

各年各季度预测趋势值 $\hat{X}_t$ 计算结果见表 5.18 第 7 列，如 2012 年第一季度与第二季度分别为 $\hat{X}_1=295.8+11.32\times1=307.12$，$\hat{X}_2$=295.8+11.32 × 2=318.44。

2016 年各季度趋势预测值为第一季度 $\hat{X}_{17}=295.8+11.32\times17=488.24$；第二季度 $\hat{X}_{18}=295.8+11.32\times18=499.56$；第三季度 $\hat{X}_{19}=295.8+11.32\times19=510.88$；第四季度 $\hat{X}_{20}=295.8+11.32\times20=522.2$。

（6）各季度预测值 $\hat{Y}_t$ 按 $\hat{Y}=\hat{X}_t\bullet F_i$ 模型计算。

通过表 5.19，得 F_1=0.539 1、F_2=0.832 1、F_3=0.632 4、F_4=1.994 5。

2015 年第四季度以前计算结果见表 5.18 第 8 列。

2016 年 4 个季度的预测值分别如下：第一季度 488.24 × 0.539 1=263.21，第二季度 499.56 × 0.832 1=415.68，第三季度 510.88 × 0.632 4=323.08，第四季度 522.2 × 1.994 5= 1 041.52。

5.5　基于神经网络的预测模型

5.5.1　神经网络的基础知识

人工神经网络作为一种先进的人工智能技术，十分适合处理非线性和含噪声的数据，尤其是处理那些以模糊、不完整、不严密为特征的知识或数据。神经网络模型通过数据本身的内在联系进行建模，而建模过程就是学习过程，是一种归纳思维的方法。其所建立的模型应具有良好的适应性与自学习能力、较强的抗干扰能力（李卫华等，2012）。

反向型神经传播网络（back propagation neural networks，BPNN）是目前应用最广的前向型网络之一，是多层前馈神经网络的核心部分，体现了神经网络最精华的部分。BP 网络具有三层或三层以上的阶层，各层之间的神经元实现全连接，而每层内各神经元之间无连接。在实际应用中，绝大部分的 BP 模型是采用 BP 网络和它的变化形式并且已经被广泛应用在模式识别、图像处理、系统辨识、函数拟合、优化计算、最优预测和自适应控制等领域。

BP 神经网络的基本结构如图 5.16 所示。

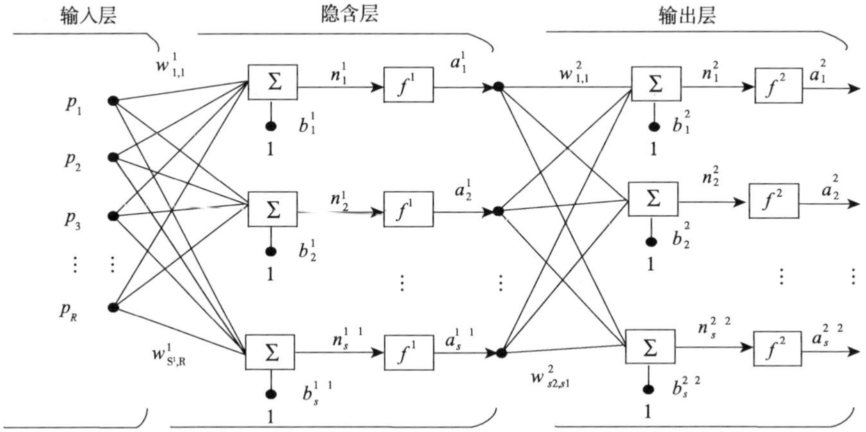

$$a^1=f^1(W^1p+b^1)$$

$$a^2=f^2(W^2a^1+b^2)$$

$$a^2=f^2(W^2f^1(W^1p+b^1)+b^2)$$

图 5.16　三层神经网络

对于层数的划分，目前有两种不同的观点：一种观点是把输入层（input layer）看做神经网络的一层，另一种观点认为输入层不参与调整权值，不进行网络的优化计算，不看做单独的一层。由于输入层是否应该算做一层并不影响网络的整体效果，本书把输入层算做神经网络的第一层。

图 5.16 中字母上标的数字表示层数，其中输入层的输入样本 $p=(p_1, p_2, p_3, \cdots, p_R)$，$p_i$ 表示输入样本的第 i 个元素。$\boldsymbol{W}^1$ 表示从输入层到隐含层的权值矩阵，$w_{j,i}^1$ 表示输入层的第 i 个分量到隐含层的第 j 个分量的连接权，b_i^1 表示隐含层的第 i 个神经元的偏置值，r_i^1 表示隐含层第 i 个神经元的净输入，f^1 表示隐含层的激励函数。$\boldsymbol{a}^1$ 表示隐含层的网络输出向量，它同时也是输出层的输入向量。其他的符号类似，表示隐含层到输出层的相关值。

5.5.2　BP 网络的算法过程

BP 网络建模过程由四个部分组成：①输入模式由输入层经中间层向输出层的

“前向传播”过程；②网络的希望输出与网络实际输出之差的误差信号由输出层经中间层向输入层逐层修正连接权的“误差反向传播”过程；③由“前向传播”与“误差反向传播”组成的反复交替进行的网络“记忆训练”过程；④网络趋向收敛即网络的全局误差趋向极小值的“学习收敛”过程（欧邦才，2004）。

1. 正向传播过程

假设目前存在一个样本集合：$\{p_1, t_1\}, \{p_2, t_2\}, \{p_3, t_3\}, \cdots, \{p_q, t_q\}$，$\{p_1, a_1\}, \{p_2, a_2\}, \{p_3, a_3\}, \cdots, \{p_q, a_q\}$。这里 p_q 为网络输入，t_q 为对应的目标输出，a_q 为对应的网络输出，每输入一个样本对 $\{p_q, t_q\}$，便将网络输出与目标输出相比较。算法将调整网络参数，以使均方误差最小化：

$$F(\boldsymbol{x}) = E\left[\boldsymbol{e}^2\right] = E\left[(\boldsymbol{t}-\boldsymbol{a})^2\right] \tag{5.36}$$

其中，$\boldsymbol{x}$ 为网络权值和偏置值的向量。如果网络输出有多个，则式（5.36）的一般形式为

$$F(\boldsymbol{x}) = E\left[\boldsymbol{e}^{\mathrm{T}}\boldsymbol{e}\right] = E\left[(\boldsymbol{t}-\boldsymbol{a})^{\mathrm{T}}(\boldsymbol{t}-\boldsymbol{a})\right] \tag{5.37}$$

用某一个样本的均方误差来代替整体的均方误差。采用最小二乘学习（least means square，LMS）算法，即梯度搜索技术，以使网络对实际输出与期望输出的误差平方和最小。

$$\hat{F}(\boldsymbol{x}) = \boldsymbol{e}(k)^{\mathrm{T}}\boldsymbol{e}(k) = (\boldsymbol{t}(k)-\boldsymbol{a}(k))^{\mathrm{T}}(\boldsymbol{t}(k)-\boldsymbol{a}(k)) \tag{5.38}$$

近似均方误差的最速下降法为

$$w_{i,j}^m(k+1) = w_{i,j}^m(k) - \mathrm{Lr}\frac{\partial \hat{F}}{\partial w_{i,j}^m} \tag{5.39}$$

$$b_i^m(k+1) = b_i^m(k) - \mathrm{Lr}\frac{\partial \hat{F}}{\partial b_i^m} \tag{5.40}$$

其中，Lr 为学习速率（learning rate，也称学习速度，通常也可以用字母 α 表示）。

由于误差是权值的隐函数，所以下面用微积分中的链法则来计算偏导数。假设有一个函数 f，它仅是变量 n 的显式函数。现在求 f 关于变量 w 的导数，链法则为

$$\frac{\mathrm{d}f(n(w))}{\mathrm{d}w} = \frac{\mathrm{d}f(n(w))}{\mathrm{d}n} \times \frac{\mathrm{d}n(w)}{\mathrm{d}w} \tag{5.41}$$

下面用这个法则来求式（5.39）和式（5.40）中的偏导数：

$$\frac{\partial \hat{F}}{\partial w_{i,j}^m} = \frac{\partial \hat{F}}{\partial n_i^m} \times \frac{\partial n_i^m}{\partial w_{i,j}^m} \tag{5.42}$$

$$\frac{\partial \hat{F}}{\partial b_i^m} = \frac{\partial \hat{F}}{\partial n_i^m} \times \frac{\partial n_i^m}{\partial b_i^m} \tag{5.43}$$

每个等式的第二项都可以很容易地算出，因为 m 层的网络净输入是该层中的权值和偏置值的显式函数：

$$n_i^m = \sum_{j=1}^{S^{m-1}} w_{i,j}^m a_j^{m-1} + b_i^m \tag{5.44}$$

因此，

$$\frac{\partial n_i^m}{\partial w_{i,j}^m} = a_j^{m-1}, \quad \frac{\partial n_i^m}{\partial b_i^m} = 1 \tag{5.45}$$

如果定义

$$s_i^m = \frac{\partial \hat{F}}{\partial n_i^m} \tag{5.46}$$

其中，$\hat{F}$ 对 m 层的输入的第 i 个元素变化的敏感性，也可以说是局部梯度。则式（5.42）和式（5.43）可以简化为

$$\frac{\partial \hat{F}}{\partial w_{i,j}^m} = s_i^m a_j^{m-1} \tag{5.47}$$

$$\frac{\partial \hat{F}}{\partial b_i^m} = s_i^m \tag{5.48}$$

据此，近似下降法可以表示为

$$w_{i,j}^m(k+1) = w_{i,j}^m(k) - \mathrm{Lr} s_i^m a_j^{m-1} \tag{5.49}$$

$$b_i^m(k+1) = b_i^m(k) - \mathrm{Lr} s_i^m \tag{5.50}$$

用矩阵的形式表示，则为

$$\boldsymbol{W}^m(k+1) = \boldsymbol{w}^n(k) - \mathrm{Lr}\, \boldsymbol{s}^m \left(\boldsymbol{a}^{m-1}\right) \frac{-b \pm \sqrt{b^2 - 4ac}}{2a} \tag{5.51}$$

$$\boldsymbol{b}_i^m(k+1) = \boldsymbol{b}_i^m(k) - \mathrm{Lr}\, \boldsymbol{s}^m \tag{5.52}$$

其中，$\boldsymbol{s}^m$ 为

$$\boldsymbol{s}^m = \frac{\partial F}{\partial \boldsymbol{n}^m} \begin{bmatrix} \dfrac{\partial F}{\partial n_1^m} \\ \dfrac{\partial F}{\partial n_2^m} \\ \vdots \\ \dfrac{\partial F}{\partial n_{s^m}^m} \end{bmatrix} \tag{5.53}$$

2. 反向传播过程

现在还需要计算敏感性的反向传播 $\boldsymbol{s}^m$，这要求再次使用链法则。正是这个过程给出了反向传播这个词，因为它描述了第 m 层的敏感性通过第 $m+1$ 层的敏感性来计算的递推关系。

推出敏感性的递推关系需要使用雅可比矩阵，下面求这个矩阵的一个表达式。考虑矩阵的 i,j 元素：

$$\frac{\partial n_i^{m+1}}{\partial n_j^m}=\frac{\partial\left[\sum_{k=1}^{s^m}w_{i,k}^{m+1}a_k^m+b_i^{m+1}\right]}{\partial n_j^m}=w_{i,j}^{m+1}\frac{\partial f^m\left(n_j^m\right)}{\partial n_j^m}=w_{i,j}^{m+1}\dot{f}^m\left(n_i^m\right) \tag{5.54}$$

$$\dot{f}^m\left(n_i^m\right)=\frac{\partial f^m\left(n_j^m\right)}{\partial n_j^m} \tag{5.55}$$

因而雅可比矩阵可以写成

$$\frac{\partial \boldsymbol{n}^{m+1}}{\partial \boldsymbol{n}^m}=\boldsymbol{W}^{m+1}\boldsymbol{F}^m\left(\boldsymbol{n}^m\right) \tag{5.56}$$

这里，

$$\dot{\boldsymbol{F}}^m\left(\boldsymbol{n}^m\right)=\begin{pmatrix}\dot{f}^m\left(n_1^m\right) & 0 & \cdots & 0\\ 0 & \dot{f}^m\left(n_2^m\right) & \cdots & 0\\ \vdots & \vdots & & \vdots\\ 0 & 0 & \cdots & \dot{f}^m\left(n_{s^m}^m\right)\end{pmatrix} \tag{5.57}$$

现在可以使用矩阵形式的链法则写出敏感性的递推关系式：

$$\boldsymbol{s}^m=\frac{\partial F}{\partial \boldsymbol{n}^m}=\left(\frac{\partial \boldsymbol{n}^{m+1}}{\partial \boldsymbol{n}^m}\right)^{\mathrm{T}}\frac{\partial F}{\partial \boldsymbol{n}^{m+1}}=\dot{\boldsymbol{F}}^m\left(\boldsymbol{n}^m\right)\left(\boldsymbol{W}^{m+1}\right)^{\mathrm{T}}\frac{\partial F}{\partial \boldsymbol{n}^{m+1}}=\dot{\boldsymbol{F}}^m\left(\boldsymbol{n}^m\right)\left(\boldsymbol{W}^{m+1}\right)^{\mathrm{T}}\boldsymbol{s}^{m+1} \tag{5.58}$$

这就是反向传播算法的本质，敏感性从最后一层通过网络被反向传播到最后一层：

$$\boldsymbol{s}^M\to\boldsymbol{s}^{M-1}\to\cdots\to\boldsymbol{s}^2\to\boldsymbol{s}^1 \tag{5.59}$$

这里值得强调的是，BP 算法使用的是在 LMS 算法中用到的相同的近似最速下降法。唯一复杂的是，为了计算梯度，需要反向传播敏感性。反向传播的优点是可以很有效地实现链法则。

计算递推算法的起点 $\boldsymbol{s}^M$，即网络的最后一层

$$s_i^M = \frac{\partial F}{\partial n_i^M} = \frac{\partial (\boldsymbol{t}-\boldsymbol{a})^{\mathrm{T}}(\boldsymbol{t}-\boldsymbol{a})}{\partial n_i^M} = \frac{\partial \sum_{j=1}^{S^M}(t_j - a_j)^2}{\partial n_i^M} = -2(t_j - a_j)\frac{\partial a_i}{\partial n_i^M} \tag{5.60}$$

由于，

$$\frac{\partial a_i}{\partial n_i^M} = \frac{\partial a_i^M}{\partial n_i^M} = \frac{\partial f^M(n_i^M)}{\partial n_i^M} = \dot{f}^M(n_i^M) \tag{5.61}$$

可以得到

$$s_i^M = -2(t_j - a_j)\dot{f}^M(n_i^M) \tag{5.62}$$

这可以用矩阵形式表示成

$$\boldsymbol{s}^M = -2\dot{\boldsymbol{F}}^M(\boldsymbol{n}^M)(\boldsymbol{t}-\boldsymbol{a}) \tag{5.63}$$

3. BP 算法的总结

第一步是通过网络将每次的输入向前传播：

$$\boldsymbol{a}^0 = \boldsymbol{p} \tag{5.64}$$

$$\boldsymbol{a}^{m+1} = \boldsymbol{f}^{m+1}(\boldsymbol{w}^{m+1}\boldsymbol{a}^m + \boldsymbol{b}^{m+1}),\quad m = 0,1,\cdots,M-1 \tag{5.65}$$

$$\boldsymbol{a}^m = \boldsymbol{a}^{m+1} \tag{5.66}$$

每个输入向量的误差平方和为

$$E_q = \sum_{j=1}^{s^M}(t_{j,q} - a_{j,p}^M)^2 \tag{5.67}$$

总的平方误差

$$E = \frac{1}{Q}\sum_{q=1}^{Q}E_q \tag{5.68}$$

下一步是通过网络将敏感性反向传播：

$$\boldsymbol{s}^M = -2\dot{\boldsymbol{F}}^M(\boldsymbol{n}^M)(\boldsymbol{t}-\boldsymbol{a}) \tag{5.69}$$

$$\boldsymbol{s}^m = \dot{\boldsymbol{F}}^m(\boldsymbol{n}^m)(\boldsymbol{W}^{m+1})^{\mathrm{T}}\boldsymbol{s}^{m+1} \tag{5.70}$$

最后，使用近似的最速下降法更新权值和偏置值：

$$\boldsymbol{W}^m(k+1) = \boldsymbol{W}^m(k) - \mathrm{Lr}\,\boldsymbol{s}^m(\boldsymbol{a}^{m-1})^{\mathrm{T}} \tag{5.71}$$

$$\boldsymbol{b}^m(k+1) = \boldsymbol{b}^m(k) - \mathrm{Lr}\,\boldsymbol{s}^m \tag{5.72}$$

至此，BP 算法完成一次完整的训练过程。重复整个过程，直到达到设定的最小误差或者最大的学习次数，则 BP 算法完成，建立 BP 神经网络模型。

图 5.17 为 BP 算法的整个流程。

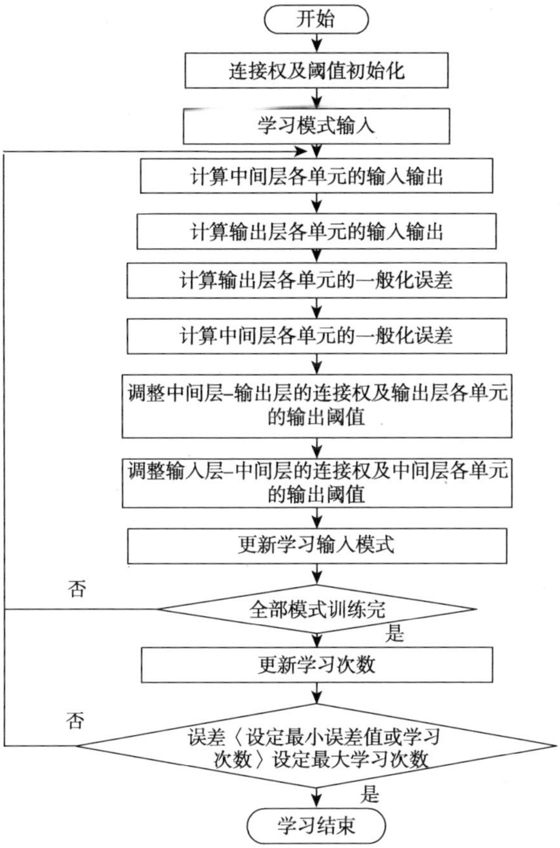

图 5.17　BP 算法流程图

综上所示，可以看出 BP 算法的基本思想是多层网络运行 BP 学习算法时，在正向传播过程中，输入信息从输入层经隐含层逐层处理，并传向输出层，每一层神经元的状态只影响下一层神经元的状态。如果在输出层不能得到期望输出，则转入反向传播，使误差信号沿原来的连接通路返回，修改各层神经元的权值，使误差信号最小（张晓彤等，2004）。

5.5.3　实例分析

1. 用 BP 网络优化函数

假定我们用 BP 网络逼近函数

$$f(x)=1+\sin\left(\frac{\pi}{4}x\right),\quad -2\leqslant x\leqslant 2$$

BP 网络的激励函数有许多形式，需要多次尝试选取较优的函数。经过比较发现在 BP 网络中，隐含层采用 Sigmoid 函数（S 型函数）、输出层采用线性函数的效果很好。因此，隐含层与输入层之间采用式（5.73）的 S 型函数作为激励函数，x 为隐含层的净输入，λ 为陡度因子，设 $\lambda=1$，只在训练进入“假饱和”时调用对 λ 的计算过程。输出层与隐含层之间采用式（5.74）的线性函数，为简单起见，本算例取 $a=1$，$b=0$。

$$y=\frac{1}{1+\mathrm{e}^{-x/\lambda}} \tag{5.73}$$

$$y=ax+b \tag{5.74}$$

在开始 BP 算法前，需要选择网络权值和偏置值的初始值。通常选择较小的随机值，这里选择的值如下所示：

$$\boldsymbol{W}^1(0)=\begin{bmatrix}-0.27\\-0.41\end{bmatrix},\boldsymbol{b}^1(0)=\begin{bmatrix}-0.48\\-0.13\end{bmatrix},\boldsymbol{W}^2(0)=\begin{bmatrix}0.09 & -0.17\end{bmatrix},\boldsymbol{b}^2(0)=\begin{bmatrix}0.48\end{bmatrix}$$

神经网络的训练集可以通过计算函数在几个点的函数值来得到。现在开始执行算法，对初始输入，选择 $x=1$，即 $\boldsymbol{a}^0=x=1$。

第一层输出为

$$\boldsymbol{a}^1=\boldsymbol{f}^1\left(\boldsymbol{W}^1\boldsymbol{a}^0+\boldsymbol{b}^1\right)=\boldsymbol{f}^1\left(\begin{bmatrix}-0.27\\-0.41\end{bmatrix}[1]+\begin{bmatrix}-0.48\\-0.13\end{bmatrix}\right)=f^1\left(\begin{bmatrix}-0.75\\-0.54\end{bmatrix}\right)=\begin{bmatrix}\dfrac{1}{1+\mathrm{e}^{0.75}}\\\dfrac{1}{1+\mathrm{e}^{0.54}}\end{bmatrix}=\begin{bmatrix}0.321\\0.368\end{bmatrix}$$

第二层的输出为

$$\boldsymbol{a}^2=\boldsymbol{f}^2\left(\boldsymbol{W}^2\boldsymbol{a}^1+\boldsymbol{b}^2\right)=\boldsymbol{f}^2\left(\begin{bmatrix}0.09-0.17\end{bmatrix}\begin{bmatrix}0.321\\0.368\end{bmatrix}+\begin{bmatrix}0.48\end{bmatrix}\right)=\begin{bmatrix}0.446\end{bmatrix}$$

误差将为

$$\boldsymbol{e}=\boldsymbol{t}-\boldsymbol{a}=\left\{1+\sin\left(\frac{\pi}{4}x\right)\right\}-a^2=\left\{1+\sin\left(\frac{\pi}{4}\times 1\right)\right\}-0.446=1.261$$

下一阶段是反向传播算法。在反向传播算法开始前，需要计算传输函数的导数 $f'^1(n)$ 和 $f'^2(n)$。

对第一层

$$\dot{\boldsymbol{f}}^1(n)=\frac{\partial\dfrac{1}{1+\mathrm{e}^{-n}}}{\partial n}=\frac{\mathrm{e}^{-n}}{\left(1+\mathrm{e}^{-n}\right)^2}=\left(1-\frac{1}{1+\mathrm{e}^{-n}}\right)\left(\frac{1}{1+\mathrm{e}^{-n}}\right)=\left(1-a^1\right)\left(a^1\right)$$

对第二层

$$\dot{\boldsymbol{f}}^2(n)=\frac{\partial(n)}{\partial n}=1$$

下面执行反向传播算法，起始点在第二层。由式（5.69）可得

$$\boldsymbol{s}^M = -2\dot{\boldsymbol{f}}^M\left(\boldsymbol{n}^M\right)\left(\boldsymbol{t}-\boldsymbol{a}\right) \tag{5.75}$$

$$\boldsymbol{s}^m = \dot{\boldsymbol{f}}^m\left(\boldsymbol{n}^m\right)\left(\boldsymbol{W}^{m+1}\right)^{\mathrm{T}}\boldsymbol{s}^{m+1} \tag{5.76}$$

$$\boldsymbol{s}^2 = -2\dot{\boldsymbol{f}}^2\left(\boldsymbol{n}^2\right)\left(\boldsymbol{t}-\boldsymbol{a}\right) = -2\left[\dot{\boldsymbol{f}}^2\left(\boldsymbol{n}^2\right)\right](1.261) = -2[1](1.261) = -2.522$$

第一层的敏感性由第二层的敏感性反向传播得到，由式（5.70）可得

$$\boldsymbol{s}^1 = \dot{\boldsymbol{f}}^1\left(\boldsymbol{n}^1\right)\left(\boldsymbol{W}^2\right)^{\mathrm{T}}\boldsymbol{s}^2 = \begin{bmatrix}\left(1-\boldsymbol{a}_1^1\right)\left(\boldsymbol{a}_1^1\right) & 0 \\ 0 & \left(1-\boldsymbol{a}_2^1\right)\left(\boldsymbol{a}_2^1\right)\end{bmatrix}\begin{bmatrix}0.09 \\ -0.17\end{bmatrix}[-2.522]$$

$$= \begin{bmatrix}(1-0.321)(0.321) & 0 \\ 0 & (1-0.368)(0.368)\end{bmatrix}\begin{bmatrix}0.09 \\ -0.17\end{bmatrix}[-2.522]$$

$$= \begin{bmatrix}0.218 & 0 \\ 0 & 0.233\end{bmatrix}\begin{bmatrix}-0.227 \\ 0.429\end{bmatrix} = \begin{bmatrix}-0.049\,5 \\ 0.099\,7\end{bmatrix}$$

算法的最后阶段时更新权值。为了简单起见，这里学习速率设为 Lr=0.1。由式（5.71）和式（5.72）可得

$$\boldsymbol{W}^2(1) = \boldsymbol{W}^2(0) - \mathrm{Lr}\,\boldsymbol{s}^2\left(\boldsymbol{a}^1\right)^{\mathrm{T}} = [0.09\quad -0.17] - 0.1[-0.252\,2][0.321\quad 0.368]$$

$$= [0.171\quad -0.077\,2]$$

$$\boldsymbol{b}^2(1) = \boldsymbol{b}^2(0) - \mathrm{Lr}\,\boldsymbol{s}^2 = [0.48] - 0.1[-2.522] = [0.732]$$

$$\boldsymbol{W}^1(1) = \boldsymbol{W}^1(0) - \mathrm{Lr}\,\boldsymbol{s}^1\left(\boldsymbol{a}^0\right)^{\mathrm{T}} = \begin{bmatrix}-0.27 \\ -0.41\end{bmatrix} - 0.1\begin{bmatrix}-0.049\,5 \\ 0.099\,7\end{bmatrix}[1] = \begin{bmatrix}-0.265 \\ -0.420\end{bmatrix}$$

$$\boldsymbol{b}^1(1) = \boldsymbol{b}^1(0) - \mathrm{Lr}\,\boldsymbol{s}^1 = \begin{bmatrix}-0.48 \\ -0.13\end{bmatrix} - 0.1\begin{bmatrix}-0.049\,5 \\ 0.099\,7\end{bmatrix} = \begin{bmatrix}-0.475 \\ -0.140\end{bmatrix}$$

这就完成了 BP 算法的第一次迭代。下一步可以选择另一个输入 x，执行算法的第二次迭代过程。迭代过程一直进行下去，直到网络响应和目标函数之差达到一个可以接受的水平。

2. 应用 BP 神经网络预测交通客运量

（1）网络结构的确定包括输入节点数、隐含层节点数、输出节点数以及隐含层和输出层的传递函数。由 Kolmogorov 定理指出一个三层人工神经网络能够模拟任何连续函数，对于复杂的非线性函数，三层网络的拟合效果和收敛速度明显优于四层或更多层结构的人工神经网络。所以本书也选择只有一个隐含层的前馈人工神经网络作为预测交通运量的网络结构，通过三层前馈神经网络实现对交通运量预测。选定输入层四个节点——城市人口数、城市旅游人口数、城市 GDP 和城市第三产业产值。由于网络对隐含层的神经元数目很敏感，神经元太少网络很难适应，太多的话又可能设计出超适应的网络。一般若输入层节点数为 n，可

以对隐含层节点数在 $2n+1$ 左右范围测试，最终确定一个较好的隐含层节点数。输出层为一个节点，即某市的公路客运量。传递函数的输入层—隐含层使用双曲正切 Sigmoid 传递函数；隐含层—输出层使用线性传递函数。

（2）设置参数进行网络训练，包括选定期望误差最小值、最大循环次数、学习速率等相关参数。本实例中设置期望误差最小值（err_goal）等于 0.01；设定最大循环次数（max_epoch）等于 20 000；设置修正权值和阈值的学习速率 Lr=0.15。

（3）对输入—输出数据样本对进行标准化处理后，进行网络训练，如图 5.18 所示，经过 89 次训练，网络误差达到 0.009 895 67，小于 0.01，网络训练停止，建立 BP 神经网络模型可以用来交通运量预测。

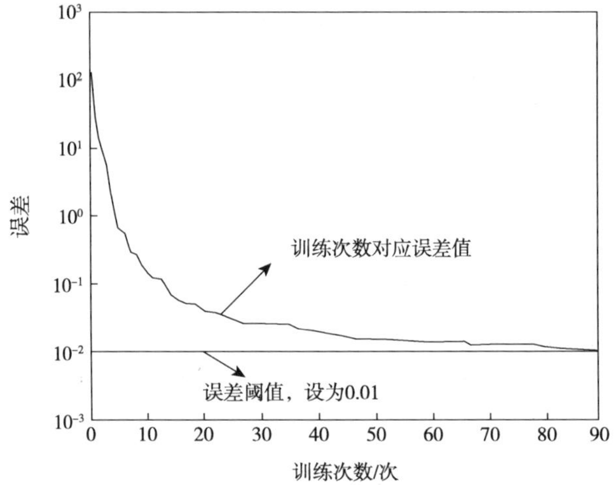

图 5.18　神经网络训练图

（4）BP 神经网络预测模型拟合结果的对比分析。建立的 BP 神经网络预测模型对交通运输量实际值的拟合效果如图 5.19 所示。为了说明基于人工神经网络的交通运量预测模型方法的有效性，此处采用同样的一组数据，相同的解释变量，用多元线性回归预测方法做出比较分析。因此采用城市人口数、城市旅游人口数、城市 GDP 和城市第三产业产值作为自变量，得到多元线性回归模型：$Y=-16.73\times X_1+12.52\times X_2+1.89\times X_3+0.84\times X_4$（$R^2$=0.999 796，$F$=8 565.311）。BP 神经网络预测模型与多元线性回归预测模型的误差对比分析，如表 5.20 所示。

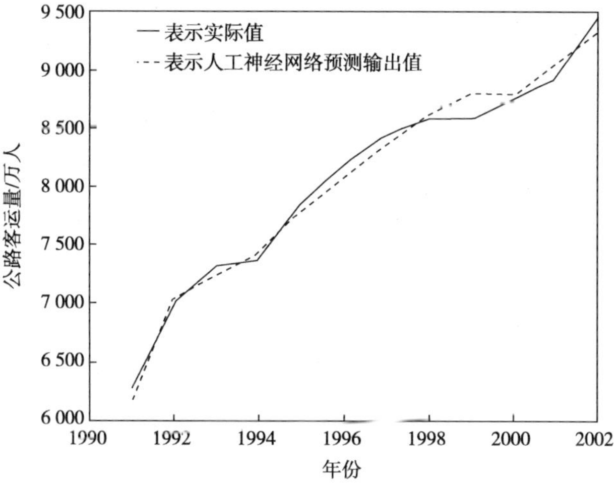

图 5.19　BP 神经网络预测模型拟合结果

表 5.20　人工神经网络与多元线性回归模型对公路客运量预测精度的对比分析

年份	公路客运量/万人	神经网络预测模型/万人	神经网络预测模型误差/%	多元回归预测模型/万人	多元回归预测模型误差/%
1992	6 999	7 024	0.35	6 969	0.42
1993	7 311	7 239	0.98	7 182	1.77
1994	7 376	7 468	1.25	7 624	3.36
1995	7 867	7 902	0.45	7 922	0.70
1996	8 191	8 262	0.87	8 104	1.07
1997	8 453	8 339	1.35	8 288	1.96
1998	8 594	8 652	0.67	8 547	0.55
1999	8 595	8 640	0.52	8 655	0.70
2000	8 766	8 840	0.84	8 849	0.95
2001	8 930	8 999	0.77	9 017	0.98
2002	9 475	9 577	1.08	9 348	1.35

从表 5.20 中可以得出结论，相比多元线性回归预测模型，基于人工神经网络的交通运量预测模型的预测精确性较高。

（5）利用交通运量预测的神经网络模型进行预测分析。应用神经网络模型对该城市 2004 年公路客运量做出预测，与该市统计年鉴公布的数据十分相近。同时，利用这个模型可以得到今后几年的客运量预测值，如应用该模型分析出该城市 2005 年将比 2004 年的公路客运量增长 5.3%左右。

3. 神经网络在库存预测中的应用

对于物流企业来说，节约成本的最好方法就是充分利用仓库空间，让有限空间的仓库发挥出最大程度的作用。如果能够掌握各个客户的进出库规律，预测出客户未来几天的进出库数量，就能够避开客户的仓库使用高峰，制订合理的进出库方案，优化各种资源。

在此通过某第三方物流中心的仓库库存量数据，预测每天的进出库数量。利用第三方物流中心仓库的“出库单”记录中所有的历史出库记录，样本数据共包括从 2004 年 3 月 2 日到 2004 年 6 月 25 日的所有出库记录。原始出库单记录方式如表 5.21 所示。

表 5.21　某仓库的部分出库记录数据表

出库单号	货品代码	数量/箱	出库单号	货品代码	数量/箱
2004030201	0125	10.1	2004030201	1102	160
2004030201	3387	20	2004030201	3936	36
2004030202	2151	11	2004030202	3387	22
2004030203	3130	33.25	2004030204	3130	77.2
2004030204	3292	11	2004030205	3292	44
2004030206	1102	25	2004030207	3360	41
…	…	…	…	…	…

以上就是 2004 年 3 月部分出库单记录。在该模型中需要预测的为未来几天的出库数量，所以样本数据的行应该为某个日期各个货品的出库数量。为此需对样本数据进行预处理，对样本数据的表现形式做一个变换，变换后的数据格式如表 5.22 所示。

表 5.22　数据转换后的数据格式

日期	货品 3221	货品 0125	货品 3310	…
20040314	100	0	252.1	…
20040315	236	253	100.6	…
20040316	325.25	22.167	10	…
20040317	256.69	225.36	1000	…

本例选取了代码为 3221 的货品来做库存预测，其他货品的预测与此例相类似。该预测模型类似于一个时间序列预测，通过前一段时间的出库数量来预测未

来几天的出库，其模型相当于

$$\left(N-n\text{Div}, N-(n-1)\text{Div}, \cdots, N-\text{Div}, N\right) \Rightarrow N+\text{Div} \tag{5.77}$$

其中，Div 为样本数据取样间隔；n 为间隔数。

在本模型中，商品生产企业在每一个月都有一个结算日，在结算日前后，都会以优惠的价格来冲击市场，扩大销售额度。所以在该模型中 $n\text{Div}>30$。取 Div=10，n=3，即

$$\left(N-2\times10,\quad N-1\times10,\quad N\right) \Rightarrow N+10 \tag{5.78}$$

这里的 $N-I$ 代表 I 天以前的出库数量，$N+I$ 代表预测出的第 I 天以后的出库数量。依据该标准，样本数据需重组为 $\left(N-2\times10，N-1\times10, N, N+10\right)$

按照上述方法处理样本数据，形成神经网络的挖掘样本 95 条。为了验证神经网络的有效性，将样本划分为训练样本（80 条记录）和测试样本（15 条记录），训练样本用于训练神经网络，测试样本用于验证神经网络模型的有效性。

样本数据的大小范围对神经网络训练的效果有着明显的影响，实践证明，样本数据都集中在[0，1]的时候能够达到很好的收敛效果，为此将样本数据进行缩放，让样本数据的数值都限定在[0，1]，对所有的样本数据都除以 10 000，在网络仿真中，对网络输出乘以 10 000 即可以恢复原始输出。

神经网络在理论上可以逼近任意的函数，但是对该函数的逼近需要不断的修改网络结构和学习参数。网络结果包括网络输入参数、输出参数、隐含层神经元个数、隐含层、输出层函数。学习参数包括学习速率、训练次数、训练精度。通过不断地修改网络结构和参数，用测试集来评价网络训练效果（图 5.20），最后网络确定的参数如表 5.23 所示。

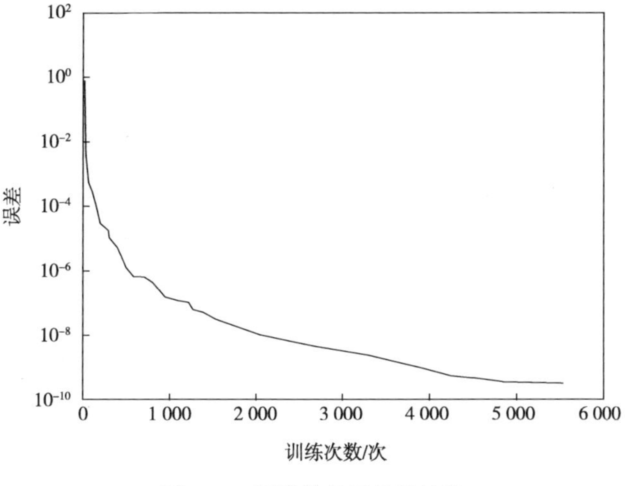

图 5.20　网络的最后收敛效果

Performance is 3.00482e-010.Goal is le-010

表 5.23　神经网络参数表

输入元素个数	4	输出元素个数	1
隐含层神经元个数	12	隐含层传递函数	Tansig
输出层传递函数	Tansig	学习速率	0.2
训练次数	10 000	训练精度	0.000 001

在图 5.21 和图 5.22 的网络仿真和仿真误差分析中，前 80 条为训练样本的仿真，后 15 条为测试样本的仿真，从仿真效果分析来看，该神经网络模型能够有效地预测出货运量，误差精度在一个可以接受的范围之内，是一个有效的货运预测分析方法。

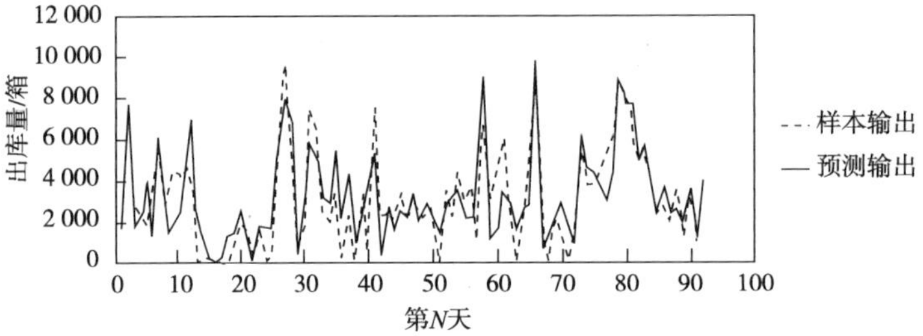

图 5.21　神经网络的拟合效果

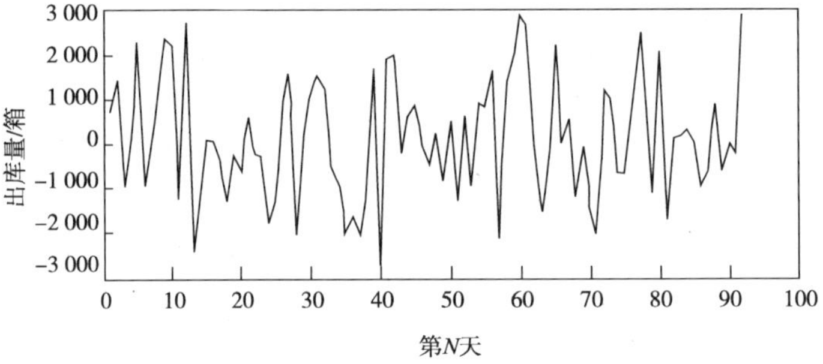

图 5.22　神经网络训练误差

5.6　马尔可夫预测模型

马尔可夫（1856—1922 年）是俄国著名数学家。马尔可夫预测法是现代预测方法的一种，具有较高的科学性、准确性和适应性，广泛应用在自然科学和经济管理领域。马尔可夫预测模型是将时间序列看做一个过程，通过对事物不同状态的初始概率与状态之间转移概率的研究，确定状态变化趋势，预测事物的未来。

当人们需要知道一个事物（如市场占有率，设备更新等）经过一段时间后的未来状态，或由一种状态转移到另一种状态的概率时就可以运用马尔可夫预测模型（林筠和师红洲，2007）。

1. 马尔可夫预测方法数学模型

（1）适用的条件：转移概率矩阵逐期不变；状态个数保持不变；状态的转移只受前一期的影响，而与前一期的状态无关。

（2）转移概率矩阵模型：若系统状态的变化可能产生的状态数有 k 个，即系统状态有 S_1，S_2，…，S_k。系统现在处于 S_i 状态，下一步转移到 S_j 状态的条件概率记为 $\boldsymbol{p}_{ij}^{(k)}$，则系统状态总的转移情况可用以下的矩阵表示：

$$\boldsymbol{p}_{ij}^{(k)}=\begin{bmatrix} p_{11} & p_{12} & \cdots & p_{1k} \\ p_{21} & p_{22} & \cdots & p_{2k} \\ \vdots & \vdots & & \vdots \\ p_{k1} & p_{k2} & \cdots & p_{kk} \end{bmatrix} \text{并且满足} \sum_{j=1}^{k} p_{ij} = p_{i1} + p_{i2} + \cdots + p_{ik} = 1,\ i=1,2,\cdots,k$$

根据本期和转移状态，可以预测下期情况或下几期的情况：设事物的前状态为 $\boldsymbol{S}(n-1)$，后状态为 $\boldsymbol{S}(n)$，转移状态矩阵为 $\boldsymbol{P}$，则三者的关系为 $\boldsymbol{S}(n)=\boldsymbol{S}(n-1)\cdot\boldsymbol{P}$。计算矩阵的平衡状态：只要转移矩阵不变，不管占有率如何改变，系统最后总会达到平衡状态（稳定状态），即 $\boldsymbol{S}(n)\cdot\boldsymbol{P}=\boldsymbol{S}(n)$。

2. 马尔可夫预测方法应用实例

1）应用马尔可夫模型进行食品市场占有率预测

食品市场占有率主要是指食品企业生产某种食品占该市场同种货物总量的百分比，应用马尔可夫模型预测食品市场占有率与稳定后的市场占有率。

假设现有甲、乙、丙三家食品公司生产同一种食品，假定该食品的总用户需求量不变，均为 3 000 个用户。第一个月三家公司拥有的用户份额分别为 1 500 户、1 200 户、300 户。第二个月三家公司该食品用户份额变化情况列成统计表如表 5.24 所示。

表 5.24　第二个月三家公司该食品用户份额的变化情况

公司名称	第二个月食品公司用户份额变动情况			
	甲	乙	丙	总计
甲	1 200	150	150	1 500
乙	60	900	240	1 200
丙	30	30	240	300
总计	1 290	1 080	630	3 000

第一步：求出初始状态概率向量。用 $a_1(0)$、$a_2(0)$、$a_3(0)$分别表示甲、乙、丙公司第一个月的状态概率，有 $a_1(0)$=1 500/3 000=0.5，$a_2(0)$=1 200/3 000=0.4，$a_3(0)$=300/3 000=0.1。

第二步：计算一次转移概率，并用转移矩阵 $\boldsymbol{p}$ 表示

$$\boldsymbol{p}=\begin{vmatrix}\frac{1\,200}{1\,500} & \frac{150}{1\,500} & \frac{150}{1\,500}\\ \frac{60}{1\,200} & \frac{900}{1\,200} & \frac{240}{1\,200}\\ \frac{30}{300} & \frac{30}{300} & \frac{240}{300}\end{vmatrix}=\begin{vmatrix}0.80 & 0.10 & 0.10\\ 0.05 & 0.75 & 0.20\\ 0.10 & 0.10 & 0.80\end{vmatrix}$$

第三步：根据初始状态概率向量和转移矩阵，对以后各期的市场占有率情况做分析预测。第二个月的市场占有率预测为

$$\boldsymbol{a}=(0.5,0.4,0.1)\begin{vmatrix}0.80 & 0.10 & 0.10\\ 0.05 & 0.75 & 0.20\\ 0.10 & 0.10 & 0.80\end{vmatrix}=(0.43,0.36,0.21)$$

以后各期的市场占有率就通过前一个月所得的状态概率向量与转移矩阵相乘得到。

第四步：稳定状态下的市场占有率分析。

从上面的计算结果看，如果三家公司无影响较大的竞争措施出台，市场占有率将逐渐趋于稳定，这种现象称为市场占有率平衡状态。这是由于市场占有率经过多次转移概率变化，其变化幅度逐渐减小，即

$$(a_1,a_2,a_3)\begin{vmatrix}0.80 & 0.10 & 0.10\\ 0.05 & 0.75 & 0.20\\ 0.10 & 0.10 & 0.80\end{vmatrix}=(a_1,a_2,a_3)$$

求解得到市场平衡状态下，甲公司的市场占有率为 28.6%，乙公司为 28.6%，丙公司为 42.8%。

第五步：采取措施改变状态转移矩阵来改变企业的市场占有率。

甲、乙两公司应意识到自己的市场占有率在逐渐减小，为了提高经济效益和竞争能力，扭转不利局面，甲、乙两公司需积极寻求新的突破点，扩大市场占有率。

假设甲、乙两公司分别从丙公司赢得 30%和 20%的市场占有率，则新的状态转移概率为$\begin{bmatrix}0.80 & 0.10 & 0.10\\ 0.05 & 0.75 & 0.20\\ 0.30 & 0.20 & 0.50\end{bmatrix}$，从该状态转移概率矩阵计算得出稳定状态下的市

场占有率：甲公司为 42.5%，乙公司为 35%，丙公司为 22.5%。此结果表明甲、乙公司的市场占有状况有了一定程度的改善，甚至开始占据市场的主导地位并趋于稳定。

2）应用马尔可夫模型进行商品房销售面积市场占有率状态预测

应用马尔可夫状态预测方法对几种用途的商品房销售面积的市场占有率进行预测，如 2014 年某省商品房销售面积总量为 5 641 万平方米，住宅、别墅、办公楼、商业用房的销售面积分别为 4 932 万平方米、115 万平方米、71 万平方米、523 万平方米，计算得出四种用途的初期占有率 P_0 =（0.874 313 07，0.020 386 46，0.012 586 42，0.092 714 06），如表 5.25 所示。其中，用于住宅的销售面积占总销售面积的 87.43%，可见在该省的商品房销售面积市场上，住宅是占据主导地位的商品房类型，因此科学地进行占有率预测与合理分配是十分必要的。

表 5.25　2014 年某省商品房销售面积市场用途方式初期占有率

用途方式	初期占有率	住宅	别墅	办公楼	商业用房
住宅	0.874 313 07				
别墅	0.020 386 46				
办公楼	0.012 586 42				
商业用房	0.092 714 06				

运行程序中的马尔可夫预测方法，得到运行界面如图 5.23 所示。

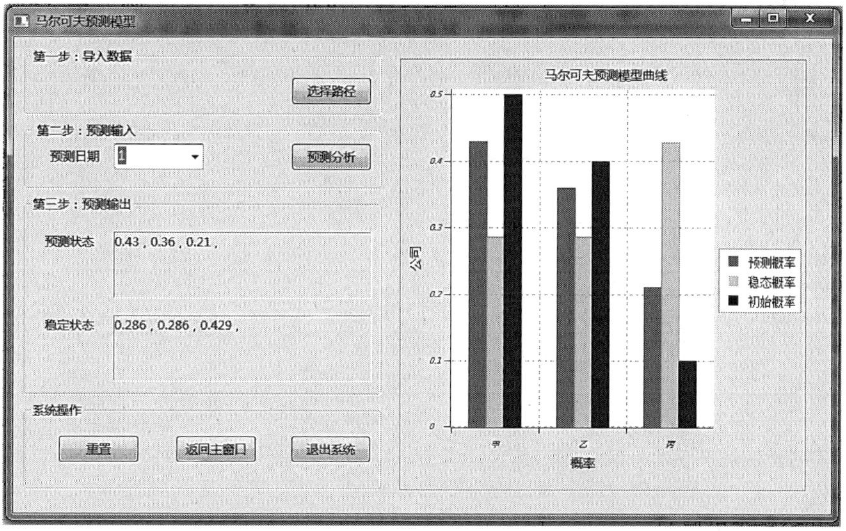

图 5.23　马尔可夫状态预测运行界面

通过计算可以得出第 t 期后的客运市场占有率和状态转移矩阵，如图 5.23 中显示的是第 1 期商品房市场中的住宅、别墅、商业用房的市场占有率,分别为 43%、36%和 21%。根据马尔可夫模型，当状态转移进行到一定阶段就会达到稳态，在本例中，稳定状态值为（0.286，0.286，0.429）。

第6章　网页数据的采集技术

6.1　网站信息采集相关技术研究

6.1.1　网络爬虫相关技术

1. 网络爬虫介绍

网络爬虫（Web crawler）俗称“网络蜘蛛”、“网络机器人”或者“网页追逐者”，是指在网络上根据事先给定的规则，自动爬行和抓取 Web 信息的程序或者脚本。图 6.1 比较清晰地展示了网络爬虫的一般工作流程（顾玲华，2011）。

其具体的工作流程如下：

（1）选取若干统一资源定位符（uniform resource locator，URL）作为爬虫爬行的起始位置。

（2）用这些选定的 URL 初始化爬虫的 URL 待抓取队列。

（3）网络爬虫主程序从待抓取 URL 队列中选出未被抓取过的 URL，解析其域名系统（domain name system，DNS）信息，从而得到其主机的网络之间互连协议（internet protocol，IP）地址。

（4）网络爬虫主程序下载 URL 所对应的网页，并将其保存至本地下载网页库。

（5）在完成页面抓取之后，将这些 URL 加入已抓取 URL 队列之中。

（6）网络爬虫主程序检测分析已抓取的页面，从中提取出新的 URL，将之加入待抓取 URL 队列中，进而开始新一轮对页面的抓取循环。

由于互联网上网页之间的互相链接，若没有特别限制，网络爬虫往往会发散地爬行或者进入链接“黑洞”，因此网络爬虫在实际抓取过程中，用户需要设定爬行的终止条件（如限制爬行的范围、限制爬行的时间等）（孙骏雄，2014）。

总体来讲，按照网络爬虫对 Web 页面的抓取策略，网络爬虫可以分为三类——广度优先搜索策略爬虫、最佳优先搜索策略爬虫、深度优先搜索策略爬虫。

1）广度优先搜索策略爬虫

广度优先搜索策略爬虫的主要原理是，在抓取过程中，只有对当前层级范围

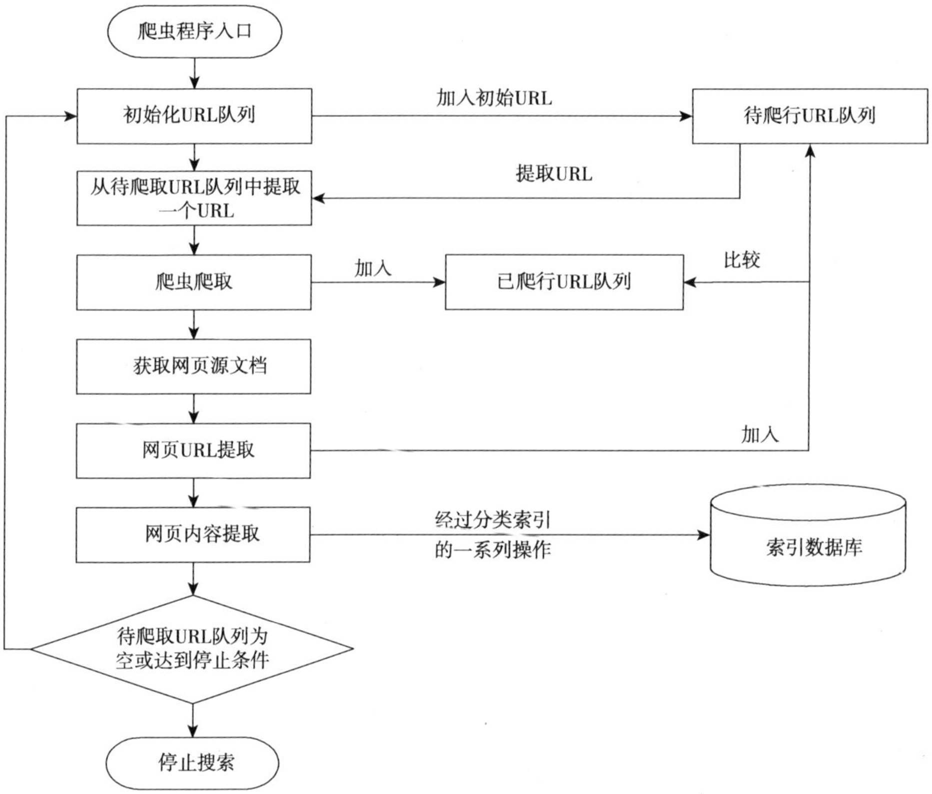

图 6.1　网络爬虫基本工作原理

内整个 URL 集合都完成遍历搜索之后，才会开始进行下一层级的搜索。这种算法的设计和实现均相对比较简单。当需要尽可能广泛地采集网页时，执行广度优先搜索策略的爬虫通常被作为首选。目前，许多对聚焦爬虫的研究都采用广度优先搜索策略，这里存在的一个基本假设是，与种子 URL 在较短的链接距离内的网页之间具有关联性的概率更高，因而其所对应的内容也就与主题具有较高的相关性。另外一种常见的方法整合了广度优先搜索策略与网页过滤技术，首先按照广度优先策略遍历搜索网页，其次凭借过滤技术从中剔除无关的网页。但是随着抓取网页数量规模的不断扩大，这种方式的缺陷就暴露出来了，即程序需要处理和过滤大量无关的网页，算法效率因受影响而变低。

2）最佳优先搜索策略爬虫

最佳优先搜索策略爬虫的工作原理是，在抓取 Web 页面的同时，对 Web 页面内容进行分析，以计算目标 URL 对应的 Web 页面与种子 URL 对应的 Web 页面之间的相关度，然后从中选取相关度最高的一个或多个 URL 进行抓取。通俗来讲，最佳搜索策略爬虫在抓取页面时只会挑选那些最“有用”的 Web 页面进行抓取，而忽略那些“没用”的 Web 页面。采用这种策略的优点显而易见，即爬虫在开展抓取任务时可以比较有针对性地获取页面，过滤大量的无关页面，极大地提高了爬虫的抓取效率。但是这种方式也存在着问题，即如何准确判断 Web 页面之间的相关性也是一个难点，目前采用这一策略的爬虫环节或多或少存在一些缺陷，因而往往会导致相当一部分“有用”的 Web 页面为爬虫所忽略。

3）深度优先搜索策略爬虫

深度优先搜索策略爬虫的原理是，从给定的初始网页开始，从中选择某条 URL 进入下一页面，进而分析该网页中包含的 URL，选择其中一条再进入，如此循环不断地进行下去，直到完整地走完这一条 URL 线路之后再开始新的线路。深度优先策略爬虫的设计和实现同样较为简单，但是这种页面抓取策略存在较大的缺陷，如一般门户网站提供的链接往往最具价值，但往下每深入一层，其网页价值也将随之递减，采用深度优先的爬虫往往先是抓取了较多低价值的页面，而对重要页面的获取比较滞后，即抓取深度直接影响了抓取命中率及抓取效率。另外，网络上存在的“链接黑洞”（页面间的互相链接近乎无止境）会使深度优先策略的爬虫陷入其中，这同样会影响爬虫抓取的效率。因而相对于上述两种策略而言，采用深度优先策略爬虫的情况比较少。

按照网络爬虫的工作方式，可以将网络爬虫分为两类——集中式网络爬虫和分布式网络爬虫。

1）集中式网络爬虫

集中式网络爬虫的工作原理是，首先通过初始设定的种子 URL 爬取其所对应的 Web 页面；其次通过爬虫的解析模块从 Web 页面中提取内容以及新的 URL 链接，保存新获取的 URL 链接到指定 URL 集合中，继而进行后续抓取任务。其突出特点是，可以在某台主机之上运行，从而开始访问互联网，然后进行网页抓取任务。早期的网络爬虫大多采用这种工作方式，但是如今随着互联网规模的迅速扩大，集中式的网络爬虫往往受限于软硬件资源的限制，其采集效率难以满足业务的需求。

2）分布式网络爬虫

实际上，分布式网络爬虫的工作运行原理可以被认为是多个集中式爬虫的协同合作，这样就弥补了集中式网络爬虫所存在的缺陷。分布式网络爬虫包含多个子网络爬虫，其分布性体现在这些爬虫可以分布在不同的地理位置，每个子爬虫在执行抓取任务的过程中与单个集中式爬虫基本一致，同样是从互联网上下载 Web 页面，并将网页数据保存到本地文件系统中，在页面中解析出新的 URL，并按照这些 URL 的指向继续爬行，从而不断抓取页面。分布式爬虫需要额外处理的是分割下载任务，并将分割的下载任务分配给各个子爬虫执行，然后控制不同子爬虫之间的数据交换，协调各个子爬虫的抓取进度。典型代表有 Mercator、

UbiCrawer、WebFountain。

2. Heritrix 介绍

Heritrix 是一款基于 Java 程序语言的开源聚焦 Web 网络爬虫。仅通过对于 Web 操作界面的操作，用户就可以实现对网络爬虫的启动、监控和运行调整，其利用 Heritrix 可以完整地获取目标站点的内容，实现对站点内容的深度复制，甚至包括对图像、文档在内的非文本内容进行复制。Heritrix 同样可以实现对站点内容抓取下载并且存储，且页面上的内容完全不会被修改。Heritrix 突出的特点是拥有强大的可扩展性，它允许用户可以灵活地选择或扩展各个组件，以达到用户自身特定的抓取目的。

Heritrix 爬虫整体结构如图 6.2 所示，它包含以下五个主要组件。

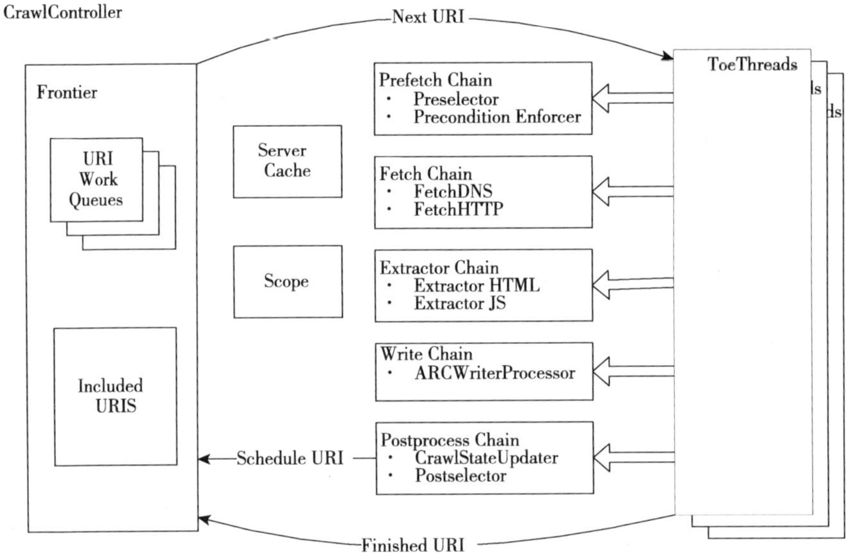

图 6.2　Heritrix 爬虫整体结构

（1）CrawlController（中央控制器）：作为 Heritrix 爬虫执行抓取任务的核心组件，它控制着整个抓取流程。在 CrawlController 类中，定义了下列若干个组件：CrawlOrder——该组件用于保存针对本次抓取任务对 order.xml 所进行的属性配置。CrawlScope——该组件决定哪些 URL 入队，并控制爬虫的抓取范围。ProcessorChainList——该组件包含若干处理器，用以获得 URL，分析返回结果，并将其传给边界部件。Frontier——每一次抓取任务都需要配置一个 Frontier 组件，从而能为每个线程不断地提供 URL。ToePool——该组件作为一个线程池，负责管理当前抓取任务所创建的所有子线程。ServerCache——该组件负责缓存当前任务所抓取过的所有 Host 及 Server 的名称。

（2）CrawlOrder（抓取任务）：作为整个抓取工作的始点，CrawlOrder 包含了建立抓取任务所需要的所有属性。Heritrix 可以根据默认的 order.xml 配置文件建立抓取任务。CrawlOrder 类对象即为 order 在内存中的表示。

（3）Frontier（URL 制造工厂）：Frontier 负责处理所有 URL 链接，并且不断为线程分配 URL 链接。简而言之，Frontier 会给爬虫已经爬取过的 URL 做标记，并将新获取且未爬行过的 URL 加入待处理队列。

（4）ToeThread（处理线程）：Heritrix 可以在多线程上执行网页抓取任务，它提供了一个标准的线程池——ToePool，用于管理所有的网页抓取线程。多线程设计的一大优点就是，使 Heritrix 能够更加高效地获取网页内容信息，因为每一个线程将调用所有的处理器来处理链接。

（5）Processor（处理器）：Processor 是指单个的处理器，是 Heritrix 中包含的其他多种处理器的共同父类，如 PreProcessor（预处理器）、Fetcher（获取器）、Extractor（抽取器）、Writer（存储器）、PostProcessor（后处理器）等。

上述若干组件都是 Heritrix 爬虫在每一次正常地执行抓取任务中所必要的，各组件相互之间分工明确，但是在执行抓取任务的过程中，它们相互之间却是联系紧密，彼此之间作为构造函数所需的初始化参数传入，协同配合完成抓取任务。

Heritrix 的工作过程是一个完整的循环，如图 6.3 所示，其大致执行步骤如下：①Frontier 组件在预先给定的若干 URL 中挑选一个。②根据选定的 URL，PreProcessor 先判断抓取的先决条件。③若满足条件，则由 Fetcher 组件负责开始解析网络传输协议。④Extractor 分析当前获取的服务所返回的内容，从中提取有用的 URL。⑤Writer 将抓取得到的网页内容保存到本地文件系统。⑥PostProcessor 组件将新获取的 URL 按照一定的条件加入预定队列。⑦最后标记当前已经抓取过的 URL。如此不断循环执行下去，当达到终止条件的时候，Heritrix 自行结束抓取任务，或者也可以由用户直接介入强制中断 Heritrix 在进行的抓取任务。

本章在实现该信息采集系统时采用 Heritrix 爬虫，主要考虑其具备以下优点。

（1）采用单个 Heritrix 爬虫即可在多个独立的站点上持续进行内容爬取。

（2）Heritrix 爬虫采用广度优先搜索策略进行网页爬取。

（3）Heritrix 仅从提供的一个种子地址即可开始爬行，进而准确地收集站点内的 URL 和主机信息。

（4）Heritrix 爬虫的各项主要部件都是高效并且可扩展的，易于定制满足不同用户需求的功能。

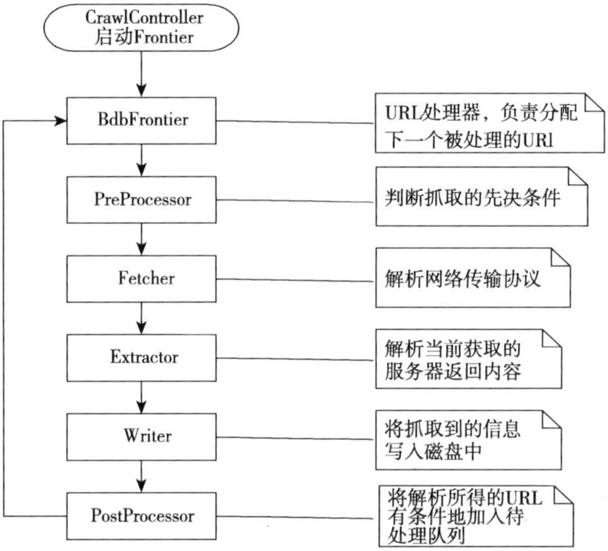

图 6.3　Heritrix 爬虫工作流程

（5）全面良好的配置，如可以配置输出日志、归档文件和临时文件的存储位置；可以设置下载的最大字节数、下载文档的最大数量及最长的下载时间；可以设置任务线程数量；可以设置爬虫所能占用的带宽上限；在一定时间内可以对既定设置进行修改。

3. HtmlUnit 介绍

HtmlUnit 最早是由 Gargoyle Software 公司的 Mike Bowler 设计编写实现的工具，之后作为 Apache 下的一个项目发布。HtmlUnit 是一款基于 Java 的开源 Web 页面解析工具，被誉为“Java 无界面浏览器”。HtmlUnit 完成了 HTML 文档建模，可以向用户提供多种应用程序编程接口（application programming interface，API），从而使之模拟实现调用页面、填写表单、点击链接等功能，用户仿佛就是在用代码操作一个“正常”的浏览器。

HtmlUnit 对 JavaScript 有很好的支持（依然在不断完善中），甚至对相当复杂的 Ajax 任务也同样支持。用户可以通过自己的配置设定 HtmlUnit 用以模拟 Mozilla FireFox 浏览器或者 IE 浏览器。

HtmlUnit 组件通常用于测试目的或者从网站获取信息，但是它不是一个通用的单元测试框架。HtmlUnit 通过模拟浏览器的行为支持其他测试框架（如 JUnit 或 TestNG）完成测试目的。通常来讲，这种框架在小型爬虫项目中十分常用，它可以有效地解析出文件对象模型（document object model，DOM）的标签节点，而且能够有效地运行 Web 页面上的 JavaScript 代码，以便得到一些需要执行

JavaScript 代码才能生成或者获取的内容。

6.1.2　网页信息抽取相关技术

1. Web 页面构成介绍

日常生活中，用户所浏览的 Web 页面通常是利用 HTML 配合其他 Web 相关技术（如脚本语言、公共网关接口、组件等）呈现出来的，其文件扩展名一般可以是.html、.htm、.asp、.jsp 和.php 等。

作为标准通用标记语言下的一个应用，HTML 本身就是一类规范和标准。HTML 先利用标记符号标记 Web 页面中所需要显示的各个部分的内容，再由 HTML 构成的文档由服务器通过超文本传输协议（hyper text transfer protocol，HTTP）向客户端（client）发送，客户端的浏览器通过解析 HTML 标记将其所标识的内容呈现出来。

Web 页面是通过若干 HTML 元素（标签）嵌套而成的，不同类型的元素分别用来标记不同的内容，如文本、图像和超文本链接等。通过不同元素和元素的不同属性可以控制内容的表现及其在 Web 页面中的样式分布。HTML 网页与其他文本的区别在于，其可以通过分析网页中的元素构成、元素属性来让人们对网页中感兴趣的内容进行提取。

根据 HTML 标签的作用，可其将分为两类：第一类负责描述内容的布局结构。通过一类特定标签（容器标签）可以将 Web 页面划分成若干内容区块，这类容器标签一般包括如<div>、<p>、<table>、<tr>及<td>等。第二类负责描述内容的显示特点。这类标签用以描述其内容本身，一般包括<img>（链接图片）及<b>（粗体显示内容文本）等。

网页内容的呈现方式灵活多样，相同的效果可以采用不同的手段来实现，不同 Web 页面都有其特定的组织方式，不同标签的混合使用在一定程度上提升了页面的复杂性，因此，针对 Web 的信息抽取工作也就存在一定的难度，这就要求对 Web 页面结构特征进行全面、详尽地分析，寻求一般规律性，方便程序准确定位所需信息。

2. DOM 树介绍

DOM，是 W3C（World Wide Web Consortium，即万维网联盟）推荐的用以处理可扩展标志语言的通用标准编程接口。DOM 技术具备平台独立的良好特性，常用于表示和处理 HTML 或可扩展超文本标记语言（extensible hyper text markup language，XHTML）文档。另外，由于 DOM 以对象管理组织（object management group，OMG）为设计原则，因此对于绝大多数编程语言来讲，DOM 都是友好的。

DOM 诞生的历史可以追溯到 20 世纪 90 年代微软与 NetScape 两家公司的“浏

览器大战”。DOM 的出现被人们视为用以解决 JavaScript 代码在不同浏览器之间的可移植性问题的有效手段，但是随着 DOM 技术本身的发展，其应用远不仅仅局限于移植 JavaScript。如今运用 DOM 技术可以实现 Web 页面内容和结构的动态变化，如动态地显示或隐藏某个标签等。DOM 技术带来的丰富的操作空间极大地提升了 Web 页面的交互性。

DOM 首先通过 Parser（解析器）将整个 HTML 文档一次性完整地读入内存；其次进行 HTML 文档的解析工作，将 HTML 文档内的各个标签元素按照其相互之间的嵌套关系生成一个节点树，并且在内存中按照树型结构构建一个对象模型集合，即 DOM 树，其过程如图 6.4 所示，图中即为某段 HTML 代码以及与之对应的 DOM 树。每一个 HTML 文档对应着一棵 DOM 树，DOM 树中的每一个节点即对应 HTML 文档中的标签元素。DOM 树从文档节点开始，由此衍生出树枝，一直到最低级别的元素节点为止。DOM 树中的节点之间都有一定的层级关系，除了作为根节点的文档节点之外，其他的所有节点都有父节点，部分节点甚至拥有若干个子节点。相对的，共享同一父节点的所有节点则互为兄弟节点。节点可以拥有后代，后代指这个节点的所有子节点或子节点的子节点。节点也可以拥有祖先，祖先节点是指这个节点的父节点或父亲节点的父节点。

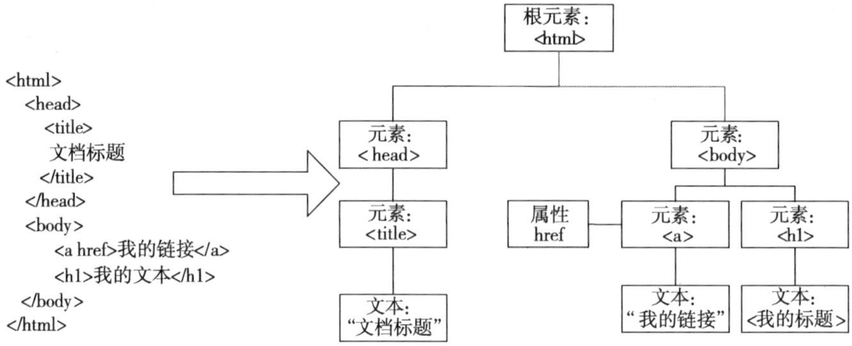

图 6.4　HTML 元素与 DOM 结构树映射

如上所述，通过完整遍历一棵 DOM 树即可访问和处理页面中的任何一个元素。由于一个 HTML 页面对应一棵 DOM 树，基于 DOM 树的分析方法可清楚地了解 HTML 文档内部的组织结构以及其内部各个标签元素之间的关系，见图 6.4。

DOM 技术其突出的优点体现如下：DOM 技术简单易学、容易掌握；在利用 DOM 处理文档时，DOM 会把整个 XML 文档信息读入内存之中；DOM 遍历节点简单，并且支持 XPath，增强了易用性。但是 DOM 技术也不是就完美无缺，其本身也存在一定的缺陷，其主要表现如下：DOM 对整个 HTML 文档必须一次性解析完成，因而加载整棵树所需要的内存成本相对就比较高，这也限制了 DOM 能够处理的文档大小。但是综合来看，DOM 技术其所具备的优点在本书所要设计实现的 Web 信息采集系统中已经完全满足需要。

3. Jsoup 解析器介绍

Jsoup 是一款基于 Java 的 HTML 解析器，它可以向用户提供非常方便的内容抽取操作接口，也可以直接从某个 URL 地址、字符串或文件中解析相应 HTML 页面内容。Jsoup 是基于 MIT 许可协议发布的，因而可以放心地应用于商业项目。Jsoup 有着许多和 JQuery 相似的地方，如同样可以提供强大的 select 和 pipeline 的 API，在使用方式上也与普通的 JavaScript 有相似之处，便于初学者快速熟悉使用。

Jsoup 的主要功能包括：①从某个 URL、字符串或文件中解析 HTML。②利用 DOM 遍历或层叠样式表（casscading style sheets，CSS）选择器来查找、提取数据。③可操纵 HTML 元素、属性和文本。④可依据一个安全的白名单过滤用户提交的内容，以防止跨站脚本（cross site scripting，XSS）攻击。

通常一个 HTML 标签元素由标签名、属性和内容这三个部分组成，Jsoup 提供了一套非常简洁的 API，可以通过 DOM、CSS 及与 JQuery 类似的选择器语法来提取和操作数据，这使得 Jsoup 能够一直保持简捷。Jsoup 的突出优势如：使用时十分简单，类似于 JavaScript 操作页面 DOM 对象，对已有 JavaScript 应用经验的开发人员来说很直观、熟悉；在标签检索定位方面，Jsoup 所提供的选择器功能强大。表 6.1 完整地介绍了 Jsoup 的各种选择器及其说明。

表 6.1　Jsoup 各类选择器

选择器	说明
tagname	例如，p，可以用来查询所有 p 标签元素
ns|tag	例如，ts|div，可以用来查询命名空间为 ts 的<ts:div>标签元素
#id	例如，#page，可以用来查询 id 为 page 的标签元素
.class	例如，.button，用以查询 class 值为 button 的所有标签元素
[attribute]	例如，[href]，用以查询包含 href 属性的所有标签元素
[^attr]	例如，[^data-]，用以查询带有 HTML5 Dataset 属性的所有元素
[attr=value]	例如，[width=120]，用以查询所有 width 属性值为 120 的元素
[attr^=value], [attr$=value], [attr*=value]	例如，[href*=/path/]，用以查询所有符合属性值匹配条件的标签元素
[attr~=regex]	例如，[src~=(?i)\.(png|jpe?g)]，用以查询 src 属性值匹配正则表达式的所有元素
*	该符号为通配符，用以表示查询所有元素
el#id	元素类型+ID，如 div#page，用以查询 id 为 page 的 div 标签
el.class	元素类型+class，如 div.syt，用以查询 class 为 sty 的 div 标签
el[attr]	元素类型+class，如 a[href]，用以查询包含 href 属性的 a 标签
其他自由组合	例如，a[href]. st1，用以查询包含 href 属性且 class 为 st1 的 a 标签
ancestor child:	例如，table tr，用以查寻在"table"元素下的所有 tr 元素标签

续表

选择器	说明
parent > child	例如，div.page> p，用以查寻 class 属性值为 page 的 div 标签下的直接 p 标签
eA+eB	例如，div#head + div，用以查寻在 id 为 head 的 div 元素前的第一个同级元素 div
eA~eX	例如，h1~p，用以查找 h1 元素之前的同级元素 p
sl，s2，s3	通过多个选择器组合，查找唯一匹配该选择器的元素，如 div.cet，div.page，匹配 class 属性为 cet 或 page 的 div 标签
:lt(n)	例如，td:lt(3)，表示查询其同级索引值（其位置在 DOM 树中是相对于它的父节点）其小于三列的 td 元素标签
:gt(n)	例如，table tr:gt(2)，用以表示查询包含 2 个以上的 tr 元素的 table 元素
:eq(n)	例如，div input:eq(1)，用以查询包含一个 input 标签的 div 元素
:has(seletor)	例如，div:has(p)，用以查询包含了 p 元素的 div 元素
:not(selector)	例如，div:not(.logo)，用以查询 class 属性值不等于 logo 的所有 div 列表
:contains(text)	例如，p:contains(sun)，用以查询所有包含“sun”文本的元素（搜索过程中不区分大小写）
:containsOwn(text)	查找直接包含给定文本的标签元素
:matches(regex)	例如，div:matches((?i)login)，用以查寻文本与指定的正则表达式相匹配的 div 标签元素
:matchesOwn(regex)	查找自身包含文本与指定正则表达式匹配的元素

6.2　基于爬虫的网站信息采集技术整合设计

6.2.1　网站信息采集技术整合设计概述

针对网站信息采集的技术核心是网络爬虫，但是仅仅依靠爬虫尚不能很好地完成采集任务，需要与其他相关技术相结合。本小节提出将这些技术进行整合形成三大模块——网页采集模块、网页信息抽取模块、信息检索模块。

图 6.5 所示为网站信息采集技术整合的总体设计图，其技术整合设计的主要思路如下。

（1）网页采集模块主要负责完成对指定站点进行网页的抓取，一方面将所采集的网页保存至本地文件系统；另一方面负责保存已经抓取的页面 URL，便于进行爬虫抓取历史的追踪。

（2）网页信息抽取模块主要负责从本地所存储的网页中按照自定义的抽取规则抽取所需信息，并将抽取得到的信息按照特定的格式保存到数据库中。

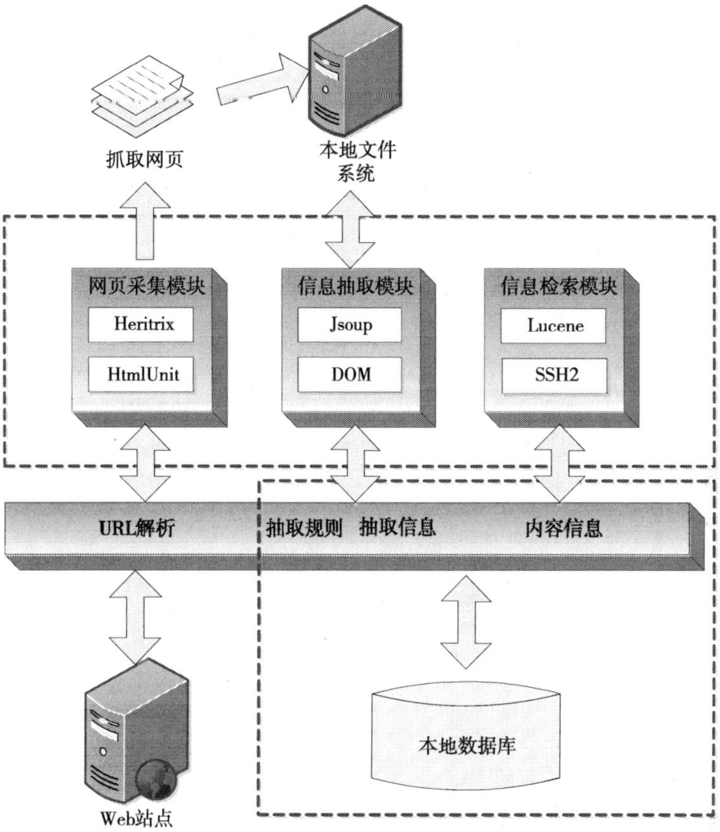

图 6.5　网站信息采集技术整合设计

（3）信息检索模块主要负责信息呈现。在信息抽取过程结束之后，首先利用全文索引工具（Lucene）完成对数据库中信息的全文索引建；其次，配合 SSH2 三层整合框架，以 Web 的形式展示从目标网站所采集的信息。

6.2.2　针对 Heritrix 爬虫的扩展设计

利用 Heritrix 进行网页抓取时，Heritrix 会根据初始设定的种子 URL 开始爬取网页，并从获取的网页中提取新的 URL 链接，如此不断循环进行下去，将所有访问过的页面、图片、文本、音频、视频等资源下载到本地的文件系统中。本书只主要关注对百度百家这一自媒体站点的文章信息的获取，其他站点内容可以忽略，因此需要设定 Heritrix 爬虫的爬行规则，限制 Heritrix 爬虫的爬行范围，过滤不感兴趣的页面的 URL，只下载指定的页面。

Heritrix 中 FrontierScheduler 和 Extractor 这两个类决定爬虫的爬行走向，因此必须对这两个类进行扩展以达到本书所提出的信息采集目的。如图 6.6 所示，首先扩展 FrontierScheduler 类，限定爬虫的爬行范围，使之只在百度百家这个站点内进行爬取活动。其次扩展 Extractor 类，在该类中提取页面中的 URL，并判断这些 URL 是否符合条件，若符合条件则将其加入待爬取队列中，同时将其存储到数据库中作为爬虫的爬行日志记录，其对应的页面保存至本地的文件系统中。通过这两个类的扩展，可以保证爬虫不会在网络中漫无目的地游走，且无关的图片、文档等其他资源文件不会被下载。

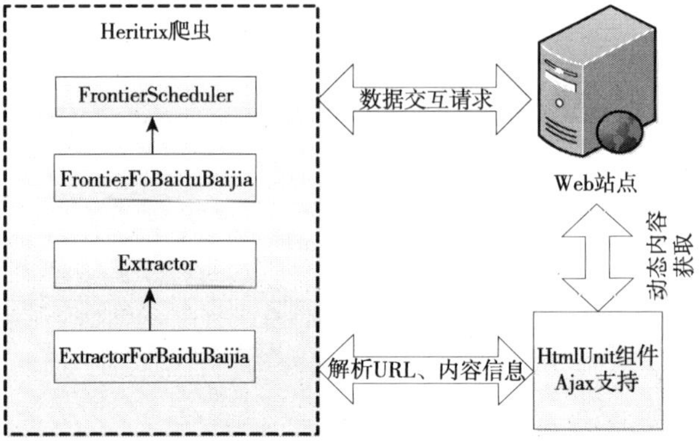

图 6.6　Heritrix 爬虫扩展设计

1. Ajax 爬虫的技术难点

目前，大多数网络爬虫在进行采集任务时，通常只支持静态页面，而对那些需要通过 Ajax 动态加载的页面依旧无能为力。这主要包括以下几类原因。

1）JavaScript 的解析

第 2 章已经详细介绍了 Ajax 技术，它基于 Javascript 和 XML 技术实现了前端与后端的数据交换。但是多数搜索引擎（Google 等）的网络爬虫尚不支持 JavaScript，因此也就无法通过搜索引擎检索到 Ajax 动态生成的内容。例如，本书所要采集的百度百家这一自媒体网站，其中某个作者的文章列表需要通过 Ajax 技术动态加载才能得到，普通的网络爬虫只能识别非 JS 代码区块，不支持对 JS 代码的解析，因此无法通过执行脚本获取链接信息，也就导致网络爬虫无法识别并抓取这些内容，从而造成信息采集的内容缺失。

2）DOM 操作

应用 Ajax 技术的动态页面根据服务器所返回的信息，利用 Javascript 技术动态修改网页的 DOM 结构，实现网页内容的动态变化。传统的网络爬虫对这些内容的变化是一无所知的。因此为使爬虫有效地支持 Ajax 技术，不仅要支持解析 JavaScript 代码，还需要使其支持对 DOM 的操作。

3）识别页面状态

在传统的 Web 应用程序中，客户端首先向服务器发送 URL 请求；其次服务器响应请求后，向客户端发送其请求内容；最后由客户端浏览器呈现其内容。因此，在传统网页技术中的 URL 对应的均为特定页面。但是在应用 Ajax 技术后，情况发生了变化，即一个 URL 所对应的页面内容是不确定的。例如，百度百家这个自媒体站点的导航页面应用 Ajax 之后，其不同版块的导航所对应的 URL 是不变的，也就不能依靠 URL 是否变化来判断页面状态是否发生变化。

另外，应用 Ajax 技术的站点是，其页面上所包含的链接大部分都被隐藏在了 Ajax 动态内容中，只有少量 URL 链接以传统的<a>标签来标记。为获取这些隐藏链接，必须结合 DOM 技术标识页面状态，模拟用户操作以触发相应事件获取动态生成内容。

4）事件触发

分页是目前各大网站上最为常见的功能之一，当需要显示的内容不方便一次性呈现的时候，就会用到分页这一功能。原先静态网页的翻页链接利用传统的网络爬虫依旧能够捕捉，但是利用 JavaScript 技术实现的页面动态跳转甚至完全取代了超链接，传统的网络爬虫也就无能无力了。在实现对 JavaScript 代码的解析以及对 DOM 对象操作的基础上，需要模拟用户触发的事件并完成页面跳转及内容加载，才能使爬虫有效地获取这些被隐藏的内容。

5）站点登陆

某些站点出于多方面的原因（用户隐私、利益相关等），普通的访问只能获取部分信息，甚至需要注册登录后才能访问到具体网页内容（如社交网站等）。传统的网络爬虫对这一点依旧无能为力。所以，需要为爬虫指定登录账号及密码，当爬虫开始抓取任务时，利用账号信息自动完成网站登录，才能访问获取到那些被权限机制所保护的内容。这里就要求爬虫能够模拟用户登录功能，即间接要求爬虫具备 JS 解析执行功能。

2. 基于 HtmlUnit 的爬虫扩展设计

HtmlUnit 技术就像一个无界面的浏览器，可以完全模拟普通浏览器实现调用页面、填写表单、点击链接等功能。图 6.7 展示了利用 HtmlUnit 组件实现对网站 Ajax 动态加载页面内容的获取过程。首先对 WebClient 对象完成初始化，这是用来访问网页的入口对象，即相当于启动了一个浏览器。其次完成一系列初始化设置，即选定 JS 解析核心、禁用 CSS 样式、设置 Ajax 控制器（关键）、设置超时时间（考虑网络条件酌情设置）、确定目标 URL。到此为止，如同在浏览器输入了网址一样，只需等待获取服务器端的返回内容页面即可。

在获取服务端的返回页面之后，此时，由于页面应用了 Ajax 技术，部分内容需要用户执行特定操作才能获取（如点击操作等）。这里需要明确两个问题：首先是明确触发操作的对象，即利用 DOM 技术，实现对事件触发对象的定位；其次

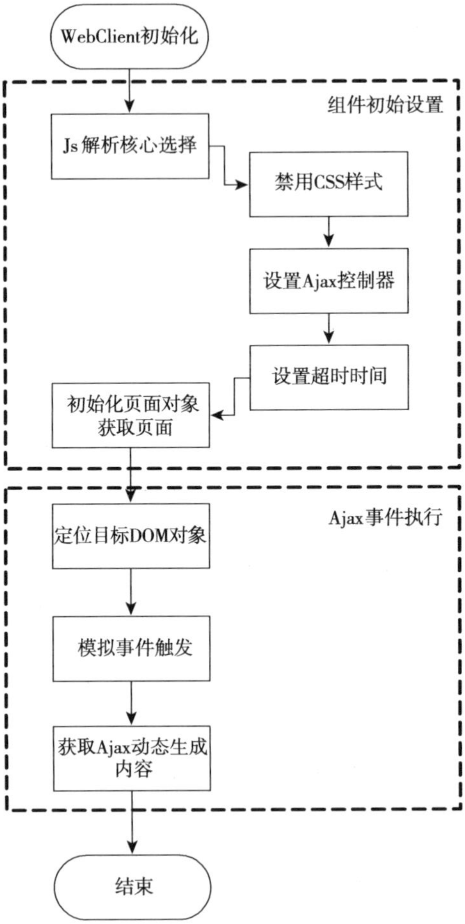

图 6.7　HtmlUnit 实现 Ajax 内容获取流程

是明确触发事件的类型（鼠标单击事件、鼠标悬停事件等）。将这两点相结合，HtmlUnit 即可实现对 Ajax 事件的执行，即模拟用户在浏览器端的操作，从而向服务器端获取 Ajax 生成的内容。最后利用 DOM 技术实现对目标内容节点的定位，进而实现对动态内容的获取。

如图 6.8 所示，本书所针对采集的百度百家网站可以直接获取某个作者的文章列表页面，其中的文章是不完整的，需要用户点击“加载更多”按钮来不断加载更多的文章信息，此时页面不会重新加载或者发生页面跳转。由此可见这是一次典型的基于 Ajax 技术的内容加载操作。通过查看页面源码，发现只有<a href="javascript:void(0)">加载更多</a>这一小段简单的 HTML 代码。传统网络爬虫在解析到该超链接标签之后，无法继续解析“javascript:void(0)”所对应的 JS 代码段，也就无法进一步提取有效链接，因此就会导致网页内容信息采集的缺失。

图 6.8　Ajax 内容加载示例

本书充分利用 HtmlUnit 组件可以充当“无界面浏览器”这一特点，按照前文介绍的处理流程，明确本次 Ajax 加载过程的触发对象以及触发事件。首先，在完成一系列组件初始化工作之后，进行相应事件模拟的操作；其次根据页面内容判断是否完成了对所有作者文章的链接信息的采集；最后将这些新获取到的文章 URL 信息传递给爬虫的待抓取队列，为后续网页抓取做准备。

6.2.3　基于 Jsoup 的可视化信息抽取设计

1. 抽取规则定义

抽取规则具体定义如表 6.2 所示。制定的抽取规则会保存在数据库中，当页面结构发生变化时，用户可以通过可视化界面完成对抽取规则的更新。

表 6.2　抽取规则定义

抽取规则	示例	说明
节点层次选择法	html>body>div	按照页面 DOM 结构层次，采用“>”符号间隔不同节点，表示 html 标签下的 body 标签下的所有 div 标签。适用于批量获得节点
节点 ID 选择法	div#first	采用“#”符号标识节点 ID 值，示例表示定位 id 为 first 的 div 标签。由于页面上的 id 通常是唯一的，故而采用这种方式最为简洁明了
节点样式名称选择法	div.classvalue	采用“.”符号标识节点 class 名称，示例表示定位所有 class 值为“classvalue”的 div 节点。运用该方式定位标签同样简洁明了
节点属性与值选择法	html>body>div[title=title1]	采用“[=]”符号组合分隔标签的属性以及属性值，示例表示定位 body 标签下所有属性 title 值为 title1 的 div 标签。适用于标签没有 id，可以依靠其特定属性来定位

图 6.9 中黑色矩形框选中区域为所需要抽取的信息，包括文章标题、文章作者、文章摘要、发布时间、文章配图、正文内容。这里以该示例页面为例详细说

明本章提出的抽取规则设计。图 6.10 给出了与示例网页相对应的简化了的 DOM 树结构图，受限于版面大小，这里给出的结构树图省略了其他众多与所要抽取信息不相关的节点和属性。通过简单分析即可发现，文章标题、发布时间等包含在单个标签中，而正文则由多个<p>标签标示的段落组成。因此对于标题等单个文本块，只需确定该标签准确的路径位置信息，对它进行抽取就能获得其所包含的内容信息。对于多个连续文本块组成的正文，通过确定这些连续标签所共有的父标签的位置信息，即可获取正文信息，如表 6.2 所示。

图 6.9　页面待抽取内容信息

标题“傅盛：从腾讯入股大众点评看行业剧变”的抽取规则可以表示为 div#page>h1。文章作者“傅盛”的抽取规则可以表示为 div[class=article-author-time]>a。发布时间“02 月 19 日 17:36”的抽取规则可以表示为 div[class=article-author-time]>span。文章摘要内容对应的抽取规则可以表示为 blockquote。正文内容对应的抽取规则可以

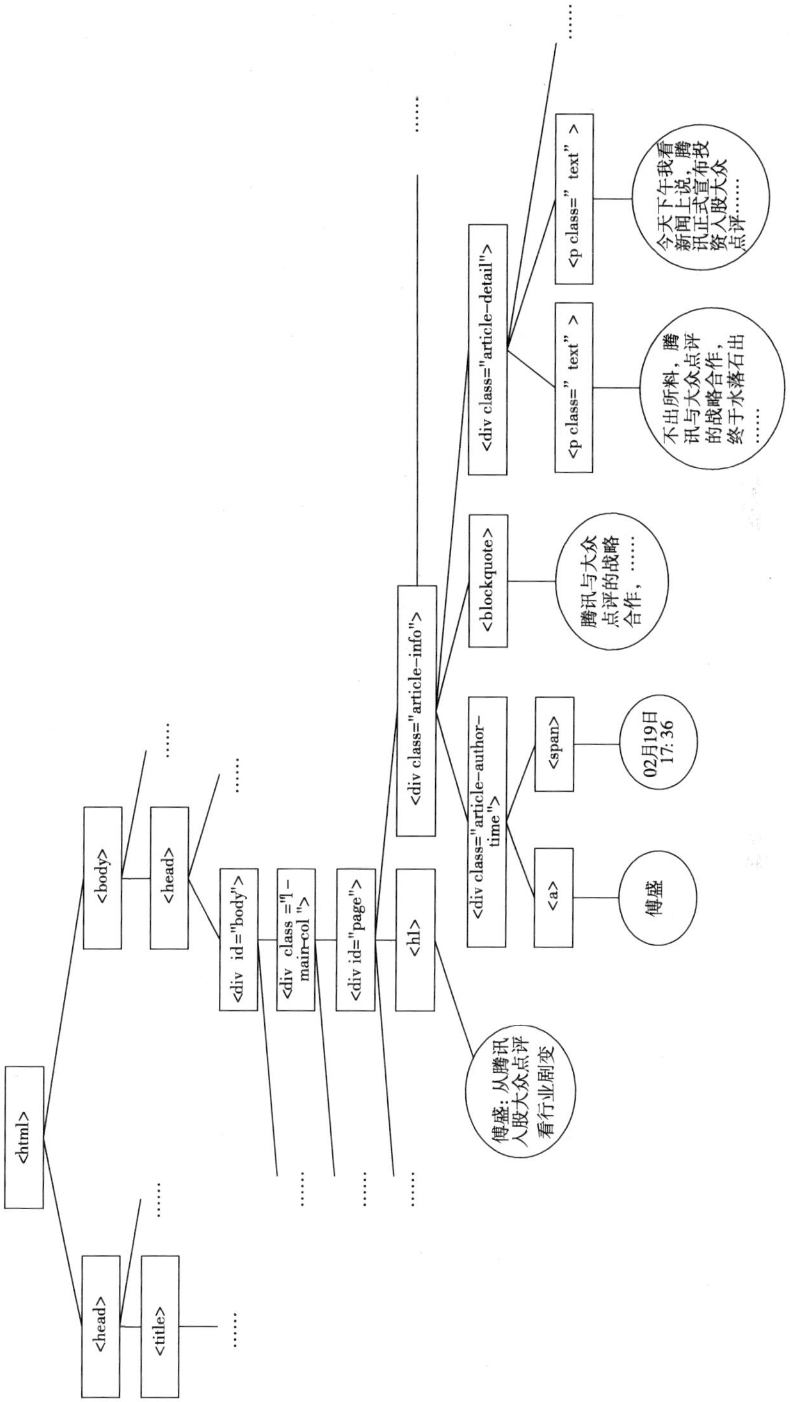

图6.10　页面DOM结构

表示为 div[class=article-detail]> p[class=text]。文章配图内容对应的抽取规则可以表示为 div[class= article-detail]>p[class=image]>img。

2. 抽取规则生成设计

根据上文中对网页信息抽取规则的详细介绍，本小节负责介绍网页信息抽取规则的生成流程。图 6.11 展示了提取网页信息抽取规则的完整流程。

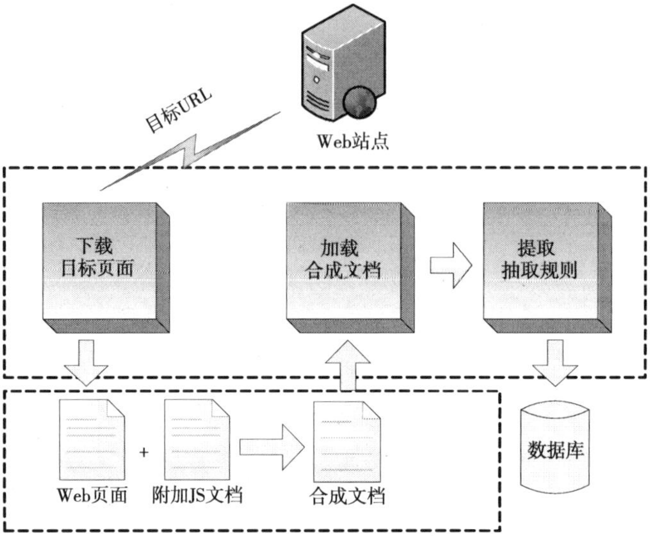

图 6.11　抽取规则生成流程

（1）选定所要抽取内容的页面 URL（该页面应是具有一定代表性的），程序根据该 URL 获取其对应的 Web 页面内容。

（2）将该页面内容附加上事先定义的 JS 脚本（该 JS 脚本用以支持用户可视化生成抽取规则），以 Web 的形式加载到前端界面。

（3）用户可以通过可视化界面制定内容抽取规则，并将制定的抽取规则保存至数据库中。

在设计实现自动生成指定区域内容的信息抽取规则的过程中，需要说明的一点是，这里认为若目标元素自身已经包含 ID 属性即可实现对该元素的定位，否则继续回溯其父节点以完成内容定位。这里给出了如下信息抽取规则生成的算法伪代码：

输入：当前节点

输出：信息抽取规则

targ：当前节点

rulestr：信息抽取规则

if(当前标签节点含有 ID 属性)

```
    return 标签名+ID 直接组合成信息抽取规则
if(当前标签节点含有样式)
    rulestr +=标签样式
targ= targ 的父节点
while(节点存在)
{
if(当前标签节点含有 ID 属性)
        return 标签名+ID 直接组合成信息抽取规则
if(当前标签节点含有样式)
        rulestr +=标签样式
}
/*至此完成指定区域内容的信息抽取规则的生成*/
```

3. 信息抽取执行设计

通过对上述抽取规则的定义，已经能够实现在绝大多数情况下对网页上各种内容的定位。图 6.12 展示了信息抽取执行的整体流程。按照先前给出的抽取规则的定义，用户通过上文中设计的可视化界面操作确定网页内容抽取规则。在明确所采集网页的存储路径之后，开始执行信息抽取工作，将所抽取的内容按照特定的格式保存至数据库中。

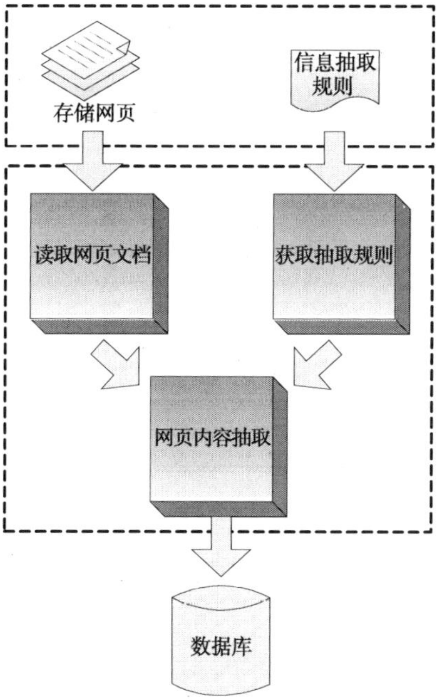

图 6.12　信息抽取流程

这里给出了如下信息抽取执行的算法伪代码：

```
输入：抽取规则对象、网页文件路径
输出：抽取数据集合
exRule：抽取规则对象
filePath：网页文件路径
contentBean：抽取数据信息对象
if(null!= exRule&&null!= filePath)
{
/*百度百家作者文章文件夹均在 article 文件夹中*/
根据 filePath 路径信息确定 article 文件夹
遍历 article 文件夹以获取每个作者的文章页面
/*针对每个页面执行抽取规则*/
for(File article:filelist)
{
执行标题抽取规则获取文章标题；
执行作者抽取规则获取作者信息；
执行日期抽取规则获取日期信息；
执行摘要抽取规则获取摘要信息；
执行正文抽取规则获取正文信息；
执行图片抽取规则获取图片信息；
针对 contentBean 对象赋值，并完成数据持久化。
}
/*至此完成对所有页面的信息抽取工作*/
}
```

6.2.4 基于 Lucene 和 SSH2 的信息检索设计

1. 基于 Lucene 与 SSH2 的信息检索总体设计

如图 6.13 所示，通过信息采集和抽取模块的协作已经将网页中的非结构化信息转化成结构化信息保存在数据库中，基于数据库，通过搭建 SSH2 三层 J2EE（Java2 platform enterprise edition，即 Java2 平台企业版）框架，向用户提供信息检索查询的可视化界面。

2. SSH2 体系整合策略

框架（Framework）是指一组协同工作的组件类。因此，框架实质上是指某种应用的半成品，它可以为开发人员提供一些服务或接口工具，可使开发人员根

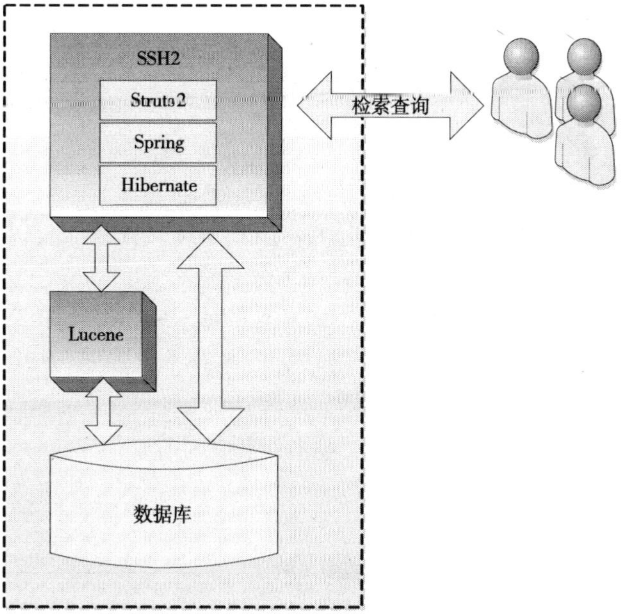

图 6.13　基于 Lucene 和 SSH2 的信息检索设计

据自己既定的目标借助这些提供的服务或接口工具去实现特定的系统功能。因此可以说框架就是一个为开发人员配备了全套工具的“工作室”，而这些工具封装了原本烦琐的底层操作，无须开发人员再重复编写代码，所以开发人员只需要专注于核心业务逻辑的代码编写即可。

目前，已经出现了许多优秀的，技术发展十分纯熟的框架。早前曾一度流行过“Struts1+Spring+Hibernate”这三种框架的组合模式。但是 Struts1 框架本身在设计上存在一定的局限性，而 Struts2 凭借其融合了 Struts1 与 WebWork 两者的优点并与之兼容的出色设计，逐步取代了 Struts1 的地位。鉴于 Struts2 框架所具备的种种优点，因此本小节采用 Struts2 框架取代 Struts1 作为表示层的实现，而对于 Spring 和 Hibernate 这两个框架的选择保持不变。最终这个三层架构设计所采用的整体策略如下：以 Spring 作为架构的中间层，利用其控制反转（inversion of control，IoC）容器负责管理系统架构中不同组件之间的相互依赖关系，将各个组件解耦，并采用 Spring 负责实现业务逻辑控制及事务管理。利用 Spring 负责粘合 Struts2 与 Hibernate 这两个框架，最终完成 SSH2 三层架构体系的整合。

本书实现的网站信息采集技术整合方案涉及 Struts2、Spring、Hibernate 这三个开源框架，在本书第 6 章和第 9 章中分别对这三个框架做出了详细的介绍。接下来将详细介绍这三种框架在 SSH2 体系中分别起到的作用。

3. SSH2 体系整合设计

1）整合 Struts2 框架

前文中已经详细说明了 Struts2 框架相对于 Struts1 框架在各个方面的优势，因此在这三个框架进行整合的过程中，选择 Struts2 框架负责表示层及控制层的功能实现。Struts2 实现的作用体现在以松耦的形式实现页面导航功能，成功地将 View 与 Model 层进行分离。通过若干配置文件，控制用户请求与业务逻辑组件的交互，协调系统各部分之间的联系，理清系统结构脉络，便于开展后期的维护。

在确定了选用 Struts2 框架之后，进一步要解决的问题是明确 Struts2 在表示层所发挥的具体作用，总的来讲可以概括为以下几个方面。

（1）实现及时响应用户的请求并处理的功能。

（2）实现生成一个控制器并控制业务逻辑的功能。

（3）实现捕获各层产生的异常并进行处理的功能。

（4）实现为显示提供模型数据的功能。

（5）实现对页面表单数据的校验功能。

利用 Struts2 将上述功能在表示层及控制层内实现，从而将这些功能与其他层实现分离，为后期的维护工作降低大量的负担，提高开发人员的开发维护效率。

2）整合 Spring 框架

在早期的软件项目开发中，开发人员对业务逻辑的处理实现一般是将其分布融合在表示层与持久层之中，而不是提取出业务层单独处理业务逻辑，从而导致了应用程序各层之间紧密耦合，程序开发完毕之后的重用性很低，且维护成本很高。选择 Spring 框架正是将业务单独抽取出来，实现对业务逻辑的单独管理。Spring 框架负责控制业务逻辑，属于整合型框架，处在表示层与持久层之前，能够有效地将这两层黏合起来，整合以后 Spring 将担任整个系统应用的工厂，完成业务逻辑控制相关功能的解耦。而且 Spring 框架通过依赖注入、面向切面编程（aspect oriented programming，AOP）、面向接口编程这三种方式极大地降低了不同组件之间的耦合度。另外，本小节选用 Spring 框架的出发点也是考虑到了其完美运用延时注入思想组装代码的这一特点，以获得系统高扩展性、灵活性，实现插件式编程。并且，应用 AOP 思想可以减少重复代码的编写量，提升代码的复用性，构建一套简洁而又功能强大的解决方案。

在确定了选择使用 Spring 框架的基础上，进一步要解决的问题是明确 Spring 在业务层所起的具体作用，总的来讲可以概括为以下几个方面。

（1）实现对业务逻辑的处理以及进行业务判断的功能。

（2）实现事务管理功能。

（3）提供接口实现与其他层通信交互的功能。

（4）实现对业务层对象之间依赖的管理功能。

（5）实现表示层与持久层之间隔离的功能。

（6）实现对业务逻辑管理的功能。

Spring 框架处理的业务层介于表示层和持久层，其功能相对比较特殊。业务层需要实现对业务逻辑的处理，同时业务层还需要调用持久层的相关方法来实现对数据的持久化和查询工作，也需要向表示层提供相关业务方法，便于调用。

3）整合 Hibernate 框架

开发人员往往会低估构建自身的系统持久层框架所需面对的挑战，因为系统持久层一般需要投入大量的时间和精力来调试通过，期间可能出现各种原因（如功能缺失）导致该持久层模块变得难以控制，这是在构建持久层时最常见的问题。

Hibernate 框架使用对象关系映射技术完成模型和关系数据库表之间的映射，通过持久化类和表的映射关系建立了数据持久化层，很好地解决了这类问题。另外，Hibernate 基于 Java 提供了一套持久化机制和查询服务，非常适于 Java 开发人员快速熟练掌握。且 Hibernate 封装了大量针对不同类型数据库的结构化查询语言（structured query language，SQL）操作，使用者可以很方便地直接调用，在相当程度上避免了 SQL 语句的编写工作。另外，Hibernate 框架的运用与集成开发环境（integrated development environment，IDE）无关，因此开发人员可以放心进行项目调整迁移。

在确定了选择 Hibernate 框架的基础上，进一步要解决的问题是明确 Hibernate 在持久层所起的具体作用，总的来讲可以概括为以下几个方面。

（1）通过 Hibernate 的面向对象查询语言（hibernate query language，HQL）或使用正则表达式来实现查询相关信息并保存在 Java 对象中。

（2）实现对数据库中的记录信息的存储、更新及删除功能。

（3）实现对众多主流数据库的支持。

（4）实现对父表/子表关系、事务处理、继承和多态等功能的支持。

图 6.14 所示的是 Struts2、Spring 及 Hibernate 框架进行整合的总体设计。直观地可以看出，Spring 是起到黏合作用的框架，分别向控制层与持久层提供接口，并且全权管理不同组件之间的依赖关系，有机地将 Struts2 与 Hibernate 框架结合在一起。Struts2 负责在表示层与控制层与用户直接进行交互，接收用户提交的请求，系统处理完毕之后，再通过可视化的界面向用户展示相关反馈信息。Hibernate 进行数据持久化的工作，与最底层的业务数据库直接地进行数据交互，其所在的持久层从其他层获取数据操作的指令之后，按照指令完成对数据的各种操作，如查询、存储、更新、删除等。

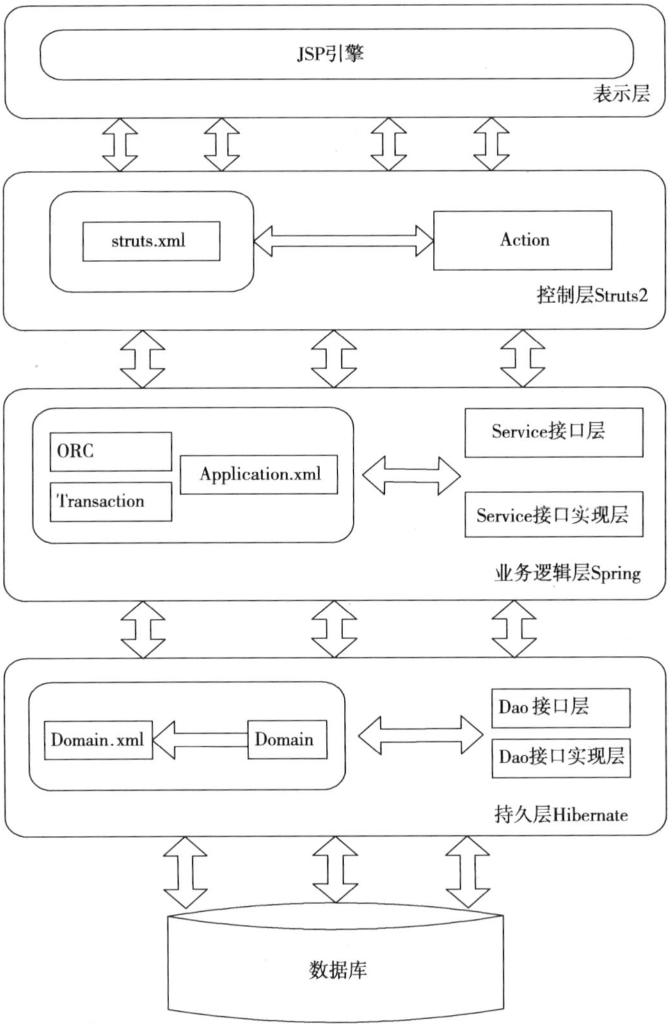

图 6.14　SSH2 框架整合体系结构

4. SSH2 体系整合特点

通过 Struts2、Spring 及 Hibernate 框架整合得到的 SSH2 框架体系综合了三种框架所具备的优势。

1）降低开发成本

SSH2 架构是基于 Struts 2、Spring 和 Hibernate 三个开源 J2EE 框架整合设计得到的。一方面，由于框架技术本身开源的特性，所以开发人员可以免费获得并使用，即经济成本低；另一方面，这些框架是经过精心设计的，开发人员可以快速掌握并运用这些框架技术，使得系统层次更为清晰，即降低了技术成本。

2）可扩展性高

运用传统的JSP、ASP和PHP 等脚本站点技术，在具体功能的实现上，通常会将各项业务功能的业务逻辑与表现逻辑全都混合在一张页面(ASP或PHP)里，进而使页面内容冗长复杂、可读性差、可维护性低。采用SSH2三层架构体系实现了系统分层，如业务逻辑与表现逻辑的分离，开发人员可以有针对性地对业务逻辑或者表现逻辑进行单独的维护。因而体现了该框架体系良好的可维护性及可扩展性。

3）可重用性好

进行软件设计时，为了避免重复开发以降低成本，重用性一直为开发人员所关注。要实现这一点非常不易，但是SSH2体系本身所基于的三种框架（Struts2、Spring、Hibernate)均是十分重视重用性设计的，具有即插即用的特性。因此SSH2体系借由不同框架，在系统不同层级（表现层、业务层、控制层等）上均能够体现出一定的代码重用性。

4）缩短项目的开发周期

一方面，框架技术本身具备良好的设计，使开发人员能够对其快速学习、上手掌握。另一方面，鉴于上述提及的框架所具备的重用性，避免了开发人员重复开发，无形中减少了许多额外的工作量，提高了系统的开发效率。因此可以说运用SSH2框架体系能够在一定程度上缩短软件项目的开发周期。

5. 采集信息数据库设计

1）MySQL数据库

在本书所提出并设计实现的技术整合方案中以MySQL作为数据库服务器。作为一款开源的小型关系型数据库管理系统，MySQL最早是由MySQL AB公司（2008年被Oracle公司收购）研发出来，由于其开源免费的特性，加上各方面一直趋向于完善，MySQL已经是当前最流行的RDBMS（关系型数据库管理系统）之一。在Web应用方面，MySQL同样也已经跻身最好的RDBMS应用软件之一。MySQL是一种关系数据库管理系统，不同的关系数据库按照表（细分为记录，记录又细分为字段）的方式管理数据，因而在数据的管理上具有较快的速度以及足够的灵活性。MySQL同样采用SQL语言作为其访问操作数据库的标准化语言。

虽然相比较于其他大型商业数据库系统，如Oracle、DB2、SQL Server等，MySQL仍然存在很多缺点与不足，如规模小、功能有限等，但是作为一款开源免费的数据库软件，凭借开源免费这一突出特性使其同样得到了广泛应用。对于普通的个人使用者（如本书将之用于开发测试）甚至中小型企业单位来讲，MySQL所提供的功能已经足够其使用，基本能满足其应用系统对关系数据库的大部分需求。另外MySQL是开源免费的，极大地降低了经济成本。MySQL数据库具备高性价比、灵活、免费、应用广泛等特点，具体如下。

（1）MySQL 数据库其本身的实现是基于面向过程的编程语言（C/C++语言）编写的，并通过了多种编译器相结合的测试，确保其源代码能够有效地移植。

（2）MySQL 数据库支持包括 Windows、AIX 及 Linux 在内的多种主流操作系统。

（3）MySQL 能够为面向对象语言（C++/Java）、面向过程语言（C/ Python）以及脚本语言（PHP）提供 API，支持多线程，充分利用 CPU 资源。

（4）MySQL 具备优化的 SQL 查询算法，提高了查询效率，可以有效应对处理上千万的记录规模，且支持多种存储引擎。

2）数据库表设计

在该网站信息采集技术整合方案设计过程中，实现存储网页内容的数据库为关系型数据库，主要用于负责存储网页信息抽取规则以及网页内容抽取所得的信息。主要相关的数据库表其具体设计如下。

针对信息抽取规则的存储，本书设计了一张信息抽取规则表，如表 6.3 所示，用以存储信息、抽取规则信息（针对文章标题、摘要、作者、正文、配图等信息的抽取规则）。用户利用可视化抽取规则生成模块完成抽取规则提取之后，需要将生成的文章信息抽取规则保存在该数据库表内。

表 6.3　信息抽取规则表

字段名称	字段类型	字段长度	是否可为空	说明
ID	NUMBER	10	否	记录 ID
RULE_NAME	VARCHAR	200	是	信息抽取规则名称
RULE_TITLE	VARCHAR	200	是	抽取规则-文章标题
RULE_ABSTRA	VARCHAR	200	是	抽取规则-文章摘要
RULE_IMG	VARCHAR	200	是	抽取规则-文章图片
RULE_AUTHOR	VARCHAR	200	是	抽取规则-文章作者
RULE_PUBTIME	VARCHAR	200	是	抽取规则-发布时间
RULE_CONTENT	VARCHAR	200	是	抽取规则-文章正文
CREATE_USER_ID	NUMBER	10	否	创建人 ID
CREATE_TIME	DATETIME	8	否	创建时间
LAST_UPDATE_TIME	DATETIME	8	否	上次更新时间
LASR_UPDATE_USER_ID	NUMBER	10	否	上次更新用户 ID

针对抽取得到的内容信息，本书设计了一张抽取信息记录数据表负责保存（包括文章标题、摘要、作者、正文等信息），如表 6.4 所示。用户在对所采集到的文章执行检索查询功能的时候，需要访问该数据库表的内容。

表 6.4　抽取信息记录数据表

字段名称	字段类型	字段长度	是否可为空	说明
ID	NUMBER	10	否	记录 ID
TITLE	VARCHAR	200	是	文章标题
AUTHOR	VARCHAR	60	是	文章作者
IMG_PATH	VARCHAR	200	是	文章配图
PUBLISH_TIME	VARCHAR	60	是	文章发布时间
ABSTRACT	VARCHAR	2 000	是	文章摘要
CONTENT	VARCHAR	20 000	是	文章正文
CREATE_TIME	DATETIME	8	是	创建时间
SOURCE_URL	VARCHAR	200	是	原文 URL 链接

6.3　基于爬虫的网站信息采集技术整合实现

6.3.1　网站信息采集技术整合应用开发环境

本小节提出的采集技术整合应用的实现与测试需要软硬件相配合，具体内容如表 6.5 所示。(孙骏雄，2014)

表 6.5　软硬件开发环境

硬件环境		软件环境	
CPU	Intel(R) Core(TM)2 Duo P7350 2.00GHz	操作系统	Windows 7
内存	2G	应用服务器	Tomcat 6.0
硬盘	西部数据 500G	数据库服务器	MySq l5.5
网卡	10/100Mbps 以太网卡	开发工具	Eclipse 3.6

本书的应用实现以 Eclipse 作为开发工具，以 Java 作为开发语言。Eclipse 是著名的跨平台的自由 IDE。Eclipse 最初主要用来进行 Java 语言开发，但 Eclipse 本身具备良好的扩展性，就像一个插排一样，可以添加不同的插件，因此可通过添加插件进行其他计算机语言（如 C++、Python）的开发。Eclipse 本身是一个框架平台，相较于其他功能相对固定的 IDE，有众多插件支持的 Eclipse 拥有很大的灵活性。鉴于 Eclipse 易用、开源、免费、跨平台并且支持多种语言开发等优点，

很多软件开发商将 Eclipse 作为开发工具。

6.3.2　针对 Heritrix 爬虫扩展实现

1. 基于 HtmlUnit 的爬虫扩展实现

在扩展 Heritrix 网络爬虫时，主要继承并实现的是 Heritrix 的抓取规则类，其主要功能是页面 URL 分析与网页内容的过滤规则，如表 6.6 所示。

表 6.6　Heritrix 扩展类

Heritrix 基类	Extractor	FrontierScheduler
爬虫扩展类	ExtractorForBaiduBaijia	FrontierForBaiduBaijia
扩展类功能	从页面中提取 URL	过滤 URL 链接

在执行抓取前，需在 Heritrix 项目的 Processor.options 文件中加入扩展的类 my.extractor.ExtractorForBaiduBaijia|ExtractorForBaiduBaijia、my.processor.FrontierForBaiduBaijia|FrontierForBaiduBaijia，直接运行 Heritrix 主类，同时会启动自带的应用服务器，在页面控制台选择抓取的规则并运行任务，就可以自动地将网页的数据保存到本地目录中，默认是放在 jobs 目录下，存放的路径对应于 URL 地址的镜像。

对 FrontierScheduler 类的扩展主要是通过实现自己设定的 URL 过滤条件，限制爬虫的抓取范围。这里设置 URL 字符串中必须包含“baijia.baidu.com”这样的子串，以控制 Heritrix 爬虫只在百度百家站点内进行网页抓取。关键代码如下：

```
/*扩展 schedule 方法用于限制爬虫的爬行范围*/
protectedvoid schedule(CandidateURI caUri){
        String url=caUri.toString();
        try{
        /*设置过滤条件，过滤url*/
            if(url.indexOf("baijia.baidu.com")!=-1
                    ||url.indexOf("robots.txt")!=-1
                    ||url.indexOf("dns：")!=-1    ){
                getController().getFrontier().schedule(caUri);
            }
            else
                return;
        }
        catch(Exception e) {
```

```
            e.printStackTrace();
        }
    }
```

对 Extractor 类的扩展主要是通过实现用户制定的页面 URL 提取规则，限制爬虫所提取的 URL 链接，使爬虫的爬行方向更有针对性，提升页面抓取采集的效率。由于目标页面部分内容需要通过触发 Ajax 事件动态生成，完整地获取信息，这里使用了 HtmlUnit 这一款开源的 Java 页面分析工具组件，使之模拟浏览器行为以触发 Ajax 事件，获取目标页面所包含的所有 URL 链接。关键代码如下：

```
/*扩展 extra 方法，用于提取指定位置的 URL*/
protectedvoid extract(CrawlURI curi) {
    String URL=curi.toString();
    if(-1==URL.indexOf(".baijia.baidu.com"))
            return;
    try
    {
    /*采用htmlunit实现模拟浏览器读取效果，以支持ajax事件*/
    WebClient wc=newWebClient();
        wc.getOptions().setCssEnabled(false);
        wc.getOptions().setJavaScriptEnabled(true);
    wc.setAjaxController(new NicelyResynchronizingAjaxController());
        wc.getOptions().setTimeout(3500);
        HtmlPage page=wc.getPage(URL);
        DomElement element= page.getElementById("feeds_more");
        /*触发ajax事件，直至加载所有信息*/
        while(element!=null&&
    !element.getAttribute("style").toString().equals("display：  none;"))
        {
            HtmlAnchor domNode=
            (HtmlAnchor)element.getChildren().iterator().next();
            domNode.click();
            element= page.getElementById("feeds_more");
        }
        /*获取包含链接的h3标签*/
    DomNodeList<DomElement> hlist=page.getElementsByTagNamc("h3");
        for(int i=0;hlist!=null&&i<hlist.size()-1;i++)
```

```
        {
        HtmlAnchor hrenode=
        (HtmlAnchor)hlist.get(i).getChildren().iterator().next();
        /*完成对指定位置链接的提取，赋值给fullUrl*/
        fullUrl=hrenode.getAttribute("href");
    /*将获取URL链接加入待抽取队列中*/
    addLinkFromString(curi， fullUrl， ""， Link.NAVLINK_HOP);
        }
        wc.closeAllWindows();
    }catch(Exception e)
    {
            e.printStackTrace();
    }
}
```

Heritrix 爬虫的一大特点是其本身就支持增量采集的功能，因此在经过一段时间后，所需采集信息的目标站点新增内容的时候（如用户发表了新的文章），Heritrix 爬虫的增量采集功能使之可以只关注新增内容页面，而不去重复访问已经抓取过的内容页面，从而提升采集效率。

通过 Web 启动进入页面，选择 Jobs Base on a recovery，然后再选择你要二次抓取的 Job 中的 recover-log，再点击按钮 Submit Job，之后回到 Console 页面，点击 Start，再之后 Heritrix 就开始在原先的抓取基础上抓取了。进入这个新建的抓取 Job 下的 logs 目录，发现里面有个 recover.gz 大小与想要二次抓取 Job 中的 recover.gz 大小完全一致。进一步查看该 Job 下的 order.xml 中的<string name="recover-path"</string>这一标签内的值就是需要二次抓取 Job 下 recover.gz 的绝对目录。

2. Heritrix 扩展运行展示

1）网页采集

在对网页采集模块的测试中，设定 http://baijia.baidu.com/?tn=listauthor 作为网页抓取的种子入口（该页面汇总了所有文章的作者的链接），在页面抓取过程中，过滤那些不包含“.baijia.baidu.com”的链接，限制爬虫只在百度百家站点内进行爬行，而不会漫无目的地游走。图 6.15 所示页面展示了名字为 baidubaijia 的抓取过程。

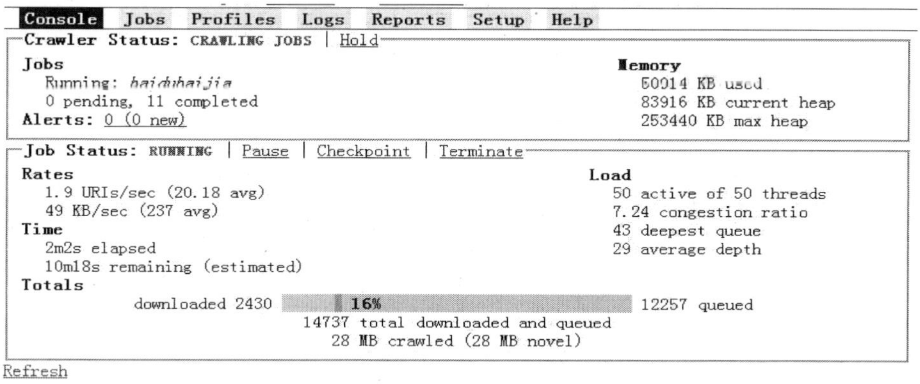

图 6.15　Heritrix 爬虫采集运行界面

如图 6.16 所示，爬虫将网页按照网站镜像结构存储在本地文件系统之中。

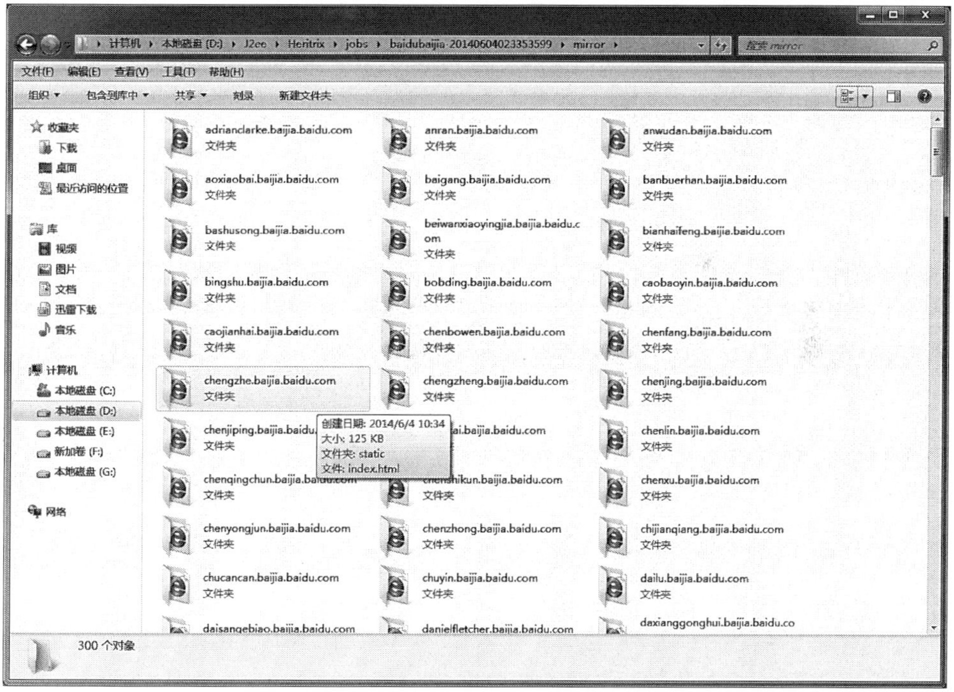

图 6.16　Heritrix 爬虫采集结果

图 6.17 展示了百度百家众多作者中的“敖小白”这一作者的所有文章内容网页。可以看出，每个作者的文章页面都被很好地保存在一起，这也有利于后续内容信息抽取工作的展开。

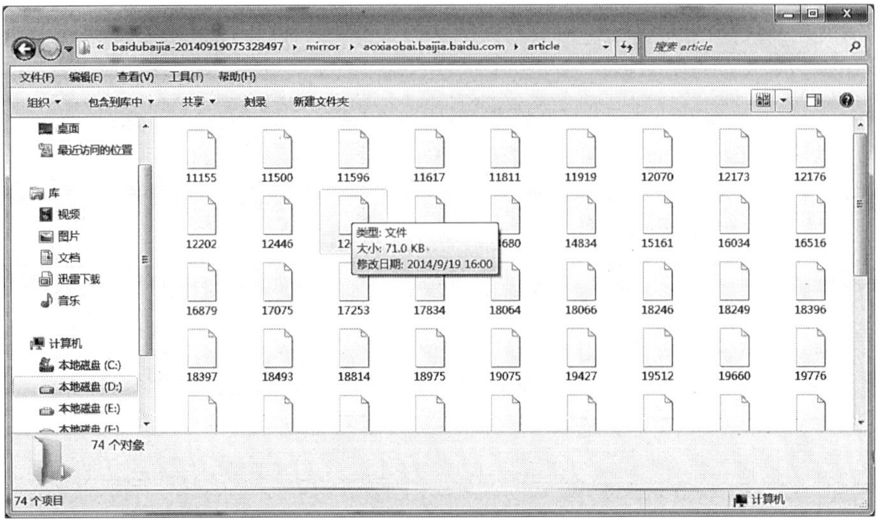

图 6.17　作者敖小白文章内容

2）Heritrix 爬虫爬行日志查询

Heritrix 爬虫每次在进行网页抓取的过程中会同时将抓取所得页面所对应的 URL 链接信息以日志的形式保存。用户可以通过前台 Web 页面，查看 Heritrix 爬虫的历史 URL 爬行记录（这里的 URL 包括那些没有被下载的页面），从而追踪 Heritrix 爬虫爬行的踪迹。如图 6.18 所示，Heritrix 爬虫爬行日志查询页面提供了丰富的日志相关操作，比如用户可以按照时间查询 URL 日志信息，也可以调整当前页面的 URL 日志的显示数量。这些都能用来方便查看网络爬虫抓取 URL 的信息。

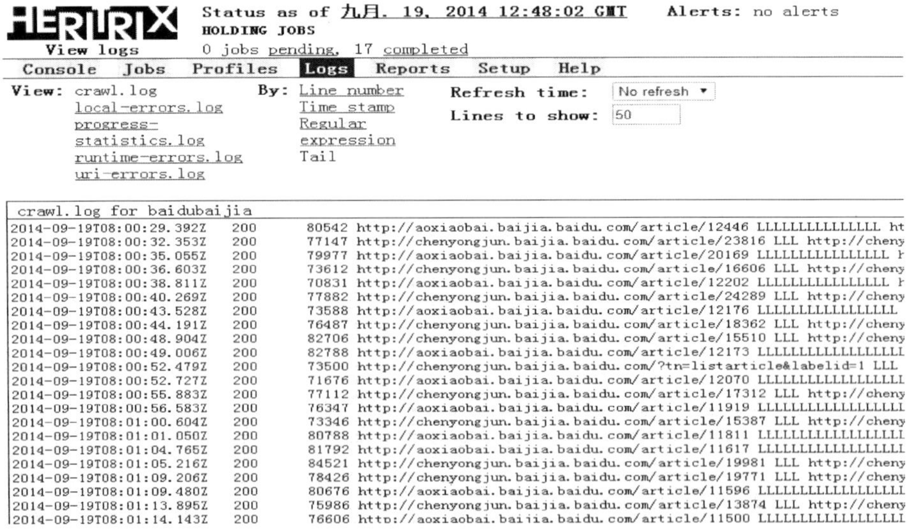

图 6.18　Heritrix 爬行日志

6.3.3 基于 Jsoup 的可视化信息抽取实现

1. 网站信息抽取规则生成

网页数据抽取的整体实现过程是，用户通过可视化界面加载所要抽取信息页面，这里根据用户提供页面的 URL，访问下载对应的网页，并附加上一段 JS 脚本，通过页面上的 iframe 标签加载出目标页面，由用户点击页面内容区块自动生成相应区块的信息抽取规则。

这里需要说明附加的 JS 脚本的作用是屏蔽原有页面的所有链接的跳转，并且是该页面支持自动生成相应内容区块信息抽取规则。JS 脚本的核心代码如下。

```
<script language="JavaScript" type="text/JavaScript">
    ......
document.onclick=function(){      //屏蔽页面超链接
    if(window.event.srcElement.tagName.toLowerCase()=="a"||
    window.event.srcElement.tagName.toLowerCase()=="img")
                return false;
}
    function LocateElement(e)    {//抽取规则生成
            ......
        if(targ.id){
            str=str+"#"+targ.id
            obj.value=str;
            return
        }
        if(targ.className){
            str=str+"[class="+targ.className+"]"
            obj.value=str;
        }
        targ=targ.parentNode;
        while(targ!=null&&targ.tagName!=undefined&&targ!=end)
        {
            if(targ.id){
                str=targ.tagName+"#"+targ.id+'>'+str;
                obj.value=str;
                return
            }
            if(targ.className){
                str=targ.tagName+"[class="+targ.className+"]"+'>'+str;
                obj.value=str;
            }
            targ=targ.parentNode;
        }
        obj.value='HTML>BODY>'+str;
```

```
                ......
        }
    </script>
```

2. 网站信息抽取执行

信息抽取规则执行模块在执行信息抽取任务时，先从数据库中获取先前保存的抽取规则，通过对抽取规则的解析，结合 Jsoup 解析工具将所需的特定位置的数据信息抽取出来，并且边抽取数据边将其保存至数据库中。根据先前设计的信息抽取执行算法，采用 Java 语言实现，其部分关键信息抽取代码如下所示。

```java
publicDataBean execute(String path, ExRule rule) throws IOException {
for (File f : fs) {
                if (f.isDirectory() && f.getName().equals("article")) {
                    File[] filelist = f.listFiles();
                    for (File article : filelist) {
                        Document doc = Jsoup.parse(article, "UTF-8");
                        db.title = doc.select(rule.title).text();
                        db.author = doc.select(rule.author).text();
                        db.time = doc.select(rule.time).text();
                        db.abstra = doc.select(rule.abstra).text();
                        db.content = doc.select(rule.contemt).text();
                        db.imgsrc = doc.select(rule.imgsrc).attr("src").toString();
                        //针对db对象的执行持久化操作

                    }
                }
                ......
    }
```

3. 网站信息抽取运行展示

1）抽取规则生成

如图 6.19 所示，用户只要输入所要采集的目标网站页面的网址，然后点击预览按钮，在当前页面上就会加载出目标页面的内容。用户可以直接通过鼠标点击页面不同的内容区域，抽取规则文本框就会自动生成对应该区域内容的抽取规则，点击抽取测试按钮可以预览抽取得到的内容，以便确认内容抽取规则准确无误，然后将其复制到指定的规则文本框之中。用户在确定页面的文章标题、文章作者、发布时间、文章摘要等信息的抽取规则之后，点击保存按钮即可将针对该类型页面的抽取规则保存到数据库中。

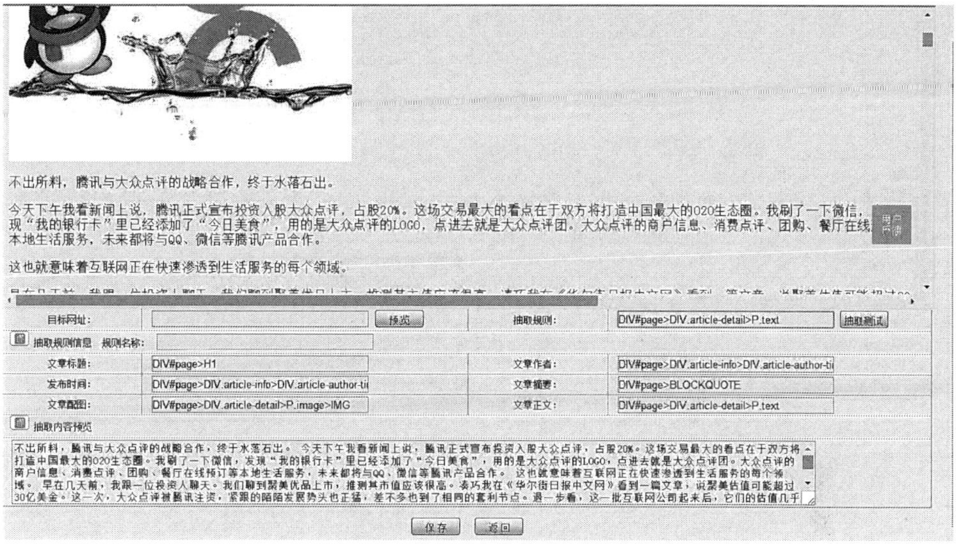

图 6.19 抽取规则提取页面

2）抽取任务执行

如图 6.20 所示，用户可以看到现有针对页面信息抽取的规则。用户选定待抽取信息的页面所在文件夹和信息抽取规则之后，点击执行抽取按钮即可进行批量信息抽取。在页面上采用 Ajax 技术显示当前已经完成和等待抽取的页面数量，用户可以及时了解信息抽取任务执行的进度。

图 6.20 信息抽取执行界面

6.3.4 基于 Lucene 与 SSH2 的信息检索实现

1. 数据库内容索引

在完成信息抽取入库的工作之后，需要利用 Lucene 完成对数据库中文章相关信息（题目、作者、正文、日期等）的全文索引，以便为用户提供可靠高效的全文检索服务。本书提出的应用实现所使用的数据库是 MySQL，针对该数据库内容利用 Lucene 建立全文索引，具体实现如图 6.21 所示。创建索引的执行流程如下：用户调用 CreateIndexAction 类作为创建全文索引的执行类，CreateIndexAction 类调用 Constant 类中的 analyzer 常量属性确定分词器类型，通过调用 ArticalServiceImpl 类提供的 getArticleInfoList 方法获取数据库中的文章内容信息，并将其映射成 ArticleSearchBean 类实例对象的集合，最终完成创建对数据库中文章相关属性的全文索引。

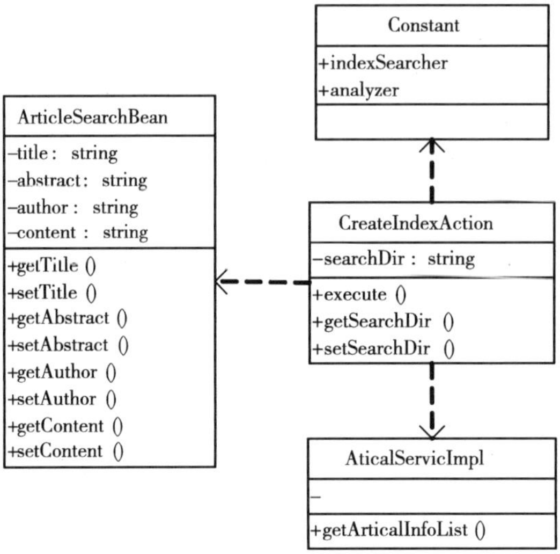

图 6.21　数据库内容索引类图

关键代码如下：

```
privatevoid createIndex(List rs) throws Exception {
        Directory directory = null; //索引目录
        IndexWriter indexWriter = null;
try {
indexFile = new File(searchDir);
if(!indexFile.exists()) {
indexFile.mkdir();
                }
directory = FSDirectory.open(indexFile);
analyzer =Constant.analyzer//设定分词器
                IndexWriterConfig iwc = new
        IndexWriterConfig(Version.LUCENE_48， analyzer);
iwc.setOpenMode(OpenMode.CREATE);
indexWriter = new IndexWriter(directory,iwc);
```

```
            Document doc = null;
while(rs.next()) { //遍历数据库中的记录，从而为之创建索引
doc = new Document();
            //文章标题
                doc.add(new TextField("title", rs.get("title ").toString(),
            Field.Store.YES));
            doc.add(new TextField("abstract",rs.
        get("abstract").toString(),Field.Store.
            YES));//文章摘要
                doc.add(new TextField("content",rs. get("content
            ").toString(), Field.Store.YES));//正文内容
                doc.add(new TextField("auhor",rs. get("auhor ").toString(),
            Field.Store.YES));//文章作者
indexWriter.addDocument(doc);
            }
indexWriter.close();
        } catch(Exception e) {
e.printStackTrace();
        }
    }
```

2. 信息检索查询

在完成信息的抽取入库和建立索引的基础上，基于 SSH2 三层架构可实现信息检索的功能。具体实现如图 6.22 所示。用户在页面上点击搜索按钮调用 SearchIndex Action 类执行搜索功能，SearchIndexAction 类会依赖 Constant 常量类提供的 index Searcher（搜索器设置）以及 ArticleSearchBean 类对象作为数据容器单元。

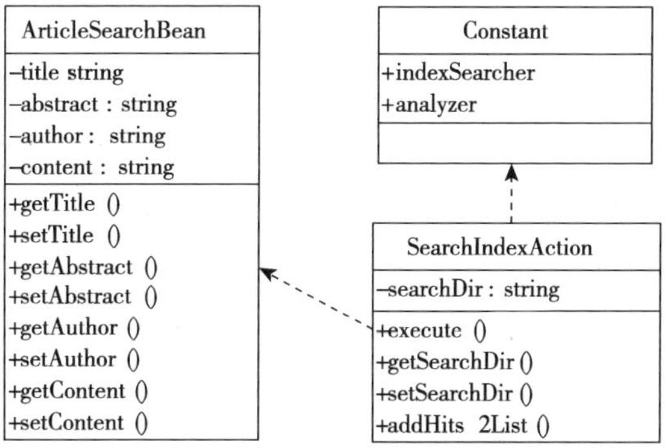

图 6.22　信息检索查询类图

检索功能关键代码如下：

```
publicList search(String queryStr, String field) throws Exception {
if(searcher == null) {
indexFile = new File(searchDir);
        IndexReader reader = DirectoryReader.open(FSDirectory.open(new
        File(searchDir)));
searcher = new IndexSearcher(reader);
        }
//选定分词器设置
        Analyzer analyzer = Constant. Analyzer
        //确定解析器设置
        QueryParser parser = new QueryParser(Version.LUCENE_48, field,
analyzer);
        Query query = parser.parse(queryStr);
//完成信息检索
        TopDocs topDocs = searcher.search(query,50);
//将信息检索结果转换为List结构，便于在页面显示。
        List results=addHits2List(scoreDocs);
    returnresults;
    }
```

3. 信息检索运行展示

文章信息检索界面参考中国知网文献搜索功能进行设计，其页面比较简洁，其中检索方式分为三类——按全文检索、按标题检索、按作者检索，用户可以事先选定。然后再在搜索框中输入检索查询的关键字，点击搜索按钮即可进行内容检索。搜索结果按照与关键字的相关程度从高到低排列并通过分页显示，每页默认设置最多显示十条文章记录。

如图 6.23 所示，用户选择按照全文检索方式搜索“互联网”这个关键词，页面将按照与“互联网”这个关键词的相关性从高到低地显示与之相关的文章记录。用户点击某条文章标题之后，即可跳转到查看该文章的详细内容页面，该页面用以显示完整的文章信息（包括标题、作者、发布时间、正文、摘要、原文页面 URL 链接）。例如，用户点击图中第一条记录内的文章标题“寡头时代的互联网金融，时日不远!”，页面就会跳转，用户可以浏览该文章的详细内容。

图 6.23　文章信息检索界面

第 7 章　非关系型数据库存储技术

随着互联网中大量非结构化、半结构化数据的涌现，在传统关系型数据库发展的基础上，出现了一大批非关系型数据库产品。非关系型数据库也称为 NoSQL 数据库，对 NoSQL 的解释，实际上并非是“No SQL”，而是“Not Only SQL”，由此可见，NoSQL 数据库是以关系型数据库为基础，随着当代数据处理的需求而产生并发展的（梁凤兰，2013）。

7.1　非关系型数据库系统发展的必然性

7.1.1　数据库技术发展历史

随着计算机与互联网技术的发展，运行在计算机系统中的应用程序产生了大量的数据，而数据库技术的突出技术之一就是能够对数据库中的数据进行有效的组织与存储，因此数据库技术自提出以来便成为现代计算机系统中信息管理的重要组成部分（孟霞，2005），并且也成为计算机数据处理与信息管理系统的核心（吴华武，2007）。特别是 1970 年 Codd 提出关系模型后，关系数据库的发展与应用更是将数据库技术发展推向了巅峰（严泽民，2006）。

回顾数据库发展历史，其发展阶段往往是伴随着数据模型的发展演变而逐步推进的，在其发展的几十年间，主要经历了三个显著的发展阶段——以网状和层次数据库为代表的第一代数据库系统、以关系数据库为代表的第二代数据库系统和以面向对象数据模型为主要特征的第三代数据库系统（陈少平，2009）。如今，随着大数据时代的到来，更产生了众多非关系型数据库系统，NoSQL 数据库系统的产生是信息时代发展的必然产物（胡超晔，2013），既推动了数据库技术向纵深发展，也推动了大数据技术的发展（罗可，2005）。

1）第一代数据库系统

本书在介绍数据模型的时候，提到了层次模型与网状模型，而第一代数据库系统就是基于这两种数据模型而建立的，而后又形成了层次数据库系统与网状数据库系统，这一时期可以追溯到 20 世纪 70 年代（郭京，2013）。层次与网状数据库系统是现代数据库发展的基础，其中层次数据库系统的数据模型是有根的定向的有序图（刘炳芳，2009），最典型的产品为 IBM 公司于 1969 年研发的 IMS 数据库管理系统，而网状数据库系统的数据模型则为有向图模式（张臻，2011），最早由美国数据库系统语言协会 CODASYL 提出并创建（于兴贵，2004）。层次与网状两种数据库系统已经能够支持数据库存储的三级模式，即内模式、模式、外模式，同时能够使程序与数据相互独立，并具有独立的数据定义语言（曹文平和闫金梅，2006）。但是，由于层次模型与网状模型的限制，在进行数据访问时，需要先确定数据存储的路径，从而大大影响了数据的存储与查询效率。

2）第二代数据库系统

为了解决第一代层次与网状数据库系统查询效率低下等问题，第二代关系型数据库系统应运而生（俞琴，2012）。关系数据库系统以关系模型为基础，即把数据模型视为一张二维表，表中的每一行代表一条记录，每一列代表一个属性（何强，2001）。通过对列进行索引，可以大大提高数据的查询与存储速度（郭永宁，2003）。另外，由于其结构简单、操作方便等特性，因而自推出以来便得到了广泛应用。在关系数据库系统提出后的很长一段时间内，关系模型成为市场上各种数据库产品的基本模型，先后推出了 DB2、SQL server、Oracle、Sybase、Access 等流行产品（刘海波，2000）。特别是在管理信息系统 MIS 相关技术的应用与推广下，其与关系型数据库的良好接口，促进了企业级应用的发展，这也为数据存储带来了新的机遇。

3）第三代数据库系统

随着数据库应用的普及，加之互联网技术的发展，数据形式变得日益多样化，对数据管理提出了更多的需求。因此，高级数据库管理系统功能委员会于 1990 年发表了《第三代数据库系统宣言》，认为第三代数据库应该呈现的特征（李欣兰和谷红恩，2011）如下：支持数据管理、对象管理和知识管理；保持和继承第二代数据库系统的技术；对其他系统开放，支持数据库语言标准（杨晓辉等，2013）。因此，第三代数据库系统应该可以支持多种数据模型，同时在数据存储方面应该具有更快捷、更安全、可扩展、可移植、可连接等特性。第三代数据库系统能够更好地与互联网中出现的新技术，如分布处理技术、并行计算技术、人工智能技术、多媒体技术、模糊技术相结合，从而创造出新的数据库产品，如分布式数据库、并行数据库、知识库、多媒体库、模糊数据库等（杨旭，2014）。分布式数据库利用互联网使分散在不同区域的数据库能够协同工作，从而形成功能更加强大的整合数据库系统（王冲和王霓虹，2004）。并行数据库允许多进程并行工作，通过将大的任务分散到不同节点中，提高数据处理的吞吐量，而多媒体数据库是伴随着图像、视频、声音等数据形式产生的，对非结构化数据有更强的处理能力（孙亮，2015）。模糊数据库借助模糊技术、粗糙集技术等处理那些不够明确的信息与数据。

4）非关系型数据库系统

随着移动互联网的普及、社交网络应用技术的发展，互联网中的数据呈指数级增长，尽管传统关系型数据库在事务处理方面具有显著优势，但在大数据存储方面其效用已略显不足。如果将那些非结构化数据存储在关系型数据库中，往往会占据较大的表空间，并造成严重的资源浪费（曹学宝和冯艳芬，2003）。另外，当关系型数据库中积攒的数据越来越多时，其响应能力就无法满足大数据实时处理的需求（刘启滨，2013）。因此，非关系型数据库的产生已经成为现代数据库系统发展的必然趋势（刘世兵，2012）。尽管当前非关系型数据库尚未形成统一的标准与规范，但各个数据库产品已经在大数据的管理中发挥功效。以社交网站 Facebook 为例，其使用的 HBase 数据库能够很好地与 Hadoop 进行协同工作，在保证大量非结构化数据有效存储的同时，能够在较大程度上为数据分析提供支持。

7.1.2　关系型数据库的挑战与不足

1. 关系型数据库的优势

关系型数据库在以往很长一段时间内作为主流数据库，不仅得益于其简单有效的关系模型，同时也得益于其数据存储特点。

1）结构化的数据形式

在关系型数据库中，一个关系就代表一张二维表，因此在进行数据组织时，数据可以按照二维表的形式进行存储，此时数据以记录的形式被存储到数据库表中（王明才，2007）。存储在同一张表中的不同数据具有相同的数据结构，这就保证了数据能够被轻松得用于统计、汇总及分析。

2）数据的独立性

通常在存入关系型数据库时，数据与程序本身是相互独立的，即当程序发现变化时，并不需要修改数据结构。这一点是关系型数据库在各个管理信息系统中被广泛应用的重要原因之一。程序往往可以借助数据库访问技术，如 ODBC（open database connectivity，即开放数据库连接）、JDBC（Java database connectivity，即 Java 数据库连接）等直接访问数据库，并对数据库进行增加、修改、删除、查询等操作（陈静等，2015）。

3）数据的共享性

一个应用系统产生的数据往往可能需要在其他系统中对其进行查询。关系型数据库通过授权，可以通过视图查看的方式将数据共享给其他系统。另外，在同一个单位的不同部门中，也常常涉及数据的交互，此时关系型数据库也能够通过授权访问的方式，达到这一目的。因此，存储在关系型数据库中的数据往往具有一定的共享性（彭中文，2015）。

4）数据的完整性

由于在关系数据模型中，对数据的完整性进行了明确的要求，即实体完整性、引用完整性、域完整性与用户自定义完整性（林伯奇等，2006），因此，被存储下来的数据尽管被分散在不同的数据库表中，但其具有一定的完整性。

5）数据的灵活性

对关系型数据库中的数据进行的较多操作是更新与查询，其中更新包括修改、添加、删除（李沛华，2013）。可见，数据库系统并非简单的对数据进行保存，而是提供了各种操作，使数据具有一定的灵活性。

6）数据的安全性

一般来说，关系型数据库产品都提供了完整的用户权限访问机制，通过对访问用户身份的确认，能够一定程度上保证数据的安全性，避免被非法篡改。另外，在数据容灾备份、数据恢复等方面也具有良好的支持（韩雪，2013）。

7）对结构化查询语言的良好支持

结构化查询语言能够简化对关系型数据库的操作，其所提供的强大的增加、修改、删除、查询功能，使得关系型数据库具有简单的操作模式，并为程序编程提供了良好的接口（杨云春，2015）。

2. 关系型数据库的挑战

Web 2.0 是指一个利用 Web 平台，由用户主导而生成内容的互联网产品的模式（张欣瑞和赵崇，2015）。在 Web 2.0 时代到来后，互联网的应用呈现出新的特色（陈森博和陈张杰，2013）。首先，用户参与到了网站的内容建设之中。以往互联网中的页面大多是基于静态信息产生的，而在 Web 2.0 时代，用户更多地参与到页面的动态设计中，强调了页面的个性化设计，增加了服务器端的负担。其次，Web 2.0 时代更加强调交互性，其不仅涉及用户间的交互，还涉及用户与网络服务器的交互，频繁的交互对数据库并发响应提出了新的需求。最后，Web 2.0 时代涌现的社交网站等应用服务对数据库具有更高的读写需求，而修改、删除需求有所降低，社交网站中每日新增的数据量要远远高于修改和删除的数据量。尽管关系型数据库在数据存储方面具有显著优势，但在 Web 2.0 时代，其存储效率和性能受到了诸多方面的挑战。

1）对数据库并发读写的需求

以社交网站新浪微博为例，截至 2013 年 12 月，其拥有月活跃用户 1.291 亿人，平均日活跃用户 6 140 万人，每天发布和转发的信息超过 2 亿条。从这条信息中可以看出，在大数据时代数据库面对着高并发读写的需求，这不仅为数据库的响应效率提出了要求，还对其并发负载能力提出了挑战。关系型数据库往往无法应对每秒钟上万次的并发请求，特别是对写入请求来讲，关系型数据库已经难当重任（黄经赢，2014）。另外，社交网站通常来讲都采用 Web 动态页面生成技术而并非静态页面，因此其响应效率和负载均衡能力也受到了严重挑战。

2）对海量数据的存储和访问的需求

大数据时代已经对数据库的写入、查询提出了要求，在面对巨大的数据读写需求时，其数据存储与访问的效率同样受到新的挑战。也就是说，当用户在一张巨大的数据表中进行查询时，关系型数据库很有可能因为无法负载而不能响应，这种现象往往是互联网用户所不能接受的。

3）对数据库可用性的需求

大数据背景下特别是在互联网中，各种非结构化、半结构化数据的累积对数据库的容量提出了要求（廖海生，2014）。当数据被积攒到一定程度时，其响应速度、存储效率都成了制约数据存储的因素。关系型数据库尽管具有良好的事务处理功能，但是在数据量达到一定程度后，其可用性就无法满足要求。

4）对数据库可扩展性的需求

随着系统运行时间的增加，特别是在大数据背景下，当系统的用户量与访问量与日俱增的时候，关系型数据库无法对数据库的容量进行实时扩充（夏黎明，2011）。特别是对那些需要 24 小时，即全天候提供服务的网站来讲，在不终止服务器的情况下进行数据库硬件节点扩充是不可能实现的。但是，社交网站往往对数据库的可扩展性具有很高的需求，特别是随着用户的增加，信息量将会翻倍增长。

综上所述，在大数据时代，数据存储在读写、访问、可用性、可扩展性等方面都对数据库系统提出了新的挑战，而在此时代背景下关系型数据库的特点已经无法应对这些问题，满足不了大数据的存储需求。

3. 关系型数据库的不足

在海量数据存储的需求下，关系型数据库所具备的很多优势已经无法得以体现，甚至可能成为支持大数据存储的屏障。

1）强大的结构化查询语言优势无法体现

关系型数据库的结构化查询语言 SQL 提供了强大的功能，在数据查询、分组、统计等方面具有显著的优势。另外，当进行复杂查询的时候，可以利用连接操作，将不同的数据库表进行连接。然而在社交类网站中，SQL 具备的很多优势都无法体现。例如，社交类网站进行最多的是单表的主键查询，而很少进行多表连接的查询任务；另外，其也很少像关系型数据库一样进行分组、统计等查询。

2）事务一致性需求失去了意义

在关系型数据库中，事务是指对系统所进行的一系列操作，如增加、修改、删除、查询等，而事务一致性是指事务使系统从一个一致的状态转换到另一个一致的状态（程强，2013）。例如，在自动取款机（automatic teller machine，ATM）取钱时，第一步是接收用户身份识别，即密码的输入；第二步是根据身份确认后的用户选取业务功能，即当前的业务是存取还是查询等功能；第三步是更新系统中的余额；第四步是系统确定上述步骤正确后自动出钱，如果某一步出现问题，则自动恢复到最初的状态，这个过程就是事务一致性。然而，在很多 Web 实时系统中，对数据库的事务要求比较低，往往不需要出现回滚的状态，特别是对读来讲，即使有不一致的问题，也不会影响其结果，甚至有时对写的一致性要求也不高。因此，关系型数据库的一致性要求过低成为了其对 Web 实时系统提供支持的严重障碍（娄颖，2013）。

3）数据库的读写实时性需求有所降低

关系型数据库对数据的读写实时性有严格的要求，即一旦录入的数据存储成功后，应当马上在查询操作中有所体现。而在 Web 实时系统中，这一要求已经不再那么明显，如果用户 A 发表一个状态后，其好友延迟一段时间才看到这条状态，若在时间允许范围内发生这种状况是可以理解的。

4）结构化的数据形式无法处理非结构化数据

关系型数据库的显著优势在于将关系视为一张二维表，并用二维表的方式对数据进行存取及相关的操作，其操作模式非常规范。然而在大数据背景下，网络中的非结构化、半结构化数据剧增，像网页、视频、声音、图像等数据已经无法在二维表中进行存储，也就是说，其操作范围已经超出了二维表的操作范围。

5）数据完整性要求不再明显

在关系型数据库中，为了表示实体之间的联系，常常需要引入外键等概念，此时体现了数据的引用完整性约束。而社交网站系统在进行数据存储时，为了避免因为表连接查询而造成的效率低下，所以在数据存储时，常常避免对外键的引入。

6）数据的独立性更强

在关系型数据库中，尽管每一条数据作为单独的一行存储在数据库中，使数据具有一定的独立性，但往往其还具有相同的数据结构。而在社交网站系统中，即使对同一类数据也可能拥有不同的数据结构，因此多态势的数据之间的独立性更强。

7）建设与运维成本高

目前，市场中的企业级关系型数据库往往价格较高，部分数据库产品甚至是按照用户使用量进行产品收费，那么当系统规模逐渐扩大时，建设与维护数据库的成本就会大幅增加。

综上所述，关系型数据库尽管具有显著优势，但面对大数据时代的来临，已经在数据存储方面显露出不足（邱胜海等，2013）。为了解决复杂高发数据读写、存储、访问等方面产生的多表关联查询等瓶颈问题，业界专家学者引入了非关系型数据库，并先后形成了诸多具有代表性的产品。

7.2　非关系型数据库理论

7.2.1　非关系型数据库的概念

1. 非关系型数据库的定义

非关系型数据库又被称为 NoSQL 数据库，即“Not Only SQL”，翻译为“不仅仅是 SQL”。可以看出，NoSQL 是在关系型数据库广泛应用的基础上产生的，特别是 Web 2.0 时代，对数据存储提出了更高的要求，关系型数据库在数据存储方面表现的不足，在极大程度上促进了 NoSQL 数据库产品的产生（林大杰等，2015）。

具有 NoSQL 数据库特色的第一款产品，也被称之为 NoSQL 雏形的是于 1991 年发布的 Berkeley DB，该产品并不是基于关系/对象型的数据库。其最初的开发目的是以新的 HASH 访问算法来代替旧的 hsearch 函数和大量的数据库管理（database management，DBM）实现，不但架构很简单，而且能够使数据库具有节省硬盘空间、提高访问速度的特点。另外，Berkeley DB 可以运行在大部分操作系统中，并允许上千个线程同时访问数据库，支持多进程操作。但早期的 Berkeley DB 不仅无法支持结构化查询语言，也不能提供如存储过程、触发器等数据库高级功能。

从 2007 年开始，NoSQL 才得到了真正的发展，随后产生了一大批基于 NoSQL 数据库的互联网应用服务，如 Facebook 社交网站、Google 搜索引擎、Amazon 的网上购物商城，并先后推出了数十种 NoSQL 产品。随后，国内的 NoSQL 领域也开始活跃起来，出现了以豆瓣网的 BeansDB、人人网的 Nuclear 等为代表的一大批开源 NoSQL 产品。

随着 Web 2.0 时代所带来的巨大影响，加之各种非关系型数据库产品的涌现，直到 2009 年非关系型数据库的概念才被广泛认同。目前对非关系型数据库 NoSQL 并没有统一的标准与定义，对其概念的理解也是基于不同产品的认知，但总结之后可以发现，其与关系型数据库具有显著区别，在大规模数据的存储方面具有显著优势。通过现有 NoSQL 产品与关系型数据库的对比可以发现，非关系型数据库与关系型数据库具有以下几个区别（杨新锋和郭红转，2008）。

（1）关系型数据库以关系模型作为基础，将数据存储到一张结构明确的二位表中，而 NoSQL 在进行数据存储时，无须事先对表结构进行定义，即使是同一类型的数据也可以用不同的形式进行存储。例如，在对用户 1 和用户 2 的个人信息进行数据存储时，关系数据库对二者所要求的数据结构是相同的，即使用户 1 可能所填的信息很少，但其所占用的表空间是一样的。而非关系型数据库则可以分别以不同的数据结构存储每个客户的信息，这样当某个用户所填信息较少时，其所占用的存储空间也会较少（查改琴和褚伟，2015）。

（2）在关系数据库的设计过程中，为了达到三范式的要求，通常会将多对多的关系转换成一张独立的数据库表，待查询时再将表进行连接。然而在非关系型数据库中，往往不会为了关系而建立特定的表，这样可以在一定程度上提高数据查询的效率。所以在非关系型数据库中也不用按照范式的要求进行表结构设计（张世庆，2004）。

（3）关系数据库中事务具有 ACID 原则，即原子性（atomicity）、一致性（consistency）、隔离性（isolation）、持久性（durability）（刘建军，2013）。原子性是指事务处理应该以原子作为单位，数据修改操作不是全都执行，就是全都不执行；一致性是指所有数据应该保持一致的状态；隔离性是指由并发事务所做的修改必须与任何其他并发事务所做的修改隔离；持久性是指事务完成之后，它对系统的影响是永久性的（杨应全，2009）。而非关系型数据库打破了事务处理的原则，不再遵从 ACID 理论，在数据存储、读写等方面具有更高的灵活性，缺少了事务处理的限制，也就提高了其存储效率。

2. 非关系型数据库的特点

正因为 NoSQL 与关系型数据库在数据存储方面具有显著区别，而这些区别又正是 Web 2.0 时代下大数据对数据存储所提出的新的需求，因此 NoSQL 在互联网应用服务中的优势可以得到彰显。具体来说，NoSQL 的特点可以体现如下。

1）灵活的数据模型

在 NoSQL 中无须事先定义数据模型，也就是在创建数据库表阶段不用事先定义数据表的各个字段。这样在数据存储过程中，可以根据数据本身的特点，对数据模式进行自定义（郝放，2001）。

2）高效的数据存储

由于无须事先定义数据模型，因此节省了数据存储所占用的存储空间。数据空间可以按照数据的需求实时分配，从而使数据存储达到更为高效的目的。

3）强大的读写性能

NoSQL 数据存储的特性使其在读写方面表现出了强大的功能，不再受关系模型的限制，同时数据结构简单使数据的读写效率大幅度提升，满足了 Web 2.0 时代数据快速读写的要求。

4）并行能力增强

大数据时代，用户的并发操作增多，微博上每天发布和转发的信息超过 2 亿条，NoSQL 采用分布式处理模式，将数据进行分区，也就是将记录分散在不同的节点之上，这样可以提高其并行性能。

5）无共享架构

相对于将所有数据存储在存储区域网络中的全共享架构（吕从东等，2014），NoSQL 往往将数据划分后存储在各个本地服务器上。因为从本地磁盘读取数据的性能往往好于通过网络传输读取数据的性能，从而可以达到提高系统性能的效果。

6）可扩展性

由于不再遵从关系数据库中的关系模型理论，因此数据相对独立，这也能保证即使在系统运行阶段也可以轻松地增加或删除某个节点，实现数据的自动迁移，使系统的可扩展性有所增强。

7）高可用性

NoSQL 在不影响性能的情况下就可以方便地实现高可用的架构（韩阜业和孟庆轩，2011）。例如，Cassandra、HBase 模型，通过复制模型也能实现高可用性。NoSQL 中的复制往往是基于日志的异步复制，这样数据就可以尽快地写入一个节点，而不会被网络传输引起迟延。

8）低廉的维护成本

目前，市场中大部分 NoSQL 数据库产品几乎都是开源软件，其最大的优势就是能够降低数据维护的成本，另外开源的方式也能够促进软件功能的完善，能够基于此进行二次开发，满足客户特有的需求。

事实上，NoSQL 的特征能够使其在 Web 2.0 时代下很好地完成数据的存储任务，同时其产生与发展也是 Web 2.0 时代发展的产物。

3. 非关系型数据库的不足

尽管 NoSQL 能够在 Web 2.0 时代为社交网站等系统提供良好的数据存储方案，但由于其发展时间短，尚未形成统一的标准，目前所有的数据库产品也都是依据企业内部需要而开发的，不具备一定的通用性。

（1）没有像 SQL 一样的标准化数据库操作语言：关系型数据库得到普遍应用的一个原因在于其强大的结构化查询语言 SQL，而非关系型数据库 NoSQL 暂时没有这样的标准化操作语言，所以用户在使用不同 NoSQL 产品的时候需要进行有针对性的学习与训练（邹菊梅，2004）。

（2）缺少统一的标准：目前的 NoSQL 产品大都是企业根据自身需求而开发的，因此不少产品是经过二次开发形成的，缺少统一的标准，加之目前人们对 NoSQL 也没有明确的定义，笼统地将那些用于 Web 2.0 时代下数据存储且不符合关系数据库模型的产品统称为非关系型数据库。

（3）现有产品不够成熟：大部分 NoSQL 数据库软件都是开源的，在节省了维护成本的同时却为数据管理埋下了潜藏的危机，即缺少官方的支持，一旦数据库发生故障，很可能造成无法弥补的损失。

（4）数据库的功能不够完善：目前 NoSQL 数据库大多数产品是针对某一类问题而设计开发的，没有从全局的角度考虑，缺少通用性。同时开发的产品也不像关系型数据库那样具有强大的数据分析等功能（王彦良，2014）。

（5）没有统一的理论与技术：目前 NoSQL 数据库还不能像关系型数据库那样形成统一的理论与技术标准，因此从其出现到用户接受还需要一个漫长的过程。

（6）对数据的安全问题考虑不足：由于 NoSQL 数据库发展时间较短，因此对数据安全问题的保障措施与关系型数据库相比还相差甚远。

7.2.2　非关系型数据库的产品

目前，非关系型数据库产品主要分为键值数据库、文档数据库、列族数据库、图像数据库等。每一类数据库的特点各不相同，因此各自的适用场景与不适用场景也不尽相同，而每一类数据库也都有不同的产品作为代表。NoSQL 数据库即非关系型数据库分类如图 7.1 所示。

对图 7.1 中的主要内容进行解析，具体如下。

1. 键值数据库

键值数据库又被称为 Key-Value 数据库，即通过存储的 Key 值能够快速查询到其所对应的 Value 值。在存储过程中，无须考虑 Value 值本身的格式，可以将其全部内容进行独立存储。

Key-Value 数据库的典型产品包括 Redis、Berkerley DB、Memcached、Project Voldemort、Riak、LevelDB 等，其中使用较为普遍的是 Reids 数据库。

Redis 数据库采用 C/C++语言开发，具有处理速度非常快的特点，其基于类 Telnet 协议开发，是具有硬盘存储支持的内存数据库。Redis 不仅能够支持简单的 Key-Value 类型的数据，而且还可以提供 List、Set、Hash 等数据结构的存储，同时能够支持事务和数据的持久化操作。为了提高查询的效率，一般来讲，Redis 仅会将 Key 的信息记录在缓存中，根据计算找出 Key 所对应的 Value 结果。

在实际应用中，键值数据库可以对社交网站中的会话信息、用户配置信息以及购物网站的购物车数据进行有效存储。但是如果数据之间存在大量的关系，且含有多项操作的事务，那么在完成对键值的部分内容进行查询、对关键字集合进行操作等任务时，则不宜选用键值数据库。

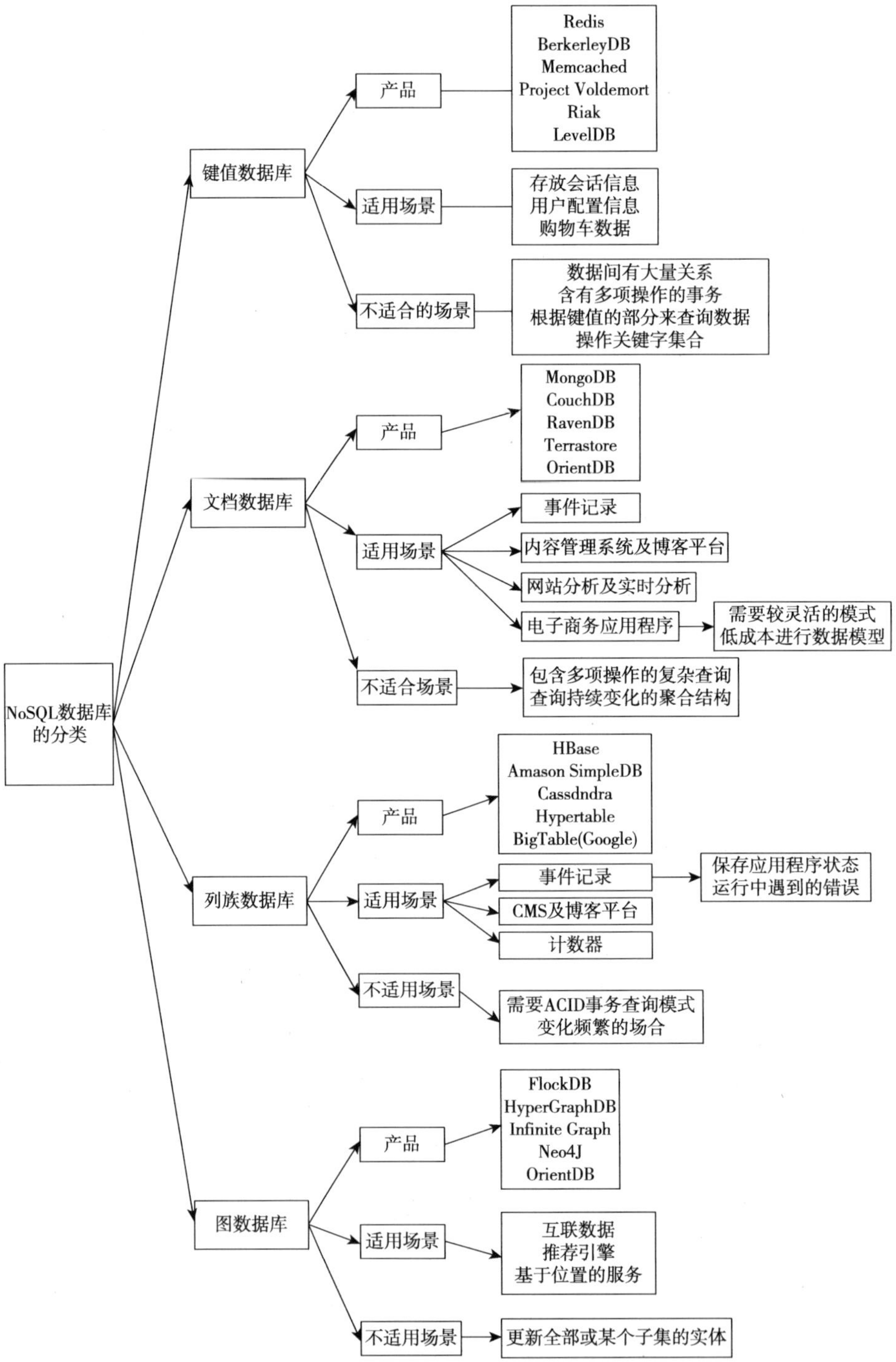

图 7.1　NoSQL 数据库分类

2. 文档数据库

面向文档数据库用于存储、检索和管理面向文档和半结构化的数据，其核心概念就是以文档为对象进行存储，虽然不同的面向文档数据库在实现上有所差别，但它们在文档封装和数据编码上有一些标准格式，编码包括 XML、YAML、JSON 和 BSON，还有二进制格式（如 PDF 和 MS office 文档）。

面向文档的数据库的主要产品包括 MongoDB、CouchDB、RavenDB、Terrastore、OrientDB 等，下面仅以 CouchDB 为例进行简单介绍。

CouchDB 是 Apache 社区中的一款文档型数据库服务器，基于 HTTP/REST 协议，使用 Erlang 语言开发，具有操作简单、易于实现的特点，同时数据库支持事务一致性。与关系数据库不同，CouchDB 是围绕一系列语义上自包含的文档而组织的，其中的文档是自由模式的，即并不要求文档具有某种特定的结构。Corch DB 主要的特征在于，能够进行双向的数据复制，支持服务器端文档验证，并能根据数据变化实时更新，也可以提供基于 MapReduce 编程模型的视图来对文档进行查询。

面向文档的数据库服务器适用于那些数据变化较少、需要进行预定义查询的用户需求，在数据统计的应用程序中，特别是在那些基于灵活的模式和低成本的数据模型的电子商务应用程序中具有良好的适用性。同时，其也能够适用于内容管理系统（content management system，CMS）、博客平台等需要对网站进行分析或者实时分析的系统中。但其不适用于处理那些包含多项操作的复杂查询和查询持续变化的聚合结构。

3. 列族数据库

列族数据库，即列存储数据库，是指该类数据库产品以列为单位进行数据存储，其最大优势在于能够很好地解决结构化与半结构化数据的存储问题，方便对数据进行压缩处理。在数据库中，如果是对某一列或某几列进行查询，其能够表现出巨大的优势。例如，其具有极高的装载速度，对大规模数据处理具有显著优势，还具有高效的压缩率，不但节省储存空间，而且也节省计算内存和 CPU。

列存储数据库的主要产品包括 HBase、Amazon SimpleDB、Cassdndra、Hypertable、Bigtable 等，下面仅以 HBase 为例进行简单介绍。

HBase 作为 Apache 的 Hadoop 项目的子项目，最早来源于 Google 发表的学术论文，是一个开源、分布式、支持多版本、面向列存储的 Google Bigtable 实现。HBase 是基于 Java 语言开发的，应用 HTTP/REST 协议，采用分布式 MapReduce 架构能够支持数十亿行、上百万列的数据存储。HBase 的数据查询过滤和扫描操作是在服务器端进行的，HBase 还为实时查询做了特殊优化处理，能够支持 REST、Protobuf 以及二进制形式的数据交互，对配置改变和较小的升级都会重新回滚，同时具有较高的随机访问性能。

列存储数据库目前在 Facebook 等社交网站中广泛使用，适合于事件记录、内容管理系统及博客平台、计数器等场景中。如果数据存储过程中需要支持事务的 ACID，或者查询模式变化频繁的场合都不适宜使用列存储数据库。

4. 图数据库

图数据库被定义为能够用图形的理论存储实体之间的关系信息即图的数据结构模式。这种数据结构模式能够方便地将社交网站中人与人的关系运用图的数据结构模式进行存储、操作和运算，该逻辑表示方法和物力存储模式在运算方面具有显著优势。传统关系数据库存储“关系型”数据的效果并不好，其查询复杂、缓慢、超出预期，而图形数据库的独特设计恰恰弥补了这个缺陷。

图数据库的主要产品包括 Neo4J、FlockDB、HyperGraphDB、Infinite Graph、OrientDB 等，下面仅以 Neo4J 为例进行简单介绍。

Neo4j 是一个用 Java 实现、完全兼容 ACID 的图形数据库，其内核是一种极快的图形引擎，基于 HTTP/REST 协议。数据以一种针对图形网络进行过优化的格式保存在磁盘上。它可独立使用或嵌入 Java 应用程序，具有很好的自带 Web 管理功能，同时可以使用多种算法支持路径搜索。通过使用键值和关系进行索引，能够极大程度地提高数据库的读写速度。另外，Neo4j 使用 Gremlin 图形遍历语言，具有支持在线备份、高级监控及高可靠性等特征。

图数据库适用于具有图形等一类的数据，如社会关系、公共交通网络、地图及网络拓谱等，并能够在互联数据、推荐引擎等场景发挥功效。但是不适宜用于那些更新某些或某个子集的实体场景中。

5. 其他类型非关系型数据库

事实上，除了上述四种类型外，还有基于对象存储的数据库产品，如 db4o、Versant 等，其特点是以对象的方式进行数据存储，并能通过类似面向对象语言的语法操作数据库（韩君易，2011）。另外，基于 XML 的数据库产品也在近几年得到了广泛的应用，其以 XML 为对象，通过发挥 XML 格式的优势，建立数据存储与内部查询语法（周勇等，2002）。

7.3 非关系型数据库的使用范例

7.3.1 MongoDB 的使用范例

1. MongoDB 的基本理论

MongoDB 是一个基于分布式文件存储的数据库，由 C++语言编写开发，旨在为 Web 应用提供使用方便、可扩展、高性能的数据存储解决方案（郑静静等，2014）。在非关系型数据库产品中，MongoDB 与关系型数据库产品最为相似，甚至可能完全取代关系型数据库 MySQL。

在数据存储方面，MongoDB 所支持的数据结构非常松散，由于采用 BSON 格式，因此能够用于存储复杂的数据类型（田帅，2013）。另外，MongoDB 支持事务一致性，但又不像关系数据库那样要求强一致性，由于保持了弱一致性，所以在数据的访问速度方面更具优势。同时，MongoDB 拥有像 SQL 一样的强大查询语言，使数据库与应用程序之间具有良好的接口。

可以说，MongoDB 是一个面向集合的，模式自由的文档（Document）型数据库（金天荣，2008），具体如下：①面向集合是指数据被分组存储在数据集中，每一个数据集就是一个集合（Collenction）。集合与关系数据库中表（Table）的概念相似，每个集合在数据库中都有唯一的标识名（相当于数据库名），并且可以包含无限数目的文档。②模式自由是指 MongoDB 与关系数据库不同，即在集合中不需要事先定义数据结构，保证了数据存储的自由性。即使是同一类型的数据，也不一定具有相同的结构。③文档型是指 MongoDB 中存储的数据类型，即 BSON 格式，该格式的存储对象为键-值对的集合，键是字符串，值是数据类型集合里的任意类型（毛应爽，2013）。

在 MongoDB 中，文档是数据的基本单位，类似于关系数据库中的行（Row）（张尧等，2014）。在关系数据库中，每一行数据的数据格式是相同的，但在 MongoDB 中，每一个文档的数据格式各不相同（陈青和邵玉祥，2008）。集合是数据存储的基本单位，相当于关系型数据库中的表。在关系数据库中一个数据包含多个数据库表，而一个数据库表中又包含多条记录，即多个行。那么，在 MongoDB 中也相似，一个数据库中可以包括多个集合，一个集合中又可以包含任意多个文档，而文档的属性与数量也不受限制（赵阳，2005）。

MongoDB 的目标是在键值数据库与关系型数据库之间架起一座桥梁，所以其集二者优势于一身，既保证了数据存储的高性能、高伸缩性，又保持了数据处理的事务性，并支持强大的查询语言。由于其适合实时的插入、更新与查询，并具备网站实时数据存储所需的复制及高度伸缩性，因此可以适用于网站数据的场景中。另外，由于其与关系数据库极为相似，又以开源软件的形式免费供用户使用，因此在处理大尺寸、低价值的数据方面具有显著优势。由于其采用分布式存储的方式，数据库系统具有很强扩展性，因此也能适用于高伸缩性的场景中（王锐和徐捷，2011）。

2. MongoDB 的安装与使用

MongoDB 作为一种开源的非关系型数据库产品，在业界得到了广泛的应用，这与其所具有的特征是分不开的，特别是近几年，随着国内 NoSQL 的日益普及，MongoDB 更是在不断的发展。下面对其使用与安装进行简单介绍。

1）MongoDB 的下载与安装

首先，访问 MongoDB 官方网站（http://www.mongodb.org/downloads），根据服务器运行的操作系统，选择相应版本进行下载。

其次，进行下载软件包的解压缩与安装（本小节介绍的使用案例，以 Mac OS X 为例），设置：将压缩包解压至指定目录（pathA）；创建数据库存放目录（pathB）。

再次，启动 MongoDB 服务，进入 cmd 提示符控制台，输入 pathA\bin\mongod.exe–dbpath=pathB，启动 MongoDB 服务如图 7.2 所示。

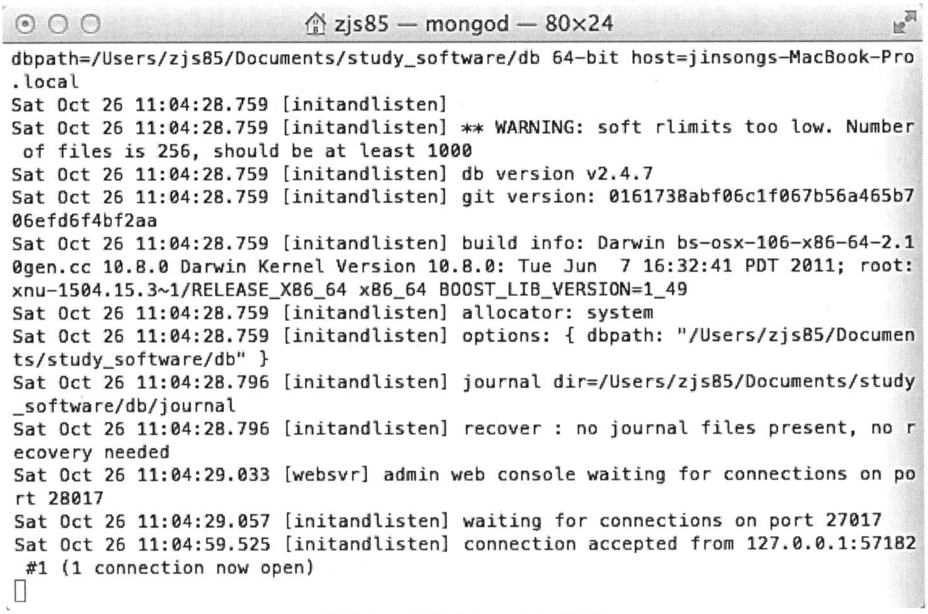

图 7.2　启动 MongoDB 服务

最后，完成客户端的连接测试，在保持原有控制台的同时再打开一个 cmd，输入 pathA\bin\mongo，其测试 MongoDB 连接如图 7.3 所示。

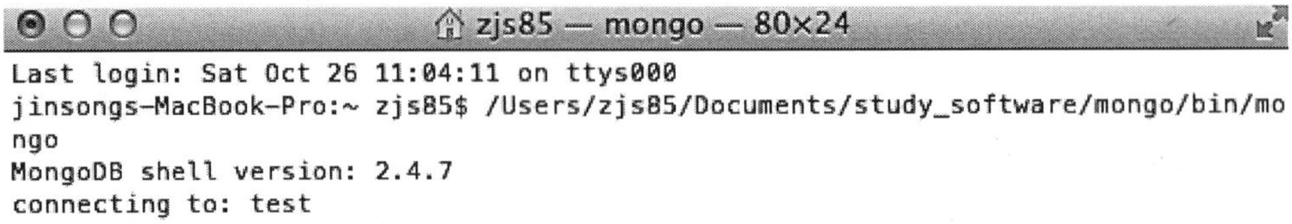

图 7.3　测试 MongoDB 连接

MongoDB 程序安装、启动后，即可按照下面的流程对其进行操作。

2）MongoDB 的数据插入

表 7.1 给出了 MongoDB 数据库中插入了两条记录的示例。

表 7.1　MongoDB 中插入的数据

item	**name**	**type**	**no**	**age**
i	tom	student	01	
j	lili	teacher	02	34

图 7.4 给出了 MongoDB 执行数据的插入情况，图中红框内给出了运行结果，按照格式要求，分别录入数据 *i* 和 *j*，并执行保存，db.things.save()。其中，在 *i*={name: “tom”, type: “student”, no: “01”}中，*i* 表示数据所对应的标识，每一个字段的信息按照（属性名: “属性值”）的格式被输入文档中，进行保存。

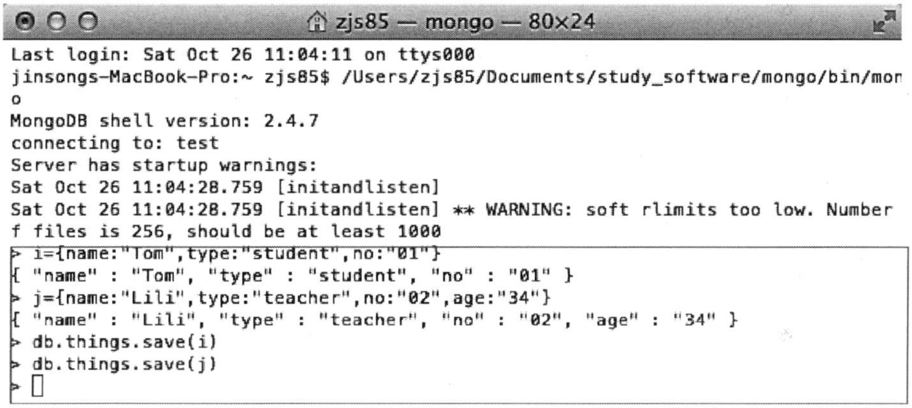

图 7.4　MongoDB 执行数据的插入

3）MongoDB 的数据查询

在 MongoDB 中，数据查询的基本语法为，查询所有记录：db.things.find();如果为条件查询：select * from XX where name= “Lili”，在 MongoDB 中的语法为 db.things.find({name:"Lili"})，图 7.5 给出了 MongoDB 执行数据的查询显示内容。

4）MongoDB 的修改与删除

MongoDB 的修改与删除操作语法如下：①修改记录：db.things.update({name:"Tom"},{$set:{name:"Tom2"}})；②删除记录：db.things.remove({name:"Tom2"})。

MongoDB 执行数据的修改与删除界面如图 7.6 所示。

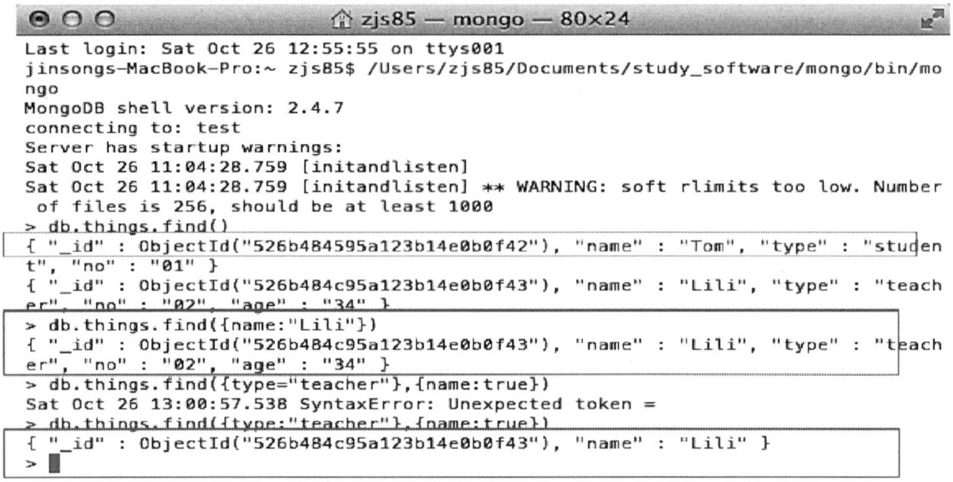

图 7.5　MongoDB 执行数据的查询

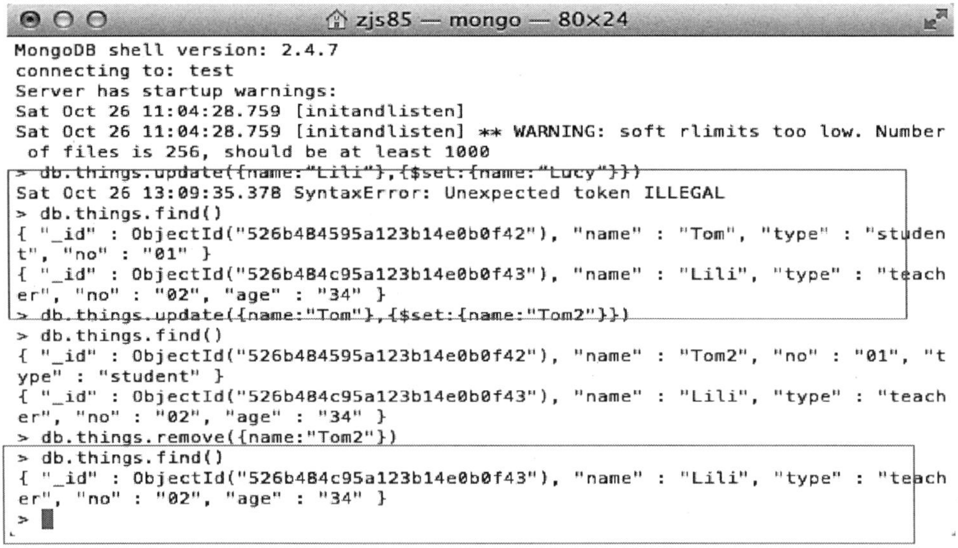

图 7.6　MongoDB 执行数据的修改与删除

综上所述，MongoDB 与传统关系型数据库 SQL 语句的基本关系如下。

插入：db.users.insert({"name":"zzm","pass":"123456"})

（SQL 语法）insert into users(`name`,`pass`) values (‘zzm’,‘123456’);

查找：db.users.find();

（SQL 语法）select * from users;

```
db.users.find().skip(20).limit(10);
（SQL 语法）select * from users limit 20,10;

db.users.find({name:{$nin: [“a”,“b”]}});
（SQL 语法）select * from users where name    is not in (“a”,“b”);

db.users.find({name:"zzm",age:{$gte:15}})
（SQL 语法）select * from users where name=“zzm” and age>=15;

db.users.find().sort({age:1})
（SQL 语法）select * from users order by age asc;
```

删除：db.users.remove()

```
（SQL 语法）delete from users;

db.users.remove({“name”: “zzm”});
（SQL 语法）delete from users where `name`=“zzm”;
```

更新：db.users.update({name:"zzm"},{$set:{pass:12345}})

```
（SQL 语法）update users set `pass`=“12345”    where `name`=“zzm”;
```

上面仅对 MongoDB 的基本操作进行了介绍，作为一款开源软件，MongoDB 还具有操作简单，且与关系型数据库非常相似的特点，同时也有大量的相关文档对其进行介绍。

7.3.2　Neo4j 的使用范例

Neo4j 是一个开源的、通过 Java 实现的、嵌入式、基于硬盘的、以图形的形式进行数据存储的图形数据库。它是当前最流行的图形数据库之一。Neo4j 中的主要数据结构包括一系列的节点（node）和将节点关联起来的关系（relationship）。其中，节点和关系均可以包括多种自定义的属性（property）。不同种类的节点可以通过标签（label）进行分类，一个节点可以拥有多种标签。在 Neo4j 中关系具有有向性，即从一个节点指向另一个节点。同一种类型的关系具有相同的关系名称，从一种类型节点指向另一种类型节点，因而两个节点可以通过不同的关系相关联。

Neo4j 的典型数据特征如下：首先，其数据结构不是必须的，甚至可以完全没有，这可以简化模式变更和延迟数据迁移；其次，可以方便建模常见的复杂领域数据集，如 CMS 里的访问控制可被建模成细粒度的访问控制表、类对象数据库的用例、TripleStores 等（席翰英，2014）。Neo4j 可以广泛应用于语义网和 RDF、LinkedData、GIS、基因分析、社交网络数据建模、深度推荐算法以及其他领域（李桃陶等，2014）。Neo4j 图形数据库如图 7.7 所示。

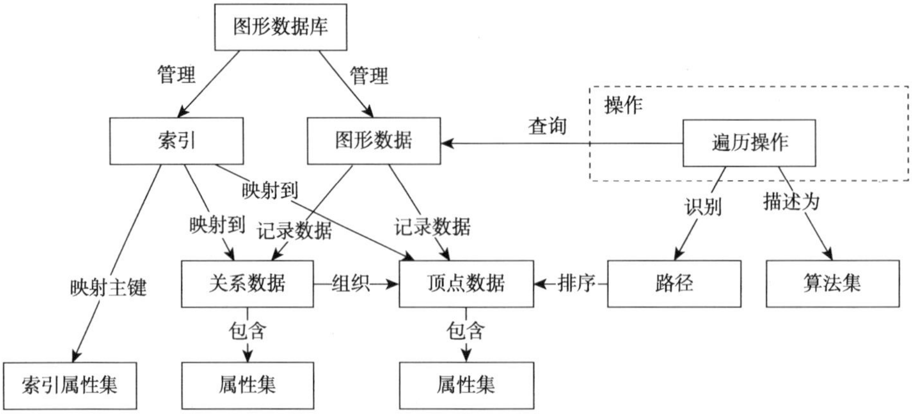

图 7.7　Neo4j 图形数据库

Cypher 与结构化查询语言类似，是 Neo4j 中进行操作的图形数据库查询语言，主要包括创建（Create），查询（Match），删除（Delete/Remove/Drop）等操作。

1）Neo4j 的创建操作

在 Neo4J 的创建操作中，Create 语法可以用来创建节点和关系。例如，通过查询语句 CREATE (e: Person { name: "Ella", from: "China", age: 25 })，可以创建一个类型为“Person”的节点，e 为节点的标示符。该节点包括三种属性，分别是“name”、“from”及“age”。

接下来，再举一个例子，通过以下语句

```
CREATE
    (a: Actor { name: "Tom Hanks" }),
  (b: Movie { title: 'Sleepless IN Seattle' }),
    (c: Director { name: 'Nora Ephron' }),
  (a)-[r: ACTED_IN{role:a.name +" acted as Sam" }]->(b),
     (b)<-[:DIRECTED]-(c)
RETURN r
```

可以创建三个不同类型的节点，节点 a，b，c 分别属于 Actor，Movie，Director（樊广军和熊劲华，2012），同时创建了 a、b、c 三个节点间的两种关系，其中关系 r 属于类型 ACTED_IN，是从节点 a 指向节点 b，该关系包括一种属性 role，其值取自节点 a 的属性 name 和另一字符串的组合，关系 DIRECTED 是从节点 c 指向节点 b。

2）Neo4j 的查询操作

在给定的图形数据库中，查询操作主要通过 match 语法进行（郭学旭等，2004），通过在 match 之后加入不同的 pattern 实现查询，如以下两个查询语句分别实现了对节点与关系的查询。

例子 1：

```
MATCH (e:Person)
  WHERE e.name = "Ella"
RETURN e, e.name;
```

例子 2：

```
MATCII
  (actor{name:'Tom Hanks' })-[r:ACTED_IN]->(movie)
RETURN movie
```

其中，where 语法可以添加相应的约束；return 则是返回相应的结果，可以返回节点本身、节点的不同属性等。

3）Neo4j 的删除操作

Neo4j 中的删除操作包括对多种不同元素进行操作，主要有节点、关系、标签、属性和索引。其中采用 delete 语法仅对节点和关系进行删除。例如，以下语句中删除了图 7.7 中所有节点及关系。

```
MATCH (n)
OPTIONAL MATCH (n)-[r]-()
DELETE n, r
```

删除属性和标签则可以通过 remove 语法实现。

```
MATCH (actor: Actor { name: "Tom Hanks" })
REMOVE actor: American;
```

上述语句先找到节点 actor，后删除该节点的其中一种标签 American。

drop 语法可以删除属于某种标签的所有节点的索引限制及唯一性约束。

```
DROP INDEX ON :Person(name)
DROP CONSTRAINT ON (book:Book) ASSERT book.isbn IS UNIQUE
```

4）Neo4j 的使用

首先，需要在其官网（http://www.neo4j.org/）中根据运行系统的要求，下载相对应的版本，并进行程序的安装。其次，安装成功后，在本地通过 neo4j start 命令启动 Neo4j 服务，由于 Neo4j 自带浏览器界面，因此可在浏览器中输入 http://localhost: 7474/打开操作界面。Neo4j 操作平台如图 7.8 所示。

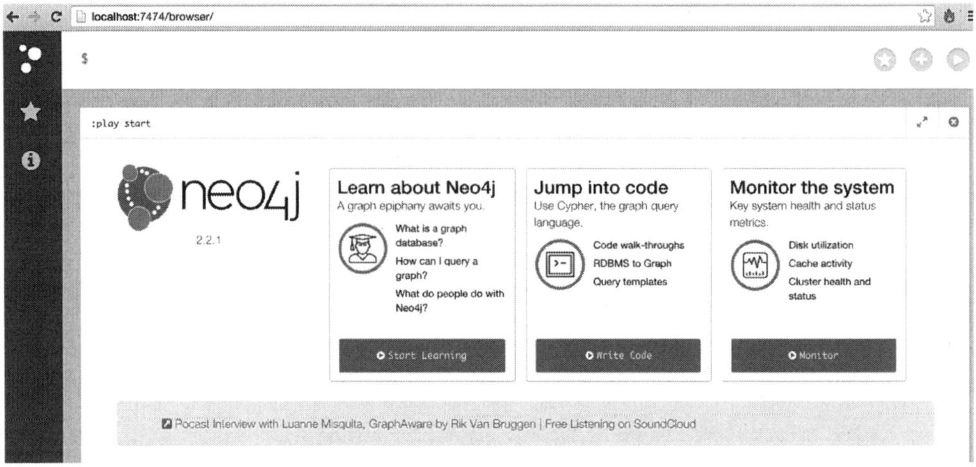

图 7.8　Neo4j 操作平台

图 7.8 的 Neo4j 操作平台中操作界面的左侧一栏可以浏览所有的节点类型、关系类型及属性类型等，同时可以收藏不同的检索语句。在右上方输入框中，可以输入查询语句，如图 7.9 所示，检索所有关系类型为 bookmarks 的关系，得到查询结果的图形显示。

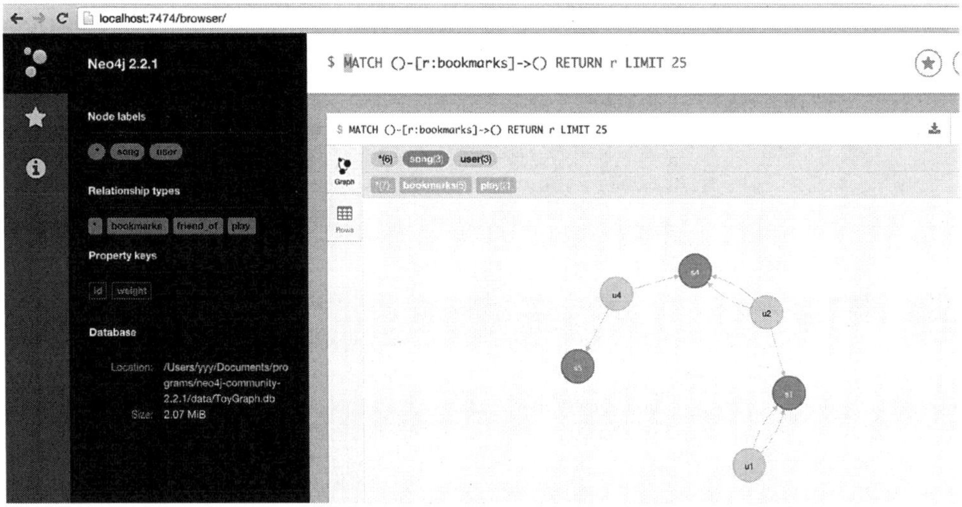

图 7.9　Neo4j 数据操作

图 7.10 给出了 Neo4j 中一张较为复杂的图例对应 Neo4j 数据可视化运行界面，可以看出利用 Neo4j 可以很好地对图形信息进行存储，因此其在目前社交网站、文献引用关系等领域得到了广泛应用。

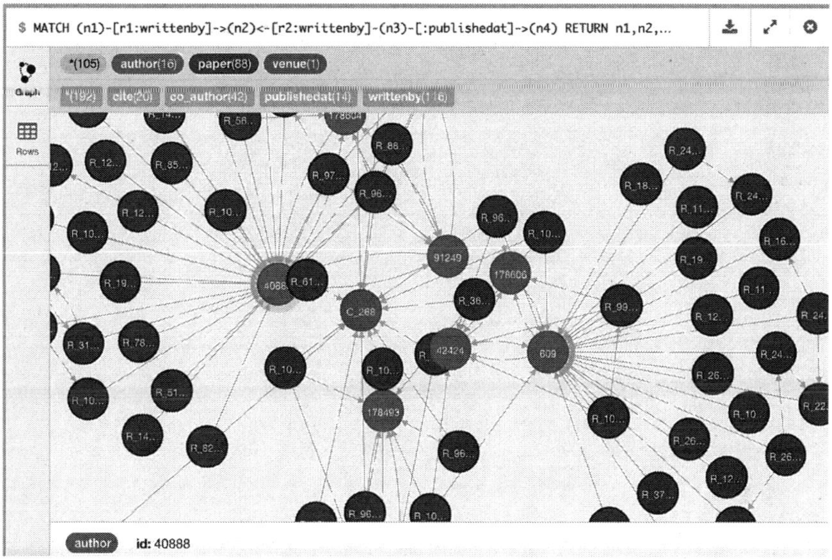

图 7.10　Neo4j 数据可视化

非结构化数据挖掘方法及应用篇

第 8 章　非结构化大数据的分析平台

大数据时代下的大数据到底有多大？一组名为《互联网上一天》的数据告诉我们，一天之中，互联网产生的全部内容可以刻满 1.68 亿张数字通用光盘（digital versatile disc，DVD）；发出的邮件达 2 940 亿封之多，相当于美国两年的纸质信件数量；发出的社区帖子达 200 万个，相当于《时代》杂志 770 年的文字量；Facebook 上会产生 27 亿条分享的内容，3 亿点赞的数量，500+TB 的上传照片数。然而大数据的意义在于真正对我们的事业有内在的洞见，如果不能好好利用已经收集到的数据，那我们只是空有一堆数据而已，不能叫大数据（张翼，2014）。

分布式计算的优点是可以快速访问、多用户使用。每台计算机可以访问系统内其他计算机的信息文件；系统设计上具有更大的灵活性，既可为独立计算机的地区用户的特殊需求服务，也可为联网的企业需求服务，实现系统内不同计算机之间的通信；每台计算机都可以拥有和保持所需要的最大数据和文件；减少了数据传输的成本和风险（林雪峰，2007）。

然而，传统分布式计算也存在一些不足，如硬件故障（hardware failure）、把数据带入计算（taking data to the computation）还有其他由分布式计算带来的问题（many issues that come with distributed computing），如局部故障（partial failures）、有限的带宽（finite bandwidth）、同步（synchronization）、一致性、可扩展性，因此需要一个新的解决途径。当前用于分析大数据的工具主要有开源与商用这两个生态圈。

1. 开源大数据生态圈

开源大数据生态圈具体包括：

（1）Hadoop HDFS、HadoopMapReduce、HBase、Hive 渐次诞生，早期 Hadoop 生态圈逐步形成。

（2）Hypertable 是另类，存在于 Hadoop 生态圈之外，但也曾经有一些用户。

（3）NoSQL、MemBase、MongoDb。

2. 商用大数据生态圈

商用大数据生态圈具体包括：

（1）一体机数据库/数据仓库：IBM PureData(Netezza)、OracleExadata、SAP Hana 等。

（2）数据仓库：TeradataAsterData、EMC GreenPlum、HPVertica 等。

（3）数据集市：QlikView、Tableau 及国内的 Yonghong Data Mart 等。

目前，大数据时代最流行的工具为 Hadoop。Hadoop 深受国内互联网公司的青睐，很多互联网企业，如淘宝网、百度等都采用 Hadoop 来实现其核心业务，如搜索、推荐等。

Hadoop 的主要特性包括：①支持局部故障（support for partial failure）；②数据恢复（data recoverability）；③组件恢复（component recovery）；④支持一致性（support for consistency）；⑤支持可扩展性（support for scalability）。

Hadoop 起源于 2002 年开始的 Apache Nutch，是 Apache Lucene 的子项目之一。直到 2006 年，Hadoop 才逐渐成为一套完整而独立的软件并被正式命名。

Hadoop 是一个分布式计算框架，它能在由大量廉价的硬件设备组成的集群之中运行应用程序，并且给应用程序提供了一组可靠稳定的接口。Hadoop 计算框架的目的是构建一个具有高可靠性和良好扩展性的分布式操作系统。随着云计算的逐渐流行，这一项目被越来越多的个人和企业运用（王宏宇，2011）。

Hadoop 是一个开源的分布式处理软件的框架，主要用于处理大量数据，它实现了和 MapReduce 一样的编程模式和框架，能在有大量计算机组成的集群中运行海量数据并进行分布式计算（付波和黄廷磊，2014）。它处理的数据能达到 PB 级别，并可以让应用程序在上千个节点中进行分布式处理，处理的方式是可靠的、高效的、可伸缩的：Hadoop 是可靠的，因为如果计算元素或者存储数据失败，它可以启动和维护多个工作数据副本，确保失败的节点重新对数据进行分布式处理；Hadoop 是高效的，因为它的工作方式是并行的，采用这种方式可以加快处理数据的速度；Hadoop 是可伸缩的，可以处理不同级别的数据。除此之外，由于 Hadoop 依赖于社区服务器，它的成本很低，因此费用问题不需要过多地考虑。

Apache Hadoop 是一款支持数据密集型分布式应用并以 Apache 2.0 许可协议发布的开源软件框架。它支持在商品硬件构建的大型集群上运行的应用程序（刘亚，2015）。很多大型网站都应用了 Hadoop，如 Amazon、Facebook 和 Yahoo 等。

Hadoop 的两个主要组件为分布式文件系统（hadoop distributed file system，HDFS）和分布式计算。

8.1　HDFS 海量存储

8.1.1　HDFS 简介

HDFS 是谷歌文件系统（Google File System，GFS）的开源实现，它是一个主/从（master/slave）的结构，对于一般的部署来说，在 master 上只运行一个元数据节点（NameNode），然而在每个 slave 上运行一个数据节点（DataNode）（陈广钊，2012）。它是一个高度容错性的系统，为了保证数据的一致性，采用“写入一次，多次读取”的方式，适合部署在廉价的机器上，具有单一的文件命名空间。HDFS 能提供高吞吐量的数据访问，适用于那些有着超大数据集（large data set）的应用程序。它典型的数据块（block）大小为 64MB，每一个数据库在多个 DataNode 都有副本，客户端通过 NameNode 得到数据块的位置，进而直接访问 DataNode 获得数据（田野等，2014）。HDFS 的设计特点如下。

（1）大数据文件，非常适合应用于大规模数据集。例如，T 级别的大文件或者一堆大数据文件的存储，如果文件只有几个 G 甚至更小就没有应用意义了。

（2）文件分块存储。HDFS 会将一个完整的大文件平均分块存储到不同计算机上，它的意义在于读取文件时可以同时从多个主机读取不同区块的文件，多主机读取的效率要比单主机高得多。

（3）流式数据访问，一次写入多次读取。这种模式的显著优点是可以降低并发控制要求，简化数据的聚合，支持高吞吐量的访问。但它也存在不足，就是不支持动态改变文件内容，而是要求让文件一次写入就不做变化，要变化也只能在文件末添加内容（马骋，2013）。

（4）廉价硬件。HDFS 可以应用在普通 PC 上，这种机制能够让一些公司仅仅使用几十台廉价的计算机就可以支撑起一个大数据集群。

（5）支持硬件故障。HDFS 认为所有计算机都可能出现问题，为了防止某个主机失效而读取不到该主机的块文件，它将同一个文件块副本分配到其他某几个主机上，如果其中一台主机失效，可以迅速从另一块副本中读取文件。

8.1.2　HDFS 的关键元素

图 8.1 给出了 HDFS 的体系结构，结构中的名称节点上保存着控制数据节点信息的元数据。客户端可以通过 NameNode 对元数据进行操作，也可以直接对 DataNode 进行读写操作（曹凤艳，2011）。作者将对 HDFS 进行全方面的剖析与介绍。

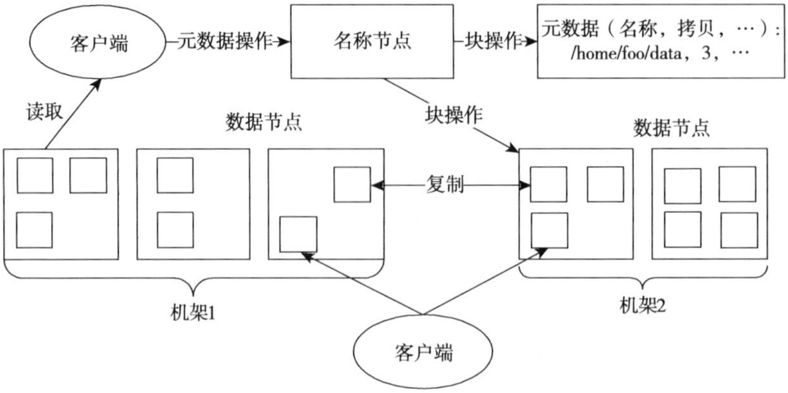

图 8.1　HDFS 的体系结构

（1）数据块：HDFS 默认最基本的存储单位是 64MB 的数据块，并将一个文件分成 64MB 大小的块进行存储。与普通文件系统相比，如果一个文件小于数据块的大小，那么该文件不占用整个数据块存储空间（文光斌，2008）。

（2）元数据节点：元数据节点用来管理文件系统的命名空间，其将所有的文件和文件夹的元数据保存在一个文件系统树中，这些信息也会在硬盘上保存成以下文件：命名空间镜像（Namespace Image）及修改日志（Edit Log）。其还保存了一个文件包括有哪些数据块以及分布在哪些数据节点上。然而这些信息并不存储在硬盘上，而是在系统启动的时候从数据节点收集而成（童明，2012）。

（3）数据节点：数据节点是文件系统中真正存储数据的地方，分布在廉价的计算机上，用于存储 block 文件。客户端或者 NameNode 可以向 DataNode 请求写入或者读取数据块，而 DataNode 向 NameNode 周期性地回报其存储的数据块信息（张丹，2013）。

（4）从元数据节点（Secondary NameNode）：从元数据节点并不是元数据节点出现问题时候的备用节点，它和元数据节点负责不同的事情。其主要功能就是周期性地将元数据节点的命名空间镜像文件和修改日志合并，以防日志文件过大。合并过后的命名空间镜像文件也在从元数据节点保存了一份，以便元数据节点失败的时候可以恢复（曹彬等，2014）。

8.1.3　HDFS 文件读写过程

HDFS 读取数据过程涉及 Client、NameNode 和 DataNode 之间的多项请求操作。客户端先从 NameNode 获得对应的文件块信息，再和 DataNode 建立连接并获取数据。图 8.2 描述了 HDFS 读取数据的过程（黄晓云，2010）。

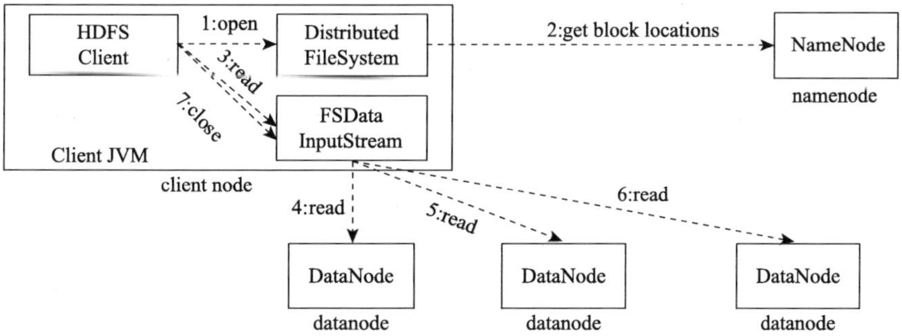

图 8.2　HDFS 读取数据过程

HDFS 读取数据过程如下：

（1）Client 调用 get 方法得到 HDFS 文件系统的一个实例，即 Distributed File System，然后调用它的 open 方法。

（2）Distributed File System 通过远程过程调用协议（remote procedure call protocol，RPC）远程调用 NameNode 决定文件的 block 的位置信息。对于每一个 bolck，NameNode 返回 block 所在的 DataNode（包括副本）的地址，Distributed File System 返回 FSDataInputStream 给 Client 用来读取数据，FSDataInputStream 封装了 DFSInputStream 用于管理 NameNode 和 DataNode 的输入/输出（input/output，IO）。

（3）Client 调用 FSDataInputStream 的 read 方法。

（4）DFSInputStream 保存了 block 块所在的 DataNode 的地址信息，DFSInput Stream 连接第一个 block 的 DataNode，read block 数据，传回给 Client。

（5）当第一个 block 读完，DFSInputStream 关掉与这个 DataNode 的连接，然后开第二个 block。

（6）当 Client 读结束，调用 FSDataInputStream 的 close 方法。

在读的过程中，如果 Client 和一个 DataNode 通信时出错，它会连接副本所在的 DataNode。这种 Client 直接连接 DataNode 读取数据的设计方法使 HDFS 可以同时响应很多 Client 的并发，因为数据流量均匀地分布在所有的 DataNode 上，NameNode 只需负责 block 的位置信息请求即可。

HDFS 写入数据的过程相对比较复杂，并涉及多项请求操作。图 8.3 描述了 HDFS 创建文件，写入数据到最后关闭文件的流程。

（1）客户端调用 create()来创建文件。

（2）Distributed File System 用 RPC 调用名称节点，在文件系统的命名空间中创建一个新的文件。名称节点先确定文件原来不存在，并且客户端有创建文件的权限，然后创建新文件，Distributed File System 返回 FSDataOutputStream，客户端用于写入数据。

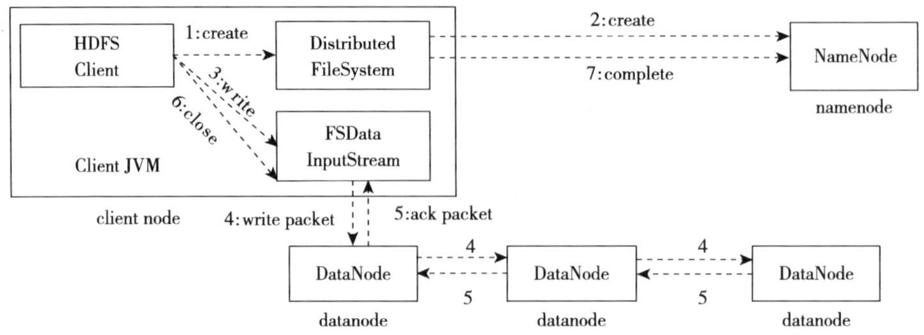

图 8.3　HDFS 写入数据过程

（3）客户端开始写入数据，DFSOutputStream 将数据分成块，写入 data queue。Data queue 由 Data Streamer 读取，Data Streamer 通知 NameNode 通过分配 DataNode 来存储数据块（每块默认复制 3 块），分配的 DataNode 列表形成一个管道（pipeline）。

（4）Data Streamer 将数据块写入 pipeline 中的第一个 DataNode，第一个 DataNode 将数据块发送给第二个 DataNode，第二个 DataNode 将数据发送给第三 DataNode。

（5）同时，DFSOutputStream 管理 ack queue，ack queue 里存储着等待 NameNode 识别的数据块，只有当管道里所有数据节点都返回写入成功，这个 packet 才算写成功并会离开 ack queue，开始下一个 packet。

如果某个数据节点写失败，会产生如下步骤，但是这些对 Client 是透明的。

（1）管道关闭。

（2）正常的 DataNode 上正在写的 block 会有一个新 ID（需要和 NameNode 通信），而失败的 DataNode 上的那个不完整的 block 在上报的时候会被删掉。

（3）失败的 DataNode 会被移出管道，block 中剩余的 packet 继续写入管道的其他两个 DataNode。

（4）NameNode 会标记这个 block 的副本个数少于指定值，block 的副本会稍后在另一个 DataNode 创建。

（5）有些时候多个 DataNode 会失败，只要 dfs.replication.min（缺省是 1）个 DataNode 成功了，整个写入过程就算成功，缺少的副本会进行异步的恢复。

（6）当客户端结束写入数据，则调用 stream 的 close 函数，此操作将所有的数据块写入 pipeline 中的数据节点，并等待 ack queue 返回成功。

（7）最后通知 NameNode 写入完毕。

8.1.4　HDFS 的容错策略

在分布式文件系统中，尽量保证文件服务在客户端或者服务端出现问题的时候能够正常使用是非常重要的（张云升，2012）。HDFS 容错策略包括三种故障：①节点故障(node failure)、②通信故障(communication failure)、③数据损坏(data corruption)。

下面对每种故障的检测和处理进行详细阐述。

1. 节点故障

如果 NameNode 服务器不可用，那么整个分布式集群也就不可用，NameNode 是单点故障；相对于 NameNode 服务器，用户更专注于检测 DataNode 数据节点。在 NameNode 和 DataNode 之间维持心跳检测，Datanode 每三秒发送心跳给 NameNode，说明它还存活着。当由于通信故障之类的原因，DataNode 发出的心跳没有被 NameNode 获取到，NameNode 就认为该 DataNode 失效了，就不会将任何新的 IO 操作分配给那个 DataNode，其上的数据也就会被认为是无效的。

处理方案：在 NameNode 中存储两张重要的表——存储块的数据节点列表(即块保存在哪些 DataNode 节点上）和被存储的块的列表（即 DataNode 节点保存哪些块)(彭辅权，2012)。

NameNode 会定期更新这两个列表。如果 NameNode 在 DataNode 上发现一个坏块，就会更新块列表，在表里标识坏块在哪个 DataNode 上；如果 NameNode 发现 DataNode 节点不可用了，就会同时更新这两个表，在两个表中同时标识出不可用的 DataNode 节点信息。

2. 通信故障

客户端每当向 DataNode 写数据时，DataNode 都会发送一个确认 ACK 信号给 NameNode，表示接收无误；如果没有收到 ACK 信号，就假设 DataNode 可能通信故障。

处理方案：当写的时候，如果数据节点失效，该节点会被忽略。当读的时候，如果数据节点失效，则客户端会从下一个最近的节点读取。

3. 数据损坏故障

客户端给 DataNode 发送信息时包括两部分——真实数据与校验和(checksum)。也就是说 DataNode 既存储数据也存储 checksum。DataNode 定期发送块报告给 NameNode，这个块报告列出了所有的块信息（不包括坏块信息)。在接收末端信息时 NameNode 会计算并比较校验和，如果新旧校验和不相符，那么就说明数据损坏了。

处理方案：当校验和错误发生时，块会被重新发送。

8.2 MapReduce

8.2.1 MapReduce 简介

MapReduce 是 Google MapReduce 的开源实现。MapReduce 是一种简化并行计算的编程模型，用以进行大数据量的计算。

Hadoop MapReduce 是一个使用简易的软件框架,基于它写出来的应用程序能够运行在由上千个商用机器组成的大型集群上，并以一种可靠容错的方式并行处理 T 级别的数据集（刘洋，2010）。

一个 MapReduce 作业通常会把输入的数据集切分为若干独立的数据块，由 map 任务以完全并行的方式处理它们。框架会对 map 的输出先进行排序，然后把结果输入给 reduce 任务，见图 8.4。通常作业的输入和输出都会被存储在文件系统中。整个框架负责任务的调度和监控，以及重新执行已经失败的任务（李翔，2014）。

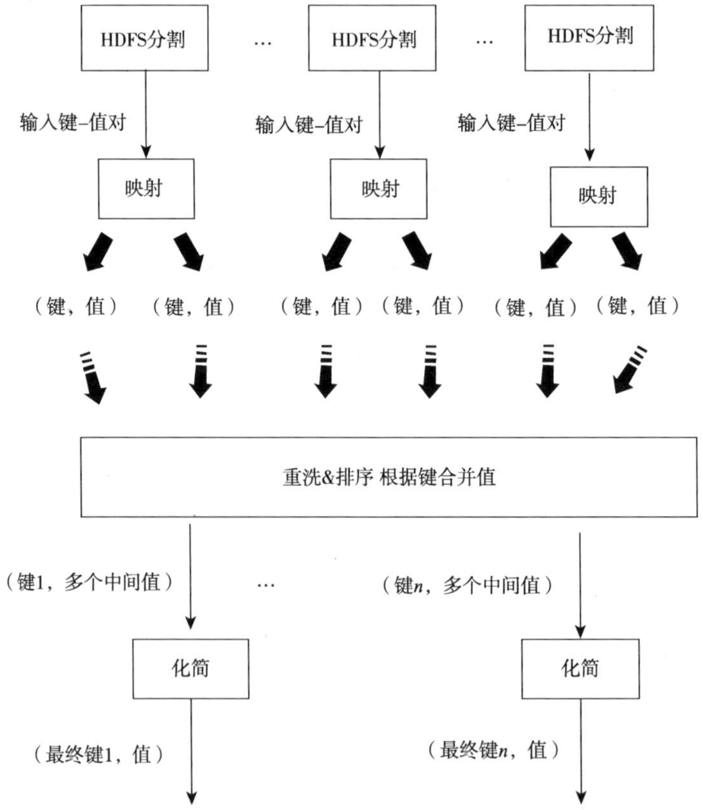

图 8.4　MapReduce 的工作原理

通常，MapReduce 框架和分布式文件系统是运行在一组相同的节点上的，也就是说计算节点和存储节点通常在一起。这种配置允许框架在那些已经存好数据的节点上高效地调度任务，这可以使整个集群的网络带宽被非常高效地利用（邓自立，2009）。

MapReduce 框架由一个单独的 master JobTracker 和每个集群节点一个 slave TaskTracker 共同组成。master 负责调度构成一个作业的所有任务，这些任务分布在不同的 slave 上，master 监控它们的执行以及重新执行已经失败的任务，而 slave 仅负责执行由 master 指派的任务。

MapReduce 具有两大功能：一是 Hadoop 采用来进行数据并行处理的编程模型；二是把计算带给数据而不是把数据传给计算节点。

8.2.2　MapReduce 组件

MapReduce 任务由一个作业跟踪节点（JobTracker）和多个任务跟踪节点（TaskTracker）两类节点控制完成。

1. 作业跟踪节点

作业跟踪节点是驻留在主节点上的守护程序，主要负责和管理 TaskTracker。它通常运行在 master 节点上。客户端提交作业到 JobTracker，JobTracker 将映射器（mapper）和化简器（reducer）分配给空闲的 TaskTracker 后，由 TaskTracker 负责这些任务的并行执行（徐鹏，2014）。

2. 任务跟踪节点

任务跟踪节点是守护程序的其他节点，通常运行在 DataNode 节点上，执行由 JobTracker 分配的映射和化简任务。由此可以看出，DataNode 既是数据的存储节点，也是计算节点（项明，2013）。

JobTracker 负责监控任务的运行状况，如果某个 TaskTracker 发生故障，JobTracker 就会将其负责的任务分配给其他空闲的 TaskTracker 重新执行（刘吉等，2013）。

8.2.3　MapReduce 工作流程

如图 8.5 所示，MapReduce 包括以下三个步骤：步骤一，映射（map）；步骤二，重洗和排序（shuffle and sort）；步骤三，化简（reduce）。

1. 映射阶段（map phase）

运行映射任务的节点叫做映射器。map 是一类将输入记录集转换为中间结果记录集的独立任务。这种转换的中间结果记录集不需要与输入记录集的类型一致。一个给定的输入键–值对（key-value pair）可以映射成 0 个或多个输出键–值对（曾理，2010）。

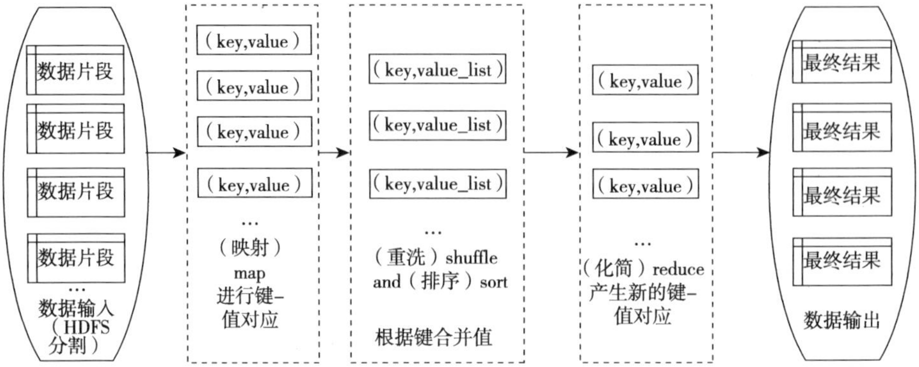

图 8.5　MapReduce 工作流程

例如，统计词频，假设给定的 Document 内容为“To be or not to be”，那么 Input 为(offset, To be or not to be)，映射后的输出结果 Output 为(To, 1)，(be, 1)，(not, 1)，(to, 1)，(be, 1)。

2. 重洗和排序阶段（shuffle and sort phase）

映射阶段的输出发送到重洗和排序阶段。在这个阶段，属于同一键的值都被合并，然后根据键存储列表。

继续词频统计的例子。映射阶段的输出即为本阶段的输入，所以 Input 为(To, 1)，(be, 1)，(not, 1)，(to, 1)，(be, 1)，经过重洗和排序后得到本阶段的 Output 列表为(be, [1, 1]), (not, 1), (or, 1), (to, [1, 1])。

3. 化简阶段（reduce phase）

键–值对的中间结果被发送到化简任务（函数）。化简函数把值的大列表转化为 1 个（或很少）输出值。

仍然以词频统计例子进行说明，将中间键–值对结果(be, [1, 1]), (not, 1), (or, 1), (to, [1, 1])作为 reduce 的输入，经过 reduce 后得到的 Output 为(be, 2), (not, 1), (or, 1), (to, 2)。

因此，MapReduce 统计句子词频的流程如图 8.6 所示：

Document–To be or not to be

Input-(offset, To be or not to be)

Output-(To, 1), (be, 1), (not, 1), (to, 1), (be, 1)

8.2.4　Hadoop 环境下的运行 MapReduce 实例——WordCount

Hadoop 环境下的运行 MapReduce 实例主要是用 MapReduce 来对不同文件中词汇的出现频率进行统计。

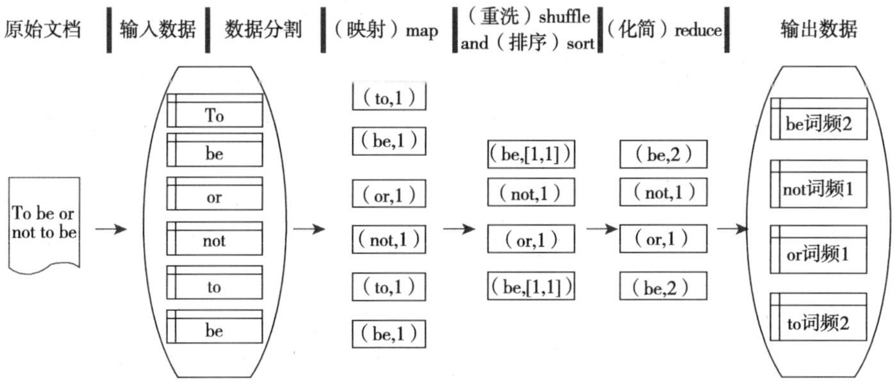

图 8.6　MapReduce 统计句子词频流程

（1）打开桌面上的 Cygwin Terminal（图 8.7）。Cygwin 是一个运行在 Windows 上模拟 Linux 环境的软件（Hadoop 不能直接在 Windows 平台上运行）。

图 8.7　桌面图标

（2）登录 ssh，输入 ssh localhost，见图 8.8。

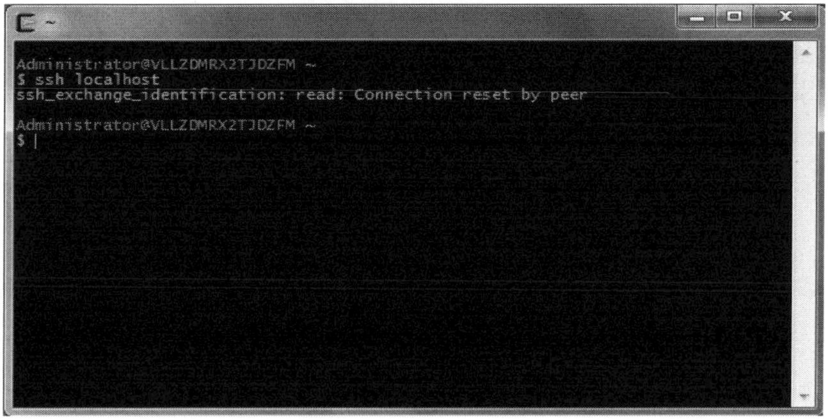

图 8.8　输入 ssh localhost

（3）转到 hadoop 目录下，输入 cd hadoop，见图 8.9。

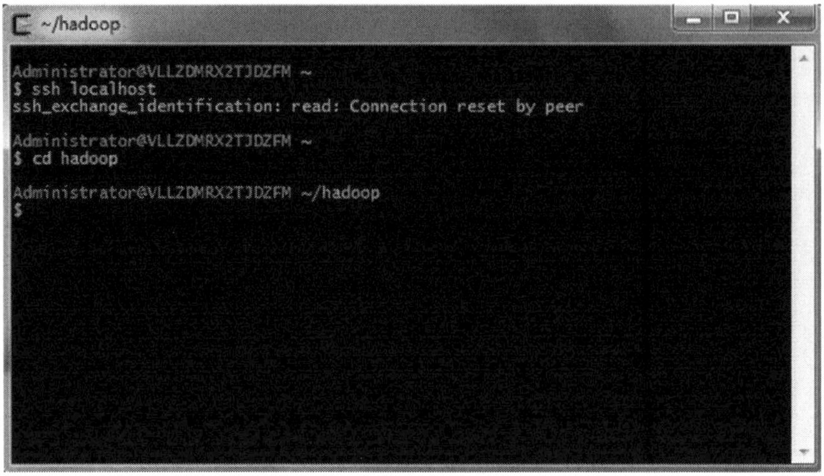

图 8.9　输入 cd hadoop

（4）将编码格式改为 UTF-8，以防止一些未知的错误。输入 export"LANG=en.UTF-8"，见图 8.10。

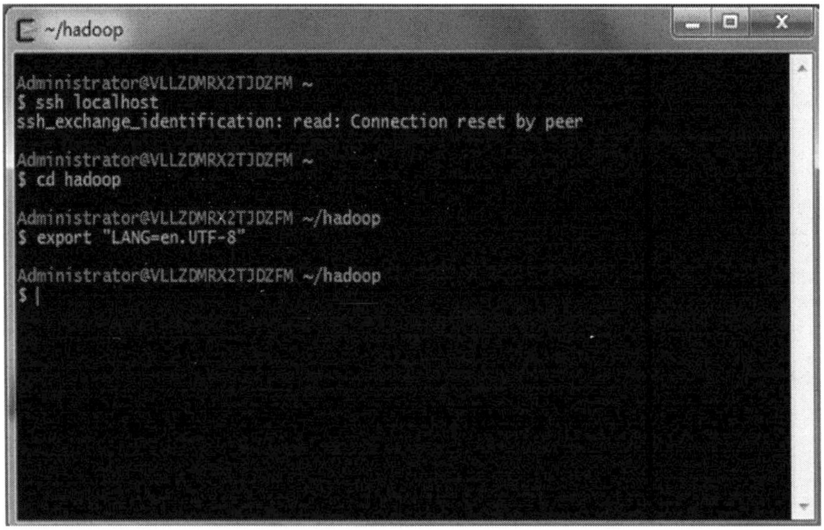

图 8.10　输入 export "LANG=en.UTF-8"

（5）运行 wordcount 例子，输入 bin/hadoop jar hadoop-0.20.2-examples.jar wordcount input output 运行得到结果。其中 input 是输入的文件夹，在 C:\cygwin\home\Administrator\hadoop\input 中，有多个文本文件；Output 是输出的文件夹，在 C:\cygwin\home\Administrator\hadoop\output 中，有结果文件，见图 8.11 和 8.12。

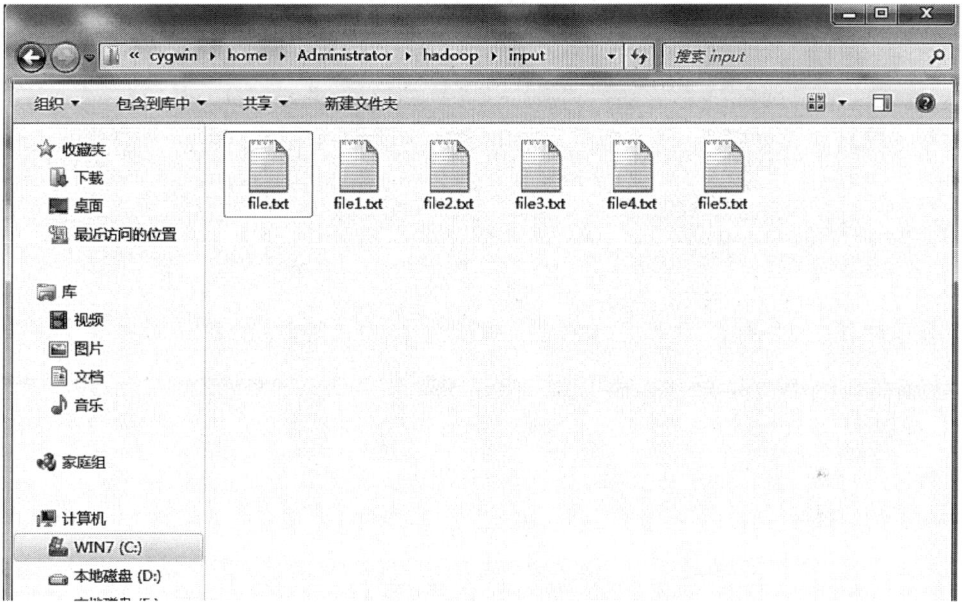

图 8.11　输入结果文件

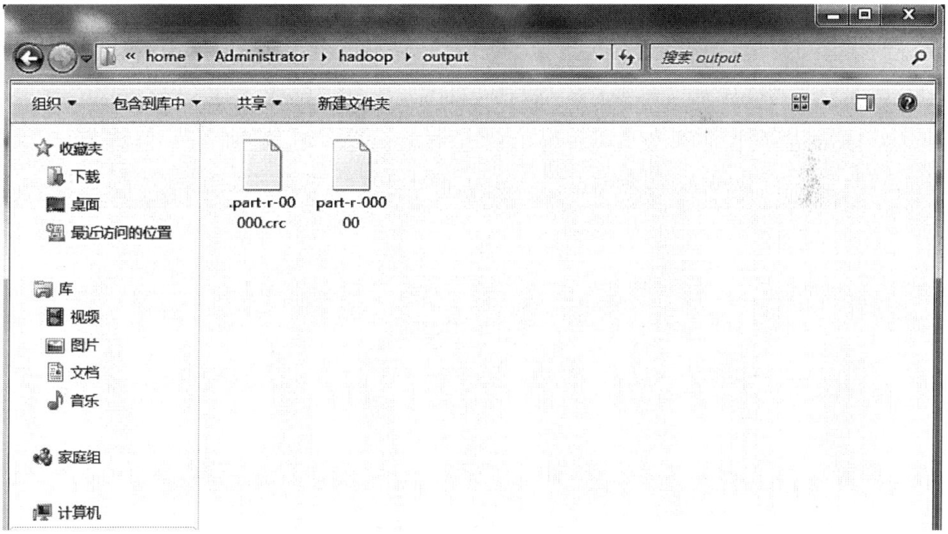

图 8.12　输出结果文件

（6）查看运行结果，输入 cat output/part-r-00000，见图 8.13。

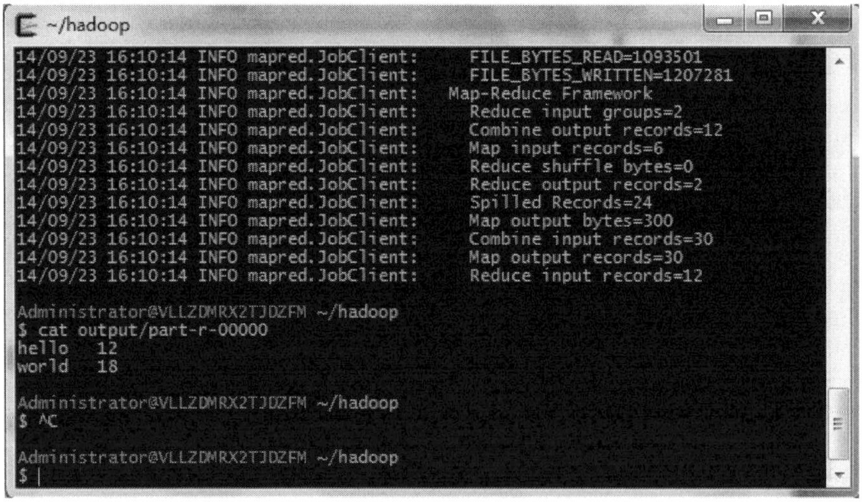

图 8.13　输入 cat output/part-r-00000

（7）删除 output 文件夹（如果不删除，下次运行会报错），输入 rm -r output，见图 8.14。

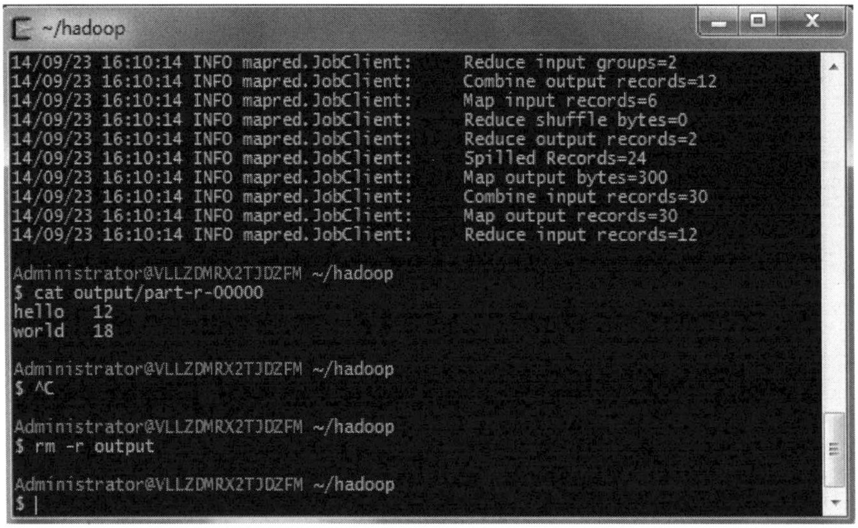

图 8.14　输入 rm -r output

（8）退出 ssh，输入 exit，实验成功结束。

综上所述，①Hadoop 是 Apache 开源组织的一个分布式计算开源框架；②Hadoop 框架中最核心的设计就是 HDFS 和 MapReduce；③MapReduce 思想是由 Google 的一篇论文所提及而被广为流传的，用简单的一句话解释 MapReduce 就是“任务的分解与结果的汇总”；④HDFS 为分布式计算存储提供了底层支持

（潘阳，2015）。

8.3　Spark

8.3.1　MapReduce 简介

Spark 是高效的分布式计算架构，其核心概念是 RDD（resilient distributed dataset，即弹性分布式数据集），指的是一个只读的、可分区的分布式数据集，这个数据集的全部或部分可以缓存在内存中，在多次计算之中重用（丁圣勇等，2014）。

RDD 可以把数据集保存在内存中，而不是在磁盘中，这样每次计算只需要从内存中读取数据，而不是通过 IO 读取磁盘，跨过了系统 IO 瓶颈，大大节省了数据传输时间。

由于 Scala 语言具有简洁的特点，所以其非常合适做机器学习的工作中频繁的迭代计算。RDD 可以从本地数据集中通过输入转换产生，也可以使用已保存的 RDD，也可以从别的 RDD 转换而来，需要使用时可以把 RDD 缓存在内存中（如果内存不够大，会自动保存到本地）。

RDD 通过系统来实现容错机制，每一次转换时系统都会保存转换日志，如果 RDD 出现故障，系统会根据转换日志重建 RDD。

Spark 的核心思路就是将数据集缓存在内存中以加快读取速度，同时用 lineage 关联的 RDD 以较小的性能代价保证数据的鲁棒性。正如其目标 scope，Spark 适用于需要多次操作特定数据集的应用场合。需要反复操作的次数越多，所需读取的数据量就越大，受益也越大，数据量小但是计算密集度较大的场合，受益就相对较小。

Hadoop/MapReduce 和 Spark 最适合的都是做离线型的数据分析，但 Hadoop 特别适合单次分析的数据量“很大”的情景，而 Spark 则适用于数据量不是很大的情景。此处“很大”是相对于整个集群中的内存容量而言的，因为 Spark 是需要将数据 hold 在内存中的。一般 1TB 以下的数据量不算很大，而 10TB 以上的数据量是“很大”的。例如，20 个节点的一个集群，每个节点 64GB 内存，共计 1.28TB。让这样规模的一个集群把 500GB 左右的数据 hold 在内存中还是很轻松的。这时用 Spark 的执行速度就会比 Hadoop 快，毕竟在 MapReduce 过程中，如 spill 等这些操作都是需要写磁盘的。

Spark 是 UC Berkeley AMP lab 所开源的类 Hadoop MapReduce 的通用的并行计算框架，Spark 基于 map reduce 算法实现的分布式计算，拥有 Hadoop MapReduce

所具有的优点;但不同于 MapReduce 的是 Job 中间输出和结果可以保存在内存中，从而不再需要读写 HDFS，因此 Spark 能更好地适用于数据挖掘与机器学习等需要迭代的 map reduce 的算法（曹波等，2015）。

8.3.2　Spark 的工作流程

Shark（Hive on Spark）：Shark 基本上就是在 Spark 的框架基础上提供和 Hive 一样的 HiveQL 命令接口，为了最大程度上保持和 Hive 的兼容性，Shark 使用了 Hive 的 API 来实现 Query Parsing 和 Logic Plan Generation，最后的 Physical Plan Execution 阶段用 Spark 代替 Hadoop MapReduce。通过配置 Shark 参数，Shark 可以自动在内存中缓存特定的 RDD，实现数据重用，进而加快特定数据集的检索。同时，Shark 通过 UDF 用户自定义函数实现特定的数据分析学习算法，使得 SQL 数据查询和运算分析能结合在一起，最大化 RDD 的重复使用。

Spark Streaming：构建在 Spark 上处理 Stream 数据的框架，基本的原理是将 Stream 数据分成小的时间片断（几秒），以类似 batch 批量处理的方式来处理这些小部分的数据。Spark Streaming 构建在 Spark 上，一方面是因为 Spark 的低延迟执行引擎（100ms+）可以用于实时计算，另一方面是因为相比基于 Record 的其他处理框架如 Storm，RDD 数据集更容易做高效的容错处理。此外小批量处理的方式使得它可以同时兼容批量和实时数据处理的逻辑和算法。方便了一些需要历史数据和实时数据联合分析的特定应用场合（黎文阳，2015）。

Spark 对于资源管理与作业调度如图 8.15 所示，可以使用 Standalone（独立模式），Apache Mesos 及 Hadoop YARN 来实现。 Spark on Yarn 在 Spark0.6 时引用，但真正可用是在现在的 Branch-0.8 版本。Spark on Yarn 遵循 YARN 的官方规范实现，得益于 Spark 天生支持多种 Scheduler 和 Executor 的良好设计，对 YARN 的支持也就非常容易（李金忠等，2015）。

8.3.3　Spark 与 Hadoop 的对比

Spark 将中间数据放到内存中，则其进行迭代运算的效率更高。Spark 旨在延长 MapReduce 的迭代算法和互动低延迟数据挖掘。MapReduce 和 Spark 的一个主要区别是 MapReduce 是非周期性的。也就是说，数据流从一个稳定的来源流出、加工、流出到一个稳定的文件系统。而 Spark 允许存在相同的数据，如果工作是可视化的迭代计算，这将形成一个周期。RDD 作为原始数据的抽象，和一些数据缓存在内存中供以后使用。RAM 解决了 MapReduce 磁盘上数据的加速问题，而 RDDs 是不可改变的，可以通过并行进行转换。

Spark 比 Hadoop 更通用，它们的对比如图 8.16 所示。

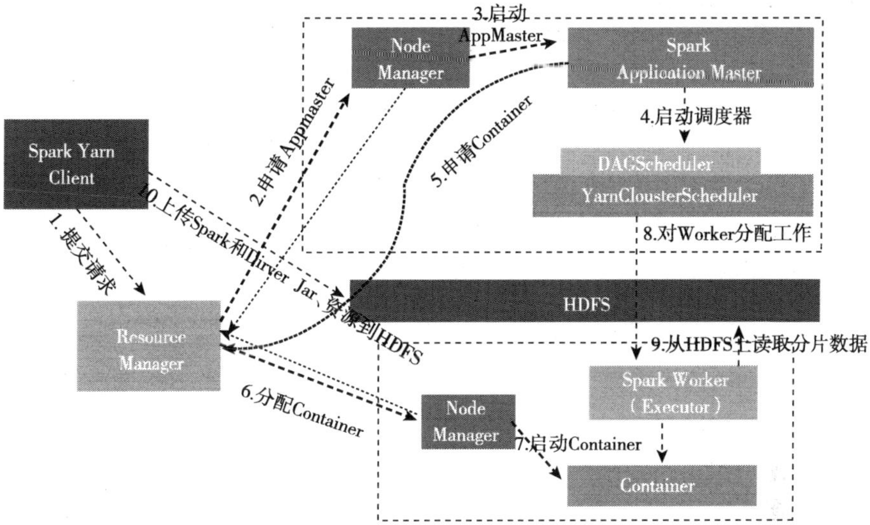

图 8.15 Spark 的资源管理与作业调度

Spark vs Hadoop

	Hadoop http://hadoop.apache.org/	Spark http://spark.incubator.apache.org/
是否开源	成熟的开源项目	开源，2013年8月申请成为Apache孵化项目
文件系统	HDFS	支持HDFS、MESOS、S3等文件系统，可以直接将spark集成到hadoop上，可以从hdfs读取和写入文件
中间结果存储	存储到磁盘	内存存储
Job定义	Map-Reduce 两步计算	DAG的Job定义，支持多步计算
开发语言	Java	Scala、Java、Python
易用性	Java API、无交互式界面	提供丰富的Scala, Java，Python API及交互式Shell来提高可用性
容错性	数据冗余，任务失败重计算	Checkpoint机制，RDD支持重计算
性能	频繁读写磁盘，低	数据缓存内存，高
应用场景	适用于大数据量，迭代次数少，无时延要求的业务	适用于中等数据量（<TB级），需要多次操作特定数据集，且频繁迭代计算的数据业务场合
未来发展	第2代hadoop，融合的分布式计算框架	可插拔的job调度器/缓存管理策略 Spark大数据栈-构建—MLbase、Tachyon、GraphX

图 8.16 Spark 与 Hadoop 的对比

不像 Hadoop 只提供了 map 和 reduce 两种操作，Spark 提供的数据集操作类型有很多种，如 map、filter、flatMap、sample、groupByKey、reduceByKey、union、join、cogroup、mapValues、sort、partionBy 等多种操作类型，Spark 把这些操作称为 Transformations，同时 Spark 还提供 count、collect、reduce、lookup、save 等多种 actions 操作（李霄等，2015）。

这些数据集操作类型多种多样，给开发上层应用的用户提供了方便。各个处理节点之间的通信模型不再像 Hadoop 那样是唯一的 Data Shuffle 模式。用户可以命名、物化、控制中间结果的存储、分区等，比 Hadoop 更灵活。

Spark 不适用于异步细粒度更新状态的应用，如 Web 服务的存储或者是增量的 Web 爬虫和索引。对于增量修改的应用模型，并不适合把大量数据拿到内存中，因为增量改动完了，也就不需要迭代了。Spark 通过提供丰富的 Scala, Java, Python API 及交互式 Shell 来提高可用性（孟小峰和慈祥，2013）。

Spark 可以直接对 HDFS 进行数据的读写，同时支持 Spark on YARN。Spark 可以与 MapReduce 运行于同集群中，共享存储资源与计算，数据仓库 Shark 实现上借用 Hive，几乎与 Hive 完全兼容（马志程等，2015）。

从 Hadoop 0.23 把 MapReduce 做成库可以看出 Hadoop 的目标是要支持包括 MapReduce 在内的更多的并行计算模型，如 MPI、Spark 等。毕竟现在 Hadoop 的单节点 CPU 利用率并不高，假如这种迭代密集型运算是和现有平台的互补，那么这对资源调度系统就提出了更高的要求。有关资源调度方面，UC Berkeley 也在做一个 Mesos 的东西，还用了 Linux container 统一调度 Hadoop 和其他应用模型（何海林和皮建勇，2015）。

8.3.4　Spark 实例

分布式估算 Pi 的大小，具体程序如下：

```
object SparkPi {
    def main(args: Array[String]) {
        val conf = new SparkConf().setAppName("Spark Pi")
        val spark = new SparkContext(conf)
        val slices = if (args.length > 0) args(0).toInt else 2
        val n = 100000 * slices
        val count = spark.parallelize(1 to n, slices).map { i =>
            val x = random * 2 - 1
            val y = random * 2 - 1
            if (x*x + y*y < 1) 1 else 0
        }.reduce(_ + _)
        println("Pi is roughly " + 4.0 * count / n)
        spark.stop()
    }
}
```

第 9 章　电商个性化推荐系统的应用

9.1　国内外研究现状

9.1.1　国外研究现状

20 世纪 90 年代中期，P. Resnick，W. Hill，U. Shardanand 等有关协同过滤（collaborative filtering，CF）文章的发表，以及在美国人工智能协会上由卡内基·梅隆大学的 Armstrong 等提出的个性化导航系统 Web Watcher 和斯坦福大学的 Balabanovic 等推出的个性化推荐系统 LIRA，标志着个性化推荐系统研究的开始（李鹏辉，2014）。

计算机网络的发展和普及推动了学者们对个性化推荐技术的研究和改进，其最早对个性化推荐的探索是从消费者的行为数据中发掘商品的关联规则，而后基于内容的推荐算法和协同过滤推荐算法被相继提出，并被不断改进。时至今日尽管不少外国学者纷纷提出了自己的改进算法，但数据稀疏性、冷启动等问题依然没有彻底解决，个性化推荐算法在推荐的准确性和运行效率上还有很大的提升空间。历经 20 年的发展，个性化服务逐渐从学术研究转向实际应用。早期的个性化推荐主要用于电子邮件和新闻等信息的过滤，代表系统有 Tapstry、Grouplens 等。而后个性化推荐被应用于电子商务领域，并逐步向电影、音乐、书籍、社交网络等应用领域扩展。例如，国外比较知名的电子商务平台 Amazon、eBay，视频分享网站 Youtube，电影租赁网站 Netflix，音乐网络平台 Pandora、Last.fm，社交平台 Facebook，个性化阅读 Google Reader、Digg 等都不同程度地运用了个性化推荐技术为顾客提供个性化的推荐服务（陈龙飞和赵雪，2013）。

现在的个性化推荐系统大都是依托于传统的 Internet，面向移动通信领域的个性化推荐系统也不少，如智能推荐应用程序的 AppBrain、AppsFire，个性化推送广告的 Facebook 移动应用，个性化本地店铺推荐的 Bizzy，基于位置探索好友行为的 Foursquare，个性化阅读工具 Zite 等。但是对移动领域的个性化推荐系统的研究才刚刚起步，目前并没有较为完善和成熟的系统体系出现，而且移动领域应用的个性化推荐算法的推荐质量和运行效率还有待提高。

9.1.2 国内研究现状

与国外相比，国内关于个性化推荐的研究仍存在一定的差距，而理论研究的落后是影响推荐技术发展的主要原因。但是在大量学者的不懈努力下，国内在个性化推荐算法方面，尤其是协同过滤算法的理论研究方面取得了一些不错的成果。例如，针对数据稀疏性问题，杨阳等（2012）提出基于矩阵分解和用户近邻模型的推荐算法，李想和周良（2013）引入语义分析，提出一种基于用户语义相似度的推荐算法；针对协同过滤的新用户、新项目冷启动问题，李改和李磊（2012）提出一种通用的基于 K 近邻的属性——特征映射的方法，景民昌等（2013）提出基于多属性综合评价的种子集策略引导新用户评分。此外，国内不少研究人员正在进行基于上下文感知的推荐算法的研究，以使个性化推荐更加适用于应用场景的变化，提高用户体验和算法性能（于洪和李俊华，2015）。

在实际应用方面，个性化推荐技术在国内得到了广泛应用，尤其是在电子商务领域发挥了重大作用。国内比较著名的电子商务个性化推荐网站有当当网、新浪商城、淘宝网、豆瓣网和大众点评网等，它们根据用户的购买记录、浏览的历史记录和用户对商品的评价等信息构建用户兴趣模型，主要采用基于内容和协同过滤的推荐技术筛选出推荐信息，力求实现推荐的实时性。但是，在推荐的深度、规模性和精度等方面，我国的电子商务推荐系统都远远落后于国外，主要表现在三个方面，即个性化程度低、推荐的自动化程度低和用户兴趣模型的持久性程度低。移动电子商务领域也是如此，虽然各大电子商务网站纷纷将自家应用搬上移动终端，还有智能推荐商品的“口袋购物”、社区型女性时尚媒体的“美丽说”和“蘑菇街”、个性化餐馆推荐的“饭饭”等新型应用，但是国内基于移动平台的个性化推荐系统的研究与应用仍处于初级阶段，和真正的实现智能个性化推荐相比还有一段距离。

9.2 电子商务个性化推荐系统理论与技术介绍

9.2.1 电子商务个性化推荐系统概述

1. 电子商务个性化推荐系统的概念与作用

早在 1987 年就有人提出了电子商务个性化推荐系统的概念，并于 1997 年由 Resnick 等给出了正式定义：“它是以电子商务网站为基础向用户提供商品信息，并模拟导购员为用户提供商品选购建议，协助用户完成购物过程的系统。”其中用户是系统的使用者，系统要推荐的是商品信息，又称为项目。电子商务个性化推荐系统就是根据不同用户的特定兴趣偏好向其推荐可能喜欢的项目。

一个优质的电子商务个性化推荐系统具有巨大的社会价值和经济价值，它的作用主要体现在以下两个方面。

1）优化用户体验，增加网站访问量

随着信息时代电子商务的飞速发展，从事电子商务的企业和个人越来越多，以电子商务为目的接入 Internet 的服务器数量庞大。这些电商企业每天要上传大量的商品信息，导致网络信息量累积巨大，同时也给用户寻找合适商品的过程增加了负担，势必会造成用户的厌烦与流失。个性化推荐系统能够根据用户兴趣偏好自动为用户匹配其可能感兴趣的产品，带来舒心的用户体验。这种个性化服务能够提高用户的忠诚度，并吸引更多用户的使用，从而极大地提高网站的访问量。

2）生成精准推荐，提高商品销售量

目前从事电子商务的企业众多，各大电商企业之间的竞争非常激烈。要想在激烈的竞争中存活下来，就必须准确把握用户的消费倾向。个性化推荐系统能够根据用户的历史行为信息挖掘用户潜在兴趣，推荐用户可能感兴趣的产品，增加商品的曝光率。这种精准的定向推荐方式能够将用户由浏览者变为购买者，从而达到提高商品销售量的目的（苗胜春，2014）。

2. 电子商务个性化推荐系统整体架构

一个典型的电子商务个性化推荐系统的整体架构如图 9.1 所示，它主要由三大模块构成，即用户行为记录模块（input）、推荐算法模块（recommender）和推荐结果输出模块（output）（Resnick and Varian，1997）。这三个模块构成了个性化推荐的基本流程，即通过记录用户的行为信息积累用户兴趣偏好数据，调用推荐算法预测用户对各项目的喜好程度，将用户可能感兴趣的商品推荐给用户（许庆勇等，2015）。

1）用户行为记录模块

个性化推荐系统是根据用户的历史行为数据对用户的兴趣偏好进行预测，从而推荐有价值的商品给用户。因此，如何获取用户行为数据非常重要。行为记录模块就是用来对用户行为信息进行记录的，它是整个个性化推荐系统的基础。

用户的兴趣偏好很抽象、难以捉摸，不可能被直观地看到，但是用户的行为模式能从侧面反映出用户的兴趣偏好，甚至能够体现出用户的兴趣偏好程度。因此，解决用户兴趣识别的有效途径就是对用户的行为记录进行分析和研究。用户的行为模式可以分为两类：explicit feedback（显式反馈行为，简称显式行为）和 implicit feedback（隐式反馈行为，简称隐式行为），如图 9.2 所示。

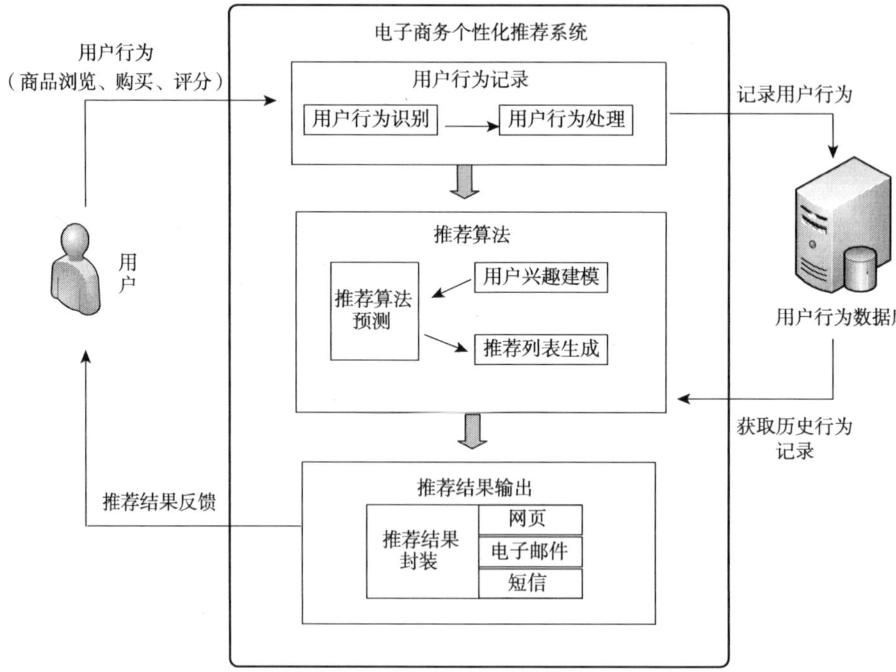

图 9.1　电子商务个性化推荐系统整体架构

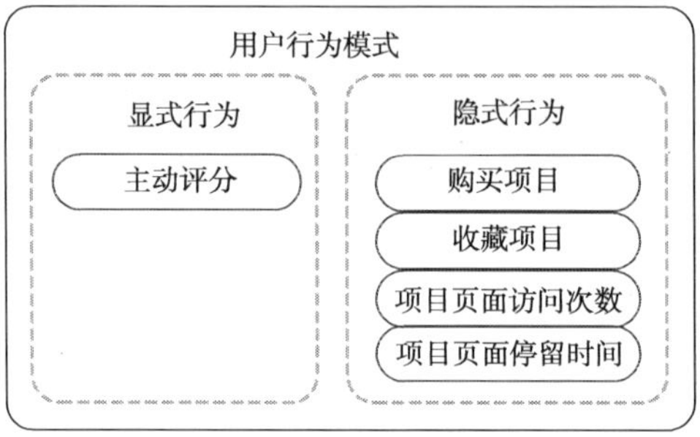

图 9.2　用户行为模式

在电子商务系统中，用户的显式行为主要是指用户通过系统评分机制对项目的直接评分。这类行为是用户主动进行的，排除用户的隐私顾虑和随意行为，它能够明显地反映出用户对项目的喜好程度，产生的评分数据具有较高的可信度。然而，它存在的缺点就是需要用户在浏览项目时花费额外的时间来进行评分操作，这会遭到很多用户的排斥。而且用户的精力是有限的，不可能对浏览过的项目全部进行评分，致使这种方式获取不到足够多的数据，从而影响系统的精度（邹婧琳和范炜，2014）。

用户的隐式行为是指除用户主动评分之外的其他行为，如用户购买项目、收藏项目，以及用户对项目页面的访问次数、对项目页面的停留时间等浏览行为。这类行为能够从一定程度上反映出用户对项目的关注程度，并且这类行为的记录跟踪工作不需要用户进行额外操作，完全可以在不干扰用户正常操作的情况下由系统自动完成。

2）推荐算法模块

推荐算法模块是整个电子商务个性化推荐系统中最为关键的一部分。它是直接参与推荐运算的模块，主要作用是依据用户行为记录模块提供的数据预测用户对项目的喜好程度，进而为推荐结果输出模块提供项目推荐列表。这一模块的好坏将直接影响整个系统的性能，因此对该模块有两点基本要求——准确性和实时性，即要求该模块能够根据当前用户的实时兴趣，使用推荐算法快速、高效地产生准确、可靠的推荐结果。

推荐算法模块的实现分为三个阶段——用户兴趣建模、推荐算法预测和推荐列表生成。用户兴趣建模是对用户历史行为信息的预处理，通常使用向量空间模型对用户行为数据进行量化。推荐算法预测是根据用户兴趣建模阶段产生的空间向量集合，采用某种推荐算法预测分析用户的兴趣。推荐列表生成是从预测集中挑选出用户最可能感兴趣的项目生成推荐列表，并将结果传递给推荐结果输出模块。

要想保证推荐算法模块的良好实现，推荐算法的选择非常重要。在选择时需要考虑很多因素的影响，但最基本的参考依据通常有以下四个方面。

（1）算法的准确程度。算法的准确程度是衡量一个推荐算法性能最为基本的标准。判断一个算法的好坏，先要看该算法的推荐结果是否准确可靠，高质量的推荐结果能够增加用户的好感度，吸引用户去更多地使用它。其他几方面参考依据都是建立在算法准确性之上的，如果一个算法连最基本的要求也满足不了，其他性能再优越也是没用的。

（2）算法的实时性能。算法的实时性能是对算法运算效率的考核标准。算法的时间复杂度应该尽量低，使整个计算过程能在较短时间内完成，并且生成用户推荐列表，从而避免用户的等待时间过长。这是推荐算法性能的加分项，可以提高用户对推荐算法的满意程度。

（3）算法的复杂程度。这里是指算法的实现难度，应该尽量采用计算过程较为简单，又能够保证一定推荐质量的算法。太过复杂的算法虽然在精度上有所提高，但这种提高通常是以牺牲算法运行效率为代价的，而且也会给算法的实现增加不小的难度。

（4）算法的透明程度。一个推荐算法的透明程度，就是指用户对算法推荐逻辑的理解和接受程度。如果算法的推荐逻辑简单易懂，用户就能够很容易理解算法的推荐依据和推荐产生的流程。更进一步地说，如果算法的思想贴合用户的生活实际，用户会更乐于接受该算法，从而提高用户对算法的信任程度以及对系统的忠诚度。

3）推荐结果输出模块

推荐结果输出模块是面向用户的，与用户体验直接相关。它主要实现对推荐算法模块产生的推荐列表的封装，确定推荐列表将以何种形式展示给用户。传统的推荐形式主要有三种——网页形式、电子邮件形式和短信形式。

电子商务个性化推荐系统是以用户体验为中心的，因此用户对推荐结果的反馈信息尤为重要，它是衡量系统推荐质量的重要标准，也是系统改进的参考依据。因此在推荐结果输出模块中需要对用户的反馈意见进行收集，收集到的反馈信息可以作为下一次推荐的有效依据。

3. 常见个性化推荐算法介绍与比较

一个好的个性化推荐系统需要一个优质的推荐算法来支撑，个性化推荐算法是系统为用户推荐可靠信息并最终获得用户信任的保证。常见的个性化推荐算法主要有三种——基于关联规则的推荐算法、基于内容的推荐算法和协同过滤推荐算法。

1）基于关联规则的推荐算法

基于关联规则的推荐算法是利用数据挖掘中的关联规则技术分析海量的用户购买记录，提取各个产品在销售过程中的内在联系，从而发掘出用户的购买习惯，即用户在购买某些产品时是否也同时购买了其他产品。根据产品的内在联系制定合理的销售策略，提高产品的销售量，增加销售收益。

基于关联规则的推荐算法虽然易于理解，并且能够为用户推荐新的信息，但是仍然存在一些不足。首先，随着系统数据量的增大，关联规则的提取需要消耗大量的时间。其次，随着关联规则的增大，系统管理需要耗费很多精力。最后，研究表明，关联规则的推荐质量要低于其他类型的推荐算法。

2）基于内容的推荐算法

基于内容的推荐算法是通过对用户之前关注的项目进行分析，提取出项目本身的属性或特征，从而查找具有相似特征的项目推荐给用户。因为项目属性特征通常具有稳定性，可以进行离线处理，也不存在数据稀疏性问题。

基于内容的推荐算法的不足之处有三点：一是目前它只能针对文本内容信息进行简单特征提取，对于文本的风格、质量等抽象性特征无法提取。二是这种特征提取方式太过针对单一信息领域，不具有普遍适应性，扩展性较差。三是这种方法将推荐目标局限在与用户关注项目类似的项目上，致使推荐范围过于狭窄，无法发掘用户新的兴趣点。

3）协同过滤推荐算法

协同过滤推荐算法是目前应用最为广泛的个性化推荐算法。它认为具有相同或相似兴趣偏好的用户对某一项目的喜好程度相同或者相似，通过分析用户的兴趣偏好查找出目标用户的相似用户群体，然后根据相似用户对项目的评价为用户产生推荐。

与基于关联规则和基于内容的协同过滤算法相比，协同过滤算法具有以下优点：一是它不需要进行项目内容特征的复杂提取工作，直接根据用户的历史行为信息就能产生推荐，具有普遍适应性。二是它具有奇异推荐能力，能够发掘用户潜在兴趣，为用户推荐其尚未发现的新的项目类型。三是它根据用户的大量评分数据进行推荐，具有较高的推荐质量。

鉴于协同过滤算法的优点，本书将选取协同过滤算法作为个性化推荐系统的算法基础。但协同过滤算法仍然面临诸如冷启动、数据稀疏性等问题，本书第 10 章将重点介绍协同过滤算法的研究与优化工作。

9.2.2　基于移动平台的电商个性化推荐系统关键技术介绍

1. 电子商务个性化推荐系统的概念与作用

Android 平台是由 Google 公司和 34 家手机制造商组成的开放手机联盟共同领导研发的一款智能手机操作系统，自 2007 年 11 月 5 日发布至今，以其免费、自由、开放的理念，独特而强大的功能深受广大开发人员和消费者们的青睐。

1）Android 平台架构

Android 是在 Linux 系统的基础上，采用“软件层叠”（soft stack）方式构建起来的一个开放式平台，从最底层往上依次为 Linux 内核层、系统运行库层、应用框架层和应用程序层，如图 9.3 所示。Android 各层之间相互分离、分工明确，层与层之间的低耦合带给系统整体更好的可扩展性。

（1）Linux 内核层。Linux 内核层是 Android 系统硬件和软件之间的抽象层，Android 系统的底层建立在 Linux 内核层之上。因此，安全性、内存管理、进程管理等 Android 核心系统服务都依赖于 Linux 内核层。

（2）系统运行库层。系统运行库层分成了两部分——函数库和 Android 运行时。函数库是 Android 提供的一套 C/C++编写的函数集合，主要包括系统 C 库、Media Framework、Surface Manager、OpenGL ES、SGL、SQLite 等，可以为系统的不同组件提供服务。开发人员只须通过上层的应用程序框架即可调用这些库函数。Android 运行时提供应用程序运行所需环境，它包含一个 Android 核心库集，提供了 Java 语言核心库的大部分功能；此外还有一个 Dalvik 虚拟机，负责执行 Android 应用程序。

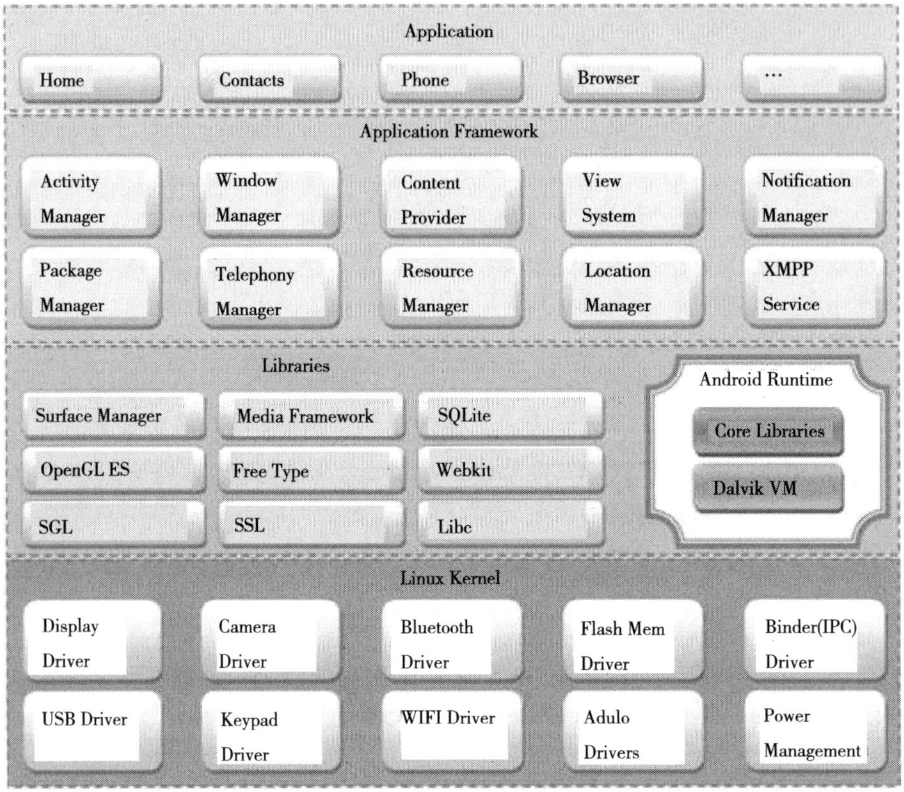

图 9.3　Android 平台架构图

（3）应用框架层。开发人员在进行 Android 应用程序开发时，面向的就是底层的应用框架。Android 应用框架提供了大量的 API，是 Android 应用程序开发的基础。不管是 Android 系统核心程序，还是开发者发布的应用程序，都可以自由地访问核心 API 框架。Android 应用框架简化了程序架构设计，并且在框架的约束下，任何应用程序都可以发布自己的功能模块，并且可供其他应用程序使用，大大提高了代码的复用性。

（4）应用程序层。Android 应用程序多种多样，有系统自带程序，包括 SMS 短消息、联系人列表、日历、邮箱、设置、无线连接等；也有开发人员自主研发的 Android 程序，如微信、微博、游戏等。所有这些程序都是采用 Java 编程语言来实现的。

2）Android 应用程序组件

相比于其他系统的应用程序，Android 采用了完全不同的封装和组织方式。Android 应用程序由一个或多个基本组件构成，代替了传统的单一程序入口，如 main 方法。各组件之间既保持通信又相互独立，既可以通过数据交互进行协作，又可作为单独元素供其他应用程序使用，因而在完成自身功能的同时能够实现软件复用的最大化。Android 应用程序运行需要的四个基本组件包括 Activity（活动）、Service（服务）、BroadcastReceiver（广播接收者）和 Content Provider（内容提供者）。通过 Intent（意图）机制来实现组件与组件之间的相互调用与数据传递。在通常情况下，Android 应用程序并不需要包含全部四种组件，开发人员可根据需要来选择使用，但所有用到的组件必须在 AndroidManfest.xml 文件中声明。下面就对各个组件进行简单介绍。

（1）Activity 是最基本也是最常用的 Android 应用程序组件，它提供了与用户交互的可视化界面，而且每一个 Activity 都与一个单独的屏幕界面相对应。当应用程序有多个界面时，也就意味着它拥有由多个 Activity 组成的 Activity 栈。界面的改变会引起 Activity 之间的切换，当前活动界面的 Activity 将处于栈顶。Activity 的主要作用是设置显示 View（视图）、监听响应事件、启动其他 Activity 等，其生命周期由系统进行维护。

（2）Service 具有与 Activity 同等重要的地位。与短周期的 Activity 不同，Service 组件可以长时间在系统后台运行，一般情况下不需要参与用户交互，因而没有可视化的用户界面。Service 的主要作用是提供后台服务，或者监控其他程序的运行状态。一个典型的 Service 应用场景是在用手机上网或看书时，让系统在后台继续播放之前使用音乐播放器点播的音乐。

（3）BroadcastReceiver，顾名思义是广播接收者，其是 Android 应用程序的又一重要组件，同样没有用户界面。从代码实现角度来说，它与事件编程中的 Listener 非常相似。普通的事件 Listener 是用于监听并响应程序中控件触发的事件，而 BroadcastReceiver 则是用来监听 Android 程序中的其他组件发出的广播，并在接收后进行相应的处理。

（4）Android 应用程序相互独立，各自运行在自己的进程中，但这并不妨碍应用程序之间产生联系，这种普遍存在的联系通常体现为数据的共享。例如，发送短信时需要从联系人列表中读取联系人的电话信息。多个应用程序之间的数据交换需要在不同的进程，即虚拟机之间进行，操作起来较为困难。因此，为了实现这种跨应用的数据共享，Android 提供了 Content Provider 组件，它定义了一组标准的方法，能够让其他应用程序读取当前应用通过 Content Provider 组件显露的各种类型的数据。

（5）Intent 从严格意义上讲并不属于 Android 应用程序的组件，但它是 Android 应用不可或缺的重要一环，因为它是串联 Android 应用不同组件的重要媒介。Activity、Service、BroadcastReceiver 之间的通信都需要 Intent 的支持，它封装了用于启动或触发目标组件的方法，与此同时也可充当数据传递的载体。

2. SSH2 框架关键组件

在信息时代，日益透明化的商业环境和日趋激烈的市场竞争，造成了企业软件系统需求越来越复杂多变，高可靠性、可用性、可扩展性的软件系统架构设计显得尤为重要。顺应时代发展的需要，Sun 公司提出了 J2EE 多层体系架构，用于简化和规范企业级应用的开发、部署、管理和维护等工作，成为解决电子商务和企业级解决方案的标准平台。但是，传统的 J2EE 框架在分层架构模式的实现方式上仍然存在一些问题，如 JSP 页面与 Java 代码耦合过于紧密，事务处理和持久化方面存在缺陷，以及核心 EJB（enterprise JavaBean）组件规范太多而不够灵活等。这些不协调因素使传统 J2EE 并没有完全摆脱开发难度大、维护成本高等弊端。

SSH2 框架以其开源、开放、免费的理念，利用集体的智慧完善设计、弥补缺陷，保留了传统 J2EE 框架在复用性和可扩展性等方面的优势，同时在系统架构分层设计和实现上更加简洁合理，从而使开发人员可以将更多的精力投入业务逻辑的分析和开发上，极大地提高了开发效率，降低了投资成本，成为应用最为广泛的轻量级 J2EE 应用架构。下面将围绕 SSH2 框架进行简单的介绍。

1）Struts2 框架

Struts2 是 Apache 组织发布的一个基于 MVC（model view controller）模式的开源框架。它是在 Struts1 的基础上发展而来的，继承了 Struts1 简单易用、稳定可靠的优点。但是 Struts2 的核心更倾向于 WebWork，它借鉴了 WebWork 的设计理念，完美地引入拦截器机制，实现了核心控制器 Servlet 与业务逻辑控制器 Action 的完全分离，使软件的代码结构更加清晰。Struts2 拥有良好的向后兼容性，确保了开发人员从 Struts1 和 WebWork 到 Struts2 的平稳过渡。

Struts2 框架的核心组件主要包括核心控制器 FilterDispatcher、业务逻辑控制器 Action，以及与 WebWork 类似的拦截器链。Struts 框架的整体处理流程如图 9.4 所示。

首先，用户通过浏览器向远程服务器发送 HTTP 请求。Struts2 的核心控制器 FilterDispatcher 拦截到 HTTP 请求后，根据请求内容查找对应的业务逻辑控制器，即 Action。

在调用对应的 Action 之前，用户请求还需要通过拦截器的审核。Struts2 的拦截器链会自动执行预先定义的操作，如数据有效性验证、文件上传等功能。只有当请求满足了所有拦截器要求时才会被转接到 Action。

其次，Struts2 框架会自行回调 Action 的 execute 方法来处理 HTTP 请求。由于 Action 只是充当控制器的角色，所以 HTTP 请求实际上是由 Action 调用开发人员自定义的业务逻辑组件来处理的。

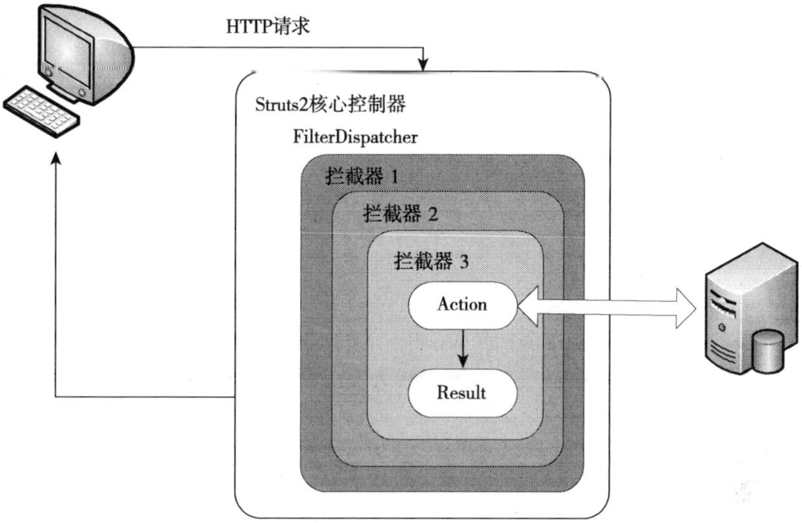

图 9.4　Struts2 框架处理流程

最后，Action 的 execute 方法会将处理结果反馈给浏览器，以特定形式显示给用户。此时支持的显示格式非常多，如 HTML、JSP、FreeMaker、PDF 等，具体形式由 Result 值决定。

2）Spring 框架

Spring 是在一个轻量级的 J2EE 开源框架，主要根据 Rod Johnson 于 *Expert One-on-One J2EE Design and Development* 一书中阐述的实用开发框架的设计雏形衍化而来，它主要面向系统架构的业务逻辑层和数据库层，用于解决企业级应用开发工作中太过复杂的问题（薛峰等，2012）。Spring 在具体实现上避重就轻，采用简单易用的 JavaBean 来代替原先过于复杂的 EJB 组件，将系统开发难度大大地降低，同时使设计的灵活性增加。

当讲到业务逻辑，就不能不谈论一下面向服务的架构（service-oriented architecture，SOA）。准确地说，SOA 是一种软件架构设计思想（Meyer，2007），强调将系统的功能模块定义为服务接口，并按照统一标准或协议联系起来，实现系统功能的松散耦合和分层开发。Spring 框架正是 SOA 架构的良好诠释，它是一个典型的分层架构，整体由 Spring Core（核心容器）、Spring Context（上下文）、Spring DAO（数据存取对象）、Spring ORM（对象关系映射）、Spring AOP（面向切片编程）、Spring Web、Spring Web MVC 这七个功能强大的模块（蔡昱星，2011）组成（图 9.5）。其中，Spring Core 是 Spring 的基础模块，提供了配置和管理 JavaBean 的基本功能，其他模块构建在核心容器之上。Spring 框架的各个模块既可以独立存在，又能够与其他模块联合使用，具备高度的灵活性和可扩展性。

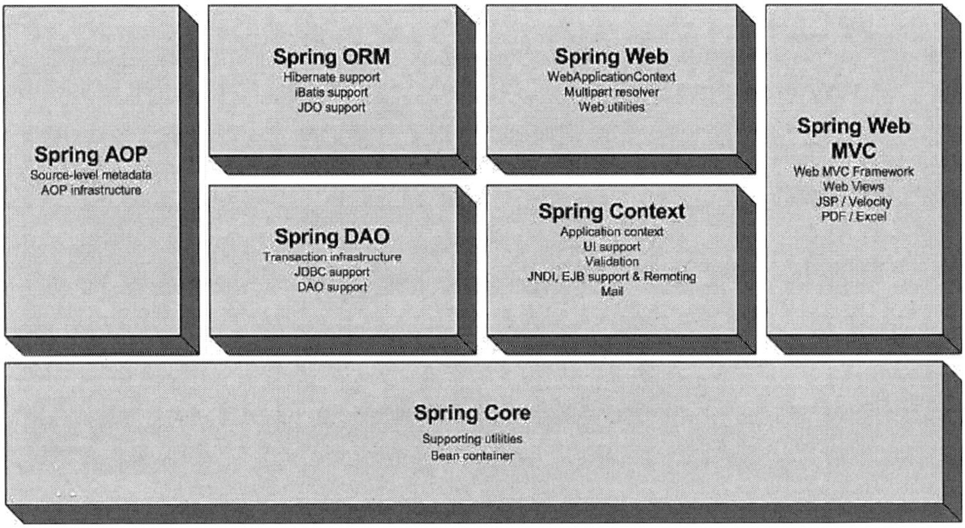

图 9.5　Spring 框架分层架构

IoC 和 AOP 是 Spring 框架的两大核心功能。

IoC 又称为依赖注入，是一种组件延迟加载方式。Spring 属于非侵入式框架，开发人员编写的业务逻辑实现类并不需要继承特定的 Spring 类，或者实现某一 Spring 接口。Spring 框架并没有侵入用户代码中，而是采用依赖注入的方式来发布服务。通常的做法是在 Spring 的 BeanFactory 中配置好需要调用的业务逻辑服务接口，服务使用者只需要调用服务接口，而不必关注服务实现类的查找工作以及具体的实现方式，后续的服务依赖对象的创建和装配过程完全由 Spring 负责完成。IoC 机制避免了用户代码对 Spring 框架的过度依赖，有利于代码的迁移和扩展。

AOP 技术。在传统的面向对象的编程中实现日志管理等系统级功能，往往需要将日志读写的具体代码出现在所有的 Java 操作类中才可以，这会使整个系统变得过于臃肿，不便于修改。面向切片的编程允许开发人员对系统进行横切处理，将系统级功能从具体的业务逻辑中剥离出来，并将其封装到可复用的服务模块中，因而在业务逻辑组件中只须简单地调用相应的功能服务便可。如此，便可有效地避免代码的大量重复，真正达到代码的高度复用。采用 AOP 技术可以很好地实现事务管理、日志管理等系统功能。

此外，Spring 还是一个很好的可扩展框架。除了自身的七大功能组件外，Spring 还可以同其他框架协调使用，实现多个框架的有效整合。

3）Hibernate 框架

所谓的数据“持久化”，就是将数据永久保存起来，以便在需要时再次使用。在目前的企业级应用解决方案中，首推面向对象的编程方式。面向对象编程的系统运行时，数据在内存中以对象形式存在。内存属于随机存储器，且本身的容量受限，数据不可能长期滞留其中。因此要想永久保存数据，就必须将内存中的数据导入数据库中。而数据库方面，关系型数据库仍然是最主要的数据库模式，保存的是非面向对象的关系数据。将对象数据持久化到关系型数据库中，直接使用 JDBC 访问数据库的方式太过繁杂耗时，不利于软件系统的快速开发，由此引发了对 ORM（O/R mapping，对象关系映射）框架的需求。

Hibernate 是当下最流行的、免费开源的 ORM 框架。它是面向 Java 的编程语言，对 JDBC 进行了轻量级封装，使开发人员无须同底层的 JDBC 和 SQL 语句打交道，直接采用面向对象的思想编程就能完成数据库操作，因此可在数据持久化上节省 30%的时间，可以将更多的精力投入业务逻辑的分析和实现中，提高软件开发的质量和效率。Hibernate 的适应范围广泛，可以应用于单独的 Java 程序、Java Web 项目，甚至可以在 J2EE 架构中担当对象持久化的重任。

从图 9.6 中的 Hibernate 体系结构可以看出，Hibernate 框架作为持久化的中间件，是应用程序与数据库沟通的桥梁。Hibernate 为上层应用程序提供了访问数据库的对象级 API，并通过 XML 配置和映射文件建立与底层数据库的联系，实现了彻底的 ORM。

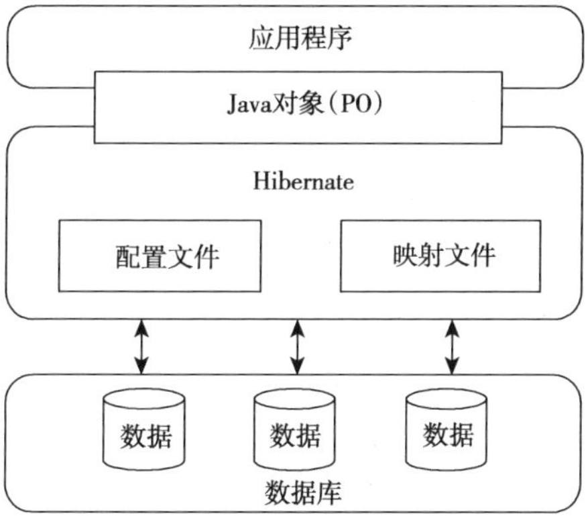

图 9.6　Hibernate 体系结构

3. MongoDB 文档型数据库

1）NoSQL 非关系型数据库

NoSQL 意为“不仅仅是 SQL”，即是对关系型数据库的补充而非取代，但通常也泛指非关系型数据库。与传统的关系型数据库不同，这类数据库的主要特点是非关系型、分布式、开源、水平可扩展。很早就有人提出了 NoSQL 理念，并在 2010 年将其应用于互联网行业，引发了一股数据库技术变革热潮。

NoSQL 的迅速崛起存在一定的必然性。因为在互联网发展的早期，网络用户较少，对数据库的性能要求不高，使用传统的关系型数据库完全能够满足用户需要。但随着互联网技术的不断进步和发展，各类网站的用户群体在不断扩大，超高的访问量和大数据处理给关系型数据库带来了巨大压力。关系型数据库在对千万级别数据的 SQL 查询效率较低，太多的时间耗费难以满足系统的实时性需求，而且，关系型数据库在使用上存在诸多限制，过于依赖设计良好的表结构会加重系统后期数据库的扩展和维护工作的难度。因此，为了解决大规模网络应用的数据库问题，NoSQL 受到业界的拥戴和提倡。

NoSQL 是一种非关系型的数据库设计理念，它打破了关系型数据库一强独霸的局面，为数据库领域注入了新的思维与活力。它与传统关系型数据库最大的不同体现在存储结构上。NoSQL 数据库不使用关系型数据模型，没有固定的表结构，而是使用列式（column-oriented）、键值式（key-value）或文档式（document-oriented）存储方式，并且具有强大的水平扩展性，使读取和分割数据的能力被有效地提高。

2）MongoDB 数据库技术

MongoDB 是目前 IT 领域最为流行的一种 NoSQL 数据库，自 2007 年大数据处理公司 10gen 发布至今，越来越多的公司或团队已将 MongoDB 作为移动互联网应用的首选数据库，并在实际的系统应用环境中投入使用。

MongoDB 是一个开源、免费、无模式、可扩展的分布式文档型数据库。与传统的关系型数据库相比，MongoDB 在大数据存储和访问效率上具有明显优势。它提供了类 JSON 的 BSON 格式作为数据存储形式，简单直观、灵活易用，可以采用层次嵌套的形式存储复杂多变的数据。它采用了与面向对象类似的查询语言，基本能够实现所有的数据库查询操作。它扩展了关系型数据库，如索引、排序等功能，具有高效的查询性能。MongoDB 是 NoSQL 数据库产品中功能最为强大、丰富的一种，具有很好的发展和应用前景。

MongoDB 是面向集合的、模式自由的、文档存储的 NoSQL 数据库，它的数据存储方式与关系型数据库有所不同。MongoDB 改变了传统的关系型数据库中表和行的概念，转而采用集合与文档的组织形式。MongoDB 数据存储的基本单位是 Collenction，一个数据库包含多个 Collenction，每个 Collenction 都对应一个唯一的标识符，并且 Collenction 格式无须事先定义，在使用时创建即可。Collenction 内部包含多个 Document，Document 的数量和属性也不受限制。Document 的属性多种多样，可以是基本数据类型、数组甚至是一个子文档。并且 MongoDB 能够实现逆规范化存储，即同一个 Collenction 中的 Document 的属性并不需要保持一致。

MongoDB 存储结构如图 9.7 所示，这种方式可以非常方便地将对象映射到数据库中，并且容易进行调整。

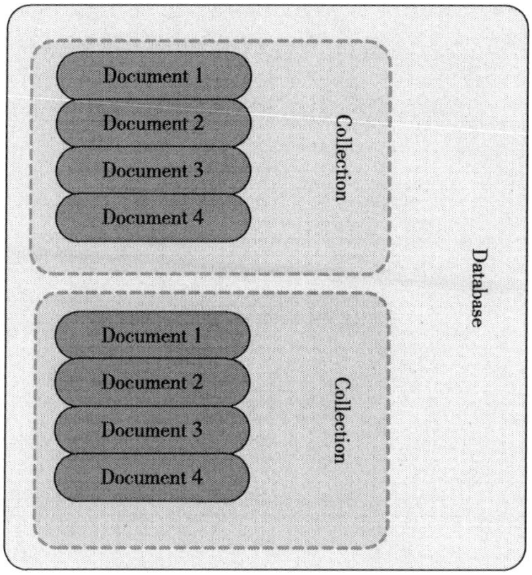

图 9.7　MongoDB 存储结构

NoSQL 的兴起就是为了解决 Web 网站的高并发访问和大数据问题，因此 MongoDB 也主要用于电子商务等网络服务领域，适用范围如下。

（1）大数据、高并发应用。MongoDB 可以作为网站的文档型数据库，用于存放用户访问日志等频繁产生的大量数据。MongoDB 高效的查询性能可以满足网站的实时数据访问需求，同时，类 JSON 的存储风格也可以使对象及 JSON 数据的交互很容易地完成。

（2）高速缓存。凭借其超高的读写性能，MongoDB 非常适用于信息系统的缓存层，能够有效地避免系统重启后底层数据源过载问题。

（3）分布式集群。面向文档的数据模型使 MongoDB 具备了高度的可扩展性，只要在集群中添加机器节点，就可以很方便地完成数据扩容操作，它提供的数据自动分割功能可以有效应对分布式集群的负载均衡问题。

4. Morphia ORM 框架

Morphia 是一个基于 Java 的轻量级 ORM 框架，能够实现 Java 对象到 NoSQL 数据库的持久化和访问操作。Morphia 与传统的 Hibernate 等关系数据库对象持久化模型相似，只不过它是专门针对文档式数据库 MongoDB 的强大交互工具。它对 MongoDB 的基本数据库操作进行了 DAO 对象封装，实现了 Java 对象到 MongoDB 的双向映射，同时也使得开发人员在对 MongoDB 文档进行处理时可以直接采用面向对象的方式，因而可以将开发人员从复杂计算中解脱出来，将更多的精力投入业务逻辑的设计和开发工作中。

总的来说，Morphia 是一个不错的 MongoDB 映射框架，能够对 MongoDB 数据库进行类型安全的访问。Morphia 主要优点如图 9.8 所示。

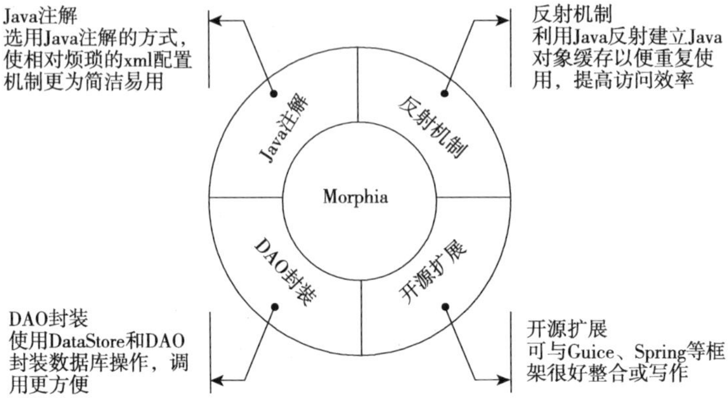

图 9.8　Morphia 主要优点

9.3　基于协同过滤的个性化推荐算法研究与优化

个性化推荐算法是整个推荐系统中最为重要的核心组件，推荐算法的优劣将直接影响系统的推荐质量。个性化推荐系统也需要配合核心算法来构建，没有优秀的算法支撑，再好的系统也只是虚有其表。因此，本章将对个性化推荐算法进行研究与优化。首先对传统的协同过滤算法进行分析，明确其算法流程及面临问题；其次研究更为准确高效的 Slope one 算法，分析其优点与不足之处，在此基础上提出改进与优化方案；最后对改进算法性能进行了实验测试，为后续算法在个性化推荐系统中的应用作铺垫。

9.3.1　传统的协同过滤算法概述

1. 协同过滤算法的基本原理

协同过滤于 20 世纪 90 年代被首次提出，引发了学术界和应用领域的广泛关注，也推动了整个推荐系统研究的前进。它是目前应用最为广泛也是最为成功的个性化推荐算法。

在日常生活中，人并非孤立的个体，而是与周围的人密切相关。在做出某个决定之前，人们通常会倾向于参考亲朋好友们的意见，甚至是采取从众举动。例如，在选购一件商品时，如果周围的朋友都很喜欢它并已经购买了，我们选择该商品的概率就会很大；如果遇到用户评价较高的相似商品时，我们也很有可能会购买。协同过滤算法正是借鉴了这种咨询心理，它的基本原理是以与当前用户兴趣偏好最为相近的其他用户对项目的评分作为依据，预测当前用户对该项目的喜好程度，以此判断是否将该项目推荐给当前的用户。这种“依靠群体观点为单一用户提供参考意见”的思路符合人们的行为习惯，在较大程度上为人们所接受和认可。

2. 协同过滤算法的主要分类

目前的协同过滤算法主要分为两类——User-based 协同过滤和 Item-based 协同过滤算法。下面对这两种算法进行简单介绍。

1）User-based 协同过滤算法

User-based 协同过滤算法，即基于用户的协同过滤算法，于 1992 年被提出，是协同过滤算法最为早期的一种形式。它基于这样一种假设：如果两个用户喜欢的项目存在很多交集，则他们的兴趣偏好具有相似性，其单独喜好的项目也极有可能会被对方认可，并且相同的项目越多，用户相似性越大，项目被认可的机率也就越高。它的基本思想可以理解为将与目标用户具有相同或相近兴趣偏好的其他用户感兴趣的其他项目推荐给目标用户。User-based 协同过滤算法基本原理如图 9.9 所示。

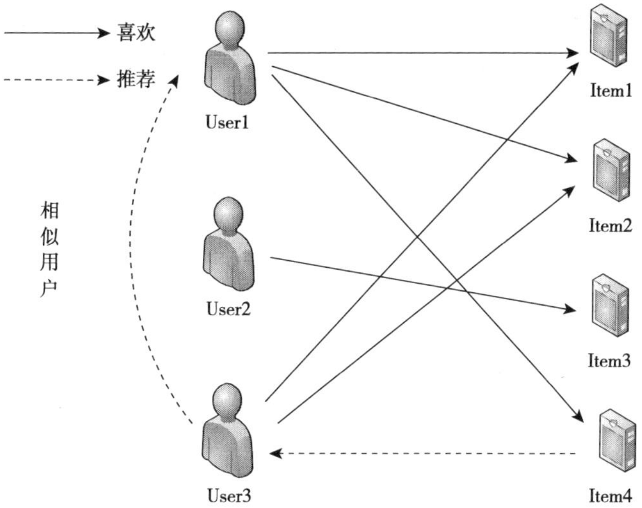

图 9.9　User-based 协同过滤算法基本原理

假设有三个用户 User1、User2 和 User3，以及四件物品项目 Item1、Item2、Item3、Item4。这三个用户对不同的项目的喜好程度有所不同。其中，User1 很喜欢 Item1、Item2 和 Item4，User2 对 Item3 情有独钟，而 User3 偏好 Item1、Item2。分析用户对项目的偏好数据发现，User1 和 User3 之间存在共同的兴趣偏好，即都喜欢 Item1、Item2，而 User2 与两者没有任何交集，可以认为 User1 和 User3 的兴趣偏好存在相似性。同时，User1 与 User3 之间又存在非共性的兴趣偏好，User1 有着单独的喜好项目 Item4，由此推断 User3 也有可能会对 Item4 产生兴趣，可以将 Item4 推荐给 User3。

2）Item-based 协同过滤算法

Item-based 协同过滤，即基于项目的协同过滤算法，于 2001 年被 Sarwar 提出，目的是解决 User-based 协同过滤算法在用户数量激增的情况下暴露出的计算时间过长的缺陷。它基于这样一种假设：如果喜欢某项目的用户群体中存在大部分用户也喜欢另一项目，则这两项目具有相似性，而用户更倾向于对与之前评分较高的项目相似或相关的其他项目产生兴趣。其基本思想是，将与目标用户之前关注过的项目相似度较高的其他项目推荐给目标用户。图 9.10 很好地诠释了 Item-based 协同过滤的基本原理。

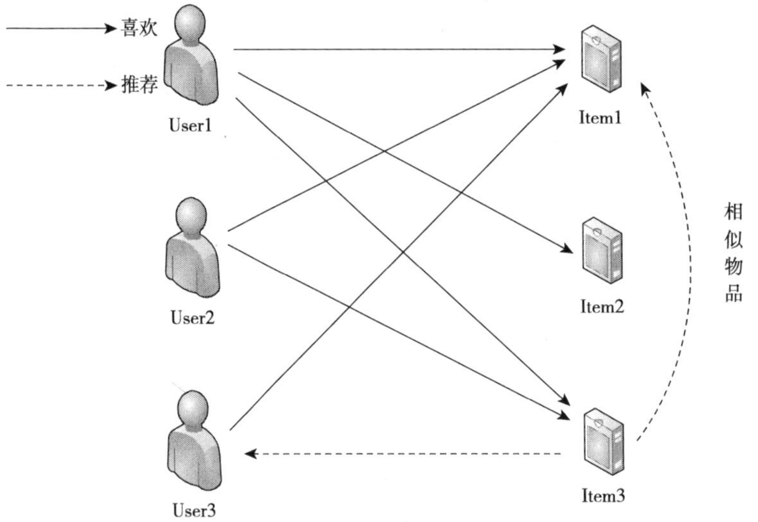

图 9.10　Item-based 协同过滤算法基本原理

假设有三个用户 User1、User2 和 User3，以及三件物品项目 Item1、Item2 和 Item3。这三个用户对不同的项目的喜好程度有所不同。User1 对 Item1、Item2 和 Item3 都比较感兴趣，User2 比较喜欢 Item1 和 Item3，User3 则偏好 Item1。分析这三个用户的历史偏好信息发现，喜欢 Item1 的用户 User1 和 User2 都对 Item3 感兴趣，可以认为 Item1 和 Item3 比较相似。同时，User3 也关注了 Item1，则他很可能会对 Item1 的相似物品 Item3 产生兴趣，因此将 Item3 推荐给 User3。

3. 协同过滤算法的一般流程

协同过滤算法的一般流程如图 9.11 所示，主要包含四个主要步骤。

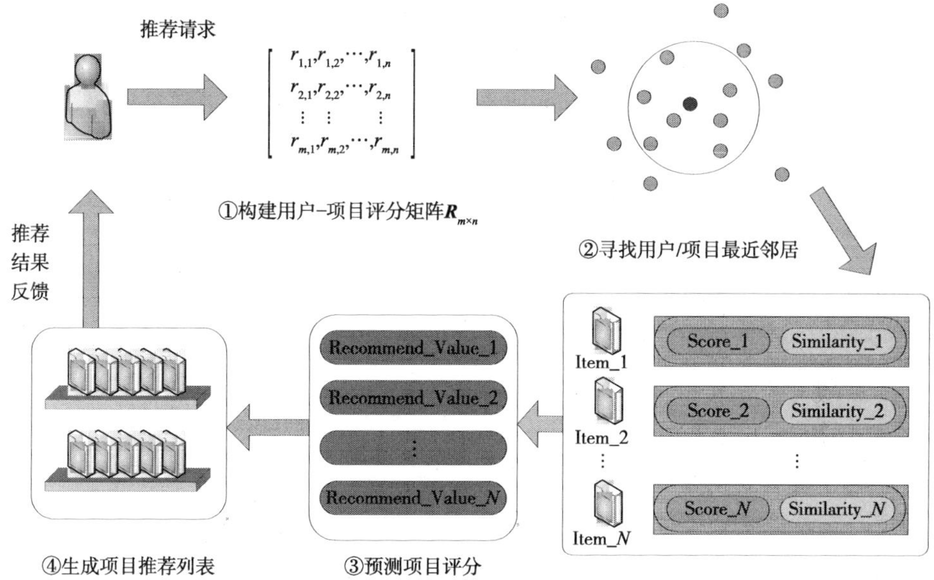

图 9.11　协同过滤算法的一般流程

（1）构建用户–项目评分矩阵 $\boldsymbol{R}_{m\times n}$。用户对项目的历史评分能在一定程度上反映出用户对该项目的喜好程度，是协同过滤算法的数据基础，通常以用户–项目评分矩阵 $\boldsymbol{R}_{m\times n}$ 的形式来表示。

（2）寻找用户/项目最近邻居。通过 $\boldsymbol{R}_{m\times n}$ 计算目标用户与其他用户（目标项目与其他项目）的相似度，挑选排在最前面的 K 个用户（或项目）组成近邻集合。当前用户对某一项目的评分需要依据其近邻集合的项目评分来近似逼近，可以说是协同过滤算法最关键的一步。用户（或项目）相似性 $\text{sim}(x, y)$ 的度量方法很多，常用的主要有以下四种。

第一，曼哈顿距离相似度（city block similarity），用两向量间的曼哈顿距离的倒数来表示。曼哈顿距离是指 n 维空间坐标系中两个向量之间的绝对轴距之和，即两向量在各坐标轴上的投影差值的绝对值之和。假设有两个评分向量 $\boldsymbol{x}$ 和 $\boldsymbol{y}$，那么其曼哈顿距离相似度的计算公式如下：

$$\text{sim}(\boldsymbol{x}, \boldsymbol{y}) = \frac{1}{\sum_{i=1}^{n}|x_i - y_i|} \tag{9.1}$$

第二，欧几里德距离相似度（euclidean distance similarity），用两向量间的欧几里德距离的倒数来表示。欧几里德距离表示 n 维空间中两向量端点之间的直线距离。假设有两个评分向量 $\boldsymbol{x}$ 和 $\boldsymbol{y}$，那么其欧几里德距离相似度的计算公式如下：

$$\operatorname{sim}(\boldsymbol{x},\boldsymbol{y})=\frac{1}{\sqrt{\sum_{i=1}^{n}(x_i-y_i)^2}} \tag{9.2}$$

第三，余弦相似度（cosine similarity），用两个向量间的夹角余弦值来表示。向量都具有特定指向，可以根据向量的指向来判断向量的相似程度，而向量夹角的余弦值可以表征向量指向的偏差程度。假设有两个评分向量 $\boldsymbol{x}$ 和 $\boldsymbol{y}$，那么其余弦相似度的计算公式如下：

$$\operatorname{sim}(\boldsymbol{x},\boldsymbol{y})=\frac{\vec{x}\cdot\vec{y}}{\|\vec{x}\|\cdot\|\vec{y}\|}=\frac{\sum_{i=1}^{n}x_i\cdot y_i}{\sqrt{\sum_{i=1}^{n}x_i^2}\cdot\sqrt{\sum_{i=1}^{n}y_i^2}} \tag{9.3}$$

第四，皮尔森相关相似度（Pearson correlation similarity），使用皮尔森相关系数来计算，用来表征两个向量的线性相关程度。在实际应用时需要选取有共同评分的项目来进行相似性度量。假设有两个评分向量 $\boldsymbol{x}$ 和 $\boldsymbol{y}$，那么其皮尔森相关相似度的计算公式如下：

$$\operatorname{sim}(\boldsymbol{x},\boldsymbol{y})=\frac{\sum_{i=1}^{n}(x_i-\overline{x})(y_i-\overline{y})}{\sqrt{\sum_{i=1}^{n}(x_i-\overline{x})^2}\cdot\sqrt{\sum_{i=1}^{n}(y_i-\overline{y})^2}} \tag{9.4}$$

（3）预测项目评分。采用平均加权方法计算目标用户对未评分项目的预测评分，即分别计算近邻集合的项目评分 Score 与用户（或项目）相似度 Similarity 的乘积，求和取平均值作为该项目的预测值 Recommend_Value。

（4）生成推荐列表。统计目标用户对不同项目的预测值 Recommend_Value，选取排在最前面的 N 个项目组成 Top-N 推荐集合，作为最终推荐结果反馈给用户。

4. 协同过滤算法的瓶颈问题

协同过滤算法不依赖于项目的特征属性，只需要根据用户的历史行为（浏览、评分等）、找出用户的行为习惯或兴趣偏好，就能够产生推荐。这种机制简单易用，可以避免大量非结构化信息的分析工作，降低算法复杂度及运行时间，同时又可以发掘用户的潜在兴趣，确保推荐结果的精确度和新颖性。正是这些优点，才使协同过滤算法在电子商务等各个领域取得了成功。但随着系统规模的逐渐扩大和用户数量的不断增多，协同过滤算法逐渐暴露出一些颇具挑战性的问题，严重影响算法的推荐质量。协同过滤算法面临的瓶颈问题主要如下。

1）数据稀疏性问题

长期以来，数据稀疏性问题一直是影响协同过滤算法推荐质量的首要问题。协同过滤算法的执行依赖于大量的用户偏好信息，即用户对项目的评分数据。然而，在实际应用中，虽然用户的项目评分数据比较容易获取，整体的评分数据量也可以获取，但是具体到单个用户上就会显得过于稀少。用户的时间和精力有限，评价过的项目往往只占整个项目集合的很小一部分。用户评分数据的缺失导致构建的用户-项目评分矩阵成为高维稀疏矩阵，依据极其少量的偏好信息计算出的用户或项目的相似性并不具有参考价值，最终将导致推荐结果的可靠性急剧下降。

2）冷启动问题

冷启动问题被看做数据稀疏性问题的一种极端情况。协同过滤算法的冷启动问题主要分为两种——新用户和新项目冷启动问题。新用户冷启动问题是指当有新用户加入系统时，系统几乎没有或者只有少数几个项目评分，系统无法准确定位用户的兴趣偏好，推荐质量也就无法得到保证，这对于一个推荐系统来说是致命的威胁，极有可能造成已有用户大量流失。新项目冷启动问题是指当有新项目添加到系统中时，因缺少用户对它的评分数据而无法对其进行推荐，这样就更难获得用户的有效评价，致使新品的无限冷藏。因此，为了增强新用户推荐的针对性和提高新项目的推荐机率，专家、学者纷纷提出了改进方案，但都收效甚微，冷启动问题依然没有得到真正的解决。

3）扩展性问题

随着系统规模的不断扩大，个性化推荐系统将面临严峻的扩展性问题。用户和项目数量急剧增加，将整个用户-项目评分矩阵的维度提升至数十万甚至上百万级别，用户（项目）相似性的计算需要耗费大量的时间，严重影响了系统的实时响应速度。协同过滤算法的推荐质量和运行效率之间的矛盾仍有待进一步解决。

9.3.2 Slope one 算法分析与研究

Slope one 算法是由 Daniel Lemire 和 Anna MacLachlan 教授于 2005 年共同提出的一种特殊的 Item-based 协同过滤算法。相比于传统的协同过滤算法，Slope one 算法具有简单高效、易于扩展、较好的数据稀疏适应性等特点，推荐的准确度也优于其他协同过滤算法，深受广大电商企业和研究人员的青睐。

1. Slope one 算法的优点

目前技术上经常使用的是 User-based 和 Item-based 协同过滤算法。这两种算法处理海量数据并产生推荐时的计算量很大，在运算效率和时间上的表现也并不理想，不能满足系统对大数据处理的需求。Slope one 算法是一种轻量级的协同过滤算法，在各方面都有不俗的表现。Slope one 算法主要有以下几方面优点。

（1）原理简单，易于实现。与其他较为复杂的推荐算法相比，Slope one 的算法原理便于理解，并且易于实现，所需代码量很少，普通的开发人员就能够看懂并完成。这样也使得采用 Slope one 算法的推荐系统易于维护。

（2）高效处理、快速响应。在 Slope one 算法中，并不是所有的评分数据都参与运算，它会对数据集进行筛选，挑选合适的数据进行处理，如此就在很大程度上减少了运算的数据量，使得算法更为高效，响应更为快速。

（3）推荐结果准确度较高。Slope one 算法在推荐效率和质量之间找到了一个很好的平衡点。虽然它的原理简单易懂，但是有很高的推荐准确度。即使与其他复杂的推荐算法相比，它也有很强的竞争力。

2. Slope one 算法基本原理

与传统的协同过滤算法不同，Slope one 算法并没有关注用户或者项目的相似程度，而是认为项目评分之间存在相异性，并且这种差异性体现出一种大众化的趋势。Slope one 算法的核心思想正是根据用户群体对每个项目的评分推算出项目两两之间的评分差值，从而依据项目评分差值以及用户的历史评分记录来近似估计该用户对目标项目的评分。

Slope one 算法采用了线性回归分析的计算方法，认为用户对项目 X 和项目 Y 的评分之间存在线性关系 $y = ax + b$ 。由于 $y = ax + b$ 在计算过程中可能出现过拟合现象，因此实际操作时采用了更为简洁的计算公式如下：

$$y = x + b \tag{9.5}$$

假设现有用户对项目 X、Y 的评分向量集 $S = \{<x_1, y_1>, <x_2, y_2>, \cdots, <x_n, y_n>\}$，里面的每一对数值对都代表一个用户分别对项目 X、Y 的评分。则根据最小二乘法计算项目 Y 对项目 X 的评分差 b 的估计值的计算公式如下：

$$b = \frac{\sum (y_i - x_i)}{n} \tag{9.6}$$

之后就可根据目标用户对项目 X 的评分和评分差 b 来估算其对项目 Y 的评分。

3. Slope one 算法一般流程

Slope one 算法是一种 Item-based 协同过滤算法，但是它的算法流程与传统的协同过滤算法存在差异。就 Slope one 算法而言，并不是所有的用户评分数据都是有价值的。Slope one 算法会筛选出符合条件的数据参与计算，这也是它较为高效的原因所在。下面将以一个简单实例来详细阐述 Slope one 算法的具体流程。假设有 A、B、C、D 和 E 五个用户，以及 I、J、K 和 M 四个项目。用户对各项目的评分记录如表 9.1 所示，其中，“—”表示用户没有对该项目进行评分；“?”代表需要预测的评分，即用户 A 对项目 K 的评分。

表 9.1　用户–项目评分表

User	I	J	K	M
A	3	4	?	5
B	—	3	4	4
C	4	—	—	5
D	—	3	2	3
E	—	2	5	—

采用 Slope one 算法预测当前用户对某一项目评分的一般流程如下。

1）筛选用户集合

在用户–项目评分矩阵中，并不是所有的用户都参与了目标项目的评分。Slope one 计算的是目标项目与其他项目之间的评分偏差，只有对目标项目评过分的用户才能对目标用户的预测值做出贡献。因此，Slope one 算法的第一步就是要从用户–项目评分矩阵中筛选出参与计算的用户集合。如图 9.12 所示，要预测用户 A 对项目 K 的评分，需要先筛选出对项目 K 评过分的所有用户集合，即 $\{B, D, E\}$，用户 C 并没有对项目 K 评分，被排除在外。如此，参与计算的用户数量减少为 3 个。

User	I	J	K	M
A	3	4	?	5
B	—	3	4	4
C	4	—	—	5
D	—	3	2	3
E	—	2	5	—

图 9.12　筛选用户集合

2）筛选项目集合

这一步操作是在之前筛选出的用户集合基础上进行的。因为用户的精力有限，不可能对所有项目都进行评价。用户未评价项目的评分记录为空，对项目评分差异值的计算没有任何帮助。因此，Slope one 会先寻找目标用户的已评分项目，然后依次查看集合中其他用户是否对该项目进行过评分，如果有用户参与过评价，就将该项目纳入参与算法运算的项目集合中。如图 9.13 所示，除待预测项目 K 外，目标用户 A 评价过的项目有 I、J、M 三个。考察选出的用户集合 $\{B, D, E\}$，项目 I 的评价用户子集为 $\varnothing$，被放弃；项目 J 的评价用户子集为 $\{B, D, E\}$，加入项目集合；项目 M 的评价用户子集为 $\{B,D\}$，参与计算。算上待预测项目 K，最终参与计算的项目集合为 $\{J,K,M\}$。

User	I	J	K	M
A	3	4	?	5
B	—	3	4	4
C	4	—	—	5
D	—	3	2	3
E	—	2	5	—

图 9.13　筛选项目集合

3）预测项目评分

筛选出参与计算的用户集合和项目集合之后，就能够锁定 Slope one 需要的用户–项目评分数据——即用户集合与项目集合交叉点对应的评分。预测项目评分时不能直接调用式（9.6），因为此时涉及的用户和项目数量在两个之上。

在多项目情景下，用户 u 对项目 j 预测评分 $P(u)_j$ 的计算公式如下：

$$\mathrm{dev}_{j,i}=\frac{\sum_{u\in U_{j,i}}(r_{u,j}-r_{u.i})}{\mathrm{card}(U_{j,i})} \tag{9.7}$$

$$P(u)_j=\frac{1}{\mathrm{card}(I_j)}\sum_{i\in I_j}(\mathrm{dev}_{j,i}+r_{u.i}) \tag{9.8}$$

其中，$\mathrm{dev}_{j,i}$ 表示项目 j 相对项目 i 的评分偏差；$U_{j,i}$ 表示对项目 i 和 j 都评过分的用户集合；I_j 表示用户 u 所有已评分且满足条件（$i\neq j\cap U_{j,i}\neq\varnothing$）的项目集合；$r_{u.i}$ 和 $r_{u,j}$ 分别表示用户 u 对项目 i、j 的评分；card（ ）表示集合的元素个数。

因此，针对上面的实例，需要先分别计算出项目 K 相对项目 J 和 M 的评分偏差：

$$\mathrm{dev}_{\mathrm{K,J}}=\frac{(4-3)+(2-3)+(5-2)}{3}=1,\quad \mathrm{dev}_{\mathrm{K,M}}=\frac{(4-4)+(2-3)}{2}=-0.5$$

然后使用式（9.8）计算出用户 A 对项目 K 的最终预测评分如下：

$$P(\mathrm{A})_{\mathrm{K}}=\frac{(r_{\mathrm{A,J}}+\mathrm{dev}_{\mathrm{K,J}})+(r_{\mathrm{A,M}}+\mathrm{dev}_{\mathrm{K,M}})}{2}=\frac{(4+1)+(5-0.5)}{2}=4.75$$

Slope one 同其他推荐算法一样，在预测完项目评分之后采用 Top-N 等方式生成推荐列表，这里就不过多阐述了。

4. Weighted Slope one 算法

Weighted Slope one 算法，即加权的 Slope one 算法，是一种比较常用的 Slope one 改进算法。分析式（9.8）发现，虽然 Slope one 在计算项目评分偏差时引入了平均值来缓解异常波动带来的影响，但是在用 $\text{dev}_{j,i}$ 预测项目 j 评分 $P(u)_j$ 时，只是简单地将用户评过分的其他项目数量作为分母，求取了根据用户 u 对其他项目评分推算出的项目 j 的评分的均值。这种简单的做法没有将 $\text{dev}_{j,i}$ 的可信度差异考虑在内，即忽略了用户评分数对计算项目评分偏差做出的贡献。

Slope one 算法在计算不同项目之间的评分差异时，参与计算的用户数量是不一样的。假设现在要计算项目 K 与项目 J、M 之间的评分偏差 $\text{dev}_{\text{K,J}}$、$\text{dev}_{\text{K,M}}$。其中，有 1 000 个用户同时评价了项目 K 和 J，而只有 100 个用户对项目 K、M 同时进行了评价，则计算出来的 $\text{dev}_{\text{K,J}}$ 显然要比 $\text{dev}_{\text{K,M}}$ 更可信。为了均衡每个项目对目标项目的影响，对 Slope one 进行了加权处理，改进后的公式具体如下：

$$P(u)_j = \frac{\sum_{i \in I_j} (\text{dev}_{j,i} + r_{u.i}) \bullet \text{card}(U_{j,i})}{\sum_{i \in I_j} \text{card}(U_{j,i})} \tag{9.9}$$

其中，$U_{j,i}$ 表示对项目 i 和 j 都评过分的用户集合；I_j 表示用户 u 所有已评分且满足条件（$i \neq j \cap U_{j,i} \neq \varnothing$）的项目集合；$r_{u.i}$ 表示用户 u 对项目 i 的评分；card（ ）表示集合的元素个数。

9.3.3　Slope one 算法的改进方案

1. 基于遗忘曲线的用户兴趣遗忘函数

尽管与传统的协同过滤算法相比，Slope one 算法在推荐效率和推荐质量方面都有着不俗的表现，但是仍然存在些许缺陷与不足。Slope one 算法面临的主要问题如下（赵娜，2012）。

（1）Slope one 算法在预测项目评分时，只是片面地使用用户对项目的评分数据进行计算，并没有充分考虑到用户兴趣变化的可能性。

（2）Slope one 没有考虑用户之间的相似性，这就使与目标用户相似度较低的用户的评分数据混入计算过程之中，因而对推荐结果造成了不必要的干扰。

Slope one 算法这两方面的改善能够使其更贴近于实际生活，提高算法的推荐质量。因此本章在大量研究的基础上，提出这两个问题的解决方案。

在实际生活中，用户的兴趣偏好并非是一成不变的，而是随着时间和环境的变动而发生变化。当用户的兴趣发生改变时，如果还是按照用户以前的兴趣偏好产生推荐，推荐的项目就必定不能让用户满意。因此，好的算法的推荐策略应该能够随着用户兴趣的改变而做出相应的改变。Slope one 算法在预测项目评分时，只是片面地针对用户的项目评分数据进行计算，并没有充分考虑用户兴趣变化的可能性，这是 Slope one 算法的一个巨大的失误。

本章借鉴了心理学上著名的艾宾浩斯遗忘曲线规律（又称记忆的自然遗忘规律），基于遗忘曲线构造用户兴趣遗忘函数来衡量项目评分数据随时间的变化，在一定程度上实现了对用户兴趣变化的跟踪。

1）艾宾浩斯遗忘曲线

在人们的生活中，记忆的遗忘是普遍存在的现象。19 世纪 80 年代，德国著名的心理学家艾宾浩斯对遗忘现象展开研究，并基于大量实验发现了人类的自然遗忘规律，即遗忘在记忆之后就立即开始，并且整个遗忘过程是不均匀的。人们刚开始的记忆都属于短时记忆，容易遗忘，而且遗忘速度在最开始的阶段会非常快，然后随着时间的推移会逐渐变得缓慢，呈现出“先快后慢”的非线性递减变化，直到某个时间点，遗忘会趋向于停止，剩余的记忆会成为长时记忆，并能够在大脑中长时间保留。艾宾浩斯将他的实验结果绘制成曲线，即著名的艾宾浩斯遗忘曲线，如图 9.14 所示。图 9.14 中横轴表示时间间隔，纵轴表示记忆保有量，该曲线体现了记忆的遗忘规律。

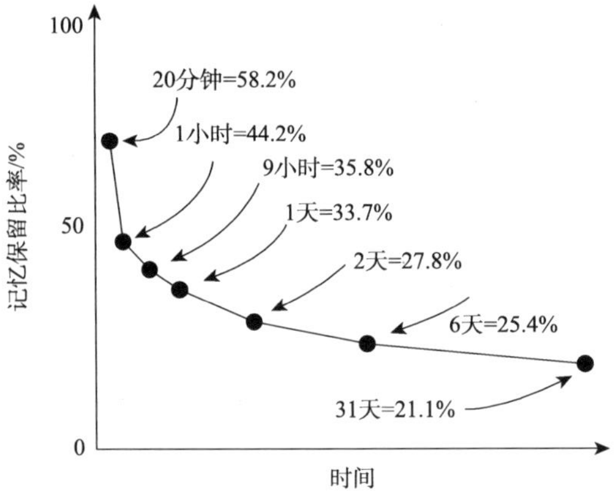

图 9.14　艾宾浩斯遗忘曲线

艾宾浩斯遗忘曲线的数学函数公式如下：

$$b = \frac{100k}{(\lg t)^c + k} \tag{9.10}$$

其中，b 表示记忆的保存量（单位：%）；t 表示从记忆认知到当前时刻的时间间隔（单位：分钟）；c 和 k 表示两个控制常量。艾宾浩斯通过实验反复论证，发现当 c=1.25、k=1.84 时，该遗忘函数与人们正常的遗忘规律最为近似。

2）用户兴趣遗忘函数

“喜新厌旧”是人们普遍存在的行为现象。人都具有好奇心，总会对新鲜事物产生兴趣，原来的兴趣逐渐淡化，因此，用户的兴趣爱好会不断地变化。受到艾宾浩斯遗忘曲线的启发，本书发现用户的兴趣变化非常符合人的记忆自然遗忘规律。当有新的兴趣项产生时，用户会抱有浓厚的兴趣，而随着时间的不断推移，该兴趣项会逐渐被用户遗忘，体现为用户对它的兴趣度逐渐降低，它对用户兴趣的影响程度相应减小，这种改变最终将趋于一个稳定值。只有当用户重新关注该兴趣项时，其兴趣度才会升高。

在 Slope one 算法中，用户对某个项目的兴趣偏好程度是以用户对该项目的评分来衡量的。用户兴趣偏好的变化即是用户的项目评分数据的变化。因此，可以借鉴艾宾浩斯遗忘曲线规律来构造基于评分的用户兴趣遗忘函数，用于实时计算当前时刻用户对项目的剩余兴趣度，即剩余评分。用户兴趣遗忘函数公式如下：

$$r'_{i,j} = r_{i,j} \bullet \frac{1.84}{(\lg t)^{1.25} + 1.84} \tag{9.11}$$

其中，$r_{i,j}$ 表示用户 i 对项目 j 的评分；$r'_{i,j}$ 表示随时间衰减后的用户 i 对项目 j 的剩余评分；t 表示当前时间与用户评分时间之间的差值（单位：分钟）。当 $r'_{i,j}$ 低于 $r_{i,j}$ 的 20%时将趋于稳定，因此，将其设为固定值不再进行计算。

2. 基于聚类的用户最近邻筛选策略

不同的用户拥有不同的兴趣偏好，体现在项目上就是评分高低的差异。Slope one 没有充分考虑用户之间的相似性，计算项目 j 对项目 i 的评分偏差时，只要是对项目 i 有过评分的所有用户，都会被划入它的计算范围内。在这个用户集合中，可能存在某些用户与当前用户兴趣爱好迥异。相比较而言，与当前用户具有相同兴趣偏好的用户的参考价值更大一些。相似度较低用户的混入会对最终的推荐结果造成不必要的干扰。

依据用户的相似性来筛选参与计算的用户集合可以有效缓解上述问题。先挑选与目标用户相似度较高的 N 个用户构成最近邻集合，然后在该近邻集合上计算项目间的评分差。这样做的好处有两个方面：一是可以提高相邻用户在评分平均差计算中的贡献度，降低相似度较低用户的干扰，使预测结果具有更高的可信度。二是能够大幅缩小用户范围，减少参与计算的评分数据量，使算法具有更高的执行效率。

1）用户最近邻查找方法对比

要搜索用户的最近邻集合，最常用的方式就是 User-based 协同过滤算法。User-based 协同过滤算法通过用户评分数据计算某一用户与其他用户之间的相似程度，选取最大的 Top-N 组成用户的近邻集合。但是它的缺陷在于它对目标用户最近邻居的搜索是在整个用户空间里进行的，随着访问量和数据量的不断增大，算法的计算量和耗费时间将呈线性增大，不利于系统的实时响应。为此，本章采用了基于聚类的用户最近邻查找方法。

由聚类的性质可知，具有相同兴趣偏好的用户可以分为一类，而目标用户的最近邻居很大程度上是从它所属聚类中产生的。该方法不需要搜索整个用户空间，而是将空间范围缩小，先定位到用户所属聚类，再从聚类集合中筛选出用户最近邻居，可以使用户最近邻的查找效率显著地提高。

2）基于聚类的用户最近邻筛选策略

这里采用传统的 *K*-means 聚类算法，依据用户的项目评分数据对用户空间进行划分。基于聚类的用户最近邻筛选策略的流程图如图 9.15 所示。

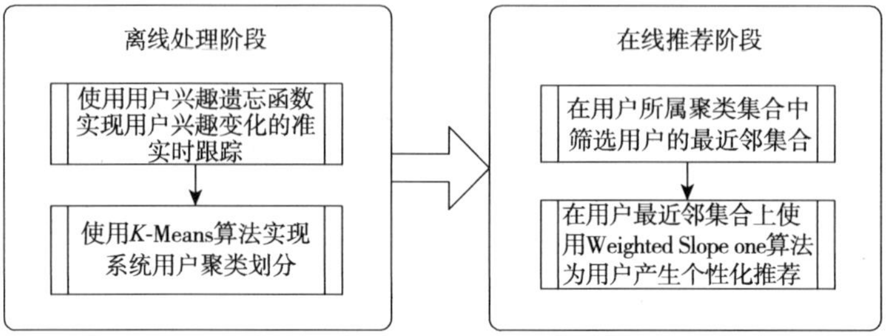

图 9.15　Weighted Slope one 算法处理流程图

3. 改进的 Weighted Slope one 算法

本章在上文的内容中阐述了针对 Slope one 算法面临的两个主要问题的解决方案：采用基于遗忘曲线的用户兴趣遗忘函数来跟踪用户兴趣变化；利用基于聚类的用户最近邻筛选策略来引入用户相似性。这里将上述方法整合到 Weighted Slope one 算法上，实现基于用户兴趣遗忘函数和用户最近邻筛选策略的改进 Weighted Slope one 算法。

为了提高算法的实时性能，改进算法的处理流程分成离线处理和在线推荐两个阶段，在图 9.15 中离线处理阶段负责完成用户数据的预处理工作，使用用户兴趣遗忘函数实时处理用户评分数据的计算量较大，因此将其放在离线处理阶段周期性执行，实现用户兴趣变化的准实时跟踪；用户聚类所需计算时间很长，严重影响算法的推荐速度，考虑到用户相似性具有一定程度的稳定性，也将其划入离线处理阶段。在线推荐阶段负责为用户产生实时推荐，首先根据离线处理结果在用户所属聚类集合中筛选出其最近邻居集合，其次在该集合上使用 Weighted Slope one 算法为用户产生个性化推荐。因此，改进的 Weighted Slope one 算法可以极大地降低在线数据运算时间，为用户提供实时可靠的推荐，提高用户的满意度和忠诚度。

图 9.16 给出了用户最近邻筛选策略流程图，具体分解如下：

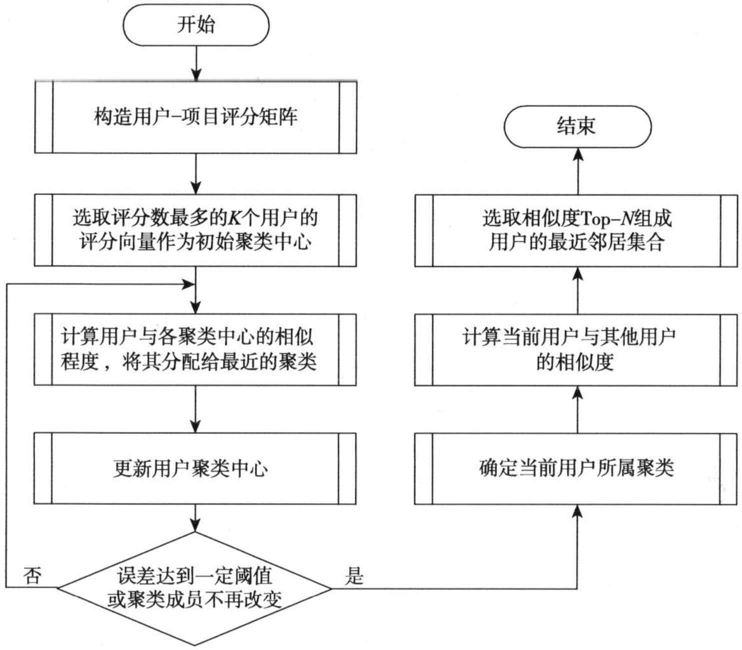

图 9.16　用户最近邻筛选策略流程图

步骤 1　提取用户对项目的评分数据构造用户–项目评分矩阵 $\boldsymbol{R}_{m\times n}$。

步骤 2　从用户集合 U 中选取评分数最多的 K 个用户，将其评分向量 $\overrightarrow{\boldsymbol{R}_u}$ 作为初始聚类中心，记为 $\{W_1,W_2,\cdots,W_k\}$，对应的聚类簇分别为 $\{C_1,C_2,\cdots,C_k\}$。

步骤 3　对用户集合 U 中的每一个用户 u，使用用户相似性的度量方法依次计算 u 与用户聚类中心 $W_j(j=1,2,\cdots,k)$ 的相似度，将 u 分配给最近的聚类 $C_j(j=1,2,\cdots,k)$。

步骤 4　使用式（9.12）更新聚类中心，其中，$\overrightarrow{\boldsymbol{R}_u}$ 代表用户 u 的评分向量；$\text{card}(C_j)$ 代表聚类 $C_j(j=1,2,\cdots,k)$ 中的元素个数。

$$W_j^{\text{new}}=\sum\nolimits_{U_i\in C_j}\overrightarrow{\boldsymbol{R}_u}\Big/\text{card}(C_j) \tag{9.12}$$

步骤 5　重复执行步骤 3 和步骤 4，直到误差达到一定阈值或者聚类的成员不再改变为止，得到划分好的 K 个用户聚类。

步骤 6　在筛选用户最近邻集合之前先确定当前用户所属聚类。

步骤 7　分别计算当前用户与聚类集合的其他用户的相似程度。

步骤 8　选取相似度最大的 N 个用户组成当前用户的最近邻集合。

9.3.4　算法性能实验分析

1. 实验环境与数据来源

为了验证本章提出的 Weighted Slope one 改进算法的可行性和有效性，在这里将对改进算法以及其他传统的协同过滤算法进行对比实验分析。

1）实验环境

由于资源、环境等条件的限制，本次实验是在一台普通的 PC 上完成的。具体配置环境如表 9.2 所示。

表 9.2　实验配置环境表

配置项	配置参数
处理器（CPU）	Intel® Core™ i5-4200M CPU @ 2.50GHz
安装内存（RAM）	4.00GB（3.75GB 可用）
操作系统	Windows 7
编程工具	Eclipse Juno Service Release 1
数据库	MySQL 5.0.27
编程语言	Java 编程语言（JDK 1.6.0）

2）数据来源

实验数据的来源是美国明尼苏达大学的 GroupLens 项目组建立的 MovieLens，它是一个非商业性的、侧重于研究的电影推荐系统。MovieLens 数据集记录了用户对电影的评分数据（5 分制评分标准），是个性化推荐算法测评的基准数据集。这里选取 1M 的 MovieLens 数据包，包含了 6 040 位用户对 3 900 部电影的 1 000 209 条评分记录，其数据表结构及关系如图 9.17 所示。

2. 实验评估标准

一个好的评估标准不仅能够有效地检测算法性能，而且还能反映出算法的缺陷，因此评估标准的选择对验证推荐算法的推荐质量非常重要。本实验中主要采用以下两种标准来对各推荐算法的性能进行评估。

1）MAE

MAE（mean absolute error，即平均绝对误差）指标通过算法对项目的预测评分和用户实际评分之间的偏差程度来衡量算法的推荐结果的准确性。它需要将数据集分成训练集和测试集两部分，算法在训练集上工作，对测试集进行预测。MAE 的计算公式如下：

$$\mathrm{MAE}=\frac{\sum_{i=1}^{N}\left|p_i-q_i\right|}{N} \tag{9.13}$$

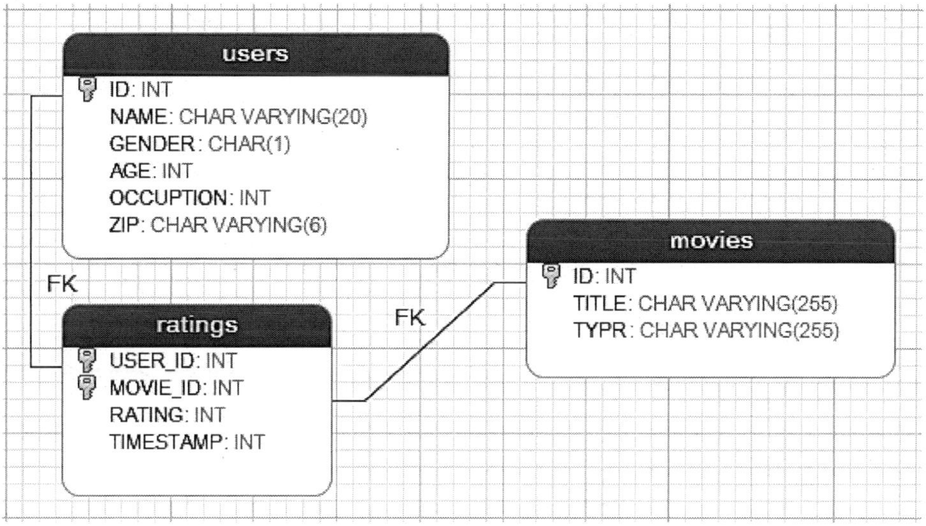

图 9.17　MovieLens 数据库表

其中，p_i 表示项目 i 的预测评分；q_i 表示项目 i 的实际评分；N 表示测试集中预测的用户–项目评分对个数。由式（9.13）可知，MAE 的值越小，算法的推荐质量越高。

2）平均时间

算法产生预测的平均时间也是衡量算法性能的一个重要标准。一个算法能否让用户满意，一是看算法的推荐质量，二是看算法的运行效率。算法产生推荐的速度越快，用户体验满意度越高，对于移动终端的个性化推荐系统更是如此。

3. 实验设计及结果分析

本实验的目的是验证本章中提出的 Weighted Slope one 改进算法的准确性和实时性，为了保证实验结果的可靠性，将 MovieLens 数据集的评分数据按用户随机划分为 5 个子集，将每个数据子集中的用户评价记录按照时间先后顺序进行排序，选取前 80%作为训练集，剩余的 20%作为测试集。将训练集当作用户对项目的历史评分数据，使用各推荐算法对测试集中的项目评分进行预测，取平均值作为最终的实验结果。

在实验开始之前需要确定用户或项目相似度计算方法，因为相似度计算方法对算法准确性的影响不大，这里均采用皮尔森相关相似度来计算用户或项目之间的相似度。同时还需要确定用户聚类簇数 K，对其没有太苛刻的要求，因为用户聚类的最终目的是提高用户最近邻居的在线查找效率，而且对 MovieLens 数据集预处理发现，K=7 时用户在各聚类的数据分布比较均匀，因此选取 K=7 进行实验。

实验一用于验证改进 Weighted Slope one 算法推荐精度。以 MAE 作为评价指标，取用户或项目的最近邻居数量从 10 到 100，并按 10 递增，将改进算法与传统协同过滤算法进行了对比分析，实验结果如图 9.18 所示。可以看出，随着近邻用户的增加，改进 Weighted Slope one 算法的 MAE 值呈下降趋势，意味着其推荐精度在逐渐提高。并且改进算法的 MAE 值整体低于 User-based 和 Item-based 协同过滤算法，当最近邻居数量增加至 30 时，其 MAE 值小于传统的 Weighted Slope one 算法，当最近邻居数量接近 70 时，其 MAE 值逐渐趋于稳定。由此可见，只要用户最近邻居数量选取得当，改进 Weighted Slope one 算法在推荐的准确性上要优于其他算法。

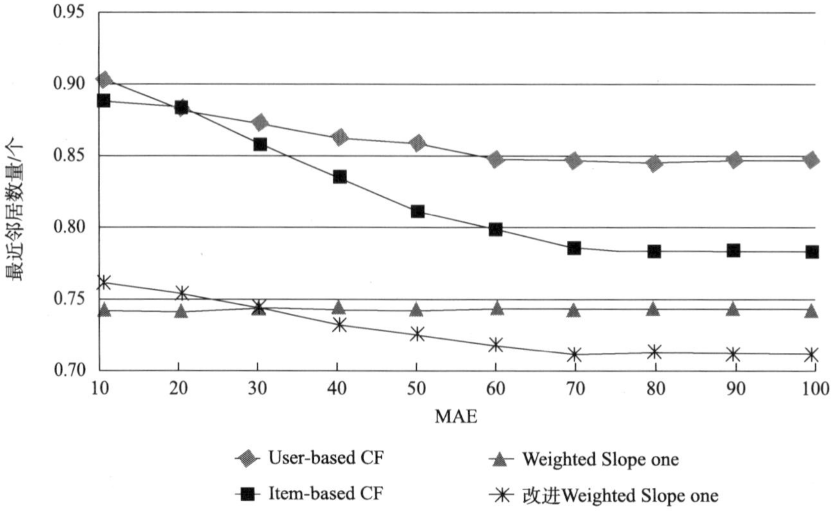

图 9.18　个性化推荐算法 MAE 值

实验二用于验证改进 Weighted Slope one 算法的时间性能。以 100 个近邻用户数量为准，将其与传统 Weighted Slope one 算法对单用户推荐的平均耗时进行了对比分析，实验结果如图 9.19 所示。可以看出，改进算法的单用户推荐耗时在一定程度上小于传统 Weighted Slope one 算法。虽然改进算法增加了筛选用户近邻集合这一步骤，但由于离线用户聚类极大地缩小了近邻用户的搜索范围，并且经近邻集合过滤的相关项目数远小于全局项目数，因此体现出较好的时间性能。

通过上述实验分析，与其他协同过滤算法相比较，改进 Weighted Slope one 算法准确性和实时性较高，基本能够满足移动端个性化推荐系统的实时推荐需求。

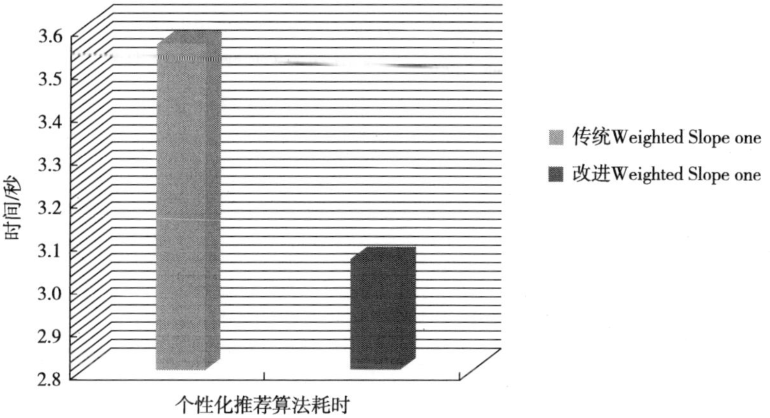

图 9.19　个性化推荐算法耗时

9.4　基于移动平台的电商个性化推荐系统设计与实现

9.4.1　系统需求分析

1. 系统需求概述

移动互联网技术的发展和手机等移动终端的普及将电子商务带入了新的纪元——移动电子商务时代。移动电子商务改变了用户获取信息的速度和方式，为电子商务的发展带来了新的机遇，也将商品的“信息过载”问题带到了移动领域，引发了用户和企业对基于移动平台的电商个性化推荐系统的需求。这种需求主要体现在两个方面，即用户体验与商业效益。

用户体验是以用户角度为出发点来看的。网上购物的便捷性使电子商务深受用户的青睐，也是电子商务蓬勃发展的原因。但是随着电子商务规模的不断扩大，商品种类和数量越来越多，网上购物时搜寻满意商品的过程变得愈发困难。由于移动设备的显示限制，这种不便就显得更加突出。在使用移动终端进行网上购物时，用户对个性化服务的需求更加迫切，个性化服务能够为他们推荐感兴趣的商品，带来更好的用户体验。

商业效益的需求是针对电子商务企业来说的。虽然我国电子商务的整体交易量很大，但是大部分企业都处于亏损状态，用户搜寻商品的不便也使得交易成交几率一降再降。而个性化推荐系统可以凭借差异化的推荐策略，为用户提供个性化服务，提高用户满意度和忠诚度以有效防止用户流失，并增加用户由点击到购买的转化率，增加电商企业的销售盈利。适逢移动电子商务兴起，相比眼下简短粗暴的残酷价格战，在移动平台上推出个性化推荐系统来率先抢占移动电子商务市场，才是电子商务企业扩大商业效益的关键。

2. 系统功能需求

通过调研分析，一个传统的电子商务系统通常可以分为两个子系统：前台用户交互子系统和后台信息管理子系统。传统的电子商务系统功能需求如表 9.3 所示。

表 9.3　传统的电子商务系统功能需求

子系统	序号	功能需求	功能需求说明
前台用户交互子系统	1	注册/登录	实现会员的注册以及系统的登录
	2	商品浏览	实现游客/会员对系统中商品信息的查看
	3	商品检索	实现游客/会员对系统中商品的分类查找、检索
	4	商品收藏	实现会员对感兴趣商品的收藏
	5	购物订单	实现会员将中意商品加入购物车，并完成订单的下达
	6	商品评价	实现会员对已购买商品的评分
	7	商品推荐	实现对会员的商品推荐功能，但实现通常比较简单，如新品推荐、热销推荐等，并未实现真正的个性化
后台信息管理子系统	1	会员管理	实现管理员对所有会员信息的新增、修改、删除和检索
	2	商品管理	实现管理员对所有商品信息的新增、修改、删除和检索
	3	订单管理	实现管理员对所有订单信息的处理、删除和检索
	4	系统管理	实现管理员对系统权限、日志等的维护工作

基于移动平台的电商个性化推荐系统是在传统的电子商务系统的基础上建立起来的，因此该系统应具备传统的电子商务系统的上述功能。其中，商品的个性化推荐功能是推荐系统的核心需求，需要进一步加强与优化。该功能主要要求如下。

（1）优化用户体验，改善客户关系。电子商务的发展需要依靠商品的多样化，同时也必须保证良好的用户体验。电商个性化推荐系统需要具备为用户制定个性化推荐服务的能力，并且提供良好的界面显示，从而为用户提供便捷、友好的购物体验，与用户建立牢固的客户关系，从而避免用户的大量流失。

（2）提高推荐精度，促进商品销售。差异化推荐策略的形成依赖于对用户兴趣偏好的准确把握。电商个性化推荐系统需要具备根据用户历史行为信息判断用户兴趣偏好的能力，从而为用户提供准确、可靠的推荐结果，吸引更多的用户购买和使用，增加商品和服务的销量。

（3）允许用户评价，完善评分信息。用户评价信息是推荐算法重要的数据来源。电商个性化推荐系统需要具备对购买商品评分的功能，或者通过其他手段获取用户行为数据，从而完善用户评分信息，为用户的个性化推荐提供更好的数据支持。

根据传统的电子商务系统功能需求的描述，可以将该系统的用户角色分为游客、会员和管理员。基于移动平台的电商个性化推荐系统用例图如图 9.20 所示。

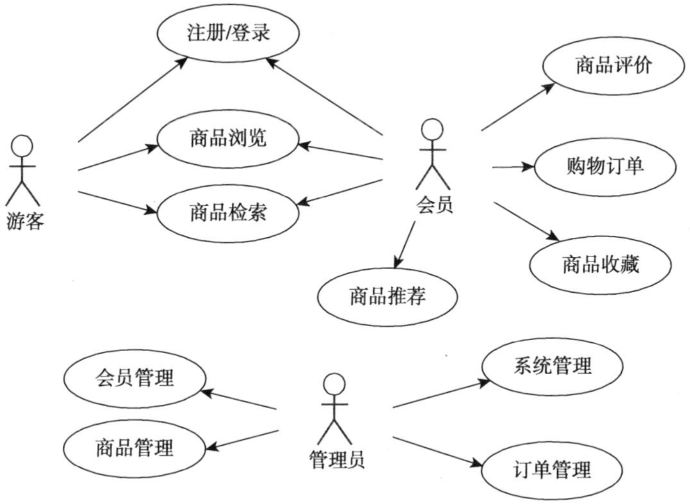

图 9.20　基于移动平台的电商个性化推荐系统用例图

3. 移动电子商务的特别要求

基于移动平台的电商个性化推荐系统除了需要满足传统的软件系统性能要求，如系统性、实用性、安全性、易操作性和可扩展性等性能要求之外，还要考虑移动电子商务的特殊性所带来的影响。移动电子商务对电商个性化推荐系统的要求如下。

（1）用户兴趣偏好的实时性。用户的兴趣偏好并不是一成不变的，而是不断变化的，体现在系统中就是用户评分数据随着用户的商品浏览、购买及评分等操作而改变。移动平台赋予了电子商务的移动性特点，移动中的用户更容易受到不同情境的影响，其兴趣变化程度更为突出。这就要求系统能够及时捕获用户兴趣的变化，把握用户的实时兴趣偏好，做出准确有效的推荐。

（2）系统响应的快速性。移动电子商务面向的是使用移动终端进行网购的用户，用户在移动终端上对系统延时等待的忍耐程度要远远低于传统的 PC 端，这就要求系统具有较高的运算和传输效率，能够快速响应用户的要求，在最短的时间内为用户提供准确、可靠的推荐结果。

（3）大数据处理的适应性。移动平台的便携性使得用户可以随时随地浏览商品信息。没有了时间和地点的限制，用户的访问量和数据量将会大幅增加，这就要求系统具备良好的大数据处理能力，在大数据、高并发的情况下也能保证快速响应和有效处理。

9.4.2 系统目标与总体设计

1. 系统设计目标

本章的最终目的是提出电商个性化推荐系统在移动平台上实施的可行性方案。目前移动终端市场的主流操作平台有 Android、iOS、Windows Phone、BlackBerry OS 及 Symbian 五种，本章的研究工作不可能涵盖所有这些操作系统。据 comScore 发布的 2014 年 1 月智能手机行业趋势报告显示（图 9.21），截至 2014 年 1 月，Android 以其 51.7%的市场占有率完败 IOS 和 Windows Phone，成为全球使用最为广泛的智能移动平台，因此本章选取 Android 平台作为研究的基础平台来完成系统相关设计工作。

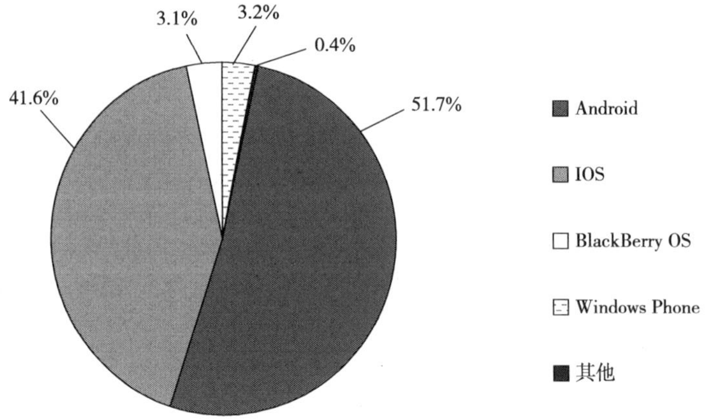

图 9.21 2014 年 1 月智能手机行业趋势报告

通过对移动终端用户和电子商务企业的需求分析，系统的总体目标是完成基于 Android 移动平台的电商个性化推荐系统的构建工作。具体设计目标如下。

（1）系统将依托 Android 移动平台来构建，力求能够满足广大移动终端用户对个性化推荐服务的需求，节省用户的时间和精力；同时注重界面风格设计，为用户提供良好的应用体验。

（2）为系统设计合理的用户数据采集机制，选取有效实用的推荐算法，最大限度地挖掘用户兴趣偏好，生成精准可靠的推荐结果，改善电子商务企业的客户关系、增加商品销量、提高服务质量。

（3）进行合理的系统架构设计，提高系统的开发效率和稳定性；提供丰富的系统功能扩展接口，奠定系统未来的扩展和重构的基础；制订合理的数据库存储方案，高效地应对电子商务系统的高并发访问和大数据处理工作，实现快速的请求响应。

2. 系统功能模块设计

根据系统需求的分析，基于 Android 移动平台的电商个性化推荐系统的功能模块划分如图 9.22 所示。该系统主要是作为移动端应用与用户进行交互的，它的最终目标是在用户的浏览过程中，通过个性化的商品推荐促成商品交易。因此，本章在进行系统设计时暂时不考虑服务器端后台管理系统，而是将研究重点放在 Android 移动端应用及其相关功能的设计上。

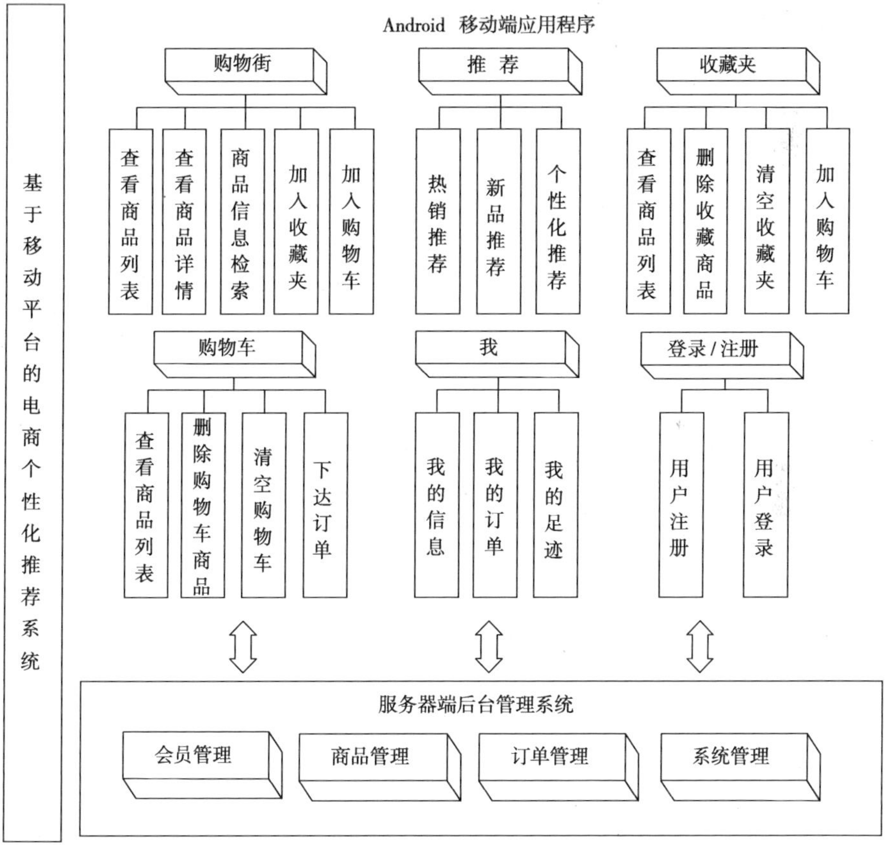

图 9.22　基于 Android 移动平台的电商个性化推荐系统的功能模块划分

3. 数据存储设计

1）数据库技术选型

互联网的快速发展为企业的数据库管理带来了不小的挑战，主要体现在两个方面——大数据处理和高并发访问。在电子商务领域，传统的电子商务网站所涉及的数据量非常大，包括商品、用户信息等原始数据和订单信息等业务数据。而电商个性化推荐系统还需要保存用户浏览记录等行为信息，数据量更是大得令人难以想象。据不完全统计，用户的一次购买行为平均需要浏览 36 个页面。同时，系统每天都需要面对数以万计的用户的并发访问，随着移动互联网的发展，移动设备的接入进一步刺激了访问量的增加。

面对大数据和高并发的挑战，数据存储策略的选择变得尤为重要。一个好的数据库不仅能完美地支持大数据的处理，有效地提高海量数据的访问效率，还能为日后系统的扩展和维护奠定良好基础。目前的数据库可选方案主要有两种——传统的关系型数据库和 NoSQL 数据库。

MySQL 是目前最流行的关系型数据库，它简单易用且功能强大，在互联网领域经历长期的考验，拥有大量的成功案例，被认为是小数据量下完美的数据存储解决方案。但对于电子商务中具有超高访问量、大数据量网站来说，MySQL 并不合适，它对百万级以上数据量的查询效率非常低，因此本书主要分析 NoSQL 数据库。

如表 9.4 所示，通过当前主流 NoSQL 数据库对比（张华强，2011）发现，MongoDB 用于解决海量数据的高效访问最为合适。从图 9.23 中可以看出，MongoDB 的大数据查询速度要远远高于 MySQL。它以文档结构作为主要存储方式，数据访问更为便捷，同时提供了集群处理支持，具有很好的大数据处理性能，便于扩展和维护。

表 9.4　主流 NoSQL 数据库对比

特性	MongoDB	Cassandra	CouchDB	Redis
所用语言	C++	Java	Erlang	C/C++
主要特点	保留了 SQL 的一些友好特性（查询、索引）	对大型表格和 Dynamo 支持得最好	DB 一致性，易于使用	运行异常快
使用许可	Apache	Apache	Apache	BSD
协议	Custom，binary（节约型）	Custom，binary（BSON）	HTTP/REST	Telnet-like
适用场景	适用于需要动态查询支持；需要使用索引而不是 map/reduce 功能；需要对大数据库有性能要求	使用写操作多于读操作（记录日志），如果每个系统组建都必须用于 Java 编写	适用于数据变化较少，执行预定义查询，进行数据统计的应用程序	适用于数据变化快且数据库大小可预见（适合内存容量）的程序

MongoDB 能够很好地应用于大数据量、高并发、弱事务的移动互联网应用，但对于电子商务来说，它也有一个致命缺陷，那就是 MongoDB 并不支持事务处理。在电子商务中，事务的缺失对于普通的商品浏览功能没有任何影响，但涉及用户订单下达等对可靠性要求较高的操作时，没有事务的支持可能会导致系统存储出现问题。而这一点恰恰可以用 MySQL 来弥补。

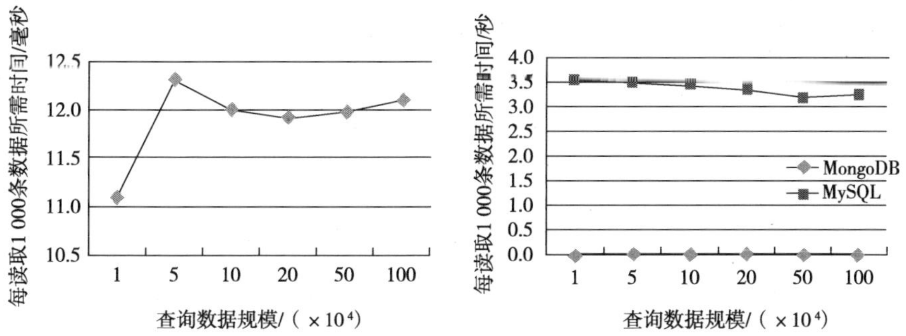

（a）MongoDB　（b）MongoDB和MySQL

图 9.23　MongoDB 与 MySQL 数据库对比

所以这里选用 MySQL+MongoDB 的数据库方案，用 MongoDB 支持大数据处理和高并发访问，以 MySQL 来保证重要数据存储的准确性。

2）数据库结构设计

选用 MySQL+MongoDB 作为系统的数据库，就必须决定数据在两者之间如何分配存储。数据存储方案设计如下。

（1）商品、用户等原始信息在 MySQL 与 MongoDB 之间进行数据冗余备份。所有的商品浏览等基本功能都从 MongoDB 中获取数据，以此提高系统实时性。

（2）用户订单信息首先写入 MySQL，再存入 MongoDB 中，最后的订单信息以 MySQL 数据库为准。

（3）用户评分、浏览记录等不牵扯核心业务的信息统一存入 MongoDB，在产生推荐时直接从 MongoDB 中读取，以提高用户数据的读取速度，减轻 MySQL 的读写压力。

MySQL 数据库的表结构设计如表 9.5 和图 9.24 所示。

表 9.5　MySQL 数据库一览表

表名	说明
MerchandiseInfo	商品基本信息表
MerchandiseTypeInfo	商品类别信息表
AdminInfo	后台管理员信息表
MemberInfo	会员基本信息表
OrderInfo	订单基本信息表
OrderRecordInfo	订单详细记录表

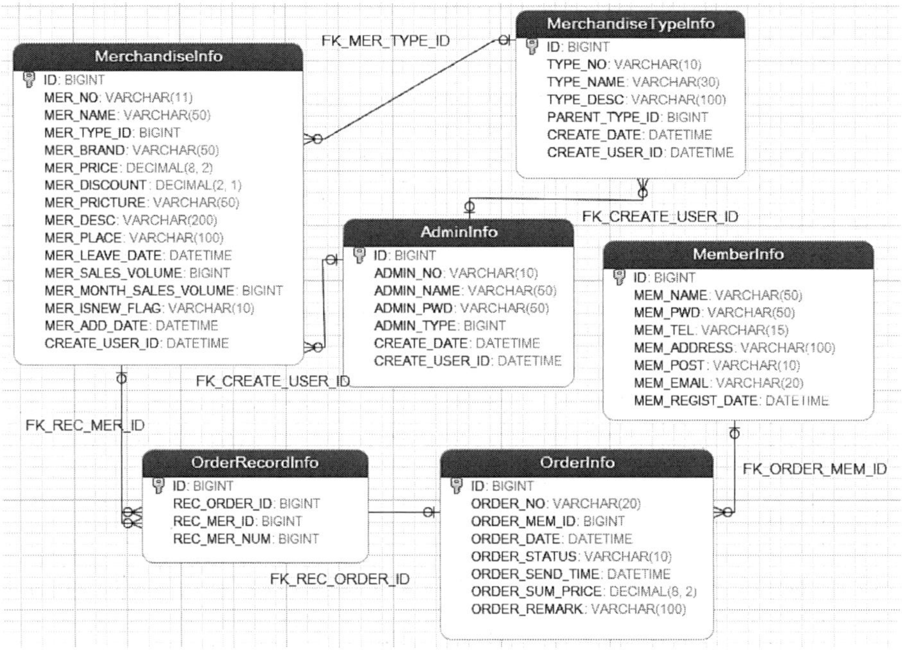

图 9.24　MySQL 数据库的表结构设计

MongoDB 数据库的集合结构设计如表 9.6 和图 9.25 所示。

表 9.6　MongoDB 集合一览表

表名	说明
MerchandiseInfo	商品基本信息集合
MerchandiseTypeInfo	商品类别信息集合
MemberInfo	会员基本信息集合
OrderInfo	订单基本信息集合
FavoriteRecordInfo	收藏夹记录集合
CartRecordInfo	购物车记录集合
UserBehaviorRecordInfo	用户行为记录集合
UserBehaviorTypeInfo	用户行为类别集合
UserClusterCenterInfo	用户聚类中心集合
UserClusterInfo	用户聚类集合
MerchandiseEvaluateInfo	商品评价集合

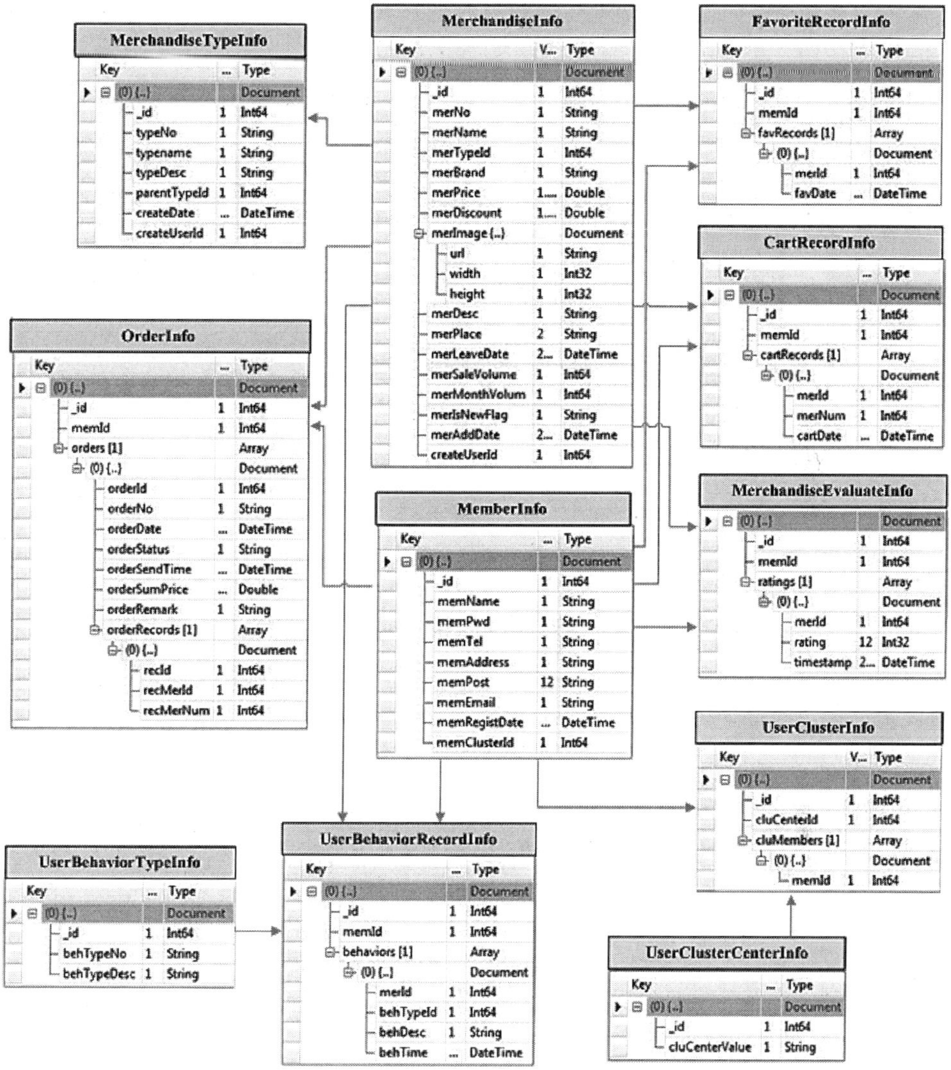

图 9.25 MongoDB 数据库的集合结构设计

9.4.3 系统整体架构设计

1. 系统物理结构设计

基于 Android 移动平台的电商个性化推荐系统采用传统的 C/S 网络结构模式，系统物理结构设计如图 9.26 所示。运行于 Android 终端的个性化推荐应用（APP）作为前端客户端，用于完成与用户的交互操作。它通过 3G/4G 或 GPRS/CDMA 等移动通信网络与远程服务器进行通信，由 Web 应用服务器端程序对用户的商品浏览、购买等相关操作进行具体处理，完成与数据库服务器的数据交互，并生成个性化推荐反馈给 Android 移动终端。

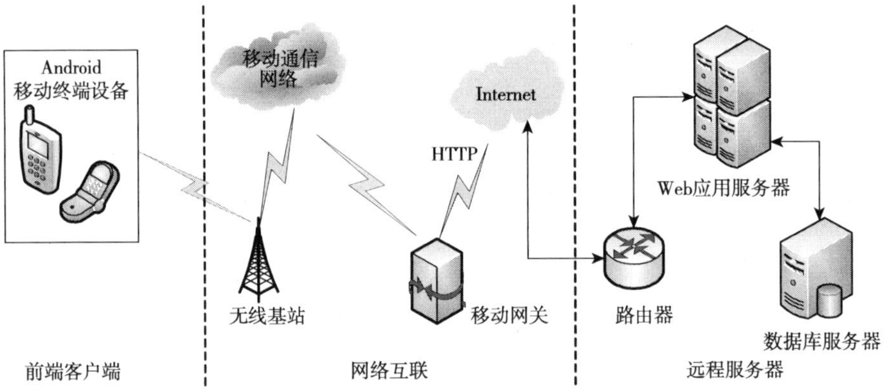

图 9.26　系统物理结构设计

2. 系统逻辑架构设计

根据系统的物理结构，系统在整体设计上采用了 J2EE 体系架构，将系统分为客户层、逻辑层和存储层三部分。其中，客户层是直接参与用户交互的 Android 客户端应用程序，逻辑层和存储层都设置在服务器端，它们之间通过无线网络实现远程通信。基于 J2EE 三层架构的系统逻辑架构设计如图 9.27 所示。

客户层的 Android 应用程序在设计上采用了 MVC 设计模式。视图层是指应用程序的用户界面，其采用 XML 布局文件的形式将界面设计从业务代码中剥离出来形成视图模板，将信息格式化展示给用户。控制层有串联视图层和模型层的作用，主要由 Activity 负责实现，Activity 以事件监听机制处理用户操作，并将结果反馈给视图层显示。因为 Activity 的响应时间只有 5 秒，超过后容易被系统回收，因此业务处理、网络连接及数据加载等相对耗时的操作通常被封装在模型层，由控制层的 Activity 根据请求直接调用。

存储层采用的是 MySQL+MongoDB 数据库解决方案，旨在保证数据存储可靠性的同时，很好地适应大数据、高并发处理，并能够提供良好的数据库可扩展性和可维护性。

逻辑层完美地分离了客户层和存储层，并成为连接两层通信的桥梁，它可以分为表示逻辑层、业务逻辑层、数据持久层三部分，这里选取 SSH2+Morphia 集成框架来实现。其中，表示逻辑层采用基于 MVC 模式的 Struts2 框架来实现，主要负责客户层与业务逻辑层的交互，响应 Android 客户端发出的用户请求，以 Action 形式调用业务逻辑层的 Service 服务，并将处理结果封装后发送给 Android 客户端。业务逻辑层应用了 Spring 框架，以接口形式向表示逻辑层提供 Service

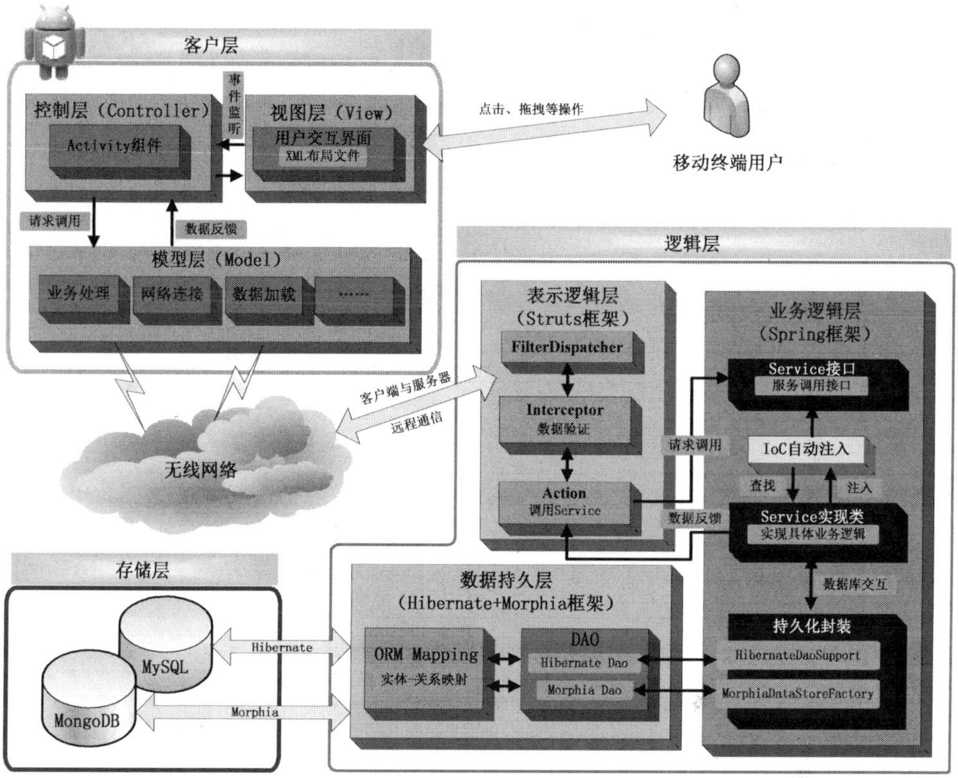

图 9.27　系统逻辑架构设计

服务，同时针对 Service 接口进行了业务逻辑的具体实现，在使用时由 Spring 负责完成实体类的自动装载。Spring 的另一个功能就是 ORM 框架，封装 DAO 对象，实现与数据持久层的通信。数据持久层则使用了 Hibernate+Morphia 框架。Hibernate 作为关系型数据库 ORM 框架，以 DAO 模式封装了数据库的基本操作方法，实现以面向对象编程的方式访问 MySQL 数据库。鉴于 Hibernate 不能很好地支持 NoSQL 数据库，选用 Morphia 作为 NoSQL 数据库 MongoDB 的专用 ORM 框架。

J2EE 多层架构的开发模式使得系统各层之间既协同合作，又相互独立，任意一层的变动不会对其他各层造成太大的影响，这种松散耦合的组织形式可以极大地提高代码和组件的复用性，为系统的扩展和重构提供便利，比较符合目前电子商务企业级应用系统开发的需要。

9.4.4　服务器端程序设计与实现

1. 服务器端逻辑模块划分

系统整体设计采用的是 J2EE 三层架构，其业务逻辑的实现主要集中在服务器端的逻辑层上，逻辑层可以划分为两大部分——电商业务逻辑和个性化推荐引擎（图9.28）。

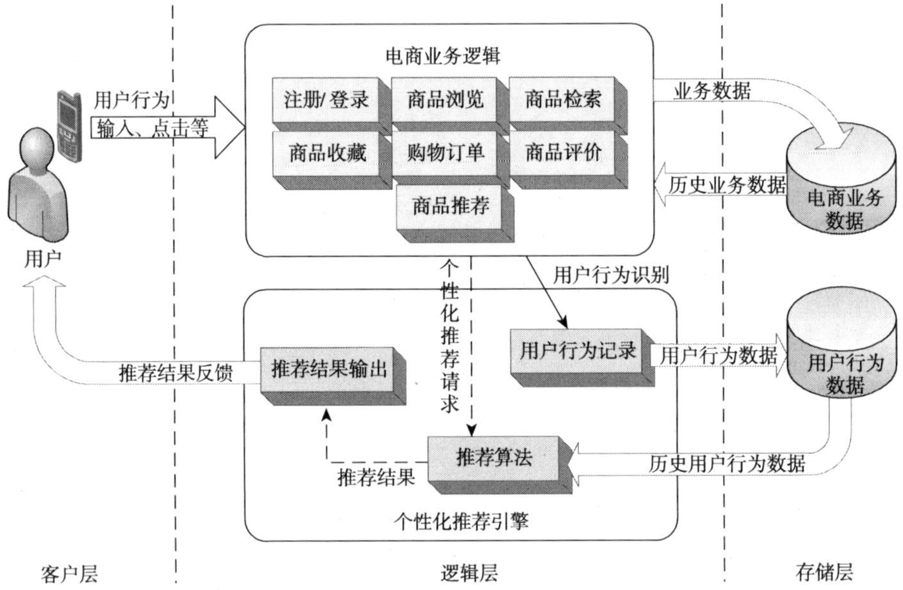

图 9.28　服务器端逻辑模块划分

电商业务逻辑部分是针对系统电子商务基本功能的具体实现，位于客户层的 Android 应用与位于逻辑层的服务器进行通信，根据用户操作调取相应的电商业务逻辑，由电商业务逻辑对用户请求进行处理，实现数据库保存或者获取信息。同时，它也是个性化推荐服务的调用模块，个性化推荐引擎需要通过电商业务逻辑与用户完成交互。

个性化推荐引擎是对系统所需个性化推荐服务的封装，同传统的推荐系统类似，它也由用户行为记录模块、推荐结果输出模块和推荐算法模块三部分组成。用户行为记录模块负责收集用户行为信息，推荐算法模块根据收集的数据进行算法预测，推荐结果输出模块对结果进行封装处理，以特定形式呈现给用户。

这种业务封装机制可以很好地分离电商业务与个性化推荐服务，在开发过程中能够更清晰地把握这两方面的需求，从而避免不必要的信息干扰，提高开发效率。同时，这种业务封装机制也可以使个性化推荐引擎更具通用性，能够被电商业务逻辑灵活调用。电商业务与个性化推荐服务之间松散耦合的状态能够使两者保有各自的独立性，降低一方需求变动对另一方的影响，有利于系统的稳定与扩展。

个性化推荐引擎是整个电商个性化推荐系统的核心组成部分，也是本章重点研究的内容之一，下面将对个性化推荐引擎的三大模块的设计工作进行阐述。

2. 用户行为记录模块设计与实现

1）用户行为量化评分设计

用户行为模式分为显式和隐式两种。因为本书的个性化推荐系统是面向移动终端用户的，移动终端的屏幕大小严重限制了用户操作的便捷自由，所以用户显式的评分行为会较 PC 端大幅降低。如果单纯以用户显式行为数据作为个性化推荐的基础数据，就会使用户–项目评分矩阵过于稀疏。因此，这里以用户的隐式行为充当显式行为的补充，大量的隐式行为数据可以有效缓解用户评分数据的稀疏性。

用户的行为记录将会以用户行为日志的形式存储在系统数据库中，但日志记录并不能直接用于算法运算，因此在记录用户行为日志的同时，需要对其进行量化评分。

用户的显式行为产生的评分被称为主动评分，它能够明确地表征用户对项目的喜好程度，是预测用户兴趣偏好的重要参考依据，其通常采用 5 分评分制。

用户的隐式行为通过量化生成的评分被称为被动评分。在众多的隐式行为中，用户的购买、收藏行为和页面停留时间能够间接体现其他隐式行为，因此在对隐式行为进行量化分析时，可以将范围限定在购买行为、收藏行为和项目页面的停留时间三方面。

（1）购买行为。它是隐式行为的主要参考要素，它体现了用户对项目存在需求，但并没有体现出用户对项目的评价，即需求满足的程度，在量化评分时，其数值通常设置的略小一些，如果采用 5 分评分制，一般保守设为 4 分。

（2）收藏行为。用户收藏一个项目说明对该项目比较感兴趣，并未购买的原因可能是某些方面还未达到用户心理预期，但它的相似项目或许会满足用户需求，因此也是主要参考要素之一，量化评分为 3 分。

（3）项目页面的停留时间。它是最适合进行用户兴趣预测的浏览行为。用户浏览一个项目页面并不代表对这个项目感兴趣，可能是页面链接位置比较显眼，碰巧点击进来而已。但是如果用户在页面上停留达到一定的时间（5 秒到 3 分钟），可以从侧面反映出用户在仔细浏览网页内容，说明用户对该项目是感兴趣的。页面停留时间的用户兴趣表征相对前两个要弱一些，一般设置评分上限为 3。

综上所述，用户行为的量化评分如表 9.7 所示。

表 9.7　用户行为的量化评分

用户行为	评分模式	对应数值
评分	主动评分	0~5 分
购买	被动评分	4 分
收藏	被动评分	3 分
页面停留时间	被动评分	0~3 分

2）用户行为记录模块实现

由于用户行为是与电商业务密切相关的，电商业务功能的实现过程中伴随着用户行为的产生。如果针对每一项电商业务单独实现相应用户行为的记录和量化评分的处理，就将加重电商业务逻辑与个性化推荐引擎的耦合，影响系统扩展和维护。因此，这里将用户行为数据记录需求抽取出来，作为隶属于个性化推荐引擎的用户行为记录模块来实现。

将用户行为记录作为一个单独的模块来实现，就需要识别出用户访问请求对应的行为类型，并明确用户行为量化处理的先后顺序。因为评分、购买、收藏及页面停留时间这四种行为的权重并不是对等的，它们的量化评分也不是累加的，累加可能会导致用户对某一项目的评分虚高，进而影响用户兴趣预测的准确性。针对一次访问请求中的用户行为量化评分处理流程如图 9.29 所示。最终的量化评分会更新数据库中相应的评分记录，但并不是每次都进行更新操作。评分数据在存储时会记录用户对项目的评分时间，并且会随着时间推移而递减，具体实现时是以上文介绍的用户兴趣遗忘函数来处理的。因此数据库每次更新之前都会预先判断一下本次请求的量化评分与数据库中原评分的大小，只有当本次评分值大于原评分值时才会更新数据库，同时记录新的评分时间。

移动端发出的用户请求在调用电商业务逻辑时会携带大量的用户行为数据。因为本系统采用的是 SSH2 框架，所有的用户请求都是通过访问前端 Struts2 框架的 Action 来实现对电商业务逻辑调用的，用户行为信息会在 Action 的整个请求访问过程中传递，用户行为信息可以对所有的 Action 访问请求进行拦截，并对不同信息进行相应处理，所以这里将 Struts2 的拦截器机制作为用户行为记录模块的实现形式，整个用户请求的拦截器处理时序图如图 9.30 所示。出于系统扩展性方面的考虑，本书以继承 Struts2 自带的 AbstractInterceptor 的形式来实现用户行为拦截器及其他拦截器的功能。用户行为记录模块的具体实现类图如图 9.31 所示，将用户行为量化记录作为单独 Service 来处理，并在用户行为拦截器 UserBehaviorInterceptor 中进行了调用。

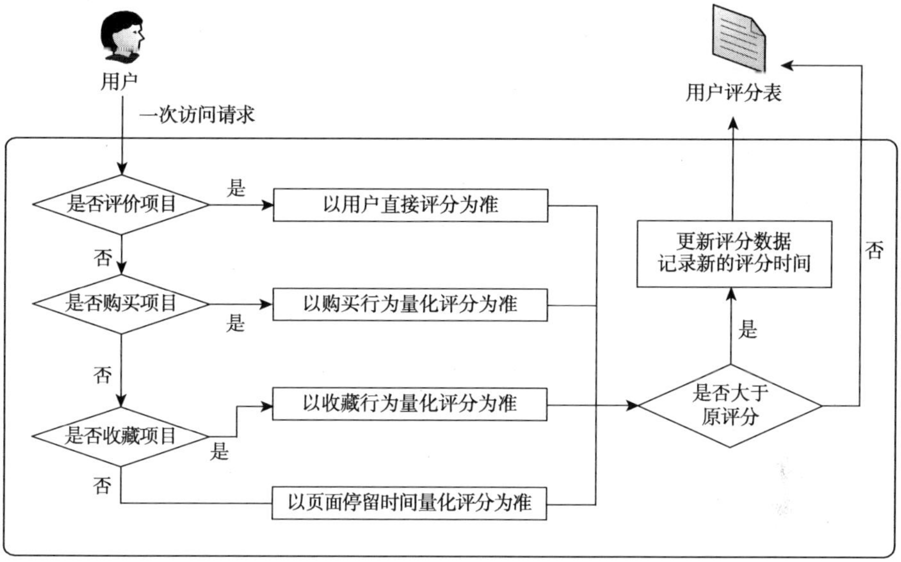

图 9.29　用户行为量化评分处理流程

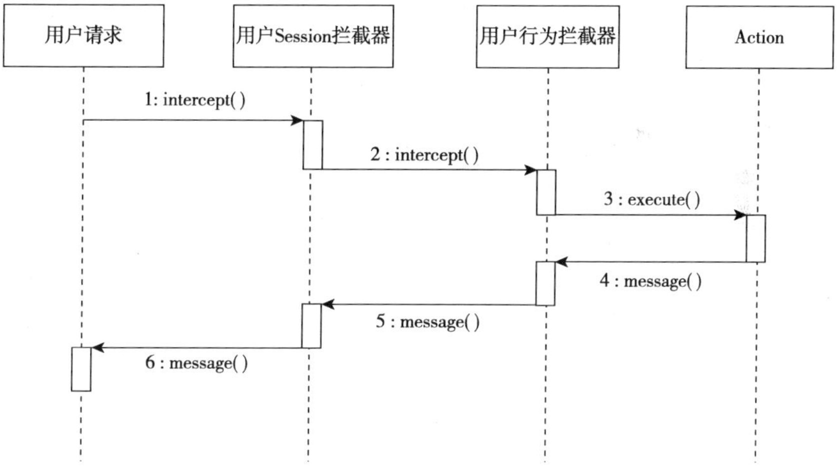

图 9.30　用户请求的拦截器处理时序图

3. 推荐结果输出模块设计与实现

推荐结果输出模块主要完成个性化推荐引擎的收尾工作，即对推荐算法模块生成的推荐结果的封装。由于对节省运算空间、提高计算效率的考虑，推荐算法的计算过程并不会包含太多项目信息，其推荐结果通常只包含项目编号和预测评分值，因此，推荐结果输出模块需要根据项目编号从数据库中提取项目详情显示给用户。推荐结果输出模块实现类图如图 9.32 所示。

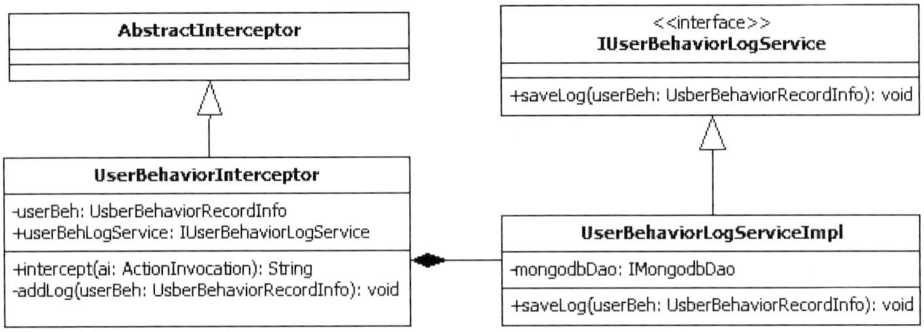

图 9.31　用户行为记录模块的具体实现类图

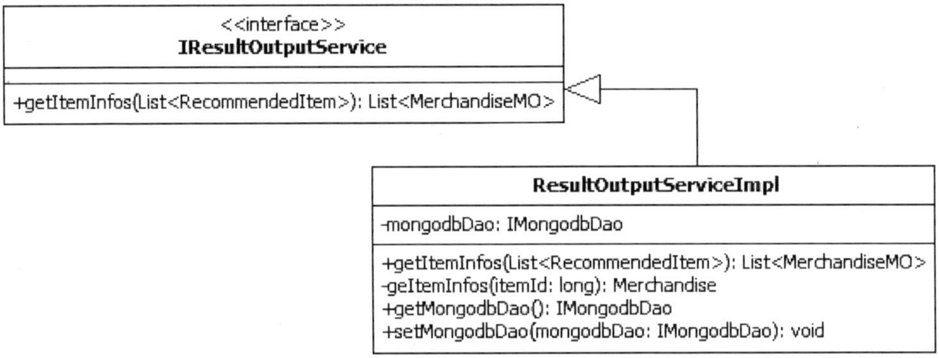

图 9.32　推荐结果输出模块实现类图

4. 推荐算法模块设计与实现

1）推荐策略选择

推荐算法模块是个性化推荐引擎的关键组件，是生成用户推荐列表的直接实现模块。推荐算法模块设计的关键是确立合适的推荐策略，推荐策略的优劣将直接决定个性化推荐引擎的性能，进而影响系统最终的推荐质量。综合考虑系统需求，这里采用四种推荐策略，即热销商品推荐、新颖商品推荐、上架新品推荐和个性化推荐（表 9.8）。

表 9.8　推荐策略表

推荐策略	简要说明
热销商品推荐	以大众的兴趣偏好为依据进行推荐。商品的热销程度代表了大部分人的喜好程度，可能在一定程度上满足用户需求，因此可将目前最热门的商品推荐给用户
新颖商品推荐	将长尾商品更多地展现在用户面前，为购物增添多样性和新颖性。因为热销商品毕竟只占少数，与之相对的是存在于“长尾”中需求不旺的大量商品，如果推荐销售合理，其收益足以与热销品匹敌

续表

推荐策略	简要说明
上架新品推荐	将最新上架的商品推荐给用户。新商品刚到达系统时的评分集合为空，不满足个性化推荐算法的计算要求，这种策略可以很好地缓解新项目冷启动问题
个性化推荐	使用合理的推荐算法做出符合当前用户兴趣偏好的推荐，是为用户量身定制的个性化推荐服务

这四种推荐策略的前三种并未考虑当前用户的兴趣偏好，仅仅只是根据商品特性进行的随机推荐（Random-*K*），是对个性化推荐策略的补充。而个性化推荐是根据当前用户兴趣偏好做出的推荐，其推荐结果更具差异性，更贴近用户自身需求，是系统个性化推荐功能的精髓所在，其核心工作是推荐算法的选择。根据本章对改进的 Weighted Slope one 算法的性能测试，该算法具有较高的推荐精度和良好的时间性能，能够满足个性化推荐引擎的需求。同时，改进算法以 Slope one 作为基础，依据大部分用户的评分偏好做出推荐，其大众化趋势具有很好的透明度，实现起来相对来说较容易，因此这里将改进的 Weighted Slope one 算法作为个性化推荐策略的核心算法。

到此，推荐策略方案基本确定，但系统仍然面临一大问题——冷启动问题。分析 Slope one 算法发现，它无法对没有任何评分数据的新用户、新项目做出合理推荐，而系统在实际运行时会有大量新用户、新项目加入，新项目冷启动问题可以采取上架新品推荐策略来解决，新用户冷启动问题需要另行制订推荐方案。这里将采用不考虑内容信息的随机推荐方式来处理新用户冷启动问题。它允许系统对新用户随机地推荐项目，并根据反馈回来的项目评价信息来不断地修正用户兴趣偏好模型，进而逐步地提高推荐质量。虽然这种推荐方式太过冒险，其长期表现的准确率也未超过 50%，但没有必要过分担心。因为在算法的整体流程中，随机推荐并非作为长期推荐策略来使用，而只是针对新用户的辅助策略，它能够有效缓解新用户初期评分数据稀少的问题，当用户评分达到一定数量后，便会切换至更准确的 Weighted Slope one 改进算法来处理。

推荐算法模块的实现需要用户行为记录模块和推荐结果输出模块的支持。系统的整体在线推荐流程如图 9.33 所示。

2）推荐算法模块实现

推荐算法模块实现类图如图 9.34 所示。DataModel 是用户数据获取接口，各推荐算法通过 DataModel 从数据库中获取数据进行推荐运算，因为本书采用 MongoDB 来提供个性化推荐的数据存取服务，只对 DataModel 实现了针对 MongoDB 的扩展，如果有需要这种接口形式，也便于实现对文件等其他数据存储方式的支持。

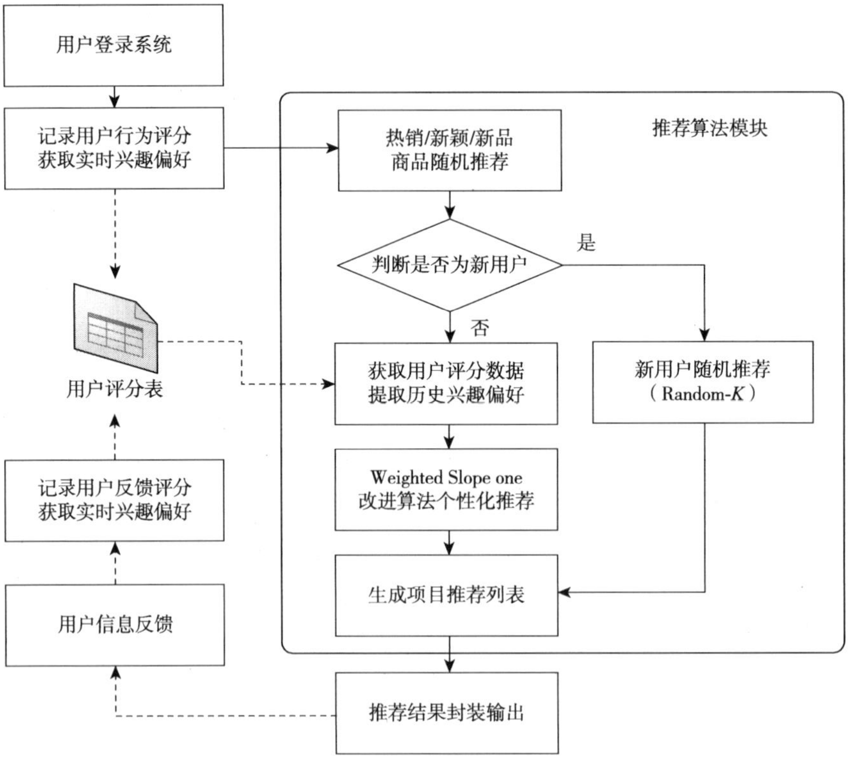

图 9.33　系统的整体在线推荐流程

算法推荐器采用了策略模式（strategy pattern）来实现，将系统采用的推荐算法封装到继承了相同接口的类中，这样做的好处是可以在不影响客户端使用的情况下，方便地实现推荐算法的扩展和切换，对系统的扩展和升级有很大帮助。

系统所需算法推荐器均在 RecommenderServiceImpl 中完成实例创建，同时由 IRecommenderService 提供统一的对外推荐算法调用接口，并将其配置在 Spring 框架中，以 Spring 单例模式管理推荐服务，这确保了推荐服务中各算法推荐器实例的唯一性和有效性，避免了浪费不必要的资源。

9.4.5　客户端应用程序设计与实现

1. 功能模块设计与实现

Android 客户端应用程序是电商个性化推荐系统的功能体现者，也是用户获取个性化推荐服务的直接入口，因此客户端 UI 设计尤为重要。本书将根据系统功能模块设计，制订客户端功能模块的界面设计方案。Android 客户端程序界面设计如图 9.35 所示。

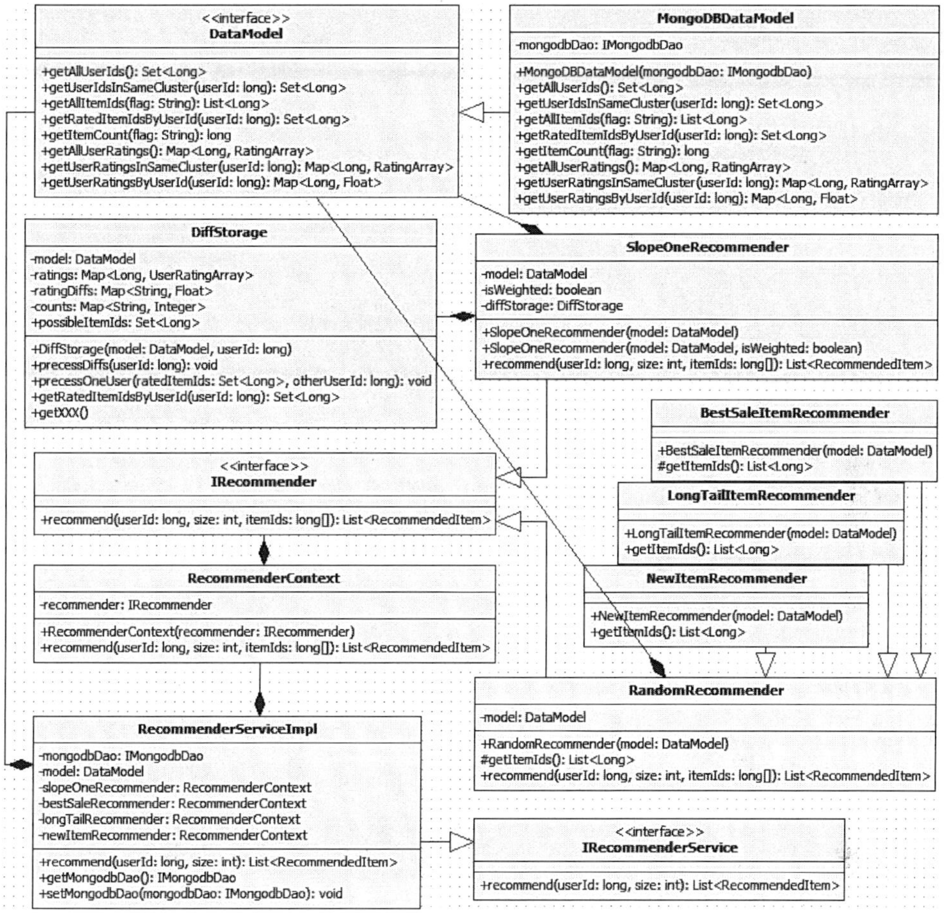

图 9.34　推荐算法模块实现类图

（1）登录/注册功能界面。用户登录界面有供用户输入账号和密码的输入框，以及“记住密码”的辅助功能，点击“登录”按钮即可完成登录操作。没有账号的游客可以点击“注册”链接跳转到用户注册界面，填写相关信息，完成注册操作。

（2）购物街功能界面。该界面摒弃了传统的 List 和 Table 布局模式，改用不规则瀑布流布局模式，展现出一种新颖的视觉效果，从而吸引用户浏览商品。在该界面点击商品图片，即可进入商品详情界面查看商品详细信息。

（3）推荐功能界面。该界面是个性化推荐的直观体现。精准的推荐结果需要良好的系统界面来修饰，设计时选用控件不规则排列方式，将整个屏幕预先划分成大小不一的区域，根据商品的预测评分值为其分配相应区域，这样能更直观地体现出项目的推荐权重，带来更好的用户体验。

图 9.35　Android 客户端程序界面设计

（4）收藏夹功能界面。该界面采用传统的 List 布局方式来呈现收藏商品信息，上下滑动可浏览商品收藏列表。在列表顶部提供了商品“全选”、“删除”和“加入购物车”功能，同时，点击商品图片可进入商品详情界面查看商品详细信息。

（5）购物车功能界面。同收藏夹功能类似，该界面也采用传统的 List 布局方式，滑动列表可查看购物车内所有的商品信息，同时提供了针对选中商品的“删除”和“下达订单”功能，点击商品图片可进入商品详情界面查看商品详细信息。

（6）我的功能界面。该界面提供了对用户个人信息的管理功能，主要包括“我的信息”、“我的订单”和“我的足迹”三方面。“我的信息”是针对用户基本信息的管理功能；“我的订单”提供了订单信息的查询和评价功能；“我的足迹”用来查看用户的商品浏览记录。

（7）商品详情功能界面。该界面用于对商品详细信息进行浏览，用户可以对喜好商品进行收藏，对中意商品调整数量后加入购物车，或者立即购买。

（8）商品评价功能界面。该界面用于完成对已购买商品的评价，在“我的订单”界面点击订单“评价”按钮，即可跳转到该界面完成商品评价，为个性化推荐提供可靠数据。

2. 用户行为监测实现

Android 客户端应用程序功能模块实现如图 9.36 所示，大致可以分为三部分——界面控制类、数据加载类和实体数据类。界面控制类由 Activity 及其子类 Fragment 组成，负责加载 XML 布局文件以显示界面，与用户进行交互，并通过 Intent 机制实现界面之间的通信；数据加载类由一系列 UI 控件适配器组成，与特定 UI 控件绑定完成数据的加载工作；实体数据类是数据库中表格数据的直观体现，用于携带及传递相关信息。

图 9.36　Android 客户端应用程序功能模块实现

个性化推荐系统为用户产生推荐的根本依据是存储在数据库中的大量用户评

分数据，而隐藏在这些数据背后的是系统操作过程中涉及的诸多用户行为。系统如果想为个性化推荐提供准确、充足的用户评分数据，就必须有效监测用户行为，这部分功能的实现不仅依赖服务器端个性化推荐引擎的用户行为记录模块的支持，同时还需要 Android 客户端应用程序的配合。

本章选定的具有参考价值的用户行为主要包括用户评分、购买、收藏行为及项目页面的停留时间。前三种用户行为与电商业务密切相关，体现为单个界面（Activity）内控件点击事件的触发，因此可采用为对应控件添加事件监听器的方式来实现对这类行为的监测。而项目页面的停留时间则是用户浏览行为的直观体现，商品的浏览行为贯穿于应用程序的整个使用过程，涉及针对多界面跳转的监控，传统的事件监听机制并不适用于解决该类问题。因此这里选用 Service+BroadcastReceiver 方式来实现对用户浏览行为的监测。

Activity 作为 Android 最为基础的程序组件，通常用来实现图形界面的加载和维护，且自身生命周期较短，当发生界面切换时，便会涉及 Activity 的销毁和创建。与 Activity 不同的是，Service 可以在系统后台保持长时间的运行状态，并且具有独立的生命周期，不会因为前台界面的切换而终止，用来监测用户在项目页面的停留时间非常合适。BroadcastReceiver 是 Android 内部的广播机制，相当于全局性的事件监听器，而与传统的事件监听器不同的是，它监听的对象并不是普通的 View 控件，而是 Android 应用程序中的其他组件，可以用来实现 Activity 与 Service 之间的通信。基于 Service+BroadcastReceiver 的用户浏览行为监测流程如图 9.37 所示。

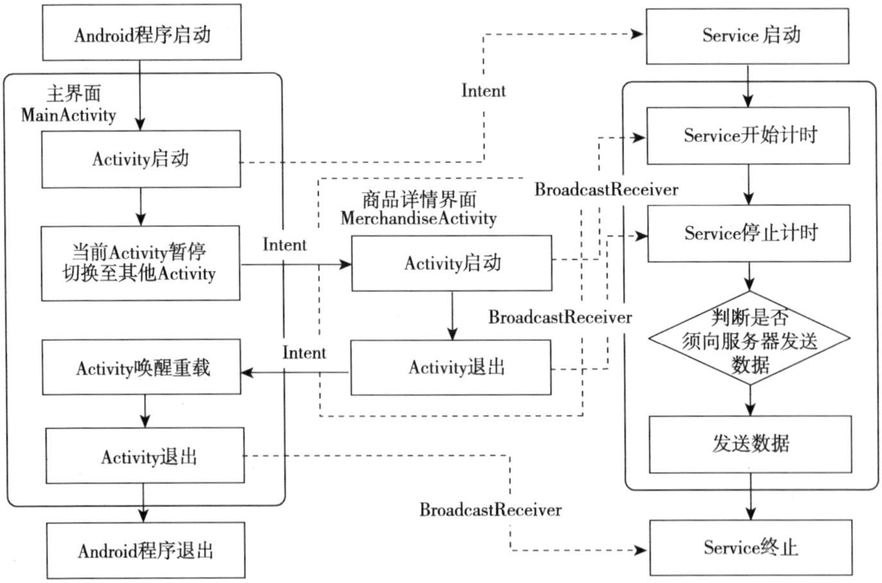

图 9.37　基于 Service+BroadcastReceiver 的用户浏览行为监测流程

用户浏览行为监测实现类图如图 9.38 所示，首先需要创建继承 Service 和 BroadcastReceiver 的子类，同时在 Service 的 onStartCommand()中完成 BroadcastReceiver 的注册；其次，BroadcastReceiver 在 onReceiv()中实现对特定 Command 的处理；最后就可以通过 Activity 的 sendBroadcastToService()向 Service 发送广播信息，由 BroadcastReceiver 完成广播中包含命令的解析工作，进行特定 Service 方法的调用。

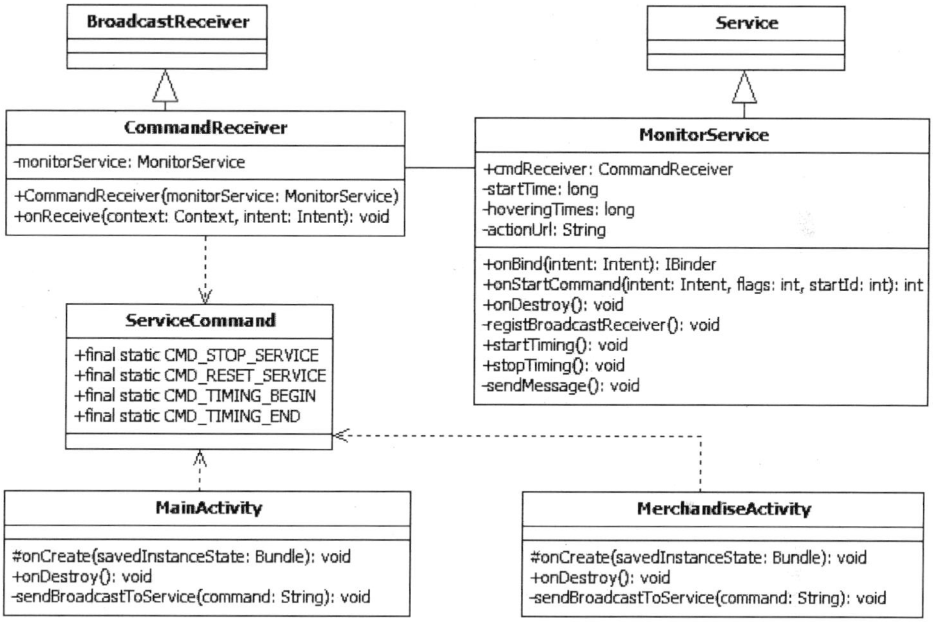

图 9.38　用户浏览行为监测实现类图

3. 系统性能优化

系统性能优化的最终目的是提高运行速度，改善用户体验。用户在使用 Android 客户端浏览商品的过程中会涉及大量的图片资源，这些资源全部要从服务器下载。但实际生活中，用户存在多次浏览同一张图片的行为，如果每次都需要连接服务器重新加载，就势必会加大用户的时间消耗和流量开销，从而造成糟糕的用户体验。因此，这里采用图片二级缓存策略对商品图片的加载过程进行优化。

图片二级缓存策略，即内存缓存加本地文件缓存。内存缓存作为图片的一级缓存，当用户查看某一商品详情时，系统先加载默认图片，然后到内存缓存中查找商品对应图片是否存在，如果存在则直接加载显示，如果不存在则到文件缓存中继续查找。文件缓存作为图片的二级缓存，如果在文件缓存中找到该图片，则更新内存缓存并提取图片显示，如果同样不存在则通过网络连接服务器下载，然后更新文件缓存和内存缓存，并通知视图显示图片，以提高下次图片加载速度。

因为 Android 客户端内存容量有限，如果无节制地缓存图片，就会有内存溢出的隐患，所以需要限制内存缓存空间大小，当缓存空间已满时，选取合适的图片替换算法更新内存缓存。通常来说，越是经常浏览的图片越有缓存的必要性，因此，这里选用 LRU（least recently used，即最近最少使用）算法作为内存缓存更新算法。相比内存而言，本地文件空间要大很多，它包括手机和 SD 卡存储空间，可以适当缓存更多的图片。同时考虑到 Activity 的 5 秒响应时间的限制，需要采用异步加载策略，开启新线程在后台完成图片的加载任务，并利用回调机制通知应用更新视图。图片二级缓存与异步加载流程图如图 9.39 所示。

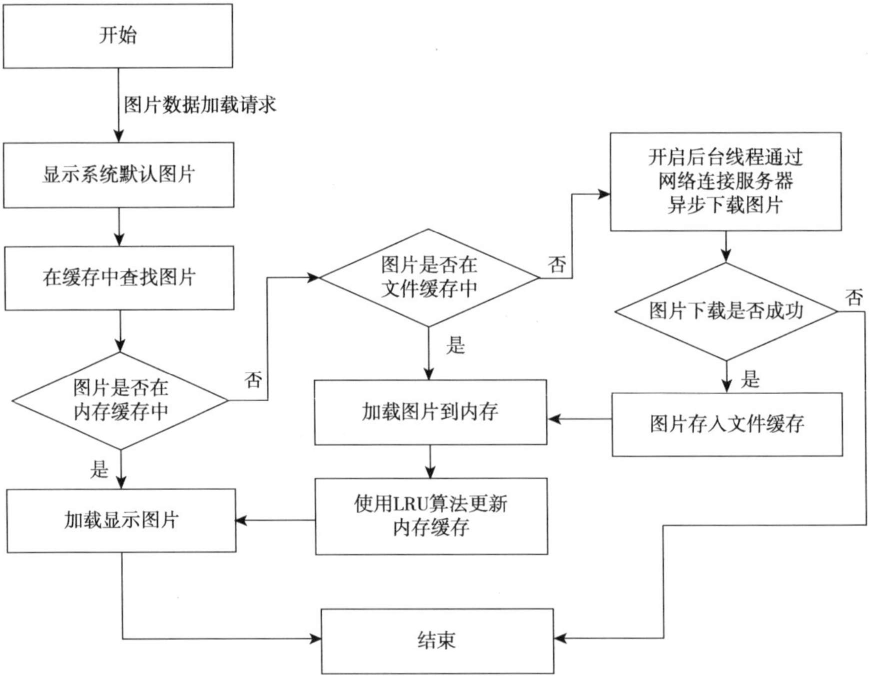

图 9.39　图片二级缓存与异步加载流程图

图片二级缓存与异步加载实现类图如图 9.40 所示，这里采用单例模式来实现。单例模式能够很好地保证 ImageAsyncLoadManager 类在程序运行过程中有且只有一个实例，避免其重复创建及耗费系统运行资源，同时，单一实例的线程池可以统一管理所有异步线程，避免线程在执行过程中出现混乱。

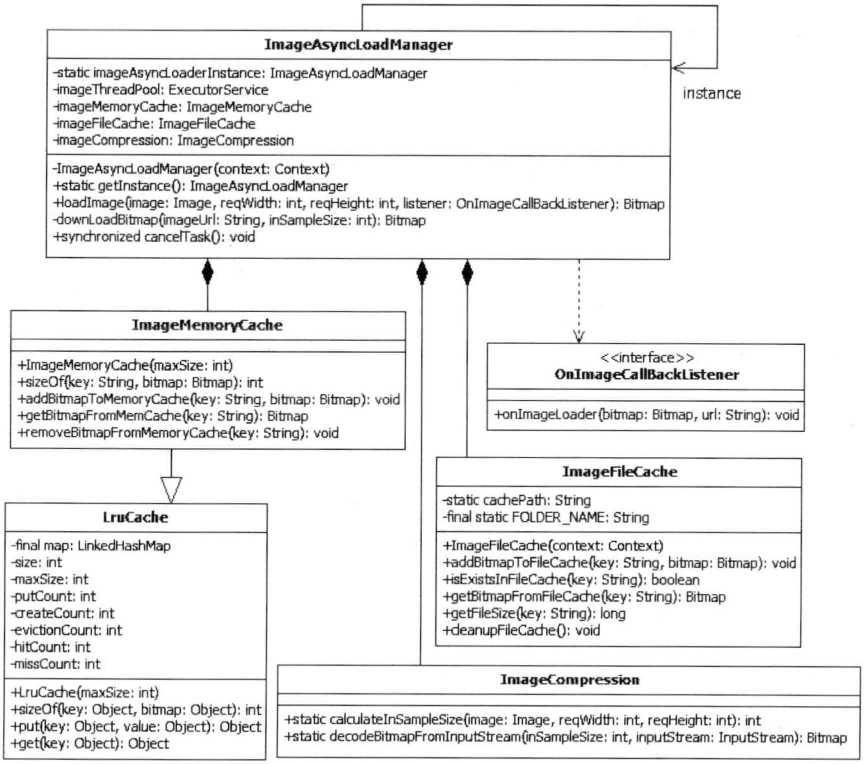

图 9.40　图片二级缓存与异步加载实现类图

9.4.6　远程通信模块设计与实现

1. 网络通信模式选择

数据是应用程序的中心，Android 客户端程序在运行过程中需要与远程服务器建立通信连接，从服务器端数据库中获取商品或推荐信息。为保证数据传输的稳定性和可靠性，选择合适的网络通信方式非常重要。Android 提供了两种访问远程服务器的方式——Socket 通信方式和 HTTP 通信方式。

Socket 又被称为“套接字”，是应用程序进行网络通信的双向接口，套接字的发送和接收可实现网络请求的发送与应答。它是基于 TCP/IP 协议的网络通信的基础，是对网络连接节点的抽象描述，包含建立连接所必须的 IP 地址和协议端口信息。Socket 通信方式会在客户端与服务器上都生成一个 Socket 实例来开启一次会话，并以长连接方式保持客户端和服务器的持续通信。它的优点是数据传输速度快、安全性高，且在连接建立后，服务器可以主动推送消息到客户端，确保客户端数据的实时有效性。其缺点也是显而易见的，Socket 依赖特定的网络端口完成通信，存在被防火墙禁止的隐患。同时，防火墙通常会关闭处于非活跃状态的长连接，导致客户端需要轮询服务器以保持 Socket 连接，进一步造成网络资源无端耗费。

HTTP 即为超文本传输协议，是网络编程经常使用的通信方式之一。HTTP 通信方式采用“请求—应答”模式建立一次连接，由客户端发起数据请求，服务器被动响应并反馈数据给客户端，数据传输完毕后自动断开连接。相比于轮询的 Socket 方式，HTTP 方式无论是发送请求还是接受消息，都不会被防火墙阻拦。电商个性化推荐系统的 Android 客户端并不需要频繁地与服务器进行通信，只要在用户需要时发送请求即可，因此，这里选用 HTTP 通信方式实现 Android 客户端对远程服务器的访问。

2. 数据传输方式设计

移动端应用程序与服务器之间的数据交互通过无线网络进行，对数据的传输速度和安全性的要求较高，因此，数据传输方式的设计也很重要。

数据传输前先要确立数据的封装格式，优秀的数据封装格式可以有效地提高数据的传输速率。目前常用的数据封装格式有 XML 和 JSON 两种。XML 是一种可扩展的结构化标记语言，它允许使用大量的自定义标签来组织数据，使数据结构清晰易读，但过多的冗余信息不利于数据传输效率。JSON 是一种轻量级的数据交换格式，它以键值对的形式来组织数据，具有占用空间小、耗费流量少、易于解析等特点。XML 与 JSON 传输效率对比如图 9.41 所示。在可读性和扩展性上 JSON 和 XML 相当，但在传输效率上 JSON 更占优势，因此，这里选用 JSON 作为数据封装格式。

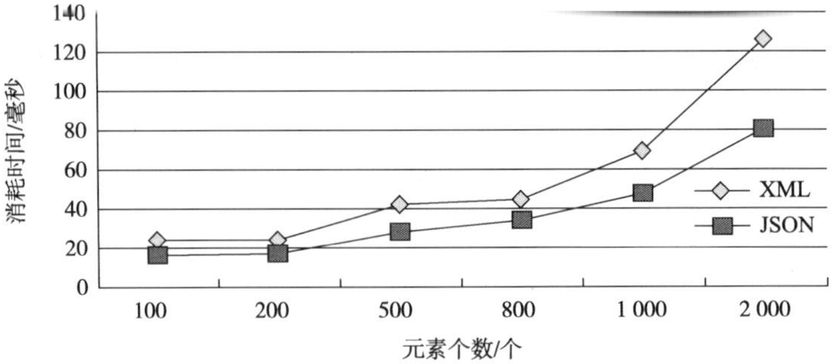

图 9.41　XML 与 JSON 传输效率对比

系统从数据库中提取的数据通常是以对象的形式存在内存中的，而数据传输采用的是 JSON 数据，这就涉及 Java 对象到 JSON 数据的转化。JSON 数据实际上是一种特殊的字符串，可以针对每个 Java 对象采用原始的字符串拼接方式来将其转化为 JSON 数据，但这种方式过于烦琐，而且不具有普遍适应性，借助第三方工具来实现 Java 对象到 JSON 数据的过渡更为简单高效。目前主流的 JSON 转化工具有 Jackson、JSON-lib 和 Gson 三种，它们可以方便地实现 Java 对象或集合与 JSON 数据的相互映射，但其性能存在些许差异。JSON 转换工具性能对比如图 9.42 所示，从中可以看出在性能方面，Jackson 远远高于 JSON-lib 和 Gson，因此，系统的 Java 对象与 JSON 数据之间的转换将采用 Jackson 来实现。

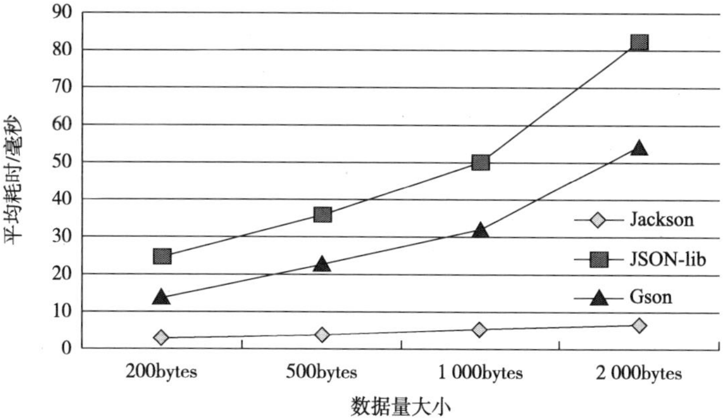

图 9.42　JSON 转换工具性能对比

同时，因为系统是通过 HTTP 协议在无线网络中传输数据的，所以数据在传输过程中易被其他设备截获，这会致使系统信息的泄露，进而引发一系列安全问题。因此，数据传输的安全性值得被重视。采用 HTTPS 协议可以确保数据在 Android 客户端与服务器间传递的安全性，它是以 SSL+HTTP 协议构建起来的加密网络传输通道，安全性较普通的 HTTP 协议传输高，但需要客户端及服务器提供对数字证书的支持，实际应用较为麻烦。因此，这里选择程序自行加密传输策略，在数据传输之前采用 DES（data encryption standard，即数据加密标准）和 Base64 双重加密策略对封装的 JSON 数据进行加密处理。首先得到封装后的 JSON 数据，其次在发送之前使用 DES 算法对其进行初始加密，最后在此基础上使用 Base64 算法进行二次加密，数据接收之后的解密过程是加密的逆过程。

3. 远程通信模块实现

系统将以加密 JSON 数据的形式通过 HTTP 协议实现 Android 客户端与远程服务器之间的数据传输，以此提高系统的数据传输的效率和安全性。系统运行的远程通信流程如图 9.43 所示。

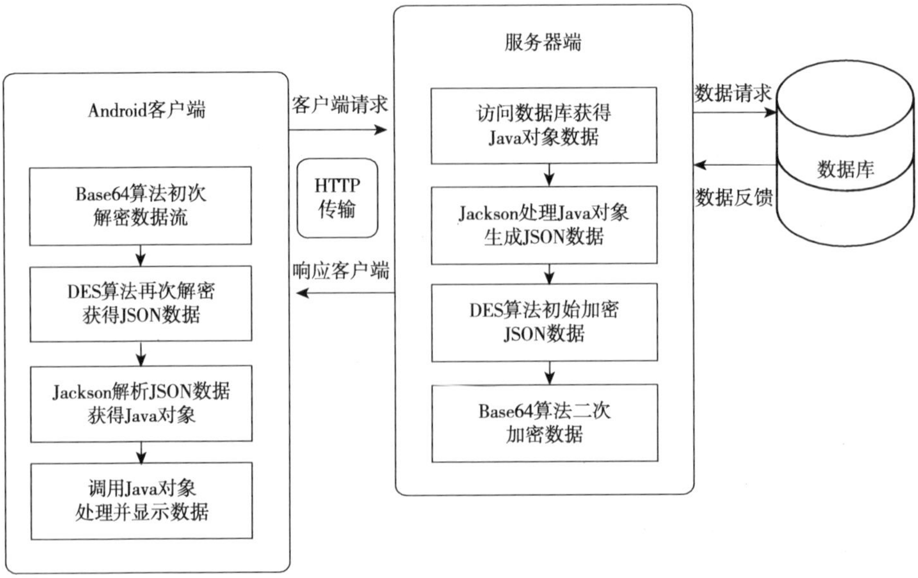

图 9.43 系统运行的远程通信流程

系统远程通信模块实现类图如图 9.44 所示，它是 Android 客户端与服务器的公用模块，将以 Util 包的形式分别包含在 Android 客户端和服务器端程序中，供系统调用完成数据交换。

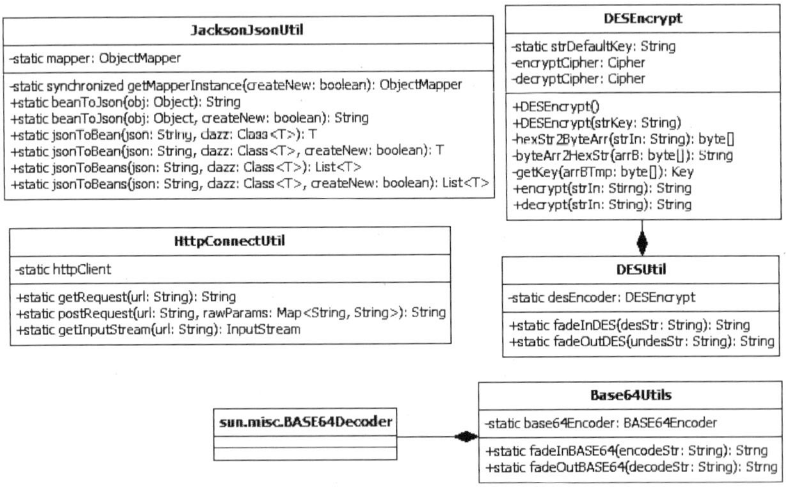

图 9.44 系统远程通信模块实现类图

9.4.7 系统部署与测试

在完成基于移动平台的电商个性化推荐系统的设计和实现工作之后，本书对系统进行了部署发布和相关功能模块的测试。部署环境配置表如表 9.9 所示。

表 9.9　部署环境配置表

运行环境	配置项	配置参数
服务器	处理器	Intel® Core™ i5-4200M CPU @ 2.50GHz
	安装内存	4.00GB（3.75GB 可用）
	操作系统	CentOS 6（Linux）
	网络服务器	Apache 2.2.3
	应用服务器	Tomcat 7.0.47
	数据库	MySQL 5.0.27，MongoDB 2.4.9
Android 客户端	手机设备	红米手机 1S
	Android SDK	Android 4.2.2

经测试，各功能模块工作正常，系统可以在当前数据集下进行实时可靠的个性化推荐，但可以想象到，随着系统用户和项目数量的不断增加，生成推荐结果涉及的计算量会日益增大，系统在推荐实时性方面仍然面临不小的挑战，仍然需要分布式并行计算的支持。

第 10 章　网购评语情感挖掘的应用

10.1　国内外研究现状

情感挖掘是一门新兴的、综合性的学科，它以文本挖掘为基础，主要从词、短语、句子和整个文档等方面对文本进行相应的情感方面的研究。情感挖掘的研究从 20 世纪末、21 世纪初开始，大量计算机语言的相关学者踏入了观点分析这个领域，并获得了一定的成果，情感挖掘从此翻开了一个新篇章（王任远，2014）。

10.1.1　文本挖掘研究现状

文本挖掘是一门信息检索、信息抽取、机器学习和自然语言处理等多领域交叉的学科。发展至今，文本挖掘技术在社会各个方面都有着很好的应用。国外对于文本挖掘的研究开始较早，H.P.Luhn 在 20 世纪 50 年代末进行了开创性的研究，其内容主要是关于简单的词频统计思想。之后，Maron 在 1960 年发表了有关自动分类的第一篇论文。进入 20 世纪末，国外文本挖掘的研究大量兴起，文本挖掘技术从简单的应用于文本的分词、标注等方面，开始应用于信息检索、搜索引擎，而这样的应用也大大地促进了文本挖掘技术的不断发展，国外文本挖掘研究已真正进入了实用化时代，相应地也已经具有很多成熟的文本挖掘工具，如 IBM 的 Intelligent Miner for Text 工具、SAS 公司的 Text Miner 工具、SPSS 公司的 SPSS Text Miner 工具、Autonomy 公司的 IDOL Server 工具、Oracle 公司的 Darwin 工具等。

我国国内的文本挖掘研究才刚刚起步，处于研究的初级阶段。中文和英文在文本挖掘上具有一定的不同，中文的复杂性和多语义性导致了中文的文本挖掘还有很长的路要走，其研究的困难程度也远远大于英文的研究。我国的文本挖掘研究主要包括文本分类、聚类、过滤，信息、话题检索，自动摘要，话题跟踪，自动问答等方面。例如，苏金树等在 2006 年进行了基于机器学习的文本分类技术研究（苏金树等，2006）；向小军等在 2011 年进行了基于 Hadoop 平台的海量文本分类的并行化研究（向小军等，2011）；刘铭等在 2010 年进行了基于词汇链的关键短语抽取方法的研究（刘铭等，2010）；吕滨等在 2010 年进行了基于语义分析的网络不良信息过滤系统研究（吕滨等，2010）；李霞等在 2011 年进行了一种基于关键字的 XML 多文档分布式检索方法的研究（李霞等，2011）；郑斐然等在 2012 年进行了一种中文微博新闻话题检测的方法的研究（郑斐然等，2012）；蒋效宇在 2012 年研究了基于关键词抽取的自动文摘算法（蒋效宇，2012）；金珠等在 2005 年研究了基于 HowNet 的话题跟踪及倾向性分类研究（金珠等，2005）。总之，我国国内的文本挖掘研究在近年来取得的成绩还是有目共睹的，进步也是显著的。

10.1.2　情感挖掘国内外研究现状

1. 情感挖掘国外研究现状

国外关于情感挖掘上的研究开始得相对较早。在词和短语级别的情感挖掘方面，其中很重要的是分析词和短语的情感倾向性，如词或短语是正面还是负面，主观还是客观的。总结起来主要有三种主流的分析方法：第一，人工方法；第二，基于语料统计的方法，需要基于大量的语料统计计算；第三，基于词典的方法。在 20 世纪末，国外情感挖掘开始发展起来，其中最早进行确定词和短语倾向性研究的是在 1997 年，Hatzivassiloglou 和 McKeown 使用连词的语义约束，来计算形容词的情感倾向（Hatzivassiloglou and McKeown，1997）。进入 21 世纪后，Turney 在 2002 年提出一种无监督方法，利用 AltaVista 搜索引擎中的 NEAR 操作符计算词之间的点互信息（point-wise mutual information，PMI）值（Turney，2002）；在之后的 2003 年，他和 Littman 又提出基于潜在语义分析（latent sematic analysis，LSA）计算词语的情感倾向的方法（Turney and Littman，2003）。在 2004 年 Kamps 等提出基于 WordNet 词典的分析方法（Kamps et al.，2004）。同年，Kim 和 Hovy 从属性角度分析处理词的倾向性，他们认为每个词都有一个正面分数和负面分数，他们从一个包含正面和负面词的种子集合开始，然后不断地进行扩展，将正面（负面）词的同义词和负面（正面）词的反义词加入正面（负面）集合，最后得以进行分类（Kim and Hovy，2004）。2006 年，Andreevskaia 和 Bergler 定义了三个种子集：正面的、负面的和中性的，他们使用情感标签提取程序（sentiment tag extraction program，STEP）方法从 WordNet 中提取情感词（Andreevskaia and Bergler，2006）。分析词和短语的情感倾向性又给分析文档和句子的倾向性奠定了基础。在文档和句子方面，也要对主观词的情感色彩进行分类，再利用一定的方法得出句子乃至文档的情感倾向，一般可以将机器学习方法用于词语的情感判断中，从而对句子或者文档的主观情况进行大体情感分类。常用的机器学习算法有决策树算法、*K*-近邻分类（*K*-Nearest Neighbour，KNN）算法、支持向量机算法、朴素贝叶斯（naive Bayes）分类算法、神经网络算法和 Rocchio 算法等。2002 年，Pang 等先在情感分析领域引入了机器学习的方法，利用朴素贝叶斯、最大熵（max entropy)、支持向量机等方法对文本进行分类(Pang et al., 2002);在 2003 年,Turney 和 Littman 使用评论中出现的词语的情感倾向平均值来代表整篇评论的倾向(Turney and Littman, 2003);Dave 等提出用词的倾向性代表文章的倾向性,同时考虑了词的倾向强度(Dave et al., 2003);2005 年,Pang 和 Lee 通过机器学习方法对电影评论进行三级或四级打分(Pang and Lee, 2005)。Chaovalit 和 Zhou 比较了语义倾向分析方法和机器学习方法,发现机器学习更加可靠(Chaovalit and Zhou, 2005)。

国外的情感挖掘方法已经逐步成熟起来,近年来,国外对于情感挖掘方面的研究主要偏向于实际的应用中,特别是舆情方面的研究正在不断发展壮大。

2. 情感挖掘国内研究现状

中文领域的情感挖掘研究比起国外研究来说,起步较晚。中文的多义性也让情感挖掘在国内的研究上困难更多。具有代表性的最早的研究是在 2005 年,当时,Tsou 等在 Yuan 等研究的基础上对中国北京、香港、上海、台北四个城市的报刊上有关四位政治人物的正面和负面新闻报道进行了情感分类研究。同年,叶强、李一军等在 Turney 提出的 PMI-IR 方法基础上,探索了中文环境下的文本情感分析理论与方法,初步建立了中文语义倾向情感分析方法。2006 年,考虑到基于词典的方法,Yao 等提出使用电子英汉翻译词典结合 WordNet 的方法。在之后的 2007 年,叶强等提出一种根据连续双词词类组合模型(2-POS)确定句子主观性的方法。Ku 和 Chen 也在 2007 年提出了字袋方法以确定中文词语的情感极性。2008 年,中国中文信息学会信息检索专业委员会推出了一项评测——中文倾向性分析评测(Chinese opinion analysis evaluation, COAE)来推动中文情感挖掘这一研究领域的发展。2009 年 Ku 等提出了使用形态结构的方法在词语和句子级别进行情感分析。2010 年 Wang 和 Fu 提出使用语素作为基本单位,从细到粗进行情感挖掘。近几年,我国情感挖掘方面的研究在实际应用方面已经有了一些突破,但较国外的实际应用方面还是有一定的差距,主要还是因为理论体系的不完整、不规范,所以在实际应用方面的研究需要更多的学者参与。目前在实际应用方面的研究,如 2011 年清华大学的张勇等在股票领域使用情感挖掘的相关方法进行情感分类;2012 年,中国科学院自动化研究所的陆浩等提出了一种面向微博短文本的情感分析方法。

国内情感挖掘下一步的发展趋势是进一步完善中文分词效果,提取出更加准确的特征情感词,对于主观情感词的强度进一步量化,使得对于情感倾向分类更加准确等。中文的情感挖掘方面有待于更多的研究人员进行研究。

10.2　情感挖掘理论知识基础

10.2.1　情感倾向分析综述

相关评论语往往都包含了人们对产品或事物等的看法和所表达的情感，这也正是文本语言的魅力所在。而对文本的情感倾向性分析其实就是对该文本进行相应的挖掘，挖掘出评论语中词语、短语、句子等所包含的情感。人们的情感通常包括了三类，分别是褒义（赞扬）、贬义（批评）和中性（中立），由于中性情感很难界定，所以对文本的情感倾向性分析往往只分析褒义（赞扬）、贬义（批评）两大类。

1. 词语情感倾向分析

一个句子是由若干词语组成的，有些词语能够表达相应的情感倾向，但不是所有的词语都能表达情感倾向。例如，“喜欢”、“好”、“讨厌” 及 “厌恶” 等都含有情感倾向，而 “我”、“裤子” 及 “行走” 等都不包含情感倾向。我们对词语情感倾向的分析实质上是对那些有情感倾向的词进行相应的分析。

情感词语通常分为褒义和贬义两大类。褒义词在大多数情况下是形容词或副词，是包含有赞赏、嘉许、褒扬、奖掖、喜爱、尊敬、美好、吉祥等感情色彩的词；与褒义词相对应，贬义词是包含有贬斥、否定、憎恨、轻蔑等感情色彩的词。

具有感情色彩的词在表达情感的程度上并不是一样的，情感程度也有轻重之分，正是情感程度的不同，展现出了语言的变幻莫测。例如，“喜欢”、“爱” 及 “热爱” 三个词同样表达了褒义的情感，但是情感程度是从轻到重的，如果说 “喜欢” 是不讨厌、不反对的意思，那么 “爱” 就表达了迷恋的意思，“热爱” 更是蕴含了痴迷的意味。这样的词在我们生活中无处不在，只要我们认真地辨别、体味，就会感受到语言的无限魅力。

2. 句子情感倾向分析

词语的情感倾向分析相对来说比较简单、清晰，但是由不同词语组成的句子的情感倾向分析是相当复杂的。同词语一样，有些句子能够表达相应的情感倾向，但不是所有的句子都能表达情感倾向。例如，“我爱我家。” 等句子都表达了情感色彩，而 “我在我家。” 等句子就没有情感色彩。句子情感倾向分析是对所有带有情感色彩的句子进行的分析。

带有情感色彩的句子也有褒义和贬义之分，但是我们并不能以句子中褒义词和贬义词的多少来区分句子的情感色彩。例如，“虽然这支笔很漂亮，很多人喜欢，卖家服务也很热心，但是我有点讨厌。” 这句，褒义词的数量明显比贬义词多，但是它表达了贬义的色彩。

带有情感色彩的句子也具有情感色彩程度上的不同，这些程度的不同往往是由词语情感色彩程度的不同和词语在句子中不同的位置所决定的。例如，“这个盒子有点脏，我不喜欢。”“这个盒子有点脏，我很讨厌。”“我很讨厌这个有点脏的盒子。”三个句子，它们所表达的贬义色彩是层层增加的。当然，这些都是简单的句子，如果句子更复杂，那么情感色彩就更是难以分析，特别是带有讽刺等意味的句子，往往和表达人的动作、表情密不可分，对于这样的句子单纯地进行句子情感倾向分析是很难得出正确结果的。

3. 情感倾向分析相关注意点

1）情感倾向分析是对表达人主观观点的分析

虽然人们对某个产品或者事物的评论有褒义、贬义之分，但是也存在主观和客观之分。客观观点是对产品或者事物的事实描述，是得到证明和确认的；主观观点是指一个人对某些事物的想法和理解，它是个人对某些事物的判断和评价。主观观点并非事实，因为观点并没有得到证明。如果一个观点后来能够得到证明和确认，那么它就不再是一个观点，而变成一个事实，也就是客观观点。对于情感倾向分析来说，只有对评论者的主观观点进行评论才有意义，对客观观点进行分析是毫无意义的。例如，“这本书描述了一个凄凉、悲伤、毫无生气的场景，表达了作者悲观的观点，写得非常好。”这句话中，情感词“凄凉”、“悲伤”、“毫无生气”及“悲观”是对事实的客观描述，而“好”才是评论者对书的主观描述，所以整个评论语句是带有强烈的褒义色彩的，而不是贬义色彩。

2）副词、转折词等对情感倾向分析产生极大影响

在进行情感倾向分析时，句中的修饰副词、转折词会对情感倾向分析产生巨大的影响。副词“很”、“非常”及“极其”等会影响情感倾向色彩的程度，转折词“但是”及“然而”等会将情感倾向一下子朝向另一面。

3）网络时代下对情感倾向分析产生的影响

随着互联网的不断发展，人们的思想感情不仅是通过文字来表达，在如今的互联网上，表情图标、图像、标点符号等通常也表达了人们的情感倾向，如“^0^”及“!!!”等。但这些信息在现阶段的研究中都很难处理。

10.2.2　文本分词模型

1. 中文文本分词相关方法

1）分词基本概念

分词是数据预处理的关键步骤，是我们得到网页文本信息并剔除相关（HTML等）标签后的第一个过程。分词技术是自然语言理解技术的一部分，是语义理解

的首要方面。通俗地说，分词也就是将文本信息切割成若干词语，我们知道字序列按照相关规则组合在一起就成了文本信息，而文本信息通过分词技术分成若干词汇序列正是发展信息检索和自然语言处理的基础，如图 10.1 所示。

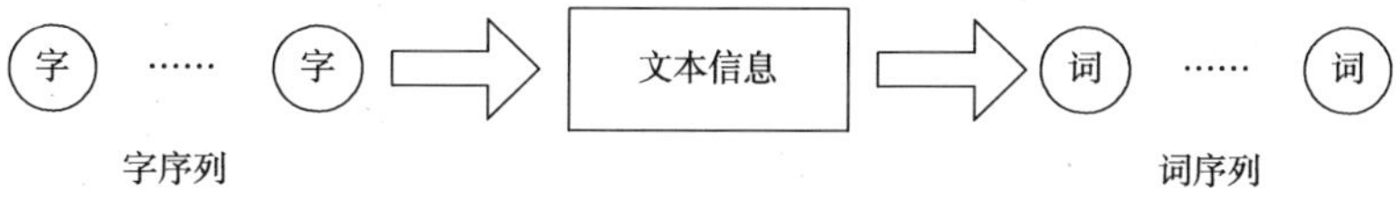

图 10.1　文本分词

2）中文分词与英文分词的比较

中文分词与英文分词的比较，具体如下。

（1）英文文本信息的分词方法相当简单，因为英文文本是由单词组成的，单词与单词之间是有空格的，所以英文文本分词只需要按照空格来进行分词就可以了。但是，中文文本就不同了，在中文文本中，只有字、句、段是可以通过分隔符来进行划分的，词之间是没有分隔符的，所以说中文分词比英文分词复杂得多也困难得多。中文分词的困难之处主要在于不同词语有不同的使用领域，没有明确的标准来定义，这样分词就没有统一的规范。

（2）中文分词要根据语境和语义的不同进行不同的分词，通常，字符串可以有多种分词方法，不同的分词方法将导致不同的分析效果，变幻莫测。

（3）中文也在不断发展，特别是网络术语、地名、人名等新词汇的出现使得分词系统也需要不断的完善，各个领域出现的新词汇都需要考虑进来。

（4）分词需要计算机来实现，计算机是不带情感的，它只能机械地按照已有规则进行计算，缺乏应变能力，我们只能希望找到更好的算法，使它减少出错。

3）中文文本分词方法

现阶段对于中文文本分词方法的研究很多，所形成的方法也很多，这些分词方法主要可以分为三大类，分别是依赖于字符串匹配的分词方法、基于统计的分词方法和基于知识理解的分词方法。

（1）依赖于字符串匹配的分词方法也叫做基于词典的分词方法，它是一种机械的分词方法。依赖于字符串匹配的分词方法的思路如下：首先需要建立一个庞大的词典，其次按照已有的策略，对待分割的文本信息与词典中建议的词汇进行匹配，直到所有的文本信息都被切分为相应的词为止，分词结束。该方法容易实现，简单实用性强，但是由于过度的依赖于词典的影响，所以处理能力不强。

该分词方法按照不同的分类方向可以分为不同的策略。按照匹配方向的不同可以分为正向匹配（从左至右）和逆向匹配（从右至左），按照匹配长度的不同可以分为最大匹配和最小匹配，按照分词数量的多少可以分为最少分词匹配和普通分词匹配。各匹配策略可以相互结合，常用的包括正向最大匹配策略、逆向最大匹配策略等。下面对正向最大匹配策略进行详细的描述。

正向最大匹配策略流程图如图 10.2 所示：①取文本序列中 S1 前 MaxLen 个汉字（MaxLen 是词典中最长词的字数）作为匹配字段，在词典中查找 *n* 字词，若存在这样的一个词条，则匹配成功，将该匹配字段从文本信息中去除加入分词结果集中，继续执行步骤 A，否则执行步骤 B。②去掉该匹配字段最后一个汉字作为新的匹配字段 S2，在词典中查找该新的匹配字段字数的词条，若存在这样的一个词条，则匹配成功，将该新的匹配字段从文本信息中去除加入分词结果集中，执行步骤 A，否则执行步骤 B，若新的匹配字段只有一个字，则直接将该字加入分词结果集中。③如果文本序列为空，则分词结束。

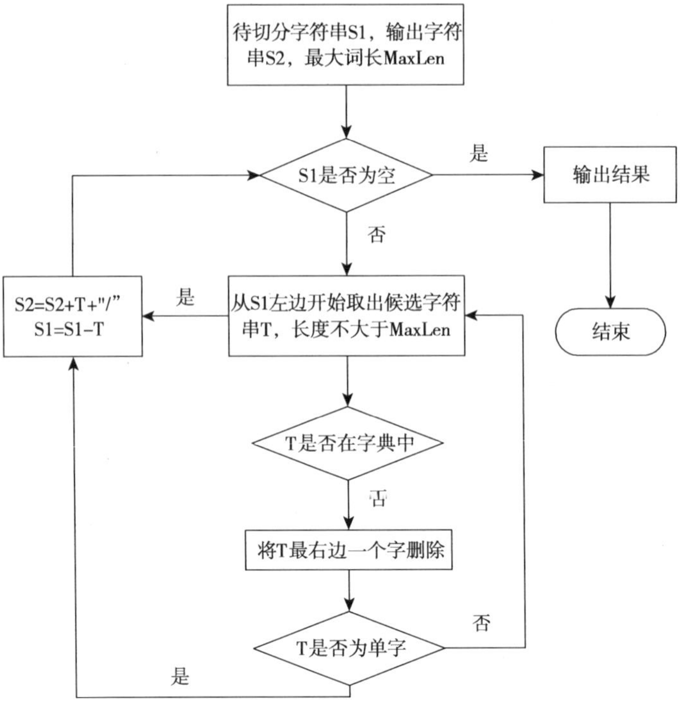

图 10.2　正向最大匹配策略流程图

（2）基于统计的分词方法。基于统计的分词方法是在上下文中，分析相邻的字同时出现的次数，要是次数越多，就越有可能构成词。也就是说，字与字相邻出现的概率或频率是决定能否构成词的重要因素，它能较好地反映出词的可信度。根据基于统计的分词方法的原理，对文本信息中相邻的各个字组成的频度进行统计并计算它们同时出现的概率，即紧密程度，从而确定能否组成词进行文本分词。

（3）基于知识理解的分词方法。基于知识理解的分词方法的研究还处于初级阶段，这种方法的思想是让计算机模拟人的方式对句子做出理解，达到类似于人的分词效果，理论上是最理想的分词方法。虽然基于知识理解的分词方法误差是最小的，但是实现起来非常困难，所以它是关于中文分词研究的下一步方向。

2. 词性标注

对于文本信息的预处理工作，除了要对文本信息进行分词，也要对分词后的词进行词性标注。词性标注就是对给定的文本信息中的词确定词性并加以标注的过程。现阶段，词性标注的方法主要分为三大类，即基于规则、统计和转换的方法。目前国内比较完善、成熟的中文分词标注系统主要有两个，中国科学院的汉语词法分析系统（institute of computing technology Chinese lexical analysis system，ICTCLAS）和哈尔滨工业大学的语言技术平台（language technology platform，LTP）两种。中国科学院的 ICTCLAS 词性标记集主要以北大《人民日报》语料库的词性标记集为基础，其中 ICTCLAS（Version 3.0）的词性标记集是明确给定的。下面将对中国科学院的 ICTCLAS 分词系统做具体的展示。

3. ICTCLAS 介绍及示例演示

中国科学院开发的中文词法分析系统 ICTCLAS 采用了 Hierarchical Hidden Markov Model 算法，据分析分词准确率可达到 99.45%。图 10.3 是 NLPIR/ICTCLAS2014 分词系统的具体界面。

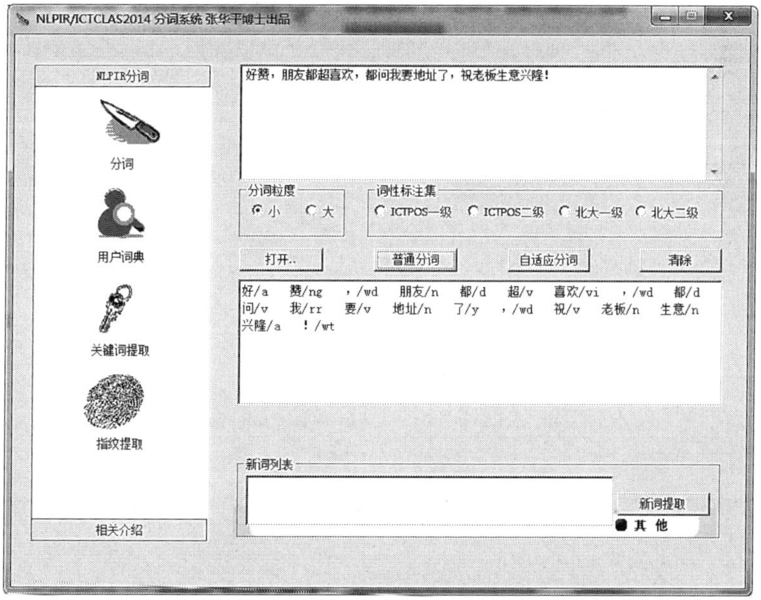

图 10.3　NLPIR/ICTCLAS2014 分词系统

核心代码如下所示：

```
public class TestICTCLAS {
    private static TestICTCLAS instanceTest=null;
    private TestICTCLAS()
    {
        init(0,2);
    }
    public synchronized static TestICTCLAS getInstance()
    {
        if (null==instanceTest)
        {
            instanceTest=new TestICTCLAS();
        }
        return instanceTest;
    }
    public synchronized native boolean init(int i,int j);
    public synchronized native String paragraphProcess(String str);
    public synchronized native boolean fileProcess(String source,String target);
    /**
     * @param args
     */
    public static void main(String[] args) {
        // TODO Auto-generated method stub
        TestICTCLAS result=new TestICTCLAS();
        System.out.println(result.paragraphProcess("好赞，朋友都超喜欢，都
问我要地址了，祝老板生意兴隆！"));
    }
    static{
        System.loadLibrary("ICTCLAS");
    }
}
```

10.2.3 文本特征抽取

1. 文本特征抽取相关概念

因为文本数据和传统的数据不一样，文本数据是无结构化的数据信息，不能用传统的数据挖掘方法对其直接进行相应的挖掘，所以对于文本数据而言，要把非结构化的数据转化为结构化的数据，而文本特征抽取正是这一步骤的关键。文本特征抽取就是在文本中抽取出特征词，并把特征词进行量化的过程。文本特征抽取后，文本信息将从原始的非结构化的信息转化为计算机可以识别处理的信息数据。

对于情感倾向性研究，如果直接用分词后的文本信息进行文本特征抽取，那

么工作量将是巨大的，复杂性也相当高。所以对于本书的研究而言，在对文本特征抽取前，要对分词后的信息作进一步净化处理，要有效地选择一些特征（情感词）来进行文本特征抽取。

特征项通常也称特征词，原因在于经常使用词来表示特征项。一个句子可以用字、词或者短语来进行表示，词比字更具有表达能力，而词比短语更加容易进行切分，这就是经常使用词作为特征项的原因所在。

因为特征项要用来表示文本的结构化信息，进而进行相应的研究，所以特征项必须具备一定的特性。

（1）特征项能够真实地反映文本的内容。

（2）特征项不宜过多，减少计算的复杂性。

（3）特征项具有一定的被分类特征。

（4）特征项是容易进行分离得到的。

2. 文本特征抽取相关方法

文本特征抽取方法有很多，其主要的区别在于构造的评估函数不同。文本特征抽取方法主要通过文本特征向量表示，进而用基于统计的特征抽取的不同方法进行计算。

1）文本特征向量表示

文本特征向量表示也就是向量空间模型，其基本思路是把文本转化为空间向量来表示。向量空间模型是 Salton 等在 20 世纪 60 年代提出的，并成功地应用于 SMART 系统中。向量空间模型将文本表示为$(t_1, t_2, \cdots, t_i)$和$(w_1, w_2, \cdots, w_i)$，其中$(t_1, t_2, \cdots, t_i)$表示特征项；$(w_1, w_2, \cdots, w_i)$表示特征项权重；向量$\boldsymbol{d}=(t_1w_1, t_2w_2, \cdots, t_i w_i)$表示整个文本信息。

2）TF-IDF 方法

TF-IDF 是词频–逆文件频率（term frequency-inverse document frequency）的简称。TF-IDF 是用来评估一个特征项对文本的重要程度。词频是该特征项（词）在该文本中出现的次数，可以知道出现的次数越多表明该词对该文本信息越重要。逆文件频率表明该特征项（词）在该文本集中出现的次数，可以知道出现的次数越多表明该词对该文本信息越不重要。TF-IDF 的计算公式如下：

$$\text{TF-IDF}(w_i)=\text{tf}(w_i)\times\text{idf}(w_i)=\text{tf}_j(w_i)\times\log(N/\text{df}(w_i)) \tag{10.1}$$

其中，$\text{tf}_j(w_i)$表示特征项（词）在文本 j 中出现的频率；N 表示文本集中文本的数量；$\text{df}(w_i)$表示特征项（词）在文本集中出现的文本数量。

3）词频方法

词频方法是只根据该特征项（词）在本文本中出现的次数的多少来决定该特

征项（词）权重（w_i）的方法。这种方法简单，计算复杂性小，但是用词频方法计算词的权重存在较大的误差，特别是一些较少出现的词对文本信息起到了非常关键的作用。

4）期望交叉熵方法

期望交叉熵（expected cross entropy，ECE）方法是通过两个概率分布来进行计算的。首先要计算出该文本类别的概率分布，其次计算出在该特征项（词）出现的条件下，该文本类别的概率分布，最后，期望交叉熵越大就说明该特征项（词）对于文本类别的分类权重越大。计算公式如下：

$$\mathrm{ECE}(t_k)=p(t_k)\sum_i p\left(\frac{c_i}{t_i}\right)\log\left(p\left(\frac{c_i}{t_k}\right)/\,p(c_i)\right) \tag{10.2}$$

其中，$p(t_k)$表示特征项 t_k 出现的概率；$p(c_i)$表示文本信息属于类别 c_i 的概率；$p\left(\frac{c_i}{t_i}\right)$表示出现特征项 t_i时，文本信息属于类别 c_i 的概率。

5）信息增益方法

信息增益（information gain，IG）方法和期望交叉熵方法类似，只不过期望交叉熵方法只考虑特征项（词）在文本出现的情况，而信息增益方法既考虑了特征项（词）在文本出现的情况，又考虑了特征项（词）不在文本出现的情况。文本中特征项（t）对类别 C 定义为如下：

$$H(C)=-\sum_{i=1}^{m}p(c_i)\log p(c_i) \tag{10.3}$$

$$H(C\,|\,t)=-p(t)\sum_{i=1}^{m}p(c_i|t)\log p(c_i\,|\,t)-p(\overline{t})\sum_{i=1}^{m}p(c_i|\overline{t})\log p(c_i\,|\,\overline{t}) \tag{10.4}$$

$$\mathrm{IG}(t)=H(C)-H(C\,|\,t) \tag{10.5}$$

其中，$p(c_i)$表示文本集中属于 c_i 的概率；$p(t)$表示包含特征项（t）的文本的概率；$p(\overline{t})$表示不包含特征项（t）的文本的概率；$p(c_i|t)$表示在文本包含特征项（t）时，文本属于类别 c_i 的概率；$p(c_i|\overline{t})$表示在文本不包含特征项（t）时，文本属于类别 c_i 的概率。

6）互信息方法

互信息方法是从信息论中引用来的，原先是分析两个信号的关联程度的分析方法。在文本挖掘相关领域中，互信息方法被进一步应用，用互信息来描述两个字或词之间的关联程度。其计算公式如下：

$$I(x,y)=\log_2\frac{P(x,y)}{P(x)P(y)} \tag{10.6}$$

其中，$P(x,y)$表示 x 和 y 同时出现的概率；$P(x)$表示 x 出现的概率；$P(y)$表示 y 出现的概率。分析可得 $I(x,y)$结果越大，x 和 y 的关联程度也就越大。该方法对词之间的分类是很有帮助的。

7）χ^2统计量方法

统计量方法是由盖尔在 1991 年提出的，也是用来分析两个词之间的关联度的方法（陈豪，2013）。假设在语料库中有两个词，分别为 S1 和 S2，则用 A 表示 S1 和 S2 同时出现的次数，用 B 表示 S1 出现而 S2 不出现的次数，用 C 表示 S1 不出现而 S2 出现的次数，用 D 表示 S1 和 S2 都不出现的次数，则 χ^2统计量方法的公式计算如下：

$$\chi^2=\frac{(A\times D-B\times C)^2}{(A+B)\times(A+C)\times(B+D)\times(C+D)} \tag{10.7}$$

8）其他方法

以上是对文本特征进行抽取的常用方法，但是方法不仅限于此，还包括基于遗传算法的文本特征抽取、*N*-Gram 算法、文本特征权方法及各种改进模型等。

10.2.4　文本情感倾向性分析方法

国内外对文本情感倾向性的研究方法很多，而众多的研究方法主要分为两大类——基于统计的文本情感倾向性分析方法和基于语义的文本情感倾向性分析方法。因为基于统计的文本情感倾向性分析方法主要是基于监督学习的分类方法，虽然分类效果不错，但是需要消耗大量的人力物力，所以本章的研究重点在于基于语义的文本情感倾向性分析方法。

1. 基于统计的文本情感倾向性分析方法

基于统计的文本情感倾向性分析方法只是从统计的角度来考虑文本的分类，这种方法的特点是文本容量越大，其分析效果越好。基于统计的文本情感倾向性分析方法在国内外都得到了很好的应用，其主要应用在信息检索和文本分类等领域。

基于统计的文本情感倾向性分析方法的思想如下：首先，对要进行分类的文本进行情感倾向性标注，将标注好的文本作为训练文本；其次，对这些训练集进行预处理、特征项（词）选择、向量空间模型的表示；最后，使用构造的分类器进行机器学习对文本进行分类。其流程是相对固定的，如图 10.4 所示。

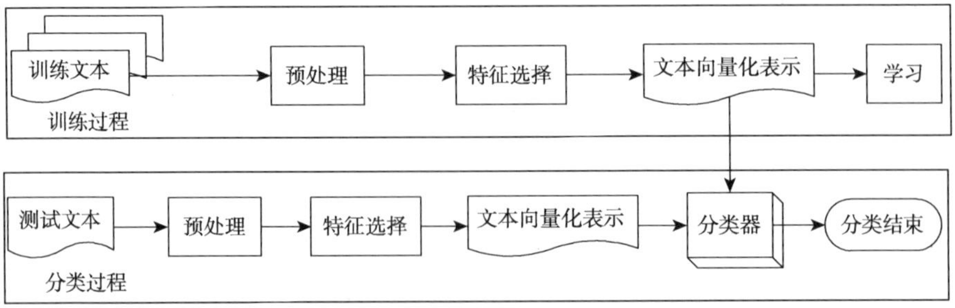

图 10.4　基于统计的文本情感倾向性分析方法流程

从图 10.4 中的流程可以看到，基于统计的文本情感倾向性分析方法最关键的一步就是分类器的构造，分类器其实就是一种分类算法，下面将简要介绍几种常见的分类器方法。

1）朴素贝叶斯

朴素贝叶斯方法是基于贝叶斯理论的一种分类方法，其特点是简单、高效、稳定，目前对于朴素贝叶斯方法的理论研究也比较完善，因此，该方法是各个学者经常使用的方法。朴素贝叶斯方法使用的条件是各个属性（特征项）之间是相互独立的，因为在情感倾向性分析中，特征项（词）之间往往不是相互独立的，所以这也影响到了该方法的使用。该方法计算步骤如下。

假设某一要分类的文本 D_j，该文本的特征项用 a_n 表示，所以其特征向量为 $\boldsymbol{A}=(a_1, a_2, \cdots, a_n)$，各特征项之间是相互独立的，$\boldsymbol{C}$ 表示已知的要分类的类别，用 $\boldsymbol{C}=\{c_1, c_2, \cdots, c_n\}$表示。由贝叶斯理论可知，其计算公式如下：

$$P(c_i \mid D_j)=\frac{P(c_i)P(D_j \mid c_i)}{P(D_j)} \tag{10.8}$$

$$P(D_j)=\prod_i P(a_i) \tag{10.9}$$

$$P(D_j \mid c_i)=\prod_{k=1}^{n} P(a_k \mid c_i)\ ) \tag{10.10}$$

由于式（10.9）的计算结果约为 1，所以结果是 $P(c_i)$ 取最大的值，整个公式变为式（10.11），具体如下：

$$P(c_i \mid D_j)=\max P(c_i)\prod_{k=1}^{n} P(a_k \mid c_i) \tag{10.11}$$

2）*K*-近邻分类算法

K-近邻分类算法是在 1968 年由 Cover 和 Hart 提出的最简单的机器学习算法

之一。其基本思路是，待分类样本与它最相近的 k 个样本中的大多数属于同一个类别。从 K-近邻分类算法的思路可知，要对新文本进行分类主要有两个步骤，一是要在训练文本集中选出与待分类文本最相似的 k 个文本，如式（10.12）；二是确定待分类文本属于哪一个类别，如式（10.13）。

$$\mathrm{Sim}(d_i,d_j)=\left(\sum_{k=1}^{M}w_{ik}\times w_{jk}\right)\Bigg/\sqrt{\left(\sum_{k=1}^{M}w_{jk}^2\sum_{k=1}^{M}w_{jk}^2\right)} \tag{10.12}$$

$$P(\bar{x},c_j)=\sum_{\bar{d}_i\in \mathrm{KNN}}\mathrm{sim}(\bar{x},\bar{d}_i)\times y(\bar{d}_i,c_j) \tag{10.13}$$

其中，式（10.13）中的 $\bar{x}$ 表示待分类文本的特征项（词）；$\mathrm{sim}(\bar{x},\bar{d}_i)$ 表示按照式（10.12）进行计算，$y(\bar{d}_i,c_j)$ 的取值只能为 0 或者 1，如果训练集中的文本 $\bar{d}_i$ 属于 c_j 类别，则取值 1，不属于 c_j 类别，则取值 0。

3）支持向量机

支持向量机是一种新型的机器学习方法，它建立在 VC 维理论（小样本统计学习理论）和结构风险最小化原理基础之上。支持向量机需要结合平面相关的知识，其基本思路很简单：对于待分类样本，构造一个超平面 H 将待分类样本正确的分开，然后取被 H 超平面分开的两个空间中距离最近的两个点，再构造平行于 H 超平面且经过这两个点的超平面 H_1 和 H_2，测量超平面 H_1 和 H_2 之间的距离 D，该距离叫做分类间隔。支持向量机要求求出最优超平面 H，即使得 H_1 和 H_2 之间的分类间隔最大，如图 10.5 所示。

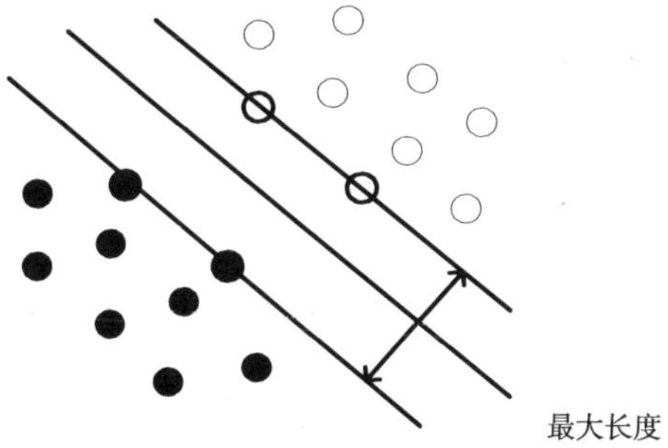

图 10.5　支持向量机最优超平面 H

4）决策树算法

决策树算法对于多类别问题相当适用，可以把决策树算法看做多嵌套的 if 语句，该算法采用分级的方式将复杂的问题转化为很多简单的问题来解决，并不要求一次性解决。决策树算法中树的根节点是整个集合空间，不断地向下分支，树的叶子节点就是最终的分类结果，从根节点到叶子节点的路径就好比一些判别规则。图 10.6 是简单的决策树例子。

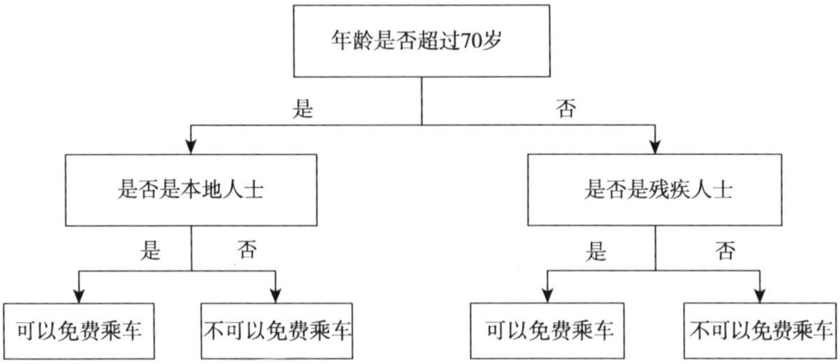

图 10.6　决策树例子

2. 基于语义的文本情感倾向性分析方法

基于语义的文本情感倾向性分析方法与基于统计的文本情感倾向性分析方法不同，它主要是基于无监督机器学习或者半监督机器学习的分类方法。基于语义的文本情感倾向性分析方法主要是以词或者短语的情感倾向性分析为基础的，在分析完待分类文本特征项（词）的情感倾向后，对特征向量中特征项（词）的情感倾向性值按照一定的规则进行加权计算，最终得到待分类文本的情感倾向性。所以运用该方法先要识别出带有情感倾向性的词或者短语，并需要适当的词典的支持。

因为进行基于语义的文本情感倾向性分析方法最重要的就是分析组成文本中特征项（词）的情感倾向性，所以下面将重点介绍词语情感倾向性分析方法。词语情感倾向性分析方法主要分为三大类，即基于情感倾向词典的方法、基于无监督机器的学习方法、基于人工标注语料库的学习方法。

1）基于情感倾向词典的方法

情感倾向词典是在已有词语词典的基础上进行扩展而成的，基于情感倾向词典的分析方法的基本思路如下：对一个未知情感倾向的新词进行挖掘时，先从情感倾向词典中查找该词，如果查找到，则把词在词典中的倾向类别作为该词的情感倾向类别，如果查找不到，则选择与该词语义最为相近的若干词，以这些若干词在词典中的倾向类别作为该词的情感倾向类别。可以看出，基于情感倾向词典的方法非常简单，但是它存在一个巨大的缺点，就是十分依赖于情感倾向词典的完善性。目前，英文环境下词语情感倾向分析依据词典主要是 WordNet，中文环境下词语情感倾向分析依据词典主要是 HowNet。

（1）WordNet 情感倾向词典介绍。WordNet 是由普林斯顿（Princeton）大学认识科学实验室在心理学教授米勒的指导下于 1985 年建立和维护的英语词典。WordNet 最具特色之处就在于它包含了语义信息。WordNet 的这个特色使它比其他单纯词典都更加易于使用，也使它支持文本分析。

（2）HowNet 情感倾向词典介绍。HowNet 是指知网，HowNet 是一个以汉语和英语的词语所代表的概念为描述对象，从而揭示概念与概念之间或者概念具有的属性间的关系内容的常识知识库。HowNet 中可以计算词汇词义的相似度，这个相似度是通过计算词汇间各属性的相似度来计算的。图 10.7 是 HowNet 的词汇词义相似度计算界面。

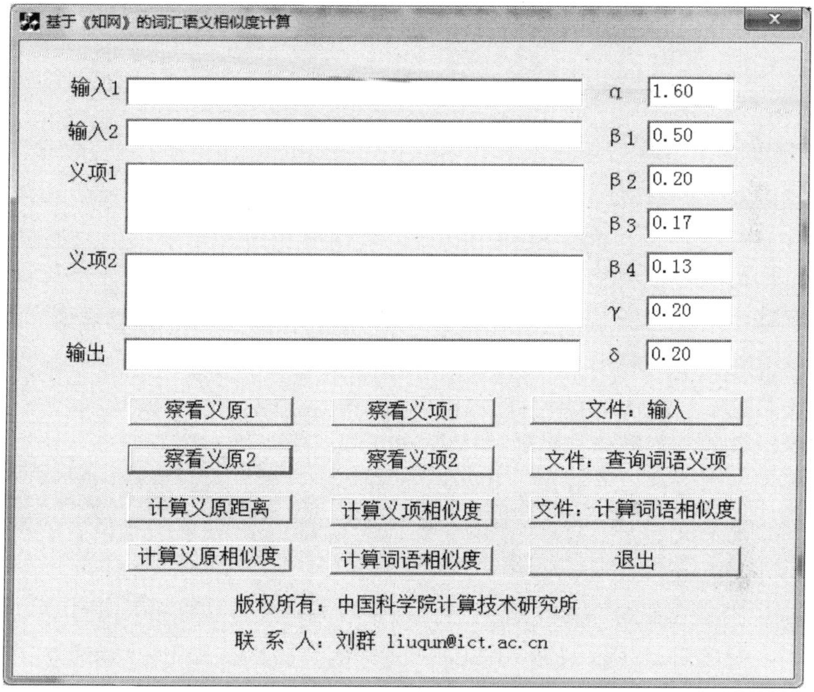

图 10.7　HowNet 的词汇词义相似度计算界面

2）基于无监督机器的学习方法

基于无监督机器学习方法需要一些已知情感倾向的参考词，它通过分析有情感倾向的词与参考词的联系紧密程度，来判断该词的情感倾向。例如，假设把词的情感倾向性分为两类，分别为褒义和贬义，然后把“喜欢”作为褒义词的参考词，把“厌恶”作为贬义词的参考词，接着分析未知情感词与褒义词“喜欢”的联系紧密程度，与贬义词“厌恶”的联系紧密程度，这个紧密程度需要用方法进行量化，最后通过与褒义词“喜欢”的联系紧密程度值减去与贬义词“厌恶”的联系紧密程度值的结果，来判断未知情感倾向词的情感倾向性。在计算与参考词的紧密程度时，我们通常使用的是方法是点互信息方法。本书将在中英文环境下的文本倾向性 PMI-IR 模型介绍时对该方法进行详细介绍。

3）基于人工标注语料库的学习方法

基于人工标注语料库的学习方法是一种比较简单且固定的方法，但是需要大量的人力对语料库进行人工标注，标注后的语料库利用词语之间的搭配关系、共现关系和语义关系等来对词语的情感倾向性进行判断。例如，在 1997 年 Hatzivassiloglou 和 McKeown 通过基于人工标注语料库的学习方法来标注形容词的语义倾向，主要工作是大规模提取英语语料库中连用的形容词以做出判断（Hatzivassiloglou and McKeown，1997）。

10.2.5 中英文环境下的文本倾向性 PMI-IR 模型介绍

1. 信息检索简单介绍

信息检索（information retrieval，IR）是指将信息按照某种规定的方式与规则进行存储和组织，从而能根据用户需要查找出用户所需要的信息的过程和技术。信息检索有广义和狭义之分，我们日常生活中所谈到的信息检索通常只是指使用某种工具或者方法来找到我们需要的信息，即狭义的信息检索。

信息检索技术的应用在我们日常生活中无处不在,如查询个人网银账户信息、查询教务系统中的学生信息等,其中搜索引擎的应用是信息检索技术的一大突破，也是搜索引擎的产生使信息检索技术得到更广泛的研究。搜索引擎是计算机程序根据特定的用户需求在互联网上搜集信息的一种工具，目前在国内最著名的两大搜索引擎就是 Google 和百度。下面简要地介绍 Google 搜索引擎及它的搜索排序算法——PageRank。

Google 搜索引擎是现今世界上最常用、最流行和最成功的搜索引擎，它之所以受广大人群的喜爱，是因为 Google 的专利网页级别技术 PageRank。Google 的搜索引擎排序算法 PageRank 对搜索结果的排序较其他排序算法更优越，排序也更准确。

PageRank 能快速地得出网页的级别。一个网页的级别是通过这个页面是否被其他页面引用、引用的次数是多少、是否被重要的页面引用而得出的。例如，当页面 F 被页面 S 所引用，那么 Google 就知道页面 S 向页面 F 投了一票，Google 最后会根据页面 F 的得票数来判断该页面的重要性，但这是对普通页面 S 而言的，若页面 S 是非常重要的网页，那么页面 F 会得到更多的票数，因为页面 S 有着更高的权重。从上面的简单描述中，我们可以知道，一般的一个页面被其他页面引用的次数越多、其他页面的重要性越高，这个页面的级别也就越高、越重要，这就是 PageRank 简单的原理。下面是 PageRank 的计算公式及说明：

$$\mathrm{PR}(\mathrm{A})=\frac{1-d}{N}+d\sum_{i=1}^{n}\frac{\mathrm{PR}(T_i)}{C(T_i)} \tag{10.14}$$

其中，PR(A)表示页面 A 的 PageRank 值；$C(T_i)$表示页面 T_i 链出的链接数量；d 为阻尼系数，取值在 0~1；N 表示互联网上所有网页的数量。

当然，PageRank 也存在一定的缺陷，在计算时仅考虑静态的链接信息，缺少考虑网页使用的动态信息，也就是缺少根据用户最近访问的数量来调整排序顺序的能力。本书不对算法做深入的研究，仅因为在接下来的研究中，将用到搜索引擎这个工具来辅助进行情感倾向性挖掘研究。

2. 点互信息介绍

点互信息其实是互信息的一种延伸和扩展，在上面介绍过的互信息方法中已经延伸到一个词了，所以点互信息的计算公式也就是式（10.6）。点互信息隐含着一个思想：如果目标词和参考词的相关程度很大，也就是目标词和参考词的语义非常接近时，目标词和参考词同时出现的概率往往大于随机概率。目标词和参考词的语义非常接近在本书研究中进一步引申为目标词和参考词的情感倾向非常接近，即情感倾向是一致的，只是情感倾向的程度有所区别。

在本书的研究中，将运用点互信息来计算两个词之间的语义接近程度。所以在式（10.6）中；$P(x)$表示词 x 出现的概率；$P(y)$表示词 y 出现的概率；$P(x,y)$代表词 x 和词 y 同时出现的概率。在计算 $P(x)$、$P(y)$和 $P(x,y)$时，将会结合 IR 的相关知识来计算，即利用搜索引擎的搜索结果值来计算。我们假设搜索引擎搜索的总的文献数量为 Result_N，搜索引擎搜索词 x 返回的搜索到的个数记为 Result_x，同理词 y 为 Result_y，词 x 和词 y 为 Result_xy，那么词 x 和词 y 的点互信息计算公式变为式（10.15）。计算所得到的值越大说明词 x 和词 y 的语义越相近。

$$\begin{aligned}\mathrm{PMI}(x,y)&=\log_2\frac{\mathrm{Result}\_\,xy/\mathrm{Result}\_\,N}{(\mathrm{Result}\_\,x/\mathrm{Result}\_\,N)\times(\mathrm{Result}\_\,y/\mathrm{Result}\_\,N)}\\&=\log_2\frac{\mathrm{Result}\_\,xy\times\mathrm{Result}\_\,N}{\mathrm{Result}\_\,x\times\mathrm{Result}\_\,y}\end{aligned}\tag{10.15}$$

3. 英文环境下的文本倾向性 PMI-IR 模型

英文环境下的文本倾向性 PMI-IR 模型是由 Turney 提出的，他就是利用点互信息的相关知识实现了对英文文本的挖掘分析。Turney 的 PMI-IR 模型是将点互信息和 IR 理论结合起来的得到很多学者认可的模型。该模型的具体方法如下。

（1）在英文文本中按照 2-POS 模型方法提取出特定的能够表达人们情感的短语，这些短语的语法组合都是 Turney 认真分析和总结的结果，能够显著地显示评论者的情感。英文短语模式语法组合如表 10.1 所示。

表 10.1　英文短语模式语法组合

编号	词 1	词 2
1	形容词（a）	名词（n）
2	副词（d）	形容词（a）
3	形容词（a）	形容词（a）
4	名词（n）	形容词（a）
5	副词（d）	动词（v）

（2）将 PMI 和 IR 方法相结合，计算词 x 和词 y 的 $\mathrm{PMI}(x,y)$ 值，计算公式如式（10.15）所示。

（3）选择参考词“excellent”作为肯定的参考词，选择“poor”作为否定的参考词，计算待判断倾向性词 w 的倾向性公式如下所示。

$$\mathrm{SO-PMI}(w)=\mathrm{PMI}(w,\text{“excellent”})-\mathrm{PMI}(w,\text{“poor”}) \tag{10.16}$$

式（10.16）中，$\mathrm{PMI}(w,\text{“excellent”})$ 和 $\mathrm{PMI}(w,\text{“poor”})$ 计算如下：

$$\mathrm{PMI}(w,\text{“excellent”})=\log_2\frac{\mathrm{Result\_}w\text{“excellent”}\times\mathrm{Result\_}N}{\mathrm{Result\_}w\times\mathrm{Result\_}\text{“excellent”}} \tag{10.17}$$

$$\mathrm{PMI}(w,\text{“poor”})=\log_2\frac{\mathrm{Result\_}w\text{“poor”}\times\mathrm{Result\_}N}{\mathrm{Result\_}w\times\mathrm{Result\_}\text{“poor”}} \tag{10.18}$$

将式（10.17）和式（10.18）代入式（10.16）中，最终计算待判断倾向性词 w 的倾向性公式变为

$$\mathrm{SO-PMI}(w)=\log_2\frac{\mathrm{Result\_}w\text{“excellent”}\times\mathrm{Result\_}\text{“poor”}}{\mathrm{Result\_}\text{“excellent”}\times\mathrm{Result\_}w\text{“poor”}} \tag{10.19}$$

若 $\mathrm{SO-PMI}(w)$ 大于 0，则词 w 倾向肯定情感；若 $\mathrm{SO-PMI}(w)$ 小于 0，则词 w 倾向否定情感。

（4）计算所有提取的短语的情感倾向信息，取平均值作为整个句子的情感倾向信息，同样采用 0 作为分界点，大于 0 的句子属于肯定性评论，相反，小于 0 的属于否定性的评论。

4. 中文环境下的文本倾向性 PMI-IR 模型

中文环境下的文本倾向性 PMI-IR 模型是由英文环境下的文本倾向性 PMI-IR 模型发展而来的，是叶强等在原有英文文本倾向性 PMI-IR 模型基础之上研究而提出的模型，中文环境下的文本倾向性 PMI-IR 模型也得到了国内许多学者的认可。

中文和英文在语言和环境背景上的差异，导致中文文本倾向性分析比英文文

本倾向性分析难得多，主要的差异表现在两个方面。

（1）英文文本中一个单词就表示一个具体的词，很容易区分，在中文中没有明确的分隔符来区分不同的词，所以对中文文本的挖掘需要先进行分词处理。然而分词技术还不是很成熟，相关分词工具还在不断完善中。

（2）由于文化背景的不同，中文文本的情感表达更为复杂，语义也更加难懂。

由 Ye 等提出的中文环境下的文本倾向性 PMI-IR 模型计算思路步骤如下（Ye et al.，2007）。

（1）对待分类倾向性中文文本进行分词操作，这可以采用前面提到的不同的分词算法。

（2）仍然按照 Turney 提出的提取英文文本短语模式语法组合中能表达情感的短语。文本短语模式语法组合规律如表 10.1 所述。

（3）根据问卷（附录一）方式选取几组频数最大的参考词组，如喜欢/讨厌，好/坏等。每组参考词先后与已选定的肯定性评论集和否定性评论集进行互信息计算并取平均值，分别记作 P 和 N，取 $D=P-N$ 最大值的那组参考词作为真正的参考词，并把（$P+N$）/2 的值作为划分的阈值。

（4）将提取出来的词与参考词进行计算 SO−PMI(w)，计算公式如式（10.19）所示。

（5）计算所有提取的短语的情感倾向信息，取平均值作为整个句子的情感倾向信息，采用（$P+N$）/2 的值作为分界点，大于（$P+N$）/2 的值的句子属于肯定性评论，相反，小于（$P+N$）/2 的值的句子属于否定性的评论。

10.3　改进情感倾向模型的建立

10.3.1　原有中文环境下文本倾向性模型的优缺点

中文环境下的文本倾向性 PMI-IR 模型的提出为中文文本情感倾向性的研究指引了方向，它很好地借鉴了英文环境下 PMI-IR 模型，同时又结合了中文文本的特点，当然，中文环境下的文本倾向性 PMI-IR 模型还存在许多的缺点，下面将详细分析原有中文环境下文本倾向性模型的优缺点，以便更好地认识模型的改进。

1. 中文环境下的文本倾向性 PMI-IR 模型优点

与英文环境下的文本倾向性 PMI-IR 模型分析方法相比较，就可以很明显地得到中文环境下的文本倾向性 PMI-IR 模型优点，优点主要表现在两个方面。

（1）在提取能表达情感的短语之前，进行了分词的处理。面对中文文本的复杂性，分词是进行文本挖掘的必然之路，只有进行了分词，才能很好地进行下一步的研究，分词的处理其实也是中文文本和英文文本之间存在的天然区别之一。

（2）词语情感倾向性分类阈值的处理。与英文环境下的文本倾向性 PMI-IR 模型的词语情感倾向性分类阈值为 0 不同，在中文环境下的文本倾向性 PMI-IR 模型中，该阈值需要合理地计算才能得到，这样的阈值将更具科学性，分类也更加准确。

2. 中文环境下的文本倾向性 PMI-IR 模型缺点

虽然中文环境下的文本倾向性 PMI-IR 模型相较于英文环境下的文本倾向性 PMI-IR 模型已经有了很大的提高，但是它还存在许多的缺点，对于其存在的这些缺点，本书都将进行仔细的研究并进行相应的改进，存在的缺点如下。

（1）没有明确主客观词。本章之前提到，中文文本情感倾向性分析是对主观词的分析，并不是对客观词的分析。客观词是表达客观存在的事实，相当于真理，只有主观词才能表达评论者的情感倾向。而中文环境下的文本倾向性 PMI-IR 模型并不只针对主观词进行分析，没有辨别主客观词，对主客观词一起进行了分析，分析结果必然导致精确性的下降。

（2）情感短语的提取不科学。中文环境下的文本倾向性 PMI-IR 模型的情感短语提取，沿用了英文环境下的文本倾向性 PMI-IR 模型的情感短语提取方法，中文环境下能表达情感短语语法的组成其实和英文环境下是有所不同的，而且更为复杂的是，在不同领域能表达情感短语语法的组成还是不同的。

（3）参考词的选择耗时且不稳定。中文环境下的文本倾向性 PMI-IR 模型的参考词的选择是通过问卷调查的方式来确定的，虽然这样的方法比较合理，但是问卷调查的方式毕竟是人为的操作，需要大量的时间和人力，而且不同环境下（如人群的选取、行业的选取等）分析出来的结果可能不同，存在易变性。

（4）缺少对情感倾向性强度的分析。中文环境下的文本倾向性 PMI-IR 模型虽然能够很好地分析出中文文本情感倾向性，但是没有对情感倾向性强度的分析，情感倾向性强度能够更细致地描述中文文本情感倾向性，也更加具体地量化了情感倾向性。

（5）缺少对某些副词和转折词的分析。某些副词对文本情感倾向性有加强或者减弱的作用，这些词能够细微地改变文本情感倾向性强度。转折词对文本情感倾向性分析具有彻底改变倾向性的作用，对这些词的分析是必不可少的。中文环境下的文本倾向性 PMI-IR 模型并没有对这些词进行更为深入的研究。

10.3.2 提出针对中文情感倾向模型的改进

上文已经仔细分析了原有中文环境下的文本倾向性 PMI-IR 模型存在的种种

缺点，这些不足可能在某些句子情感倾向性分析中误差不大，但是在复杂的句子分析中，这些缺点是显而易见的。下面针对这些缺点对原有中文环境下的文本倾向性 PMI-IR 模型进行改进。

1. 提取主观舍去客观

主观性和客观性在之前已经提到过了，本书对于主观性和客观性的简单理解是，客观性表达了事实、真实的实际存在的事物，而主观性表达了观点、情感，但这观点和情感不一定是符合实际情况的。对于中文主观性和客观性句子或者短语的研究在现阶段还比较少，很多对主观性和客观性的判断都是凭借人们的经验和直觉，很少给出一种固定的算法来直接判断主观性和客观性。根据人们的经验可以总结出不同词性的主观性和客观性大体出现的规律，如图 10.8 所示。

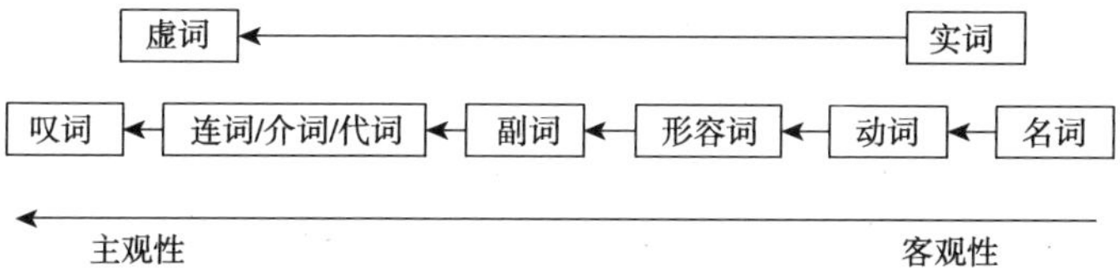

图 10.8　不同词性的主观性和客观性大体出现的规律

虽然图 10.8 中反映了现实中不同词性的主观性和客观性大体出现的规律，但是本章对于网购评语句子中主观性词的提取并不是简单地按照这个规律来提取的，本章将采用张紫琼的面向中文主观性模式提取研究的成果来提取主观性舍去客观性。

张紫琼在提取中文主观性模式之前通过人工的实验（张紫琼，2007），借助 χ^2 统计量分析了不同词性在中文主客观语句中出现的频数，主观性句子中形容词、副词、代词、语气词出现的次数较多，客观性句子中名词、数词、量词、时间名词、方位名词出现的次数较多，这个结论和我们上图中的规律基本吻合。接着，利用 2-POS 和 3-POS 方法来表示文本，采用提出的计算语句主观程度的算法来实现中文情感分析主客观词类组合模式的提取。计算语句主观程度的算法如图 10.9 所示。

通过该方法得到了中文双词主观词类组合模式（前 10 种，之后的不考虑）从高到低情况如下。

（1）副词+形容词：太/d 漂亮/a 了。

（2）副词+动词：别/d 帮忙/v。

（3）动词+代词：表扬/v 他/r。

（4）形容词+“的”：美丽/a 的。

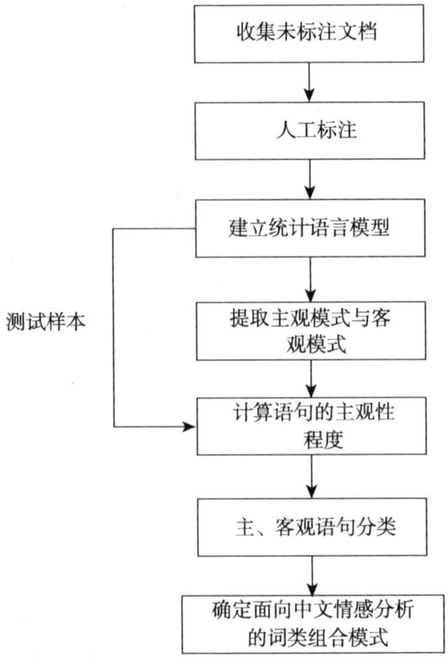

图 10.9　计算语句主观程度的算法

（5）动词+副词：是/v 很/d。

（6）动词+形容词：觉得/v 厉害/a。

（7）动词+语气词：要/v 啊/y。

（8）形容词+语气词：好/a 啊/y。

（9）代词+动词：这/r 是/v。

（10）名词+语气词：牛人/n 啊/y。

得到的中文双词客观词类组合模式（前 10 种，之后的不考虑）从高到低情况如下。

（1）数词+量词：5/m 块/q。

（2）名词+数词：座位/n5/m。

（3）时间词+时间词：明天/t 晚上/t。

（4）名词+名词：父母/n 儿女/n。

（5）量词+名词：（1/m）块/q 钱/n。

（6）介词+名词：在/p 家/n。

（7）名词+介词：上海/n 在/p。

（8）名词+方位词：书桌/n 里/f。

（9）动词+方位词：明白/v 前/f。

（10）名词+时间词：妈妈/n 明天/t。

得到的中文三词主观词类组合模式（前 10 种，之后的不考虑）从高到低情况如下。

（1）副词+形容词+“的”：更/d 好/a 的。

（2）代词+动词+动词：他/r 觉得/v 是/v。

（3）动词+副词+形容词：跑/v 很/d 快/a。

（4）副词+动词+动词：不/d 会/v 骚扰/v。

（5）动词+副词+动词：会/v 很/d 喜欢/v。

（6）代词+副词+动词：这/r 更/d 影响/v。

（7）副词+形容词+语气词：非常/d 累/a 啊/y。

（8）动词+动词+代词：会/v 加强/v 它/r。

（9）形容词+“的”+名词：聪明/a 的动物/n。

（10）副词+动词+副词：都/d 可能/v 还/d。

以上对中文主客观词类组合模式的提取均得到验证，其中中文双词主观词类组合模式是本书对原有中文环境下的文本倾向性 PMI-IR 模型改进所需要的，虽然中文三词主观词类组合模式也是判断主观性的模式之一，但是中文双词主观词类组合是句子中最常出现的，而且中文三词主观词类组合通常只是中文双词主观词类组合的衍生，所以本书将采用中文双词主观词类组合模式来对待分类情感倾向性评语进行预处理。

2. 符合中文的情感倾向短语提取

提取出来的主观短语模式是进行情感倾向性分析的基础，但是并不能直接对提取出来的主观短语模式进行情感倾向性分析，有些主观短语模式并不能反映出评论者的情感倾向，如“我/r 觉得/v”等，所以本章要进一步对其进行预处理，将不能表达情感倾向性的短语模式舍掉。更多的情感倾向性通常是通过形容词、动词和副词来表达的，通过人工对网购评语分词后表达情感倾向性的双词模式分析，结合中文双词中主观词类组合模式的研究成果，本书选出下面五种能够表达情感倾向的短语模式（表 10.2）。

表 10.2　中文情感倾向短语模式语法组合

序号	首词	尾词
1	副词	形容词
2	副词	动词
3	形容词	“的” / “得”
4	形容词	语气词
5	形容词	形容词

下面对表 10.2 中提到的短语模式进行简要的描述。

（1）首词为副词，尾词为形容词。

形容词往往能够很好地表达评论者的情感倾向，评论者还通常在表达的形容词前面加上副词来进一步表达情感的强度。

例如：这个商品非常漂亮，女儿天天拿在手里。

评论中“非常”是副词，“漂亮”是形容词，“非常”放在“漂亮”的前面，能够表达很强烈的肯定之意，所以这种模式很好地表达了情感倾向。

（2）首词为副词，尾词为动词。

同上一个模式类似，评论者通常在表达情感的动词前面再加上副词来进一步表达情感的强度。

例如：这次购物我非常满意，赞一个！

评论中“非常”是副词，“满意”是动词，“非常”放在“满意”的前面一样能够表达强烈的肯定之意。这种模式在实际的评论中是非常多的。

（3）首词为形容词，尾词为“的”或“得”。

形容词也通常配上助词“的”或者“得”来表达评论者的情感倾向性。

例如：这个精致的笔筒，完美得配上了我的各种笔，这次购物很成功！

评论中“精致”及“完美”是形容词，“的”或者“得”加在形容词之后同样表达了评论者的情感倾向，“的”或者“得”加在形容词之后有时已经成为评论者的习惯。

（4）首词为形容词，尾词为语气词。

同“的”或者“得”类似，在形容词之后配上语气词也成为评论者的一种习惯，当然也表达了评论者的情感倾向。

例如：这次购物失望啊，这钱包太差啊，什么质量呀，再也不买了！

评论中“失望”及“差”是形容词，“啊”是语气词，语气词起到了修饰的作用，形容词本身就能表达评论者的情感倾向。

（5）首词为形容词，尾词为形容词。

形容词和形容词组合在一起其实是评论者的口语形式，不太正规，但是能够很强烈地表达评论者的情感倾向。

例如：哇塞，这个杯子真实用、漂亮、轻便，爱不释手啊。

评论中“实用”、“漂亮”及“轻便”都是形容词，把它们结合在一起能够明显地表达评论者的肯定之意。

3. 稳定参考词的选取

参考词的选取是一件非常困难的事情，特别是在不同的中文环境下选取出稳定的参考词更是难上加难，本章在选取稳定的参考词过程中将利用到情感词汇本体库的相关知识。情感词汇本体库通常会把情感词汇分为几大类，每一类都是作为选取稳定参考词的候选词。

国内外对于情感词汇的分类并没有统一的标准,不同的研究会有不同的结果,主要情感词汇的分类方法有以下几种：

（1）Ekman 的 6 大类情感分类体系：高兴、惊奇、悲伤、愤怒、恐惧和厌恶。

（2）Plutchik 等提出的 8 大类情感分类体系：狂喜、警惕、悲痛、惊奇、狂怒、恐惧、接受、憎恨。

（3）中国传统七情：喜、怒、忧、思、悲、恐、惊。

现阶段国外对于情感词汇的分类研究相对成熟，但是因为本章是对中文环境下的情感词汇进行研究，所以本章将采用大连理工大学信息检索研究室的中文情感词汇本体库情感词汇分类标准来进行稳定参考词选取的工作。

大连理工大学信息检索研究室的中文情感词汇本体库也是在 Ekman 的 6 大类情感分类体系的研究基础之上形成的。该本体库包含了词汇的词性、情感分类、强度、极性等描述。它将情感词汇分为 7 大类，每一大类下有各种小类，共计 21 小类。情感词分类如表 10.3 所示。

表 10.3　情感词分类

乐	快乐	喜悦、欢喜、笑眯眯、欢天喜地
	安心	踏实、宽心、定心丸、问心无愧
好	尊敬	恭敬、敬爱、毕恭毕敬、肃然起敬
	赞扬	英俊、优秀、通情达理、实事求是
	相信	信任、信赖、可靠、毋庸置疑
	喜爱	倾慕、宝贝、一见钟情、爱不释手
	祝愿	渴望、保佑、福寿绵长、万寿无疆
怒	愤怒	气愤、恼火、大发雷霆、七窍生烟
哀	悲伤	忧伤、悲苦、心如刀割、悲痛欲绝
	失望	憾事、绝望、灰心丧气、心灰意冷
	疚	内疚、忏悔、过意不去、问心有愧
	思	思念、相思、牵肠挂肚、朝思暮想
惧	慌	慌张、心慌、不知所措、手忙脚乱
	恐惧	胆怯、害怕、担惊受怕、胆颤心惊
	羞	害羞、害臊、面红耳赤、无地自容

续表

恶	烦闷	憋闷、烦躁、心烦意乱、自寻烦恼
	憎恶	反感、可耻、恨之入骨、深恶痛绝
	贬责	呆板、虚荣、杂乱无章、心狠手辣
	妒忌	眼红、吃醋、醋坛子、嫉贤妒能
	怀疑	多心、生疑、将信将疑、疑神疑鬼
惊	惊奇	奇怪、奇迹、大吃一惊、瞠目结舌

从表中可以看到“乐”、“好”及“惊”3大类带有肯定之意，而“怒”、“哀”、“惧”及“恶”四大类带有否定之意，所以本书将“乐”、“好”及“惊”3 大类下的8小类词汇作为肯定之意参考词的候选词，而“怒”、“哀”、“惧”及“恶”四大类下的13小类词汇作为否定之意参考词的候选词。

在选取完肯定之意和否定之意的候选词后，将肯定之意的候选词分别与赞扬性评论集词汇计算互信息并取平均值，将否定之意的候选词分别与批评性评论集词汇计算互信息并取平均值，计算出来值最大的两个分别正式作为稳定的肯定之意和否定之意的参考词。经过计算，本章将“喜爱”作为肯定之意的参考词，将“失望”作为否定之意的参考词。

这里需要说明的一点是因为本书利用了中文情感词汇本体库的相关信息，而中文情感词汇本体库本身就包含了大量的情感词汇，类似于词典，所以本书在实际改进的过程中也将利用这一优势，即待分析的情感词汇如果在中文情感词汇本体库中已经存在，那也就直接知道了该词的情感倾向，并不用再和参考词计算得到情感倾向，如果该词不在中文情感词汇本体库中，那么才和选定的参考词进行点互信息的计算来得到该词的情感倾向性。这样也很好地将词典分析的方法融进了实际的分析中，大大地降低了实际的计算复杂度。

4. 情感词汇倾向性强度的计算

现阶段情感词汇倾向性强度的计算也缺乏相应的标准，借助于中文情感词汇本体库的相关知识，情感词汇倾向性强度的计算也会显得相对容易许多。中文情感词汇本体库中对于一个情感词可以通过一个五元组来表示，即R（W，N，C，S，P）来表示，其中W表示词汇，N表示词性，C表示类别，S表示强度，P 表示极性。在中文情感词汇本体库中词性一共分为 7 类，包括名词（noun）、动词（verb）、形容词（adj）、副词（adv）、网络词语（nw）、成语（idiom）、介词短语（prep）；类别就是21小类中的一类；强度分为1、3、5、7、9五个档次，强度最低的是1，最大的是9；极性主要分为四大类，分别是中性（0）、褒义（1）、贬义（2）、褒贬两性（3）。具体表示方法，如表10.4所示。

表 10.4　中文情感词汇本体库表示方法

词汇	词性	类别	强度	极性
罪状	noun	NN	9	2
做戏	verb	NN	7	2
甜头	noun	PB	5	1
头名	noun	PH	5	1
婉妙	adj	PH	3	1
温淑	adj	PB	1	1
…	…	…	…	…

利用中文情感词汇本体库的信息，很快就能获得中文情感词汇本体库中存在词汇的强度了。当然，当遇到中文情感词汇本体库中不存在的词汇时，也需要给出情感词汇的强度，因为强度分为 1、3、5、7、9 五个档次，所以本书就取 5 这个档次作为该词汇的强度，虽然这样存在一定的误差，但是中文情感词汇本体库中已经包含了大量的日常评论情感词汇，这样的误差影响作用相当小。另外需要我们处理的就是一些特殊副词和转折连词，关于它们的处理将在下文进行描述。

情感词汇的强度标识工作处理完毕后，就要对句子的情感倾向性强度进行量化，因为要区别肯定性和否定性两个极性，所以在词汇强度标识工作中本书将肯定性的词汇强度标识为 1、3、5、7、9，强度依次增强，否定性词汇强度标识为 −1、−3、−5、−7、−9，强度也依次增强，这样在不考虑一些特殊副词和转折词的作用下，只需要把情感词汇的强度相加取平均值，就可以完成整个评论语的情感倾向性强度的分析工作。

5. 特殊程度词、否定副词及转折连词的处理

在中文的情感倾向性分析中，一些特殊的词语将会对情感倾向性分析产生一定的影响。有的将会改变词语情感倾向性强度的度量，如一些特殊程度词；有的将会改变整个词语倾向性极性的分析，如一些特殊的否定副词；还有一类最为严重，可能会改变整个句子的情感倾向性极性的判断，如转折连词的存在。本章在对原有中文环境下的文本倾向性 PMI-IR 模型进行改进时也会考虑这些特殊词，下面将会介绍对这些特殊词的处理方式。

1）特殊程度词的处理

特殊程度词的词性主要以副词为主，有少量的动词和形容词。特殊程度词对情感倾向性分析的主要影响是对修饰的主情感词情感强度的影响。例如，“做事较认真”、“做事很认真”及“做事极其认真”这三句中，“较”、“很”与“极其”都是程度词，它们都是修饰主情感词“认真”的，它们都会对主情感词情感强度的

度量产生一定的影响，只是影响的程度是不同的，很明显，“极其认真”的情感强度大于“很认真”，“很认真”的情感强度大于“较认真”。

对于特殊程度词的识别，本章将借助于 HowNet 中对于程度词的描述，HowNet 将程度词分为 6 大类，分别为极其（最）、很、较、稍、欠、超。例如，非常、极度等 69 个属于“极其（最）”类；大为、出奇等 42 个属于“很”类；较为、越加等 37 个属于“较”类；略加、略微等 29 个属于“稍”类；弱、微等 12 个属于“欠”类；忒、超额等 30 个属于“超”类。

鉴于特殊程度词将影响修饰的主情感词情感强度，本章采取的方法是在原有主情感词情感强度值的基础上乘以相应的系数。规定系数的取值介于(0,2]，系数的确定通过问卷调查（附录二）的方式确定，最后确定“极其（最）”与“超”类相应的系数为 2，“很”类相应的系数为 1.5，“较”类相应的系数为 1，“稍”与“欠”类相应的系数为 0.5。

2）特殊否定副词的处理

特殊否定副词对情感倾向性分析的主要影响是对修饰的主情感词情感倾向性极性的影响，它将改变主情感词情感倾向性极性。对于否定副词，本书主要考虑 14 个由李泉（2001）指出的词，分别是不、没、未、非、甭、不曾、不必、没有、未必、未曾、未尝、无从、无须、无庸。鉴于特殊否定副词对情感倾向性极性的影响，本书采取的方法是在原有主情感词情感强度值的基础上乘以系数“−1”。

3）转折连词的处理

转折连词对情感倾向性分析的主要影响是对整个句子的情感倾向性极性的影响，它将改变整个句子的情感倾向性极性。本章对于转折连词的确定主要通过人工总结和询问得到，主要有而、却、然而、但是、反之、不过、也就是。鉴于转折连词是对于整个句子产生极性影响，本章的处理是遇到转折连词后整个句子的情感倾向性及情感倾向性强度都将重新开始计算。

10.4　改进情感倾向模型的应用验证

10.4.1　网络爬虫原理

1. 正则表达式介绍

本章主要通过网络爬虫的知识获取网页上的相应内容信息，在获得页面上的所有信息后，必须去掉 HTML 标签、图片等信息来真正获得需要的数据信息。在这个处理过程中通常会用到正则表达式的相关知识来提取想要的信息。常用正则表达式字符说明如表 10.5 所示。

表 10.5　常用正则表达式字符说明

字符	含义	字符	含义
.	匹配任意字符	*	0 或任意次
\d	匹配任意数字	*?	0 或任意次（忽略优先）
\D	匹配非数字	+	一次或多次
\s	匹配任意空白字符	+?	一次或多次（忽略优先）
\S	匹配非空白字符	?	可选项 0 或 1 次
\w	单词中的字符	??	可选项 0 或 1 次（忽略优先）
\W	非单词中的字符	{m}	匹配 *m* 次
\num	反向引用	{m,n}	匹配至少 *m* 次，至多 *n* 次
(?<name>正则)	命名分组	{m,n}?	匹配至少 *m* 次，至多 *n* 次（忽略优先）
^	匹配行首	(…)	分组捕获
$	匹配行尾	(?:…)	不分组

利用正则表达式，标题匹配展示和 URL 匹配展示如图 10.10 和图 10.11 所示。

图 10.10　标题匹配展示

图 10.11　URL 匹配展示

2. 蜘蛛精相关介绍

蜘蛛精是实现网络爬虫的一款软件，它能通过分析网页信息，使用正则表达式的相关知识来提取出网页中所需要的 URL 集，进而提取每个 URL 中，如标题、内容、作者、来源、时间等信息。本书在这里将简要介绍蜘蛛精的思想，在接下去的实际应用中将根据蜘蛛精的思想来进行编程以实现网购评语爬虫。

若我们将要采集搜狐体育中跑步课堂的一篇文章相关信息，采集网站示例如图10.12 所示。

使用蜘蛛精获得该页面源代码如图 10.13 所示。

填写相应列表设置、分页设置等获得相应 URL 集，进而获得每个 URL 中标题、内容、作者、来源、时间等信息，如图 10.14 和图 10.15 所示。

图 10.12　采集网站示例

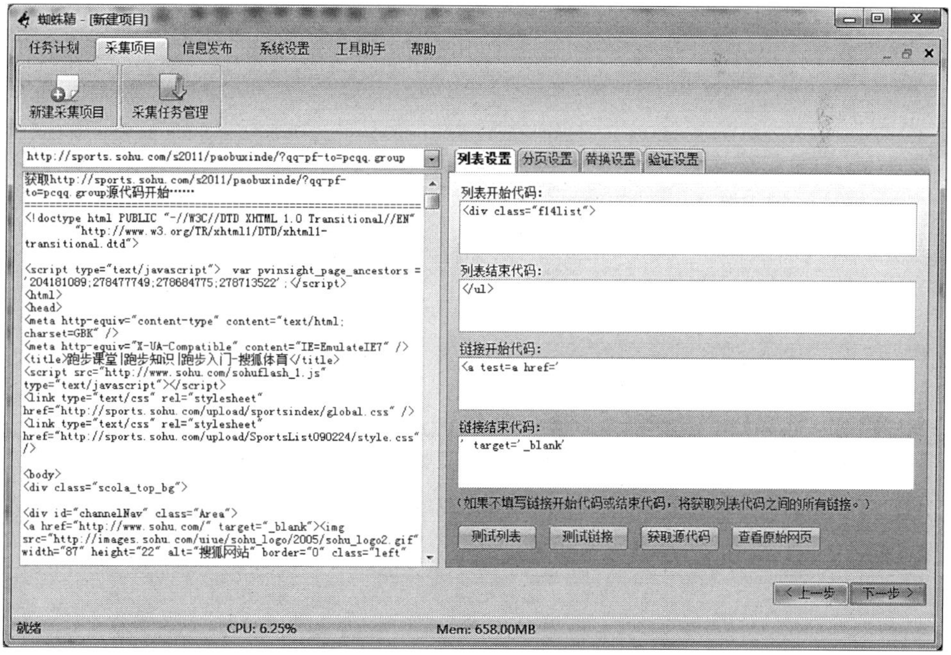

图 10.13　页面源代码展示

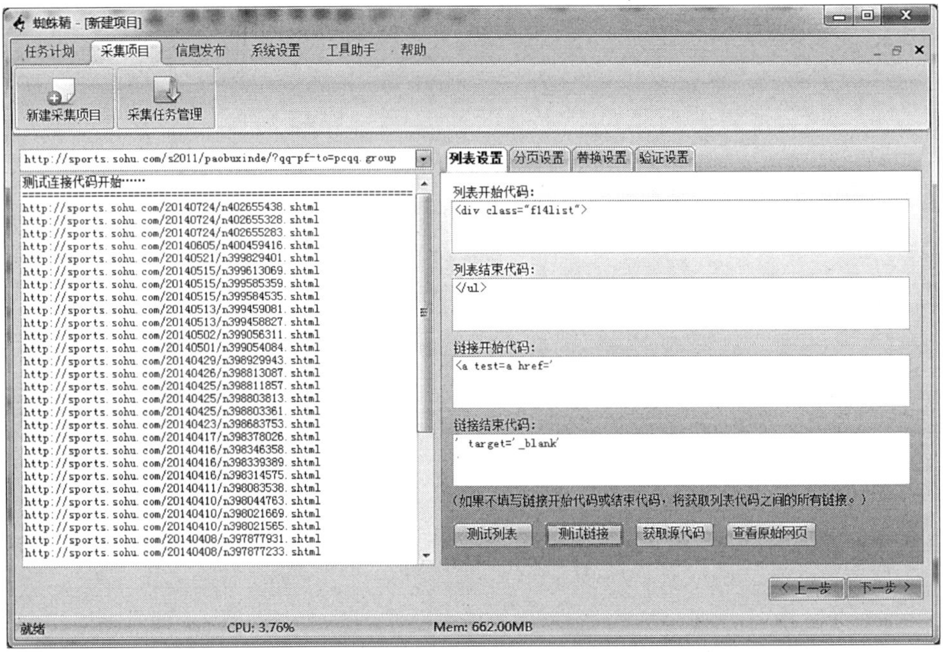

图 10.14　抓取到的 URL 展示

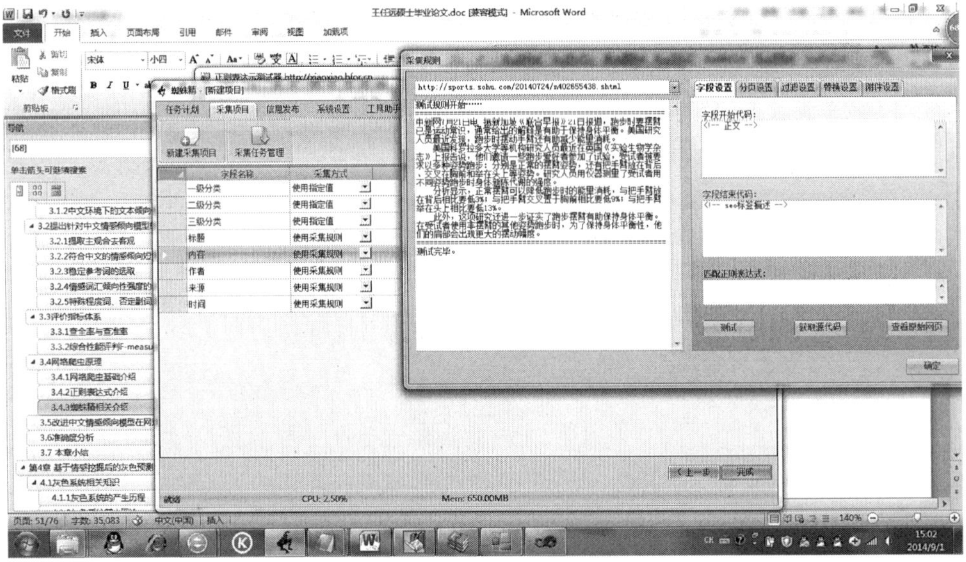

图 10.15　抓取到的正文展示

10.4.2　改进中文情感倾向模型在网购评语中的运用

1. 网购评语来源的选择

1）网购平台的选择

随着电子商务的发展，网络购物平台也迅速发展，在国内，网络购物平台的模式也是各种各样，主要包括 C2C 模式、B2C 模式、B2B 模式、O2O 模式等[①]。作为个体消费者来说，我们更常接触的就是 C2C 模式和 B2C 模式。在选择 C2C 和 B2C 两种模式的前提下，国内网络购物平台最具代表性的就是淘宝（天猫）、Amazon、京东商城等，其中淘宝（天猫）主要是 C2C 和 B2C 相互并存的模式，而 Amazon、京东商城则主要是 B2C 模式。Amazon 网络购物平台模式比较单一，商品评语相对来说也更加真实，平台的发展也更加完善，所以本章将以 Amazon 网络购物平台作为评论语采集平台。

Amazon 是最早在网络上开始经营电子商务的公司之一，其主要以零售业为主，它在 2004 年收购了中国的卓越网，使得中国的电子商务发展更加迅速。Amazon 在发展的过程中有三次定位的转变，其中 1994~1997 年是第一次定位转变，定位是成为“地球上最大的书店”；1997~2001 年是第二次定位转变，定位是成为最大的综合网络零售商；2001 年至今是第三次定位转变，定位是成为“最以客户为中心的企业”。

2）评语对象的选择

Amazon 上的物品非常多，也相当齐全，但是大部分商品被购买后的评论语比较少，这将不利于本章进行研究。通过日常生活的观察发现，往往女生的网络购物欲望更加强烈，而且购买后往往能够对购买的商品做出客观的评论，所以本章将选择女生物品作为初步研究的目标。同时女生在日常生活中对于护肤品的需求是相当大的，而网上护肤品的价格也比实体店便宜很多，所以为进一步缩小目标，本书将评论信息对象选择为女生日常用的护肤品。

2. 利用网络爬虫采集评语数据信息

基于上面的分析，本章采用的是 Amazon 上女生日常用的护肤品的评论信息，所以本书选择了评论语较多的 Neutrogena 露得清深层净化洗面乳的评论信息，评论语页面的 URL 为 https://www.amazon.cn/Neutrogena-露得清-深层净化洗面奶-150g/dp/B074MXF7R8/ref=sr_1_fkmr0_1?ie=UTF8&qid=1504250203&sr=8-1-fkmr0&keywords=露得清深层净化洗面乳。

---

① C2C，consumer to consumer，个人对个人；B2C，business to consumer，商家对个人；B2B，business to business，商家对商家；O2O，online to offline，线上线下。

1）URL 集的分析

因为要抓取的评论信息很多，所以评论信息是在不同页面展示的，通常网站上都是通过下一页或者选择第几页来查看不同的页面。要获得所有的评论信息就要先找到评论语 URL 集的特点或者规律。经过该商品评论语 URL 集的分析，只要通过传参的方式就能获得每一个具体的评论页面，而传的参数就是第几页中的几。C#代码如下：

```
public override IList<Article> GetArticles(string startUrl, int count)
{
    List<Article> arts = new List<Article>();
    for (int i = 1; i <= count; i++)
    {
        ArtUrl url = new ArtUrl();
        string                              realUrl                              =
string.Format("http://www.amazon.cn/product-reviews/B003XCMF4Q/ref=cm_cr_pr_
top_link_{0}?ie=UTF8&pageNumber={1}&showViewpoints=0&sortBy=bySubmissi
onDateDescending",i,i);                                        //采集的 Url 集
        url.StartUrl = realUrl;
        url.Url = realUrl;
        arts.Add(GetArticle(url));
    }
    return arts;
}
```

2）评论语和评论语时间的抓取

评论语和评论语时间的抓取将采用正则表达式的方式来抓取，首先分析获得的网页源代码，得到的商品评论部分的评论语和评论语时间源代码如下：

```
<span class="h3color tiny">评论的商品: </span>Neutrogena 露得清深层净化洗面乳二支特惠装 100g*2(特卖)(新老包装更替中,随机发货) (Misc.)</b></div><div class="reviewText">一直在用的牌子，便宜囤货</div>
```

```
<div style="margin-bottom:0.5em;"><span style="margin-right:5px;"><span class="swSprite s_star_5_0"title="平均 5.0 星"><span>平均 5.0 星</span></span></span><span style="vertical-align:middle;"><b>一直在用的牌子，便宜囤货</b>,<nobr>2014 年 8 月 31 日</nobr></span></div>
```

其次，分析商品评论部分的评论语可以通过以下正则表达式来获取：

```
<div class="reviewText">[^(</div>)]*</div>
```

再次，分析商品评论部分的评论语时间可以通过以下正则表达式来获取：

```
<nobr>[^(</nobr></span>)]*</nobr></span>
```

最后获得商品评论部分的评论语和评论语时间的主要 C#代码如下：

```
String expressionContent = string.Format("<divclass=\"reviewText\">[^(</div>)]*
</div>");
string expressionTime = string.Format("<nobr>[^(</nobr></span>)]*</nobr></span>");
Regex regcontent = new Regex(expressionContent, RegexOptions.IgnoreCase |
RegexOptions.Compiled | RegexOptions.Singleline);
Regex regtime = new Regex(expressionTime, RegexOptions.IgnoreCase |
RegexOptions.Compiled | RegexOptions.Singleline);
。。。。。。
string content = HttpHelper.GetUrlContent(arturl.Url,UrlMethod.GET,Encoding.
UTF8, UserAgent.IE, "", "", cc);
ar.Source = content;
#region response
MatchCollection responses = regcontent.Matches(content);
MatchCollection times = regtime.Matches(content);
if (responses[0].Success)
{
   int num = responses.Count;
      for (int i = 0; i < num; i++)
      {
            string tempcontent = HtmlFilter(responses[i].Value);
            string temptime = HtmlFilter(times[i].Value);
            string sql = "insert into Review_source (Review_Content,Review_Time)
values(@ReviewContent,@ReviewTime)";
            SqlHelper.ExecuteNonQuery(SqlHelper.Conn,CommandType.Text, sql,
                  SqlHelper.MakeParame("@ReviewContent", tempcontent),
                  SqlHelper.MakeParame("@ReviewTime",GetDateTime(temptime))
      );
            Console.WriteLine(tempcontent);
            Console.WriteLine(temptime);
      }
}
else
{
      ar.IsError = true;
```

```
        Console.WriteLine("response 抓取失败");
    }
    #endregion
```

其中，HtmlFilter 函数是去掉特定的 HTML 标签的程序，程序主要代码如下：

```
public string HtmlFilter(string content)
{
    List<string> list = new List<string>();
    list.Add("div");
    list.Add("span");
    list.Add("nobr");
    StringBuilder sb = new StringBuilder();
    sb.Append("(style=\"[^\"]+\")|(style='[^\']+')|");
    sb.Append("(class=\"[^\"]+\")|(class='[^\']+')|");
    int i = 0;
foreach (string s in list)
    {
        if (i > 0)
        {
            sb.Append("|");
        }
        sb.AppendFormat("(<[/]?{0}[^>]*>)", s);
        i++;
    }
    string expression = sb.ToString();
    Regex regTime = new Regex(expression, RegexOptions.IgnoreCase |
RegexOptions.Compiled | RegexOptions.Singleline);
    content = regTime.Replace(content, "");
    return content;
}
```

通过以上的实现，本章就获得了来自网络购物评语的真实数据信息，为接下来的研究提供了数据来源的支持，抓取程序运行展示及获得的数据库数据如图 10.16 和图 10.17 所示。

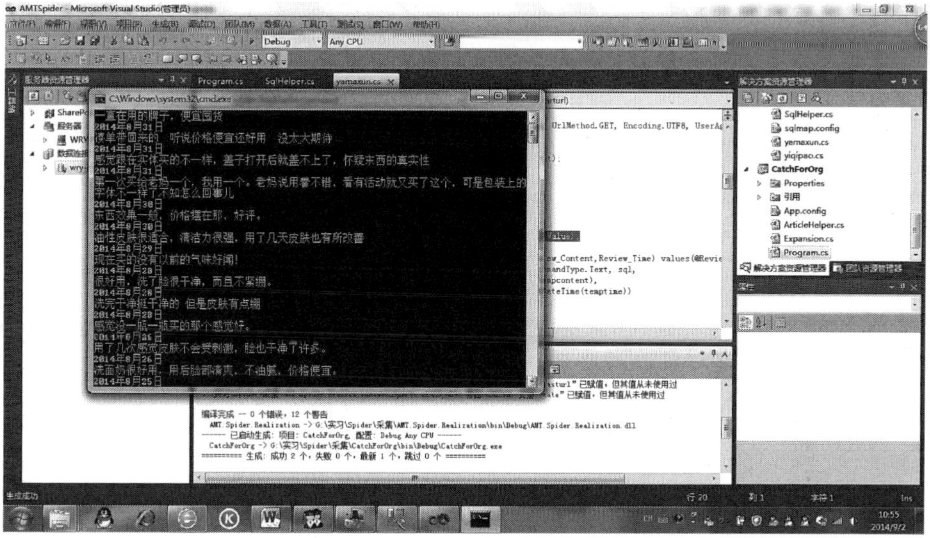

图 10.16　抓取程序运行展示

图 10.17　获得的数据库数据

3. 原有中文环境下情感倾向模型的应用

利用上述的网络爬虫程序已经得到了真实的网购评语数据集，为了计算和比较研究的方便，本章在 1 500 多条真实的网购评语中随机地取出 50 条肯定性的评论语和 50 条否定性的评论语，当然本书将对更多的网购评论语进行相同的操作进而进行下一步的数据挖掘工作。

1）利用 ICTCLAS 进行分词及标注处理

先要对真实的网购评语数据信息进行数据预处理工作，其中最主要的就是对评论语进行分词操作，本书对评论语分词操作利用现成的分词软件（中国科学院开发的中文词法分析系统 ICTCLAS）进行，ICTCLAS 系统在之前已经提到过了。例如，真实网购评论语“性质温和，洗的很干净，一直在用这个，性价比很高的” ICTCLAS 系统分词之后的结果为“性质/n　温和/a　，/w　洗/v　的/u　很/d 干净/a　，/w　一直/d　在/p　用/v　这个/r　，/w　性/n　价/n　比/p 很/d　高/a　的/u”。分词结果同时也给出了词性的标注，方便以后提取情感短语。

2）提取情感短语

按照 Turney 提出的短语模式语法组合的方法可提取出能表达情感的短语，并利用文本特征向量表示法来进行表示。以上例中的真实评论语为例，该评论语的文本特征向量表示为 $\boldsymbol{d}$ =（性质温和 w_1，很干净 w_2，很高 w_3），其中 w_1、w_2、w_3 分别是特征项的权重，在本章中就是情感倾向值，需要后续进行计算得到。

3）选定参考词组

本书根据 10.3.2 小节中文环境下选定参考词组的方法来确定参考词组，通过调查的方式选出了五组频率最高的候选参考词组，分别是喜欢/讨厌、不错/差、支持/反对、好/坏、热爱/厌恶。通过计算，本书以喜欢/讨厌作为参考词组，并设定阈值为 1，也就是说当 $SO-PMI(w)$ 大于 1 时，词 w 是倾向肯定情感，若 $SO-PMI(w)$ 小于 1 时，词 w 是倾向否定情感。

4）计算情感短语及整个评论语的情感倾向

计算情感短语的情感倾向和确定参考词组的过程一样都需要利用 Google 搜索引擎的搜索结果，并在此基础之上利用式（10.19）来计算得到。本书这个计算过程通过程序来得到实现。主要程序如下所示：

```
string search_key1 = TextBox1.Text;
CookieContainer cc = new CookieContainer();
string url1 = string.Format("http://74.125.71.160/search?newwindow=1&q={0}&
cad=h",search_key1);
string content1 = HttpHelper.GetUrlContent(url1,UrlMethod.GET, Encoding.UTF8,
UserAgent.IE, "", "", cc);
string expression = string.Format("<div class=\"sd\" id=\"resultStats\">[^(</div>)]*
</div>");
Regex regcontent = new Regex(expression, RcgexOptions.IgnoreCase |
RegexOptions.Compiled | RegexOptions.Singleline);
```

```
Match responses = regcontent.Match(content1);
if (responses.Success)
{
        string result_temp=HtmlFilter(responses.Value);
        result_temp = result_temp.Replace("About ", "");
        result_temp = result_temp.Replace("results", "");
        TextBox2.Text = result_temp;
}
else
{
        TextBox2.Text = "没有搜索到";
}
```

例如，“很好”一词得到的$\mathrm{SO-PMI}("很好")=2.3$，根据阈值为 1 的要求，“很好”一词的情感倾向为肯定情感。

计算完各情感短语的$\mathrm{SO-PMI}(w)$后，计算各评论语的平均$\overline{\mathrm{SO-PMI}(w)}$值，例如评论语“一直用这个牌子，很好用，喜欢淡淡的香味”的$\overline{\mathrm{SO-PMI}(w)}$计算。$\mathrm{SO-PMI}("喜欢")=1.9$，那么该评论语的文本特征向量表示为$\boldsymbol{d}=$（很好 2.3，喜欢 1.9），$\overline{\mathrm{SO-PMI}(w)}=(2.3+1.9)/2=2.2$，根据阈值为 1 的要求，该评论语的情感倾向为肯定情感。计算所有 50 条肯定性的评论语和 50 条否定性的评论语的平均$\overline{\mathrm{SO-PMI}(w)}$值，得到的原有中文环境下情感倾向分析结果如表 10.6 所示。

表 10.6　原有中文环境下情感倾向分析结果

预测倾向	实际肯定倾向	实际否定倾向
预测肯定倾向	44	35
预测否定倾向	6	15

4. 改进后中文环境下情感倾向模型的应用

改进后中文环境下情感倾向模型，首先主要在情感倾向性短语的提取上不同于原有中文环境下情感倾向模型，前者更符合中文环境；其次，参考词组的选定不同于原有模型，它将选定相对固定的参考词组；最后，其情感倾向性短语的倾向性计算将更加客观可靠，主要考虑到了特殊程度词及转折词等的作用，同时增加了计算短语和整个句子的情感倾向性强度。其他的计算步骤和方法基本和原有模型一致。

1）进行分词及词性的标注

这一步骤同原有模型一样，利用中国科学院开发的中文词法分析系统 ICTCLAS 进行分词及标注词性的操作。

2）提取情感短语、特殊程度词、否定副词及转折连词

对于分词后的评论语，不光要提取情感短语，同时还要提取特殊程度词、否定副词及转折连词。提取的特殊程度词、否定副词及转折连词对于之后情感倾向性计算和情感倾向强度的计算具有重要的作用。例如，评论语“东西很好，但是还有一款不是亚马逊发货的就不是很理想了，试用了一下，保湿效果不好”分词后提取相关短语，并把该评论语的文本特征向量表示为 **d**=（［很］好 w_1，｛但是｝，［不是］［很］理想 w_2，［不］好 w_3），其中，w_1、w_2、w_3 分别是特征项的情感倾向强度，需要后续进行计算得到；方括号里的词代表特殊程度词或者否定副词；大括号里的词代表转折连词。

3）稳定参考词组的选定

参考词组的选定按照 10.3.2 小节中论述的，将“喜爱”作为肯定倾向的参考词，将“失望”作为否定倾向的参考词。稳定的参考词组可以简化计算，同时有据可循。并像原有模型一样进行计算阈值，设定阈值为 0.5，也就是说当 SO－PMI(w) 大于 0.5 时，词 w 是倾向肯定情感，若 SO－PMI(w) 小于 0.5 时，词 w 是倾向否定情感。

4）计算情感短语、整个评论语的情感倾向及情感倾向强度

计算情感短语的情感倾向及情感倾向强度时，按照 10.3.2 小节中提出的改进方法进行计算，对于在大连理工大学的中文情感词汇本体库中出现的词汇，直接提取出该词汇的情感倾向及情感倾向性强度，而对于没有在中文情感词汇本体库中出现的词汇，按照原有计算 SO－PMI(w) 的方法进行计算，并得到情感倾向性强度（5 或者−5），此时“喜爱”作为肯定倾向的参考词，“失望”作为否定倾向的参考词。例如，评论语“这个洗面乳泡沫不多，但是洗完很清爽，感觉洗的很干净，一直在用”，文本特征向量表示为 **d**=（［不］多 w_1，｛但是｝，［很］清爽 w_2，［很］干净 w_3），“多”不在中文情感词汇本体库中出现，按照原有方法计算倾向性为肯定性，并取情感倾向性强度为 5，“清爽”和“干净”都在中文情感词汇本体库中出现，都为肯定性，情感倾向性强度分别为“7”和“5”，所以 **d**=（［不］多 5，｛但是｝，［很］清爽 7，［很］干净 5）。

计算整个评论语的情感倾向及情感倾向强度时，需要考虑特殊程度词、否定副词及转折连词的作用。计算方法按 10.3.2 小节中所述。例如，上例，“但是”是转折连词，所以整个评论语的平均情感倾向强度为 D=（$7\times1.5+5\times1.5$）/2=9，情感倾向为肯定性，情感倾向强度为 9。计算完 50 条评论语的情感倾向及情感倾向

强度，得到的改进后中文环境下情感倾向分析结果如表 10.7 所示：

表 10.7　改进后中文环境下情感倾向分析结果

预测倾向	实际肯定倾向	实际否定倾向
预测肯定倾向	46	16
预测否定倾向	4	34

10.4.3　准确度分析

上文中分别按照原有中文环境下情感倾向模型和改进后中文环境下情感倾向模型对同一商品评论语进行计算并得到表 10.6 和表 10.7，初步分析表 10.6 和表 10.7，可以很清楚地看到精确度得到了很大的提升，而最主要的差别也在否定性评论语中显得非常明显。由于原有中文环境下情感倾向模型在计算时并没有考虑特殊程度词、否定副词及转折连词的作用，特别是转折连词的作用，一般评论者都不会直截了当地表达不满情绪，都会先评论好的方面，然后通过转折来表达实际的不满情绪，所以原有中文环境下情感倾向模型存在很大的误差。

1）查全率与查准率

按照查全率和查准率的计算公式分别计算原有中文环境下情感倾向模型和改进后中文环境下情感倾向模型结果的查全率和查准率。

原有模型计算结果的查全率和查准率为

查全率（肯定）=44/（44+6）=0.88

查准率（肯定）=44/（44+35）≈0.56

查全率（否定）=15/（35+15）=0.3

查准率（否定）=15/（6+15）≈0.71

查全率=（44+15）/（44+35+6+15）=0.59

改进模型计算结果的查全率和查准率为

查全率（肯定）=46/（46+4）=0.92

查准率（肯定）=46/（46+16）≈0.74

查全率（否定）=34/（16+34）=0.68

查准率（否定）=34/（4+34）≈0.89

查全率=（46+34）/（46+16+4+34）=0.8

从计算结果和图 10.18 中很容易看到改进后的模型查全率与查准率都比原有模型的查全率与查准率高，改进后的模型还是有很大提高的。

2）综合性能评判 *F*-measure

按照综合性能评判 *F*-measure 的计算公式 *F*=2×查全率×查准率/（查全率+

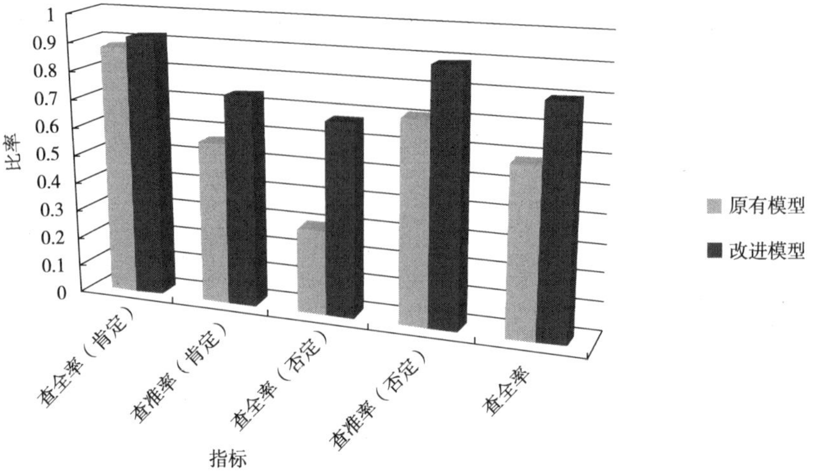

图 10.18　查全率与查准率比较

查准率）分别计算原有中文环境下情感倾向模型和改进后中文环境下情感倾向模型结果的 *F*-measure。

原有模型的 *F*-measure：

F（肯定）=2 × 0.88 × 0.57/（0.88+0.57）≈0.69

F（否定）=2 × 0.3 × 0.71/（0.3+0.71）≈0.42

改进模型的 *F*-measure：

F（肯定）=2 × 0.92 × 0.74/（0.92+0.74）≈0.82

F（否定）=2 × 0.68 × 0.89/（0.68+0.89）≈0.77

从计算结果和图 10.19 中很容易看到改进后的 *F*-measure 比原有模型的 *F*-measure 高，这也说明改进后的模型有很大提高。

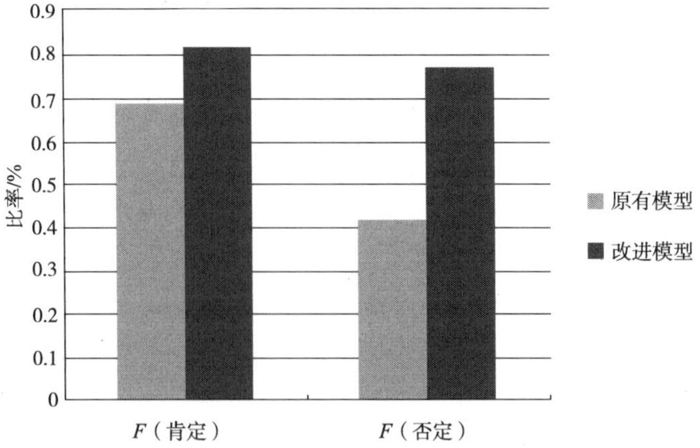

图 10.19　*F*-measure 比较

10.5　基于情感挖掘的预测分析应用

前面几节已经详细地介绍了网购评论情感挖掘的步骤，并提出了针对性的改进意见及方法。网购评论情感挖掘后的结果是对已知数据的挖掘，挖掘出的信息对于消费者来说仅仅是过去的信息，那么如何对这些挖掘出的数据进一步地加以利用，挖掘出更有意义的数据将是本章研究的内容。本章是利用已有的知识进一步挖掘已挖掘出的数据的过程，挖掘出下一阶段肯定性和否定性大致的数量、比例及肯定性强度、否定性强度的大致数值，帮助消费者、商家和监管部门进行分析，这也是一个应用的过程，使用到的知识是灰色系统和灰色预测模型。

10.5.1　灰色系统相关知识

1. 灰色系统的产生历程

20 世纪末 21 世纪初，随着信息技术的不断发展，信息的确定性不断地减弱，再加上系统的复杂性，信息常常会受到干扰，因此得到的信息往往带有很多的不确定性，这种情况下，人们如果用原来的方法进行研究，产生的误差将会很大。随着科学技术的不断发展和人们对于不确定信息的研究，对于不确定信息的处理有了完整的体系，众多问题也迎刃而解。比较重要的研究成果，如美国控制论学者 L. A. 扎德在 1965 年发表论文《模糊集合》，标志着模糊理论的产生；中国学者邓聚龙教授在 1982 年首创了灰色系统理论；王光远教授在 20 世纪 90 年代创立了未确知数学等。

灰色系统理论正式问世的标志是 1982 年邓聚龙教授在著名 *Systems&Control Letters* 期刊上发表的名为“Control Problem of Grey System”的论文。灰色系统是指信息不完全的系统，其具体表现为系统的因素和因素之间的关系不完全明确，系统的结构和作用原理不完全清楚（王双维等，2009），在具体的应用中可能表现出关系的模糊性、发展规律的动态性和随机性、数据的不确定性。从上述概念中可以看到，灰色系统是一个既含有确定性信息数据，又含有不确定性信息数据的系统，所以灰色系统理论的主要任务是对于含有不确定性信息数据系统，从控制学的角度建立新的模型和方法。灰色系统理论的研究特点是从未知到已知，从知之不多到知之较多，进而提取出真正有用的信息。

2. 灰色系统基本理论

灰色系统最初是应用在控制领域中的，控制领域中通常用颜色的深浅来表示信息的明确程度，“灰色”是“黑色”和“白色”之间的颜色，“黑色”表示信息完全未知，“白色”表示信息完全已知，所以“灰色”代表了部分信息已知部分信息未知。相对应的，“黑色系统”就是信息完全未知的系统，“白色系统”就是信息完全已知的系统，“灰色系统”就是部分信息明确部分信息不清晰的系统。所以说灰色系统理论研究的对象是“部分信息已知，部分信息未知”的“小样本”及“贫信息”的不确定性系统（刘思峰，2003）。

对于不确定性研究对象，现阶段主要有三种研究方法，即概率论方法、模糊理论和灰色理论。它们的共同点就在于它们的研究对象，它们的不同点如下所述，这也是本书在进一步挖掘中使用灰色系统知识的原因。

（1）概率论研究的条件比较苛刻，其研究的样本需要是大样本并服从某种典型的分布，在此基础之上研究“随机不确定”现象中不同情况发生的可能性大小。

（2）模糊理论研究的是边界不确定性的问题，其主要内涵是很明确的，通常是用 0~1 的值来表示隶属度，隶属度的度量是通过隶属函数来确定的，也就是说隶属函数是模糊理论研究的重点。例如，“身高较高”就是一个模糊概念，我们很明确身高较高这个内涵，但是达到多高才能算身高较高，这个量化的临界值是很难确定的，这就需要利用隶属函数来确定某个身高是否属于身高较高的范畴。模糊理论在现阶段的研究是非常广泛的也是非常常用的方法（李敏和陈守煜，2013）。

（3）灰色系统理论研究的条件较概率论而言是很宽松的，研究的样本并不需要大样本，只需要小样本、贫信息的不确定信息数据集。相对于模糊理论而言，灰色系统理论研究的是边界相对明确但是内涵不明确的问题。例如，某公司员工的平均年工资要在 2020 年超过 10 万元，其边界是明确的，但是到底是多少是需要进行计算得到的。灰色系统理论研究的核心是灰色序列生成算子，通过灰色序列生成算子会得到很多相关的灰色信息。本书主要利用灰色序列生成算子来进行灰色预测，以预测下一阶段肯定性和否定性评论的数量及各自所占的比例。

3. 灰色序列生成算子

灰色系统中一个重要思想是不管客观规律系统信息多么的复杂，数据又多么离散无规律，但是其必然具有整体性，也就是说整体一定蕴含着某种规律。灰色系统是利用原始数据，寻找其变化规律的途径，这个过程叫做灰色序列生成。在寻找其变化规律的过程中，重点是选择适当的方法去挖掘和利用原始数据。灰色序列生成可以弱化原有的随机性，进而展现出规律性的一面。

1）序列算子

假设 $X^0=\left(x^0(1),x^0(2),\cdots,x^0(n)\right)$ 是原始数据序列，作用于序列的算子记为 D，那么称 $X^1=XD=\left(x^1(1),x^1(2),\cdots,x^1(n)\right)$ 为一阶算子序列，$X^2=X^1D=\left(x^2(1),x^2(2),\cdots,x^2(n)\right)$ 为二阶算子序列，序列算子 D 可以作用 X 多次，以此类推还有三阶算子序列、四阶算子序列等（崔杰等，2010）。

序列算子 D 可以分为弱化算子和强化算子。假设当原始数据序列 X^0 分别是递增序列、递减序列和震荡序列时：若一阶算子序列 X^1 比原始数据序列 X^0 增长速度减慢（对应于递增序列）、减少速度减慢（对应于递减序列）或者震荡幅度减缓（对应于震荡序列）时，称序列算子 D 为弱化算子；若一阶算子序列 X^1 比原始数据序列 X^0 增长速度强（对应于递增序列）、减少速度加强（对应于递减序列）或者震荡幅度大（对应于震荡序列）时，称序列算子 D 为强化算子。

2）累加生成算子

原始数据序列 $X^0-\left(x^0(1),x^0(2),\cdots,x^0(n)\right)$，定义数列 $X^1=\left(x^1(1),x^1(2),\cdots,x^1(n)\right)$，其中 $x^1(k)=\sum_{i=0}^{\mathrm{k}}x^0(i)$，$k=1,2,\cdots,n$。那么数列 X^1 称为 X^0 的一次正向累加序列，同理 $x^2(k)=\sum_{i=0}^{\mathrm{k}}x^1(i)$，计算得到的 X^2 称为 X^0 的二次正向累加序列，以此下去可以得到 m 次正向累加序列。其（m+1）次正向累加序列与 m 次正向累加序列之间的关系为 $x^{m+1}(k)=\sum_{i=0}^{\mathrm{k}}x^m(i)$。

如果原始数列 X^0 中不存在非负数，那么累加生成算子是非常有用的，不管原始数据有无规律，经过累加生成算子得到的 X^1、X^2 等都表现出单调递增的规律，这也是整体性规律的体现。

例如，原始数据序列 $X^0=(3,1.6,2,5,3.3,7)$，其原始数据序列表现在折线图上的形式如图 10.20 所示，数据是杂乱无章的，没有规律可循。经过累加生成算子的处理，一次累加序列 $X^1=(3,4.6,6.6,11.6,14.9,21.9)$ 如图 10.21 所示，我们可以明显地看到一次累加序列呈现单调递增的规律，并且接近一次函数的增长趋势。

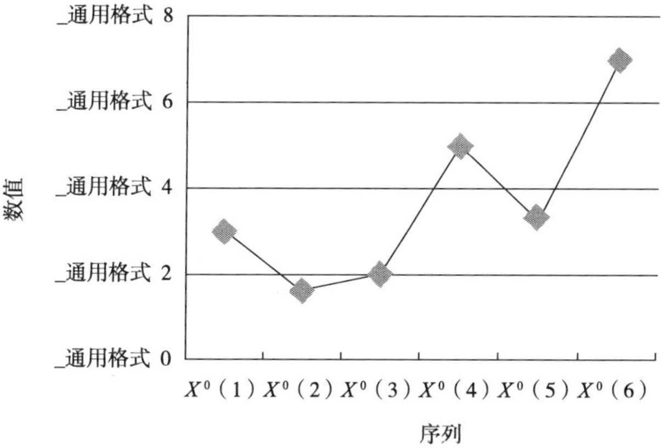

图 10.20　原始数据序列

3）累减生成算子

累减生成算子是累加生成算子的逆过程，对于不断累加生成的数据序列不断采用累减生成算子就可以还原成原始数据，其计算公式为 $x^{r-1}(k)=x^{r}(k)-x^{r}(k-1)$，$k=1,2,\cdots,n$。

累加生成算子和累减生成算子在灰色预测模型中经常用到，用累加生成算子来查找原始数据的规律，用累减生成算子来还原数据，进而来得到真正的预测值（贺文红，2009）。

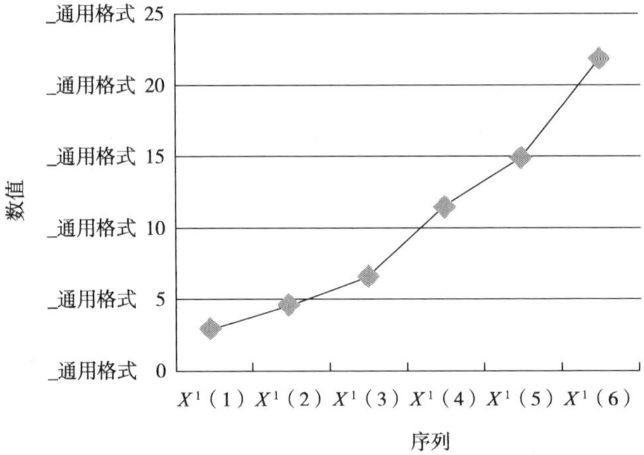

图 10.21　一次累加序列

4）均值生成算子

均值生成算子就是将相邻的两个值取平均值得到的新的数据序列。原始数据序列 $X^0=\left(x^0(1),x^0(2),\cdots,x^0(n)\right)$ 中，$x^0(1)$ 和 $x^0(2)$ 称为相邻数据，也就是 $x^0(k)$ 和 $x^0(k-1)$ 为相邻数据，其中 $x^0(k-1)$ 称为前一项，$x^0(k)$ 称为后一项。取得的新数据序列计算公式为 $X^*(k)=t\bullet x^0(k-1)+(1-t)x^0(k)$，$k=2,3,\cdots,n$，$0<t<1$。

当 t=0.5 时 $X^*(k)=\left(x^0(k-1)+x^0(k)\right)\bullet 0.5$，生成的序列就是均值序列，它表明前一项和后一项同等重要。

当 t<0.5 时，它更重视后一项；当 t>0.5 时，它更重视前一项。

10.5.2　灰色预测模型的介绍

灰色预测模型在灰色系统理论中占据重要的地位，也是灰色系统理论中运用最广泛的模型之一。灰色预测模型在众多领域都有着很好的应用，特别是在生态系统、经济系统中。简单地说，灰色预测就是通过少量的、不完全的信息，建立灰色微分预测模型，对事物发展规律做出模糊性的长期描述，它是一种对含有不确定因素的系统进行预测的方法。由于对网购评语情感挖掘后得出的数据是小样本，并且网购评语情感挖掘的结果受外界因素影响较大，存在较大的不确定性，所以利用灰色预测模型对网购评语情感挖掘后得出的数据进行进一步的预测是比较有效可靠的。灰色预测模型存在一系列的模型，通常我们指的灰色预测模型是 GM（1，1）模型，GM（1，1）也是最经典的预测模型。“G”代表“Grey”即灰色的意思，“M”代表“Model”即模型的意思，“（1，1）”表示含有一个变量的一阶方程。下面将详细介绍 GM（1，1）灰色预测模型。

1. GM（1，1）模型的建模原理

GM（1，1）灰色预测模型运用到之前提到的灰色序列生成算子的知识，包括累加生成算子、累减生成算子和均值生成算子。

1）GM（1，1）灰色预测模型的原始形式

假设 $X^{(0)}$ 为非负数据序列，$X^{(0)}=\left(X^{(0)}(1),X^{(0)}(2),\cdots,X^{(0)}(n)\right)$，$X^{(1)}$ 为 $X^{(0)}$ 的一次累加生成序列，记为 $X^{(1)}=\left(X^{(1)}(1),X^{(1)}(2),\cdots,X^{(1)}(n)\right)$，$X^{(1)}$ 为 $X^{(0)}$ 得到，$X^{(1)}(k)=\sum_{i=1}^{k}X^{(0)}(i),\ (k=1,2,\cdots,n)$。那么，我们把下面的式（10.20）叫做 GM（1，1）灰色预测模型的原始形式。

$$X^{(0)}(k)+a\times X^{(1)}(k)=u \tag{10.20}$$

2）GM（1，1）灰色预测模型的基本形式

$X^{(0)}$ 和 $X^{(1)}$ 定义不变，$Z^{(1)}$ 定义为 $X^{(1)}$ 的紧邻均值序列，即 $Z^{(1)}=\left(Z^{(1)}(2),Z^{(1)}(3),\cdots,Z^{(1)}(n)\right)$，同理，$Z^{(1)}$ 由 $X^{(1)}$ 得到，$Z^{(1)}(k)=\frac{1}{2}X^{(1)}(k)+\frac{1}{2}X^{(1)}(k-1)$，$(k=2,3,\cdots,n)$。那么，我们把式（10.21）叫做 GM（1，1）灰色预测模型的基本形式。

$$X^{(0)}(k)+a\times Z^{(1)}(k)=u \tag{10.21}$$

3）GM（1，1）灰色预测模型的参数列

$X^{(0)}$、$X^{(1)}$ 和 $Z^{(1)}$ 定义不变，仍旧记为 $X^{(0)}=\left(X^{(0)}(1),X^{(0)}(2),\cdots,X^{(0)}(n)\right)$，$X^{(1)}=\left(X^{(1)}(1),X^{(1)}(2),\cdots,X^{(1)}(n)\right)$，$Z^{(1)}=\left(Z^{(1)}(2),Z^{(1)}(3),\cdots,Z^{(1)}(n)\right)$，定义 GM（1，1）灰色预测模型 $X^{(0)}(k)+a\times Z^{(1)}(k)=u$ 的最小二乘估计参数列为

$$\boldsymbol{\Phi}=[a,\ u]^{\mathrm{T}}=(\boldsymbol{B}^{\mathrm{T}}\boldsymbol{B})-1\boldsymbol{B}^{\mathrm{T}}\boldsymbol{Y} \tag{10.22}$$

其中参数 $\boldsymbol{B}$ 和参数 $\boldsymbol{Y}$ 定义如下：

$$\boldsymbol{B}=\begin{bmatrix}-Z^{(1)}(2) & 1\\ -Z^{(1)}(3) & 1\\ \vdots & \vdots\\ -Z^{(1)}(n) & 1\end{bmatrix}$$

$$\boldsymbol{Y}=\left(X^{(0)}(2),X^{(0)}(3),\cdots,X^{(0)}(n)\right)^{\mathrm{T}}。$$

4）GM（1，1）灰色预测模型的白化方程

GM（1，1）灰色预测模型 $X^{(0)}(k)+a\times Z^{(1)}(k)=u$ 的白化方程也叫做影子方程，白化方程的形式如下：

$$\frac{\mathrm{d}x^{(1)}(t)}{\mathrm{d}t}+ax^{(1)}(t)=u \qquad (10.23)$$

该白化方程的解为 $x^{(1)}(k)=\left(x^{(0)}(1)-\dfrac{u}{a}\right)\mathrm{e}^{-ak}+\dfrac{u}{a}$。

2. GM（1，1）模型的建模方法和步骤

前面已经介绍了 GM（1，1）灰色预测模型的建模原理和重要概念，接下来将详细介绍 GM（1，1）灰色预测模型的建模方法和步骤，假设原始数据序列还是 $X^{(0)}=\left(X^{(0)}(1),X^{(0)}(2),\cdots,X^{(0)}(n)\right)$。

（1）对原始数据序列进行一次累加生成算子操作得到新的数据序列 $X^{(1)}$，记为 $X^{(1)}=\left(X^{(1)}(1),X^{(1)}(2),\cdots,X^{(1)}(n)\right)$，同时对一次累加数据序列进行均值生成算子操作，记为 $Z^{(1)}=\left(Z^{(1)}(1),Z^{(1)}(2),\cdots,Z^{(1)}(n)\right)$。

（2）得到的新数据序列生成灰微分方程 $X^{(0)}(k)+a\times Z^{(1)}(k)=u$，$k=2,3,\cdots,n$，并得到对应的白化微分方程 $\dfrac{\mathrm{d}x^{(1)}(t)}{\mathrm{d}t}+ax^{(1)}(t)=u$。

灰微分方程中，a 可以称为发展系数，u 可以称为灰作用量。a 的正负符号表明了它的发展趋势，如果 a 为正，那么 $X^{(1)}$ 的发展趋势是递减，如果 a 为负，那么 $X^{(1)}$ 的发展趋势是递增。a 的绝对值大小表明了递增或者递减的速度，如果 a 的绝对值较大，说明 $X^{(1)}$ 递增或者递减的速度较大，如果 a 的绝对值较小，说明 $X^{(1)}$ 递增或者递减的速度较小。

（3）求出固定参数发展系数 a 和灰作用量 u。求 a 和 u 的方法是通过最小二乘法来确定的，$\boldsymbol{\Phi}=[a,\ u]^{\mathrm{T}}=(\boldsymbol{B}^{\mathrm{T}}\boldsymbol{B})^{-1}\boldsymbol{B}^{\mathrm{T}}\boldsymbol{Y}$，其中 $\boldsymbol{B}$ 和 $\boldsymbol{Y}$ 的计算方法按照前述计算公式计算。

（4）由 $\hat{x}^{(1)}(1)=X^{(1)}(1)=X^{(0)}(1)$ 条件可以得到生成数据序列模型如式（10.24）所示，并把求出的固定参数发展系数 a 和灰作用量 u 代入就可以得到具体的生成数据序列模型，其中 $k=1,2,\cdots,n$ 。

$$\hat{X}^{(1)}(k+1)=\left(X^{(0)}(1)-\frac{u}{a}\right)\mathrm{e}^{-ak}+\frac{u}{a} \tag{10.24}$$

（5）生成数据序列得到的是一次累加后的预测值，我们可以通过累减生成算子来得到原始的预测值，其计算方法为

$$\hat{x}^{(0)}(k+1)=\hat{x}^{(1)}(k+1)-\hat{x}^{(1)}(k) \tag{10.25}$$

其中，$k=1,2,\cdots,n$ 。当 $k<n$ 时得到的将是拟合值，可以通过拟合值与真实值的比较来发现模型是否优越，当 $k=n$ 时得到的将是下一阶段的预测值，也是本书需要得到的结果。

3. GM（1，1）模型的使用范围

任何的模型都具有一定的误差，GM（1，1）灰色预测模型也是存在误差的，如果误差很大的话，那么 GM（1，1）灰色预测模型就不适合这个环境。学者们长期的研究表明，GM（1，1）灰色预测模型的误差与发展系数 a 有着密切的关系，在真实的应用中，我们可以根据发展系数 a 的值来确定 GM（1，1）灰色预测模型是否适用（米鸿燕和蒋兴华，2007）。GM（1，1）灰色预测模型是否适用与发展系数 a 的值关系如下。

（1）当 a 的绝对值小于等于 0.3 时，GM（1，1）灰色预测模型将适用于中长期预测。

（2）当 a 的绝对值大于 0.3 且小于等于 0.5 时，GM（1，1）灰色预测模型将适用于短期预测。

（3）当 a 的绝对值大于 0.5 且小于等于 0.8 时，如果要用 GM（1，1）灰色预测模型，就要慎之又慎。

（4）当 a 的绝对值大于 0.8 且小于等于 1 时，如果要用 GM（1，1）灰色预测模型，就需要进行改进，如使用残差修正的用 GM（1，1）灰色预测模型。

（5）当 a 的绝对值大于 1 时，GM（1，1）灰色预测模型将不再适用，否则会产生很大误差，影响预测值。

4. GM（1，1）模型的拓展

GM（1，1）灰色预测模型是灰色预测模型中最常用的一个模型，同时也是最简单的一个模型。随着研究的深入，GM（1，1）灰色预测模型还衍生出了许多其他模型，它们都是 GM（1，1）灰色预测模型的拓展模型。比较常用的拓展模型包括了 GM（1，N）模型、GM（2，1）模型等，它们的计算方法都比 GM

（1，1）模型复杂得多，本书将使用的是 GM（1，1）灰色预测模型以预测网购评语情感倾向性挖掘之后下一阶段的情感倾向数量和百分比，对于商家、消费者和有关监管部门有更好的帮助。选择 GM（1，1）灰色预测模型来预测是因为它步骤简单、体系完善，而且对于这样的预测该模型足以胜任，如果需要的话，可以对 GM（1，1）灰色预测模型进行改进来进行预测。

5. 模型精度检验

模型的精度检验也是建立模型后很有必要的一项工作，模型的精度检验对于我们了解该模型产生的误差很有帮助，也让我们更清晰地了解了模型预测值。模型精度检验最常用的方法主要有三种，即相对误差、后验差和关联度检验法。

1）相对误差检验法

GM（1，1）灰色预测模型生成的数据序列记为 $\hat{X}^{(1)}$，通过一次累减生成数据序列记为 $\hat{X}^{(0)}$，$\hat{X}^{(0)}=\left(\hat{X}^{(0)}(1),\hat{X}^{(0)}(2),\cdots,\hat{X}^{(0)}(n)\right)$。已知原数据序列为 $X^{(0)}=\left(X^{(0)}(1),X^{(0)}(2),\cdots,X^{(0)}(n)\right)$，将 $X^{(0)}$ 的每一项减去 $\hat{X}^{(0)}$ 的每一项就得到残差：

$$E(k)=X^{(0)}(k)-\hat{X}^{(0)}(k),\quad k=1,2,\cdots,n \tag{10.26}$$

则每一项的相对误差计算公式为

$$\mathrm{RE}(k)=\frac{E(k)}{X^{(0)}(k)}\times100\%,\quad k=1,2,\cdots,n \tag{10.27}$$

得到每一项的相对误差之后就可以得到平均相对误差，计算公式为

$$\mathrm{LE}=\frac{1}{n}\sum_{i=1}^{n}\mathrm{RE}(i) \tag{10.28}$$

2）后验差检验法

后验差检验法同相对误差检验法一样获得 $E(k)$，原数据序列仍旧记为 $X^{(0)}=\left(X^{(0)}(1),X^{(0)}(2),\cdots,X^{(0)}(n)\right)$。分别计算出原始数列 $X^{(0)}$ 的方差和残差数列 E 的方差，记为 S_1^2 和 S_2^2。计算公式如下：

$$S_1^2=\frac{1}{n}\sum_{i=1}^{n}\left(X^{(0)}(i)-\bar{X}\right)^2 \tag{10.29}$$

$$S_2^2=\frac{1}{n}\sum_{i=1}^{n}\left(E(i)-\bar{E}\right)^2 \tag{10.30}$$

$$\bar{X}=\frac{1}{n}\sum_{i=1}^{n}X^{(0)}(i) \tag{10.31}$$

$$\bar{E}=\frac{1}{n}\sum_{i=1}^{n}E(i) \tag{10.32}$$

计算得到原始数列 $X^{(0)}$ 的方差 S_1^2 和残差数列 E 的方差 S_2^2，得后验差比为

$$C = S2/S1 \tag{10.33}$$

计算出小误差概率 P，小误差是指满足式（10.34）的条件：

$$\left|E(k)-\bar{E}\right| < 0.674\,5S_1 \tag{10.34}$$

计算出 C 和 P 后我们可以根据 C 和 P 两个值来得到模型的精度级别，一共可以分为四个等级（表 10.8），如果 C 越小，P 越大那么等级越高，也就是模型精度越高。

表 10.8　不同 C 和 P 对应的精度等级

精度等级	C 值	P 值
A 级（好）	$C \leqslant 0.35$	$P \geqslant 0.95$
B 级（合格）	$0.35 < C \leqslant 0.5$	$0.8 \leqslant P < 0.95$
C 级（凑合）	$0.5 < C \leqslant 0.65$	$0.7 \leqslant P < 0.8$
D 级（不合格）	$C > 0.65$	$P < 0.7$

3）关联度检验法

关联度检验法实质上是图形比较的几何检验，也就是考察得到的模型值曲线与实际值曲线的相近程度的检验。如果两者曲线越接近，变化趋势越一致，那么其关联度就越大，否则关联度就越小。

已知原数据序列为 $X^{(0)}=\left(X^{(0)}(1),X^{(0)}(2),\cdots,X^{(0)}(n)\right)$，模型计算得到的数据序列为 $\hat{X}^{(0)}=\left(\hat{X}^{(0)}(1),\hat{X}^{(0)}(2),\cdots,\hat{X}^{(0)}(n)\right)$，则模型计算得到的数据序列与原数据序列在每个点上的关联系数计算如下。

$$\xi_k=\frac{\min\limits_{1\leqslant k\leqslant n}\left|x^{(0)}(k)-\hat{x}^{(0)}(k)\right|+0.5\times\max\limits_{1\leqslant k\leqslant n}\left|x^{(0)}(k)-\hat{x}^{(0)}(k)\right|}{\left|x^{(0)}(k)-\hat{x}^{(0)}(k)\right|+0.5\times\max\limits_{1\leqslant k\leqslant n}\left|x^{(0)}(k)-\hat{x}^{(0)}(k)\right|} \tag{10.35}$$

得到每一个点上的关联系数后，我们要将这些关联系数统一到一个值上，这个值叫做灰关联度，其计算公式如下：

$$\xi=\frac{1}{n}\sum_{i=1}^{n}\xi_i \tag{10.36}$$

灰关联度就是模型计算得到的数据序列与原数据序列的关联度，关联度越大，两者曲线越接近，也就表明预测效果越好，一般来说，关联度要求大于 0.6。

10.5.3　网购评语情感挖掘后的灰色预测分析

1. 网购评语情感倾向百分比计算

本书在 10.4 节已经就如何计算网购评语的情感倾向及情感倾向性强度进行了

介绍，按照改进的模型计算该商品 2013 年 8 月至 2014 年 8 月所有的 500 多条评论语的情感倾向性和情感倾向性强度。在这里本书有一个比较重要的假设，假设评论者的评论时间与购买时间相隔比较近，几乎认为购买时间和评论时间是一致的，这样对于预测结果更有实际的意义。同时本书的统计时间段是一个月，即时间间隔为一个月。计算结果如表 10.9 所示。

表 10.9　评论语情感倾向及强度统计表

时间段	肯定性比例	否定性比例	肯定评语平均强度	否定评语平均强度
2013 年 8 月	0.88	0.12	5.70	−5.65
2013 年 9 月	0.89	0.11	5.42	−5.05
2013 年 10 月	0.89	0.11	5.55	−4.63
2013 年 11 月	0.85	0.15	4.99	−3.54
2013 年 12 月	0.96	0.04	4.70	−5.00
2014 年 1 月	0.73	0.27	5.23	−4.77
2014 年 2 月	0.85	0.15	5.30	−2.75
2014 年 3 月	0.80	0.20	4.20	−4.17
2014 年 4 月	0.88	0.12	5.42	−3.75
2014 年 5 月	0.89	0.11	5.31	−2.56
2014 年 6 月	0.68	0.32	4.84	−3.81
2014 年 7 月	0.84	0.16	5.02	−4.40
2014 年 8 月	0.73	0.27	4.46	−4.68

2. GM（1，1）模型的应用

本章以表 10.9 中的 13 个月的数据为原始数据序列，来预测下个月的评论详细情况，包括肯定性比例、否定性比例、肯定评语平均强度、否定评语平均强度等。下面以肯定性比例计算为例。

1）建立相关数据序列

原始数据序列为 $X^{(0)}=(0.88,0.89,\cdots,0.73)$，对原始数据序列进行一次累加得到 $X^{(1)}=(0.88,1.77,\cdots,10.87)$，对一次累加数据序列进行均值生成算子操作得到 $Z^{(1)}=(1.325,2.215,\cdots,10.505)$。

2）计算矩阵 $\boldsymbol{B}$ 和矩阵 $\boldsymbol{Y}$

根据原始数据序列、一次累加序列和均值序列计算得到矩阵 $\boldsymbol{B}$ 和矩阵 $\boldsymbol{Y}$。

$$\boldsymbol{B}=\begin{bmatrix}-Z^{(1)}(2) & 1\\ -Z^{(1)}(3) & 1\\ \vdots & \vdots\\ -Z^{(1)}(n) & 1\end{bmatrix}$$

$$\boldsymbol{Y}=\left(X^{(0)}(2),X^{(0)}(3),\cdots,X^{(0)}(n)\right)^{\mathrm{T}}$$

3）求出固定参数发展系数 a 和灰作用量 u

通过最小二乘法来计算固定参数发展系数 a 和灰作用量 u，计算公式按照式（10.22）。计算得到$[a,\ u]^{\mathrm{T}}$=[0.014，0.9166]。由于 a 的绝对值小于 0.3，所以 GM（1，1）灰色预测模型在该处将适用于中长期预测。

4）计算一次累加后的预测值

根据式（10.24）计算一次累加后的预测值如下所示。

$$\hat{x}^{(0)}=(0.88,1.78,2.66,3.54,4.4,5.25,6.08,6.91,7.72,8.53,9.32,10.1,10.87,11.63)$$

5）得到原始预测值

根据上述得到的一次累加后的预测值，通过累减生成算子来得到原始的预测值如下。

$$\hat{x}^{(0)}=(0.88,0.9,0.88,0.88,0.86,0.85,0.83,0.83,0.81,0.81,0.79,0.78,0.77,0.76)$$

同理，本书得到肯定评语平均强度和否定评语平均强度预测值，分别如下：

肯定强度 $\hat{x}^{(0)}=(5.7,5.3,5.27,5.2,5.16,5.11,5.06,5.01,4.96,4.92,4.87,4.82,4.78,4.73)$。

否定强度 $\hat{x}^{(0)}=(-5.65,-4.48,-4.41,-4.33,-4.26,-4.19,-4.12,-4.05,-3.98,-3.93,-3.84,-3.79,-3.72,-3.67)$。

所以 GM（1，1）灰色预测模型在预测肯定性比例、否定性比例、肯定评语平均强度和否定评语平均强度结果如表 10.10 所示。

表 10.10　评论语情感倾向及强度预测值

时间段	肯定性比例	否定性比例	肯定评语平均强度	否定评语平均强度
2013 年 8 月	0.88	0.12	5.70	−5.65
2013 年 9 月	0.90	0.10	5.30	−4.48
2013 年 10 月	0.88	0.12	5.27	−4.41
2013 年 11 月	0.88	0.12	5.20	−4.31
2013 年 12 月	0.86	0.14	5.16	−4.26
2014 年 1 月	0.85	0.15	5.11	−4.19
2014 年 2 月	0.83	0.17	5.06	−4.12

续表

时间段	肯定性比例	否定性比例	肯定评语平均强度	否定评语平均强度
2014 年 3 月	0.83	0.17	5.01	−4.05
2014 年 4 月	0.81	0.19	4.96	−3.98
2014 年 5 月	0.81	0.19	4.92	−3.93
2014 年 6 月	0.79	0.21	4.87	−3.84
2014 年 7 月	0.78	0.22	4.82	−3.79
2014 年 8 月	0.77	0.23	4.78	−3.72
2014 年 9 月	0.76	0.24	4.73	−3.67

10.5.4 预测结果的作用和价值

1. 情感倾向百分比预测结果作用和价值

肯定性情感倾向百分比真实值和预测值的比较如图 10.22 所示，从比较的结果可以看到真实值相对于预测值还是比较波折的，但是从预测值可以看到肯定性情感倾向百分比呈现逐步下降的趋势，也就意味着否定性情感倾向百分比呈现逐步上升的趋势。根据前 13 个月的真实值，预测到 2014 年 9 月评论者对该商品的肯定性百分比下降到 76%。对于商家而言，就应该认真考虑商品的品质问题、管理问题和售后服务问题等，好好分析出现肯定性百分比下降情况的原因所在。对于消费者而言，在购物时需要考虑该商品是否还值得购买，毕竟肯定性评论百分比不断在下降。最后对于监管部门而言，要考虑是否加强对于该商品的监管制度，从管理方面入手，确保消费者的利益所在。

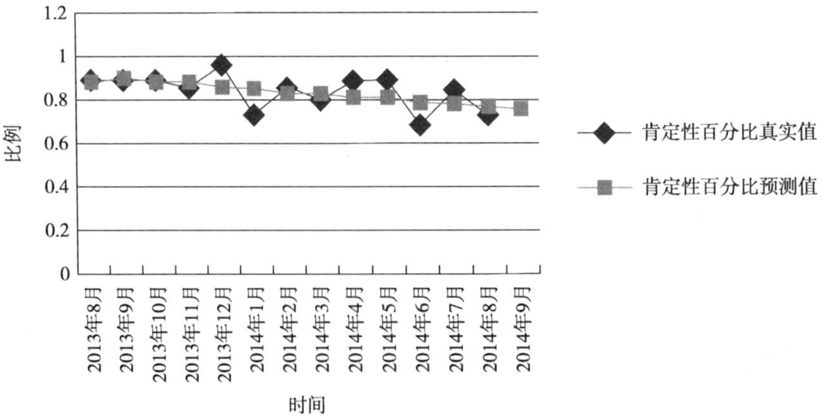

图 10.22　肯定性情感倾向百分比比较

肯定性情感倾向百分比预测值可能是最有参考价值的，对于商家、消费者和相关监管部门而言都具有重要的意义。

2. 情感倾向强度预测结果作用和价值

1）肯定性强度比较后的作用和价值

肯定性强度真实值和预测值分析结果图如图 10.23 所示。从图 10.23 中可以看到肯定性强度在长时间里还是比较稳定的，但还是呈现缓慢的下降趋势，也就是说消费者肯定的情绪呈现略微下降的趋势，预测 2014 年 9 月肯定性强度值为 4.73。商家对于这种情况可以稍微改善服务质量水平，保持与消费者的沟通，一定要保持并且突出商品的优势所在，这样才能提高肯定性强度值。

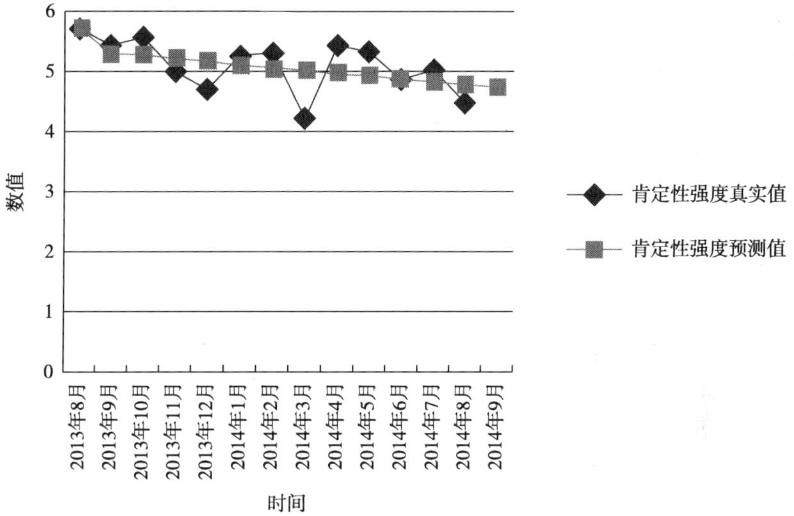

图 10.23　肯定性强度真实值和预测值分析结果图

2）否定性强度比较后的作用和价值

否定性强度真实值和预测值分析结果图如图 10.24 所示。从图 10.24 中可以看到否定性强度真实值还是比较波动的，说明商品的弊端不断地在暴露，但是从预测值可以看出否定性强度还是呈现下降的趋势，也就是说消费者否定的情绪呈现下降的趋势，商家对于商品出现的种种问题不断地在解决，预测 2014 年 9 月否定性强度值为−3.67。这样的趋势对于商家而言还是比较满意的，否定性强度不断地下降，说明了不论是商品质量还是售后服务等各方面都在不断完善，对于商家而言应该继续保持这样的势头。

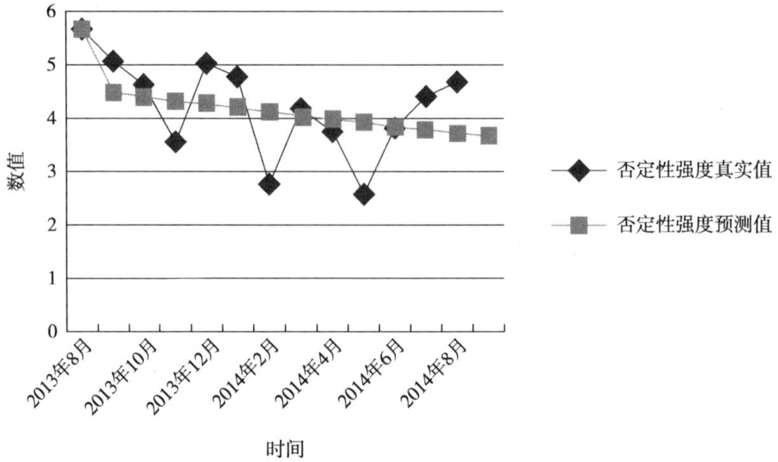

图 10.24　否定性强度真实值和预测值分析结果图

情感倾向强度预测结果的作用和价值对于商家而言是更具有实际作用的，特别是情感倾向强度变化曲线图，对于提高整体客户满意度是非常有帮助的。

参 考 文 献

蔡京，袁红，胡新平. 2012. 基于 Web of Science 的云计算研究的文献计量分析. 数字图书馆论坛，(10)：21-29.

蔡丽霞. 2015. 信息资源管理与云服务融合模式探究. 电子测试，(4)：88-89.

蔡昱星. 2011.Spring 框架技术在软件自动化测试中的应用. 电子测试，(5)：104-109.

曹彬，顾怡立，谢珍真，等. 2014. 一种基于大数据技术的舆情监控系统. 信息网络安全，(12)：32-36.

曹波，韩燕波，王桂玲. 2015. 基于车牌识别大数据的伴随车辆组发现方法. 计算机应用，(11)：3203-3207.

曹风艳. 2011. 基于文件过滤驱动的文件监控系统研究与实现. 南京信息工程大学硕士学位论文.

曹佳韵. 2013. 基于文本挖掘的领域信息聚类分析. 上海交通大学硕士学位论文.

曹金山，张泽滨. 2011. 非结构化数据的 ETL 设计. 现代电子技术，(10)：48-50.

曹文平，闫金梅. 2006. 数据库综述. 科技管理研究，(9)：235-237.

曹学宝，冯艳芬. 2003. 面向空间数据仓库的空间数据集成研究. 测绘与空间地理信息，(4)：10-14.

陈广钊. 2012. 基于 MapReduce 的海量图像检索技术研究. 西安电子科技大学硕士学位论文.

陈豪. 2013. 基于句法分析的商品评价情感倾向性分析. 上海交通大学硕士学位论文.

陈辉. 2009. 金融领域的博客信息采集与排序算法研究. 哈尔滨工业大学硕士学位论文.

陈静，范乃吉，袁晓东，等. 2015. Matlab 环境下的 Oracle 数据库访问技术.计算机应用，35(S1)：78-82，97.

陈龙飞，赵雪. 2013. 信息推荐技术与农资网站个性化推荐技术综述. 河北科技师范学院学报，(4)：46-51.

陈美华，徐苏，吴君卓. 2008. OLAP 中多维数组的一种改进压缩算法. 计算机与现代化，(10)：8-10.

陈青，邵玉祥. 2008. 基于 Lotus 平台的 OA 文档发布技术研究. 计算机与数字工程，(9)：145-147，154.

陈森博，陈张杰. 2013. 基于 Hadoop 集群的日志分析系统的设计与实现.电脑知识与技术，(34)：7647-7650，7655.

陈少平. 2009. 机械设计工程数据管理技术的研究与应用. 三峡大学硕士学位论文.

陈宛庚，袁梅. 2012. 指数平滑法在贵州省煤炭产量预测中的应用初探. 煤炭技术，(12)：231-232.

陈伟志，魏振军，王春迎. 2003. 多元统计分析在数据挖掘中的作用. 信息工程大学学报，(4)：

22-25.
程凡. 2012. 基于排序学习的信息检索模型研究. 中国科学技术大学博士学位论文.
程强. 2013. Web 服务工作流事务模型研究. 南京邮电大学硕士学位论文.
崔嘉伟，孟波. 2012. 云计算在电子商务领域应用初探. 软件，(5)：58-60.
崔杰，党耀国，刘思峰，等. 2010. 一类新的强化缓冲算子及其数值仿真. 中国工程科学，(2)：108-112.
崔永君. 2009. 数据挖掘的系统构成与发展趋势. 硅谷，(3)：57.
代科学，付畅俭，武德峰，等. 2006. 视频挖掘：概念、技术与应用. 计算机应用研究，(1)：1-4.
党怀义. 2013. 飞行试验数据聚类约简方法研究. 计算机测量与控制，(11)：3032-3034.
邓自立. 2009. 云计算中的网络拓扑设计和 Hadoop 平台研究. 中国科学技术大学硕士学位论文.
丁圣勇，闵世武，樊勇兵. 2014. 基于 Spark 平台的 NetFlow 流量分析系统. 电信科学，(10)：48-51.
丁文雯. 2013. 面向水路基础数据库平台的 Lucene 全文检索技术研究. 大连海事大学硕士学位论文.
董梅，胡学钢. 2007. 基于多特征选择的中文文本分类. 计算机技术与发展，(7)：117-119.
董妍汝. 2010. 中文分词技术在搜索引擎中的应用. 办公自动化（综合版），(2)：44-45.
杜兵. 2012. 物联网技术及其在智能电网建设中的应用研究. 电气应用，(7)：41-45.
杜建军，李海玉，马蓉. 2008. 数据预处理与决策树在客户行为分析中的应用. 信息技术，(12)：47-51.
杜琳，陈云亮，朱静. 2011. 图像数据挖掘研究综述. 计算机应用与软件，(2)：125-128.
段黎萍. 2013. 浅析美国国立实验室经费管理的若干特点. 中国科技资源导刊，(4)：33-39.
樊广军，熊劲华. 2012. PDM 系统中动态工作流变化的分析与研究. 制造业自动化，(5)：90-94.
方杰，朱京红. 2010. 日志挖掘中的数据预处理. 计算机技术与发展，(4)：17-20.
方伟，杜承烈. 2007. OLAP 技术在 ERP 系统中的应用. 科学技术与工程，(10)：2412-2414.
冯金巧，杨兆升，张林，等. 2007. 一种自适应指数平滑动态预测模型. 吉林大学学报（工学版），(6)：1284-1287.
付波，黄廷磊. 2014. 用于海量图像存储与处理的 Hadoop 扩展. 桂林电子科技大学学报，(5)：364-368.
高静，杨炳儒，徐章艳，等. 2008. 一种改进的基于正区域的决策树算法. 计算机科学，(5)：138-142.
葛文镇. 2015. 基于 LDA 的文本特征选择算法研究与探讨. 计算机光盘软件与应用，(3)：17-18.
龚静，胡平霞，胡灿. 2014. 用于文本分类的特征项权重算法改进. 计算机技术与发展，(9)：128-132.
龚文峰. 2014. 大数据时代城市地质信息的集群与产业化发展. 城市地质，(3)：14-17.
顾玲华. 2011. 基于搜索引擎发现技术的网页存储. 苏州大学学报（工科版），(2)：70-74.
官斌. 2010. 网络搜索链接技术的研究. 舰船电子工程，(12)：9-11，28.
管建和，甘剑峰. 2007. 基于 Lucene 全文检索引擎的应用研究与实现. 计算机工程与设计，(2)：489-491.
郭春玲. 2012. 数字图书馆时代的知识检索.科技情报开发与经济，(4)：82-84.
郭京. 2013. 刍议数据库技术现状与发展趋势.计算机光盘软件与应用，(14)：313，315.

郭新志. 2009. 面向高校教学管理的数据挖掘应用研究. 河南师范大学硕士学位论文.
郭学旭，王云鹏，潘翔，等. 2004. 面向对象的图形数据库查询技术实现. 工程图学学报，(1)：6-10.
郭永宁. 2003. Oracle 数据库中的索引管理技术. 福建电脑，(4)：19-20.
韩阜业，孟庆轩. 2011. 微博系统架构的可信性研究. 信息网络安全，(8)：18-21.
韩君易. 2011. 应用 NoSQL 数据库解决方案的思考. 科技信息，(22)：542.
韩雪. 2013. 基于虚拟化技术的三级存储方案研究与实现. 上海交通大学硕士学位论文.
韩月阳，邓世昆，贾时银，等. 2011. 基于字分类的中文分词的研究. 计算机技术与发展，(7)：29-31，35.
郝放. 2001. 校园网 MIS 软件开发平台的系统设计. 大连理工大学硕士学位论文.
郝志刚. 2014. 大数据、云计算与图书馆. 新世纪图书馆，(6)：36-39.
何海波. 2014. 大数据时代高校图书馆信息服务创新研究. 现代情报，(12)：138-140.
何海林，皮建勇. 2015. 大数据处理平台比较与分析. 微型机与应用，(11)：7-9，17.
何强. 2001. 基于 GIS 的凤嘴江水污染控制规划数据库研究. 重庆环境科学，(3)：29-32，37.
何淑娟. 2009. 非结构化数据库及其应用分析. 信息系统工程，(7)：49-51.
何因. 2010. 排序学习中基于直接优化信息检索评价准则算法的理论分析. 中国科学技术大学博士学位论文.
贺文红. 2009. 基于灰色系统理论的战略流量预测方法研究. 中国民航飞行学院学报，(5)：54-56.
胡冰，胡东军，马文超. 2008. 文本挖掘研究及发展. 电脑知识与技术，(31)：792-793.
胡超晔. 2013. 基于 Cassandra 数据库集群的高并发读写系统的分析和应用研究. 上海交通大学硕士学位论文.
胡珊珊. 2014. 面向云存储的非结构化数据存储研究与应用. 广东工业大学硕士学位论文.
胡文静，沙勇忠，郭玮. 2015. "大数据"时代图书馆生态系统的解构与重构. 图书馆理论与实践，(9)：1-5.
胡学钢，周循，张晶，等. 2008. 基于多重多层次关系的分类属性泛化研究. 合肥工业大学学报（自然科学版），(9)：1433-1437.
黄波. 2012. 基于向量空间模型和 LDA 模型相结合的微博客话题发现算法研究. 西南交通大学硕士学位论文.
黄经赢. 2014. 基于 Socket.io+Node.js+Redis 构建高效即时通讯系统. 现代计算机（专业版），(19)：62-64，69.
黄贤英，陈红阳，刘英涛，等. 2015. 一种新的微博短文本特征词选择算法.计算机工程与科学，(9)：1761-1767.
黄晓云. 2010. 基于 HDFS 的云存储服务系统研究. 大连海事大学硕士学位论文.
黄永勤. 2014. 国外大数据研究热点及发展趋势探析. 情报杂志，(6)：99-104.
黄远鸣. 2014. 一种非结构化数据的多牵度分配存取实现方法. 科技通报，(8)：161-163.
纪明政. 2013. 人工智能与智能机器人探析. 中国科技纵横，(13)：152.
蒋国瑞，孙明. 2006. 基于 Lucene 的 TBT 文档管理 Agent 系统研究. 情报杂志，(5)：37-40.
蒋效宇. 2012. 基于关键词抽取的自动文摘算法. 计算机工程，38(3)：183-186.
蒋欣志. 2013. 基于 LDA 模型的重复缺陷报告检测的研究. 重庆大学硕士学位论文.

蒋秀英. 2008. 数据挖掘技术的应用研究. 商场现代化，(10)：45-46.
解国栋，易琭，朱斌. 2006. 现代军事情报处理方法中的语言、语音技术. 装甲兵工程学院学报，(3)：19-23.
金天荣. 2008. 文档数据库与关系数据库研究. 微计算机信息，(3)：22，173-174.
金珠，林鸿飞，赵晶. 2005. 基于 HowNet 的话题跟踪及倾向性分类研究. 情报学报，24（5）：555-561.
景民昌，张芹，唐弟官. 2013. 协同过滤系统中基于种子集评分的新用户冷启动推荐研究. 图书情报工作，(5)：124-128.
黎文阳. 2015. 大数据处理模型 Apache Spark 研究. 现代计算机（专业版），(8)：55-60.
李春明，赵慧. 2006. 一种实现知识库站内中文全文检索的方法. 计算机时代，(2)：43-45.
李改，李磊. 2012. 一种解决协同过滤系统冷启动问题的新算法. 山东大学学报（工学版），(2)：11-17，44.
李纲，郑重. 2008. 应用于信息检索的统计语言模型研究进展.情报理论与实践，(3)：471-476.
李慧. 2001. 数据库技术与数字图书馆中的信息组织. 现代图书情报技术，(5)：11-13.
李金忠，汤鹏杰，夏洁武，等. 2015. 迭代式 MapReduce 研究进展. 计算机工程与应用，(12)：123-132.
李玲娟，梁玉龙，王汝传. 2006. 数据归约技术及其在 IDS 中的应用研究. 南京邮电大学学报（自然科学版），(6)：52-55.
李敏，陈守煜. 2013. 考虑区间值的相对隶属函数与传统模糊分布函数的比较. 数学的实践与认识，(10)：201-205.
李楠. 2011. 区域交通信息集成与运输需求预测研究. 大连海事大学博士学位论文.
李沛华. 2013. 乌鲁木齐文化市场稽查大队办公系统设计与实现. 厦门大学硕士学位论文.
李鹏. 2014. 大数据时代图书馆的应对措施. 图书馆学刊，(9)：77-80.
李鹏程. 2015. C2C 模式下的商家信用评价体系探讨——以淘宝网为例. 商场现代化，(14)：18-19.
李鹏辉. 2014. 基于移动平台的电商个性化推荐系统研究. 大连海事大学硕士学位论文.
李沁云. 1999. 基于复合对象模型的工程数据库理论及开发技术的研究. 西南交通大学硕士学位论文.
李琼. 2005. 数据仓库与数据挖掘技术在水利信息化中的应用. 前沿，(12)：59-61.
李泉. 2001. 汉语语法考察与分析. 北京：北京语言文化大学出版社.
李桃陶，周斌，王忠振. 2014. 基于社交网络的图数据挖掘应用研究. 计算机技术与发展，(10)：6-11.
李伟，马永征，沈一. 2014. 一种解决“中心主题湮没问题”的基于图模型的 Labeled-LDA 文本分类算法.计算机科学，(3)：223-227.
李卫华，徐涛，李小梨. 2012. 基于人工蜂群的 BP 神经网络算法. 计算机系统应用，(5)：195-197.
李文波，孙乐，张大鲲. 2008. 基于 Labeled-LDA 模型的文本分类新算法.计算机学报，(4)：620-627.
李文明，吕福玉. 2014. 移动网络内容的生产与营销. 宁夏大学学报（人文社会科学版），(3)：175-184.
李霞，李战怀，张利军，等. 2011. ffiDR：一种基于关键字的 XML 多文档分布式检索方法. 计算机科学，38（10）：152-156.
李娴. 2006. 数据仓库、OLAP 和数据挖掘的比较分析. 华南金融电脑，（2）：72-73.
李翔. 2014. 基于 Hadoop 的分布加权 FP-tree 算法的研究. 华侨大学硕士学位论文.
李想，周良. 2013. 基于用户语义相似性的协同过滤推荐算法. 机械设计与制造工程，（1）：70-72.
李霄，贺成龙，张广庆，等. 2015. 基于 Spark 平台的海量电子对抗数据分析. 指挥信息系统与技术，（2）：53-56.
李欣兰，谷红恩. 2011. 浅谈数据库的发展史和现状. 中国科技纵横，（18）：125.
李洋. 2011. RFID 技术与在物联网中的应用. 电子设计工程，（17）：47-48.
梁凤兰. 2013. 大数据时代数据管理方式的研究. 电脑开发与应用，（11）：34-36.
梁金凤，杨俊杰，高铸. 2010. 数据规格化在燃气负荷预测的应用. 煤气与热力，（30）：25-27.
廖海生. 2014. 基于面向对象的大数据存储模型研究. 河南科学，（12）：2505-2510.
廖仕东. 2015. 大数据应用技术初探. 青年时代，（21）：104.
林伯奇，汤辉，易国民，等. 2006. 管理信息系统的数据完整性约束及其实现方法. 科技资讯，（35）：225-226.
林大杰，董莹，颜嘉俊，等. 2015. 公交动态信息系统之数据库应用——比较数据介接效能. 交通信息与安全，（3）：82-86.
林筠，师红洲. 2007. 马尔科夫模型在企业技术工人供给预测中的应用. 科技进步与对策，（3）：123-125.
林雪峰. 2007. 基于嵌入式 IP 存储技术的分布式集群存储系统. 南京航空航天大学硕士学位论文.
刘炳芳. 2009. 数字图书馆系统的设计与实现——特殊教育专题数据库建设. 南京理工大学硕士学位论文.
刘方鑫. 1997. 计算机科学技术研究的一些热点课题. 世纪之交的煤炭科学技术学术年会论文集.
刘海波. 2000. 关系型数据库和文档数据库在企业中的集成. 大连理工大学硕士学位论文.
刘华，王永庆. 2013. 数据挖掘工具 SAS Enterprise Miner 进展研究. 信息系统工程，（8）：149-150.
刘吉，陈香兰，代栋，等. 2013. 一种 MapReduce 实时调度算法设计及实现. 计算机系统应用，（8）：113-119.
刘建军. 2013. SQLServer 自治事务实现方案探析. 长春大学学报，（8）：960-962.
刘君强，顾海全，王讯，等. 2007. 基于开源框架的高质量 J2EE 应用架构. 计算机工程与设计，（1）：16-18.
刘莉，徐玉生，马志新. 2003. 数据挖掘中数据预处理技术综述. 甘肃科学学报，（1）：117-119.
刘铭，王晓龙，刘远超. 2010. 基于词汇链的关键短语抽取方法的研究. 计算机学报，33（7）：1246-1255.
刘启滨. 2013. NoSQL 在金融行业的应用分析. 金融科技时代，（10）：63-64.
刘盛博. 2014. 科学论文的引用内容分析及其应用. 大连理工大学博士学位论文.
刘世兵. 2012. 数据库管理系统软件的开发和管理. 消费电子，（11）：90.
刘帅，蒋贵凰. 2015. 数据挖掘的现状及发展趋势研究分析. 现代商业，（33）：30-31.
刘思峰. 2003. 灰色系统理论的产生、发展及前沿动态. 中国管理科学，（Z1）：29-32.
刘涛，高慧. 2015. 基于高斯分布模型的数据去噪算法. 中国新通信，（17）：110-111.
刘晓英. 2015.《大数据时代》阅读的启示与思考. 高校图书馆工作，（5）：84-86.

刘亚. 2015. 基于 MooseFS 分布式存储策略的研究与实现. 山东大学硕士学位论文.
刘洋. 2010. 基于 MapReduce 的中医药并行数据挖掘服务. 浙江大学硕士学位论文.
刘宇，李武. 2013. 引文评价合法性研究——基于引文功能和引用动机研究的综合考察. 南京大学学报（哲学・人文科学・社会科学版），（6）：137-148，157.
刘越江，黄今慧. 2003. 数据挖掘中的数据预处理技术. 科技情报开发与经济，（5）：170-171.
娄颖. 2013. 浅析 NoSQL 技术与数据库教学的关系. 计算机时代，（2）：47-49.
卢妙娜，王润. 2010. 人工智能综述. 电脑学习，（2）：3-4.
罗斌. 2007. 数据挖掘研究进展. 中国水运（学术版），（7）：169-170.
罗可. 2005. 数据库中数据挖掘理论方法及应用研究. 湖南大学博士学位论文.
罗可，蔡碧野，卜胜贤，等. 2002. 数据挖掘及其发展研究. 计算机工程与应用，（14）：182-184，232.
罗宁，徐俊刚，郭洪韬. 2012. 基于 Lucene 的中文分词模块的设计和实现. 电子技术，（9）：54-56.
罗庆平. 2014. 基于信息融合的 Web 信息可信度研究. 中南大学硕士学位论文.
吕本富，陈健. 2014. 大数据预测研究及相关问题. 科技促进发展，（1）：60-65.
吕滨，雷国华，于燕飞，等. 2010. 基于语义分析的网络不良信息过滤系统研究. 计算机应用与软件，27（2）：283-285.
吕从东，韩臻，马威. 2014. 云存储服务端数据存储加密机制的设计和实现. 信息网络安全，（6）：1-5.
马骋. 2013. 基于云存储的版本控制系统的设计与实现. 大连理工大学硕士学位论文.
马建堂. 2015. 大数据：大变革、大机遇. 中国经贸导刊，（28）：50-51.
马相如. 2010. 自由软件 R 及其在生物统计学教学中的使用. 科技传播，（3）：81-82.
马秀红，宋建社，董晟飞. 2004. 数据挖掘中决策树的探讨. 计算机工程与应用，（1）：185-214.
马志程，杨鹏，王宝会. 2015. 面向大数据的数据管理平台架构研究与应用. 网络新媒体技术，（4）：22-27.
曼宁，拉哈万，舒策. 2010. 信息检索导论. 王斌译. 北京：人民邮电出版社.
毛应爽. 2013. EXCEL 到 MongoDB 数据迁移解决方案.信息通信，（7）：87-88.
孟凡淇. 2013. 信息检索模型研究综述. 信息通信，（3）：76.
孟霞. 2005. 基于 CENTREX 技术的实时电话计费系统的研究与实现. 东北大学硕士学位论文.
孟小峰，慈祥. 2013. 大数据管理：概念、技术与挑战. 计算机研究与发展，（1）：146-169.
孟勋. 2015. 数据仓库与数据挖掘概论. 信息技术与信息化，（8）：147-149.
米鸿燕，蒋兴华. 2007. 灰色模型 GM（1，1）在建筑物沉降预测中的应用. 西南林学院学报，（1）：81-83，96.
苗胜春. 2014. 中国联通公司 3G 通信市场营销战略分析. 现代经济信息，（1）：308.
欧邦才. 2004. 基于 BP 神经网络的经济预测方法. 南京工程学院学报（自然科学版），（2）：11-14.
潘阳. 2015. 基于 Hadoop 技术在分布式数据存储中的应用研究. 大连海事大学硕士学位论文.
彭程. 2006. 数据挖掘中分类算法的研究. 长沙理工大学硕士学位论文.
彭敦志. 2009. 基于聚集系数的文本检索查询性能预测. 中国科学技术大学硕士学位论文.
彭辅权. 2012. Hadoop 集群技术的优化与应用研究. 浙江大学硕士学位论文.
彭高辉，王志良. 2008. 数据挖掘中的数据预处理方法. 华北水利水电学院学报，（6）：61-63.

彭中文. 2015. 大数据时代如何提升数据库安全与能效. 数据通信,(3):1-4.
钱功伟,倪林,曹荣. 2007. 基于网页链接和内容分析的改进 PageRank 算法. 计算机工程与应用,(21):160-164.
钱智勇. 2003. 非结构化 WEB 数据库与图书馆多媒体信息资源的组织利用. 图书馆,(2):36-38.
邱胜海,高成冲,王云霞,等. 2013. 大数据时代非关系型数据库教学与实验改革探索. 电脑知识与技术,(31):7046-7048.
饶运清,李培根,李淑霞,等. 2002. 制造执行系统的现状与发展趋势. 机械科学与技术,(6):1011-1016.
邵明豪. 2009. 数据预处理技术的具体实现形式研究. 网络安全技术与应用,(6):52-53,61.
史铭茗. 2013. 加权 PageRank 算法研究综述. 软件导刊,(2):30-32.
宋艳,何嘉,舒红平,等. 2014. 基于文本挖掘词频反文档频率方法的疾病症状权重挖掘研究. 成都信息工程学院学报,(1):52-58.
苏金树,张博锋,徐昕. 2006. 基于机器学习的文本分类技术研究进展. 软件学报,17(9):1848-1859.
孙骏雄. 2014. 基于网络爬虫的网站信息采集技术研究. 大连海事大学硕士学位论文.
孙亮. 2015. 数字图书馆中多媒体数据挖掘技术研究. 西安文理学院学报(自然科学版),(4):81-84.
孙强,张雪峰. 2014. 大数据决策学论纲:大数据时代的决策变革. 华北电力大学学报(社会科学版),(4):33-37.
田帅. 2013. 一种基于 MongoDB 和 HDFS 的大规模遥感数据存储系统的设计与实现. 浙江大学硕士学位论文.
田野,苏红旗,田栋. 2014. Hadoop 下海量遥感数据的处理.软件,(3):91-93.
童明. 2012. 基于 HDFS 的分布式存储研究与应用. 华中科技大学硕士学位论文.
王冲,王霓虹. 2004. 分布式数据库在数字林业系统中的应用研究. 信息技术,(3):50-52.
王革新,王立强,张静源. 2011. 面向交通运输体系构建的货运量定量预测方法研究. 黑龙江科技信息,(22):41,217.
王宏宇. 2011. Hadoop 平台在云计算中的应用. 软件,(4):36-38,50.
王亮. 2014. 基于 SCI 引文网络的知识扩散研究. 哈尔滨工业大学博士学位论文.
王明才. 2007. 浅谈关系在计算机科学中的应用. 希望月报(上半月),(5):120-121.
王任远. 2014. 网购评语情感挖掘研究. 大连海事大学硕士学位论文.
王锐,徐捷. 2011. 基于 JUNG 框架和 MongoDB 的网络图生成技术. 中国科技信息,(2):130-132.
王双维,张莎,赵利民,等. 2009. 矩阵灰色绝对关联度及其意义. 东北师大学报(自然科学版),(4):73-78.
王巍. 2007. 基于 Perl 的汉语自动分词算法研究. 中州大学学报,(1):120-122.
王晓波. 2014. 非结构化数据采集和检索技术的研究与实现. 中国内部审计,(7):73-75.
王娅纷. 2009. 数据挖掘浅谈. 电脑知识与技术,(25):7084-7085.
王彦良. 2014. 共享 Access 数据库设计和开发策略研究. 延安职业技术学院学报,(5):153-154.
王预. 2008. 数据仓库与数据挖掘的关系及其安全性问题. 计算机技术与发展,(5):144-146,149.

王元卓，靳小龙，程学旗. 2013. 网络大数据：现状与展望. 计算机学报，(6)：1125-1138.
王争艳，潘元庆，皇甫光宇，等. 2009. 城市规划中的人口预测方法综述. 资源开发与市场，(3)：237-240.
文光斌. 2008. UNIX 下数据恢复技术研究. 中国科技信息，(4)：96-97.
文专，王正欧. 2003. 一种高效的基于排序的 RBF 神经网络属性选择方法. 计算机应用，(8)：34-36.
吴华武. 2007. 基于.NET 的网络教学管理信息系统的设计与实现. 北京工业大学硕士学位论文.
席瀚英. 2014. 图数据库在网络优化系统中的应用. 电信技术，(9)：50-52.
夏黎明. 2011. 云环境下数据关联管理机制的研究及其在铁路行业的应用实现. 北京交通大学硕士学位论文.
向小军，高阳，商琳，等. 2011. 基于 Hadoop 平台的海量文本分类的并行化. 计算机科学，(10)：184-188.
项明. 2013. Hadoop 集群系统性能优化的研究. 辽宁师范大学硕士学位论文.
肖智博. 2014. 排序主题模型及其应用研究. 大连海事大学博士学位论文.
谢华成，范黎林. 2012. 云环境下海量非结构化信息存储技术探究. 制造业自动化，(16)：28-30，67.
徐鹏. 2014. 云计算平台作业调度算法优化研究. 山东师范大学硕士学位论文.
徐宗本，张讲社. 2007. 基于认知的非结构化信息处理：现状与趋势. 中国基础科学，(6)：4-8.
许爱装. 2013. 物联网全球发展现状及趋势. 移动通信，(9)：60-63.
许庆勇，江顺亮，段隆振. 2015. 基于用户偏好的多特征融合个性化图书推荐模型. 价值工程，(10)：248-250.
薛峰，梁锋，徐书勋，等. 2012. 基于 Spring MVC 框架的 Web 研究与应用. 合肥工业大学学报（自然科学版），(3)：337-340.
闫城榛，韩志国. 2013. 应变大数据. 中国传媒科技，(7)：28-33.
严嘉，邬海峰，左洁，等. 2003. 数据挖掘技术及工具研究. 现代计算机（专业版），(6)：6-9.
严泽民. 2006. 供用电合同管理信息系统研究. 天津大学硕士学位论文.
阎巍，李俭. 2015. 电子商务平台海量数据处理技术研究. 技术与市场，(9)：173.
杨红平，马大川. 2004. 灰色预测理论在信息分析与预测中的应用. 情报杂志，(3)：22-24.
杨娟. 2013. 多通路主题模型和双矩阵分解推荐算法. 苏州大学硕士学位论文.
杨潇，马军，杨同峰，等. 2010. 主题模型 LDA 的多文档自动文摘. 智能系统学报，(2)：169-176.
杨晓辉，何荣杰，朱海波. 2013. 网络时代高校教师知识管理工具及应用. 赤峰学院学报（汉文哲学社会科学版），(8)：196-197.
杨新锋，郭红转. 2008. 从关系数据库到 Lotus Notes 数据库的数据转换. 科技广场，(7)：91-92.
杨旭. 2014. 供水工程管理信息系统开发. 黑龙江科技信息，(24)：254.
杨阳，向阳，熊磊. 2012. 基于矩阵分解与用户近邻模型的协同过滤推荐算法. 计算机应用，(2)：395-398.
杨义恒. 2012. 企业移动互联网门户的构建与发展. 中国电子商务，(10)：254.
杨应全. 2009. 图书馆 SQL Server 事务日志的应用探讨. 情报探索，(2)：97-98.
杨云春. 2015. 指针在 Visual FoxPro 教学中的应用研究. 昆明学院学报，(3)：118-120.

叶挺，陈秀招，邹艳珍，等. 2014. 基于自然语言的软件信息检索工具. 计算机科学，(9)：91-95.
于大方. 2008. 浅析人工智能及其应用领域. 科技信息（科学教研），(23)：374-375.
于洪，李俊华. 2015. 一种解决新项目冷启动问题的推荐算法. 软件学报，(6)：1395-1408.
于兴贵. 2004. 浅谈数据库的发展与未来. 应用能源技术，(6)：47-48.
余淼淼，王俊丽，赵晓东，等. 2013. PAM 概率主题模型研究综述. 计算机科学，(5)：1-7，23.
俞琴. 2012. 数据库技术的新领域探索. 无线互联科技，(1)：64.
郁芹，钱姮. 2013. 微博时代崛起之探究——以新浪微博为个案. 时代报告（下半月），(3)：442-443.
袁柳，张龙波. 2010. 基于统计主题模型的多粒度 Web 文档标注. 计算机应用，(12)：3401-3406.
曾理. 2010. Hadoop 的重复数据清理模型研究与实现. 南华大学硕士学位论文.
查改琴，褚伟. 2015. 家庭物联网中多源异构数据存储方案选择及建模. 现代计算机（专业版），(14)：22-27.
张丹. 2012. 中文分词算法综述. 黑龙江科技信息，(8)：206.
张丹. 2013. HDFS 中文件存储优化的相关技术研究. 南京师范大学硕士学位论文.
张红军. 2003. 谈谈数据挖掘技术及其应用. 广西梧州师范高等专科学校学报，(3)：67-72.
张红云，马垣. 2001. 数据挖掘与决策支持系统的关系. 鞍山师范学院学报，(3)：86-89.
张泓博. 2012. 面向领域文档的自动语义标注方法研究. 重庆大学硕士学位论文.
张华强. 2011. 关系型数据库与 NoSQL 数据库. 电脑知识与技术，(20)：4802-4804.
张金松. 2013. 基于引文上下文分析的文献检索技术研究. 大连海事大学博士学位论文.
张黎，徐蔚然. 2012. 中文分词研究. 软件，(12)：103-108.
张苗林，曾碧贵. 2015. 基于 R 语言病人基因微阵列样本分析. 福建电脑，(7)：77-79.
张妮，徐文尚，王文文. 2009. 人工智能技术发展及应用研究综述. 煤矿机械，(2)：4-7.
张其文，王雪勤，庄新磊. 2015. 基于改进的可能度优势关系的排序方法研究. 计算机科学，(11)：274-278，292.
张世庆. 2004. 关系数据库设计中关系范式的使用. 丹东纺专学报，(2)：9-10.
张晓彤，李兴明，陈刚，等. 2004. BPNN 在改性石蜡滴熔点预测中的应用. 辽宁石油化工大学学报，(1)：1-3，14.
张欣瑞，赵崇. 2015. 用户生成内容及其后续效应研究综述. 新闻研究导刊，(20)：17-18.
张兴军. 2014. 人人大数据. 中国经济信息，(1)：50-51.
张尧，甘泉，刘建川. 2014. 基于 MongoDB 的地理信息共享数据存储模型研究. 测绘，(4)：147-150，172.
张翼. 2014. 超验骇客：互联网的未来式. 华东科技，(10)：40-41.
张引，陈敏，廖小飞. 2013. 大数据应用的现状与展望. 计算机研究与发展，(S2)：216-233.
张云升. 2012. 面向数据存储的分布式文件系统的研究与设计. 武汉理工大学硕士学位论文.
张臻. 2011. 西南季节性干旱区农业资源与环境要素数据库设计与应用. 西南大学博士学位论文.
张紫琼. 2007. 面向中文情感分析的词类组合模式研究. 哈尔滨工业大学硕士学位论文.
赵金明. 2013. 大数据时代的高清视频监控存储. 中国铁路，(4)：81-82.
赵娜. 2012. 移动终端个性化应用服务推送系统的研究与实现. 中国海洋大学硕士学位论文.
赵阳. 2005. 海上钻井平台分布式管理信息系统分析与研究. 天津大学硕士学位论文.
郑斐然，苗夺谦，张志飞，等. 2012. 一种中文微博新闻话题检测的方法. 计算机科学，39(1)：

138-141.
郑静静，叶焱，刘太君，等. 2014. 基于 Flex、Red5 和 MongoDB 的视频直播、录制及存储系统设计. 计算机应用，(2)：589-592.
郑榕增，林世平. 2010. 基于Lucene的中文倒排索引技术的研究. 计算机技术与发展，(3)：80-83.
郑茹菁，王晓晔，柴晓瑞，等. 2015. 数据挖掘开源平台性能分析. 天津理工大学学报，(4)：33-38.
钟荣飞. 2015. 基于主题模型的网络舆情监控系统设计. 电脑知识与技术，(7)：90-93.
钟智，尹云飞. 2004. 数据挖掘与人工智能技术. 河南科技大学学报(自然科学版)，(3)：44-47.
周军. 2009. 基于 Web 挖掘的站内搜索优化设计. 南通航运职业技术学院学报，(3)：52-55.
周平. 2007. Lucene 全文检索引擎技术及应用. 重庆工学院学报(自然科学版)，(4)：86-88.
周勇，韩洁，史忠植. 2002. XML 数据库与关系数据库协作研究. 计算机工程与应用，(13)：186-188，213.
周座. 2010. 基于查询与内容的文档表示模型研究. 南华大学硕士学位论文.
朱建平，李秋雅. 2014. 大数据对大学教学的影响. 中国大学教学，(9)：41-44.
朱世武，崔嵬，张尧庭，等. 2003. 数据挖掘与其他技术的比较. 统计研究，(7)：58-61.
朱炜，王超，李俊，等. 2003. Web 超链分析算法研究. 计算机科学，(9)：89-93，140.
祝建. 2010. 我国港口吞吐量预测方法研究综述. 中国水运，(11)：34-35.
邹婧琳，范炜. 2014. 基于网络读书社区阅读行为的书目推荐模型研究. 数字图书馆论坛，(4)：49-55.
邹菊梅. 2004. 信息化教学设计技能训练系统的设计与开发. 华东师范大学硕士学位论文.
IDC. 2014. Q3 全球智能终端市场季度跟踪报告.
Allen J F. 1983. Maintaining knowledge about temporal interrals. Communications of the ACM, 26 (11): 832-843.
Andreevskaia A, Bergler S. 2006. Mining WordNet for a fuzzy sentiment: sentiment tag extraction from WordNet glosses. In Proceedings of Conference: EACL 2006, 11st Conference of the European Chapter of the Association for Computational Linguistics.
Chaovalit P, Zhou L. 2005. Movie review mining: a comparison between supervised and unsupervised classification approaches. In Proceedings of the 38th Hawaii International Conference on System Sciences, Washington.
Dave K, Lawrence S, Pennock D M. 2003. Mining the peanut gallery: opinion extraction and semantic classification of produce reviews. In Proceedings of the 12th International Conference on World Wide Web.
Fayyad U, Haussler D, Stolorz P. 1996. KDD for science data analysis: issues and examples. In Proceedings of the 2nd International Conference on Knowledge Discovery & Data Mining: 50-56.
Frawley W, Piatetsky-Shapiro G, Matheus C. 1991. Knowledge discovery in databases: an overview. Knowledge Discovery in Databases: 1-30.
Hatzivassiloglou V, McKeown K R. 1997. Predicting the semantic orientation of adjectives. In

Proceedings of ACL-97, 35th Annual Meeting of the Association for Computational Linguistics.

Jarvelin K, Kekalainen J. 2002. Cumulated gain-based evaluation of IR techniques. ACM Transactions on Information Systems, 20（4）: 422-446.

Kamps J, Marx M, Mokken R J, et al. 2004. Using WordNet to measure semanticorientation of adjectives. In Proceedings of LREC-04, 4th International Conference on Language Resources and Evaluation.

Kim S M, Hovy E. 2004. Determining the sentiment of opinions. In Proceedings of COLING-04, International Conference on Computational Linguistics.

Meyer J F. 2007. Service oriented architecture（SOA）migration strategy for US operational naval meteorology and oceanography（METOC）//OCEANS 2007-Europe. IEEE.

Pang B, Lee L, Vaithyanathan S. 2002. Thumbs up sentiment classification using machine learning technical. In Proceedings of the Conference on Empirical Methods in Natural Language Processing.

Pang B, Lee L. 2005. Seeing stars: exploiting class relationships for sentiment categorization with respect to rating scales. In Proceedings of ACL.

Ramage D, Hall D, Nallapati R, et al. 2009. Labeled LDA: a supervised topic model for credit attribution in multi-labeled corpora. Proceedings of the 2009 Conference on Empirical Methods in Natural Language Processing: Volume 1.

Resniek P, Varian H. 1997. Recommend system. Communications of the ACM, 40（3）: 56-57.

Turney P D. 2002. Thumbs up or thumbs down semantic orientation applied to unsupervised classification of reviews. In Proceedings of the 40th Annual Meeting of the Association for Computational Linguistics.

Turney P D, Littman M L. 2003. Measuring praise and criticism: inference of semantic orientation from association. ACM Transactions on Information Systems, 21（4）: 315-346.

Ye Q, Shi W, Li Y J. 2007. Sentiment classification for reviews: comparison between SVM and semantic approaches. The Fourth International Conference on Machine and Cybernetics. Guangzhou.

附录一　肯定性和否定性参考词组问卷调查

尊敬的女士/先生：

您好！感谢您在百忙之中填写本调查问卷，此份调查问卷是针对广大消费者的，旨在了解您在评价商品及服务时认为最具有代表性的肯定性和否定性评论语。这份问卷的调查分析结果仅使用于硕士研究生毕业论文。调查问卷采取匿名形式，不会对您的个人信息造成泄漏。希望您能抽出几分钟时间根据您个人的情况协助我们完成一份调查问卷，在此向您致谢。

本调查问卷是填空方式，请您根据自己对的主观感觉和实际经历，给出最合理的答案。

最具有肯定性和否定性评论语的词组（例如，喜欢和讨厌、好和坏等）：

______________________________和______________________________

附录二　特殊程度词的影响程度问卷调查

尊敬的女士/先生：

您好！感谢您在百忙之中填写本调查问卷，此份调查问卷是针对广大消费者的，旨在了解您对于某些特殊程度词带给原有情感词影响（增大或者减小）的建议。这份问卷的调查分析结果仅使用于硕士研究生毕业论文。调查问卷采取匿名形式，不会对您的个人信息造成泄漏。希望您能抽出几分钟时间根据您个人的情况协助我们完成一份调查问卷，在此向您致谢。

本调查问卷是单选方式，请您根据自己的主观感觉和实际经历，给出最合理的答案，在符合您情况的选项上打“√”，如“2”表示情感程度加倍，也就是原有情感程度乘以 2，“0.5”表示情感程度是原有情感程度的一半。

1. “极其|extreme/最|most”类：百分之百、倍加、备至、不得了、不堪、不可开交、不亦乐乎、不折不扣、彻头彻尾、充分、到头、地地道道、非常、极、极度、极端、极其、极为、截然、尽、惊人地、绝、绝顶、绝对、绝对化、刻骨、酷、满、满贯、满心、莫大、奇、入骨、甚为、十二分、十分、十足、死、滔天、痛、透、完全、完完全全、万、万般、万分、万万、无比、无度、无可估量、无以复加、无以伦比、要命、要死、已极、已甚、异常、逾常、贼、之极、之至、至极、卓绝、最为、佼佼、郅、綦、齁、最。

○ 2　　○ 1.5　　○ 1　　○ 0.5

2. “很|very”类：不过、不少、不胜、惨、沉、沉沉、出奇、大为、多、多多、多加、多么、分外、格外、够瞧的、够戗、好、好不、何等、很、很是、坏、可、老、老大、良、颇、颇为、甚、实在、太、太甚、特、特别、尤、尤其、尤为、尤以、远、着实、曷、碜。

○ 2　　○ 1.5　　○ 1　　○ 0.5

3. “较|more”类：大不了、多、更、更加、更进一步、更为、还、还要、较、较比、较为、进一步、那般、那么、那样、强、如斯、益、益发、尤甚、逾、愈、愈……愈、愈发、愈加、愈来愈、愈益、远远、越……越、越发、越加、越来越、越是、这般、这样、足、足足。

○ 2　　○ 1.5　　○ 1　　○ 0.5

4. “稍|-ish”类：点点滴滴、多多少少、怪、好生、还、或多或少、略、略加、略略、略微、略为、蛮、稍、稍稍、稍微、稍为、稍许、挺、未免、相当、些、些微、些小、一点、一点儿、一些、有点、有点儿、有些。

○ 2　　○ 1.5　　○ 1　　○ 0.5

5. “欠|insufficiently”类：半点、不大、不丁点儿、不甚、不怎么、聊、没怎么、轻度、弱、丝毫、微、相对。

○ 2　　○ 1.5　　○ 1　　○ 0.5

6. “超|over”类：不为过、超、超额、超外差、超微结构、超物质、出头、多、浮、过、过度、过分、过火、过劲、过了头、过猛、过热、过甚、过头、过于、过逾、何止、何啻、开外、苦、老、偏、强、溢、忒。

○ 2　　○ 1.5　　○ 1　　○ 0.5